中国企业教育百强学术成果丛书

中国企业培训蓝皮书 XVI

THE BLUE BOOK XVI OF CHINA CORPORATION TRAINING

陈奎伟　丁 磊　何 健　主编

CAPH 中国宇航出版社
·北 京·

图书在版编目（CIP）数据

中国企业培训蓝皮书. XVI / 陈奎伟，丁磊，何健主编. -- 北京 : 中国宇航出版社，2024. 9. --（中国企业教育百强学术成果丛书）. -- ISBN 978-7-5159-2431-1

Ⅰ. F279.232.921

中国国家版本馆 CIP 数据核字第 20249WB207 号

责任编辑　王杰琼　　**封面设计**　王晓武

出版 发行	中国宇航出版社		
社　址	北京市阜成路 8 号　**邮　编**　100830 (010)60286808　(010)68768548	**版　次**	2024 年 9 月第 1 版 2024 年 9 月第 1 次印刷
网　址	www.caphbook.com	**规　格**	787×1092
经　销	新华书店	**开　本**	1/16
发行部	(010)60286888　(010)68371900 (010)60286887　(010)60286804(传真)	**印　张**	29.25
		字　数	485 千字
零售店	读者服务部　(010)68371105	**书　号**	ISBN 978-7-5159-2431-1
承　印	天津画中画印刷有限公司	**定　价**	198.00 元

本书如有印装质量问题，可与发行部联系调换

中国企业培训蓝皮书XVI

编委会

编委会主任

陈奎伟　中国企业教育百强组委会秘书长

编委会副主任

何　健　人力资源报社总编辑

丁　磊　南京航天管理干部学院科研咨询中心主任

评审专家

李为民　中央组织部干部教育局原副局长

刘学民　中国劳动保障科学研究院党委书记、副院长

李一杨　中国成人教育协会企业教育专业委员会秘书长

高　峰　原现代企业教育杂志社社长

陈　欣　人力资源社创始人

杨忠一　方正证券培训学院院长

余正昭　台湾冠全国际商学院院长

张　辉　山西运城职业技术大学校长

周忠科　中共国家能源集团党校常务副校长

李晓虹　中联重科集团人力资源管理中心部长

吴晓燕　泸州老窖股份有限公司培训中心总经理

高旭升　宁波方太厨具有限公司方太学校执行校长

石军平　浙江吉利控股集团有限公司高研院执行院长

牟启初　中国兵器装备集团人力资源开发中心副主任

王　赜　威胜控股有限公司董事长助理、培训中心主任

张永利　中石化胜利石油工程有限公司党校副校长，培训中心党委书记、副经理
周　湘　中国航天科技国际交流中心培训二处高级工程师、处长助理
常玉杰　中共胜利石油管理局有限公司委员会党校（培训中心）党建培训部经理、党支部副书记
王伯杨　中共广西电网有限责任公司党校资源建设科培训资源建设管理专责
李　默　国网吉林省电力有限公司培训中心管理培训部主任
杨　伟　中国航天三江集团有限公司培训中心（党校）职业能力培训部部长
王　雯　中共广西电网有限责任公司党校思政教研科党员与干部培训实施管理专责
吴　鹏　深圳供电局有限公司党校人才发展中心干部人才教研培训部主管
刘新刚　日照国信数字经济产业研究院执行院长
李九祥　中石化石油工程地球物理有限公司培训中心（党校）主任，副校长
孟庆俊　胜利油田党建培训首席专家、中国石油大学硕士研究生导师
左振宇　核工业学院党委书记、中国核工业集团有限公司党校常务副校长
王　岩　在线教育资讯网（Online-edu）CEO
张敬南　中国企业教育百强专家联络部主任
戴智江　陕西省企业人力资源管理师协会秘书长
崔　巍　《人力资源》杂志社常务副社长
陈炳艺　福建省人力资源管理师协会会长
李国胜　新疆人力资源管理协会会长
肖劲峰　昆明市人力资源和社会保障协会处长
范殿林　内蒙古人力资源经理协会会长
曹　伟　宁夏人力资源协会秘书长
付明成　青海省人力资源服务行业协会执行秘书长
尚春平　甘肃省人力资源行业协会秘书长
张忠民　安徽省人力资源管理协会党支部书记

（少数领导职务发生变动 此处未更新 排名不分先后）

前言

PREFACE

2024年注定是向“新”而行的一年。党的二十届三中全会明确提出：健全因地制宜发展新质生产力体制机制，要推动技术革命性突破、生产要素创新性配置、产业深度转型升级，推动劳动者、劳动资料、劳动对象优化组合和更新跃升，催生新产业、新模式、新动能，发展以高技术、高效能、高质量为特征的生产力。

随着全球科技革命和产业变革的深入推进，新质生产力已成为推动经济社会发展的核心动力。新质生产力以创新为主导，由技术革命性突破、生产要素创新性配置、产业深度转型升级而催生，摆脱了传统经济增长方式和生产力发展路径，具有高科技、高效能、高质量的特征，符合新发展理念的先进生产力质态。新质生产力的特点是创新，关键在于质优，其本质是先进的生产力，是以大数据、云计算、人工智能、绿色低碳技术为代表的新技术与数智化机器设备、数智化劳动者、数字基础设施、海量数据、算力、新能源、新材料等新要素紧密结合的生产力新形态。

在我国，国有经济是新质生产力和新型生产关系的重要载体和建设主体，是完整、准确、全面贯彻新发展理念的主力军和排头兵。国有企业作为国家经济发展的中坚力量，其发展新质生产力不仅关乎企业自身的转型升级和竞争力提升，更对国家整体经济结构的优化升级和高质量发展具有重要意义。而新质生产力的核心是创新驱动，创新驱动的本质是人才驱动。只有培养一支规模宏大、结构合理、素质优良的创新型人才队伍，才能在新一轮的科技革命和产业变革中抢占先机、把握主动权，才能加快培育和发展新质生产力，为我国经济高质量发展持续注入澎湃动能。因此，培育创新型人才赋能企业新质生产力发展，能够为国有企业转型升级提供有力支持，推动其在全球竞争中占据有利地位，实现高质量发展，进而在推动中国式现代化建设、实现中华民族伟大复兴的伟大时代潮流中展现出国有企业的担当与风采。

中国企业教育百强学术成果丛书“中国企业培训蓝皮书”系列坚持以“服务企业，聚焦人才发展”为宗旨，关注最新趋势，总结中国企业培训的优秀方法、新理论和最佳案例成果，建立企业对标学习共享体系。第 20 届中国企业教育百强论坛以“创新型人才培养赋能新质生产力高质量发展”为主题，聚焦“新质生产力”“创新”“人才培养”等关键词，深入剖析了如何通过创新型人才培养赋能新质生产力发展，回应了党和国家事业发展热切所需。

本书第一篇理论实践篇深入厘清了创新型人才与新质生产力的内涵、特征及两者的内在逻辑关系，全面、深入分析了创新型人才培养赋能新质生产力发展面临的机遇与挑战，系统构建了促进新质生产力高质量发展的创新型人才培养体系，并探索了关键路径与方法。本书第二篇创新成果篇收录了来自中央企业、地方国企和优秀民营企业的典型案例，重点介绍了企业创新型人才培养赋能新质生产力发展的方式方法和人才培养创新举措，为业界提供了宝贵的借鉴与参考。

“芳林新叶催陈叶，流水前波让后波。”展望未来，新质生产力必将成为推动中国经济社会发展的新引擎。本书紧扣新质生产力发展的新理念、新趋势、新要求，以创新型人才培养为着力点，帮助企业把握机遇，积极应对挑战，通过人才培养助力科技创新和产业升级，不断释放新质生产力的动力与活力，为实现经济社会的高质量发展贡献力量。通过探索、搭建适应新质生产力发展要求的创新型人才培养体系，假以时日，我们必将培养出更多具备创新精神和实践能力的高素质人才，为新质生产力的发展提供源源不断的动力，为实现以中国式现代化全面推进中华民族伟大复兴提供最扎实的人才资源保障。

2024 年 8 月

中国企业教育百强组委会秘书长

《中国企业培训蓝皮书 XVI》编委会主任

目录

CONTENTS

01 第一篇

理论实践篇——创新型人才培养赋能新质生产力高质量发展

02 第二篇 创新成果篇

01

第一篇　理论实践篇

创新型人才培养
赋能新质生产力高质量发展

第一章 绪论

CHAPTER 01

第一节 研究背景

2023 年 9 月 7 日，习近平总书记在新时代推动东北全面振兴座谈会上创造性提出了“新质生产力”的概念，强调“积极培育新能源、新材料、先进制造、电子信息等战略性新兴产业，积极培育未来产业，加快形成新质生产力，增强发展新动能”①。2023 年 12 月 13 日，习近平总书记在中央经济工作会议上将发展新质生产力列为经济工作的重要任务，“要以科技创新推动产业创新，特别是以颠覆性技术和前沿技术催生新产业、新模式、新动能，发展新质生产力”②。2024 年 1 月 31 日，习近平总书记在中共中央政治局第十一次集体学习时，系统阐述了新质生产力的完整定义，明确新

① 中共中央党校（国家行政学院）. 习近平主持召开新时代推动东北全面振兴座谈会强调牢牢把握东北的重要使命 奋力谱写东北全面振兴新篇章 [R/OL].（2023-09-09）[2024-7-25]. https://www.ccps.gov.cn/xtt/202309/t20230909_159168.shtml.

② 中国共产党新闻网. 中央经济工作会议在北京举行：习近平发表重要讲话 李强作总结讲话 赵乐际 王沪宁 蔡奇 丁薛祥 李希出席会议 [R/OL].（2023-12-13）[2024-7-25]. http://dangjian.people.com.cn/n1/2023/1213/c117092-40137526.html.

质生产力是“符合新发展理念的先进生产力质态”[①]。

自提出“新质生产力”以来，习近平总书记多次阐释其内涵并作出部署，提出明确要求、指导发展实践，强调要牢牢把握高质量发展首要任务，因地制宜发展新质生产力。习近平总书记关于新质生产力的重要论述，深刻揭示了科技创新与产业升级、高质量发展的内在关系，是对马克思主义生产力理论的创新和发展，深化了对科技创新推动生产力发展的规律性认识，为以科技创新推动高质量发展、支撑中国式现代化建设指明了前进方向。

第二节 研究目的

在推动经济社会高质量发展的道路上，新质生产力的加速发展已成为核心旋律。为抓住新一轮科技革命和产业变革的机遇，我们需着重培育创新型人才，以加快科技创新的步伐，为高质量发展打造坚实的竞争力和持续动力。新质生产力的发展将引导科技创新的方向，而创新型人才的培养则是新质生产力持续发展的强大支撑。科技创新，作为新质生产力发展的核心驱动力，对于劳动者的全面发展具有显著的促进作用。通过科技创新，我们能够培育出一支具备知识、技能和创新能力的劳动者队伍，为新质生产力的形成提供有力的人才保障。在此过程中，我们必须坚持科技引领和创新驱动，不断开辟新的发展领域和赛道，塑造新的发展动能和优势。为了加快创新型人才队伍的培养，我们还需要进一步激发人才的创新潜能，特别是针对关键核心技术的“卡脖子”问题，要集合多方力量进行攻关，以期在未来科技领域取得突破，为产业发展赢得先机。通过这一系列的努力，我们将为新质生产力的发展下好“先手棋”，为经济社会的高质量发展奠定坚实基础。

① 中华人民共和国中央人民政府．习近平在中共中央政治局第十一次集体学习时强调：加快发展新质生产力 扎实推进高质量发展[R/OL].（2023-02-01）[2024-7-25]. https：//www.gov.cn/yaowen/liebiao/202402/content_6929446.htm.

第三节　研究意义

当今时代，科技是第一生产力，人才是第一资源，创新是第一动力，加快形成新质生产力，需要集聚高水平创新型人才。为加速构建和发展新质生产力，我们必须汇集高层次的创新型人才，通过构建高水平的人才链，以支撑产业链、创新链的融合发展，多链融合的发展也要求我们培养更多创新型人才，从思想战略层面、流程体制层面、内容与技术层面、资源与工具层面、文化层面等赋能新质生产力高质量发展。

第二章 创新型人才与新质生产力

CHAPTER 02

2021 年 9 月，中央人才工作会议在京召开，习近平总书记强调要坚持党管人才，坚持面向世界科技前沿、面向经济主战场、面向国家重大需求、面向人民生命健康，深入实施新时代人才强国战略，全方位培养、引进、用好人才，加快建设世界重要人才中心和创新高地[①]。另外，习近平总书记在二十届中央政治局第十一次集体学习时强调，发展新质生产力是推动高质量发展的内在要求和重要着力点，必须继续做好创新这篇大文章，推动新质生产力加快发展[②]。

可以看出，从国家层面来看，号召人才要涌向世界科技前沿和国家重大领域。在创新和新质生产力相互驱动关系中，人才是最重要的关键变量，尤其是创新型人才，因为创新型人才与新质生产力的发展是相互促进的。

① 中华人民共和国中央人民政府．习近平出席中央人才工作会议并发表重要讲话[R/OL].（2021-09-28）[2024-7-25]. https：//www.gov.cn/xinwen/2021-09/28/content_5639868.htm.

② 中华人民共和国中央人民政府．习近平：发展新质生产力是推动高质量发展的内在要求和重要着力点[R/OL].（2024-05-31）[2024-7-25]. https：//www.gov.cn/yaowen/liebiao/202405/content_6954761. htm?menuid=197.

第一节 创新型人才

（一）基本概念

创新是指通过独特的思维模式，基于现有的理论或物质资源，提出与现有方案相异的全新思路，为满足社会和未来技术发展需求进行创造性的改造。它涵盖了新理论、新方法、新技术在研究或生产中的首次实践应用，以及构建新生产要素组合的过程。因此，任何形式的创新，如提出新颖观点、创立前沿理论、建立独特概念或探索创新方法，均可被归类于创新的广泛范畴之内。

2010 年 6 月颁布的《国家中长期人才发展规划纲要（2010—2020 年）》中，将人才定义为“具有一定的专业知识或专门技能，进行创造性劳动并对社会作出贡献的人，是人力资源中能力和素质较高的劳动者”。因此本书认为，人才具有专业的知识技能和扎实的理论知识，能够通过各种劳动为国家和社会发展作贡献。

创新型人才综合了创新与人才的概念，在创新过程中起到至关重要的作用，其既与人才有着不可分割的联系，又有着与人才区分开来的独特创新能力素质，这些独特的创新能力素质可以概括为创新意识、创新人格、创新技能、创新知识等①。因此创新型人才可以定义为具备创新意识、创新精神、创新思维和创新能力的，巧妙地将理论知识应用于实际操作的，并在其所在行业或研究领域处于领先的人才。这类人才在企业的生产实践中，积极展现其创新精神和能力，为企业持续注入发展动力，推动企业不断进行技术革新和产业升级，以实现长远和稳健的发展。

（二）特征与分类

从创新型人才的基本概念可以分析得出，创新型人才主要有以下几方面的特征：

---

① 林若明．企业创新型人才能力评价研究[D]. 北京：华北电力大学，2021.

第一，创新型人才最重要的特征就是必须具备足够的创新性，在企业的发展中，这类人才能够从理论、技能、管理等方面提出创新型的思路和方法。

第二，创新型人才拥有强大的内驱力，能够通过独特的视角，运用所学的知识，灵活地、多角度地剖析问题，并另辟蹊径地提出问题及解决方案。

第三，创新型人才拥有扎实的专业知识和技能。无论是任何形式的创新，必须建立在扎实的专业知识技能的基础上，他们需对自己所从事的领域有深入的了解和研究，并具备独特的见解，能够运用专业知识解决实际问题。同时，他们还具备丰富的创造力，能够提出新的想法和解决方案，并将这些想法转化为可行的行动。

第四，创新型人才还具备持续学习和适应能力。创新是一个不断迭代和进化的过程，需要不断地学习最新的理论、方法，因此能够坚持不懈地追求自己的目标，不断学习和吸收新知识、新技能，以适应不断变化的环境和需求。

按创新的方式分类，创新型人才分为原始创新型人才、集成创新型人才和消化吸收再创新型人才。原始创新型人才专注于实现“从 0 到 1”的突破。他们致力于前所未有的重大科学发现、技术发明和原理性主导技术等创新成果。特别是在基础研究和尖端技术领域中，他们的独特发现或发明代表着最原始、最基础的创新，这种创新不仅具有里程碑式的意义，更是智慧与创造力的最高体现。集成创新型人才是指围绕一些具有较强技术关联性和产业带动性的战略产品和重大项目，将各种相关技术、研究力量进行资源整合和联合攻关研究，实现一些关键技术的突破甚至引起重要领域的重大突破的人才。消化吸收再创新型人才是指在引进国内外先进技术的基础上，对这些技术进行深入的学习、分析和借鉴，然后再进行创新，以形成具有自主知识产权的新技术的人才。

按创新型人才要素分类，创新型人才分为创新型管理人才、创新型技术人才、创新型技能人才。创新型管理人才主要是指从事资源协调与决策管理的工作，善于将最新的管理工具方法、企业运营思维运用到企业的日常经营管理中，内容侧重于决策，对具体业务和项目起到把控指导的作用，同时也承担着决策带来的风险。创新型技术人才主要是指从事脑力工作、重点专业技术工作，尤其是重大项目、预研项目以及具有探索性前沿技术领域的研究型人才。创新型技能人才主要是指从事生产和服务等领域岗位一线工作、掌握专门知识和技术、具备一定的操作技能，并在工作实践中能够运用自己的技术和能力进行实际操作的人员。

第二节 创新型人才培养

（一）培养方式方法

创新型人才培养是一个系统工程，需要社会、高校、企业等多方面的共同努力，本研究聚焦于企业层面的培养。创新型人才培养方式方法如图 2-1 所示。

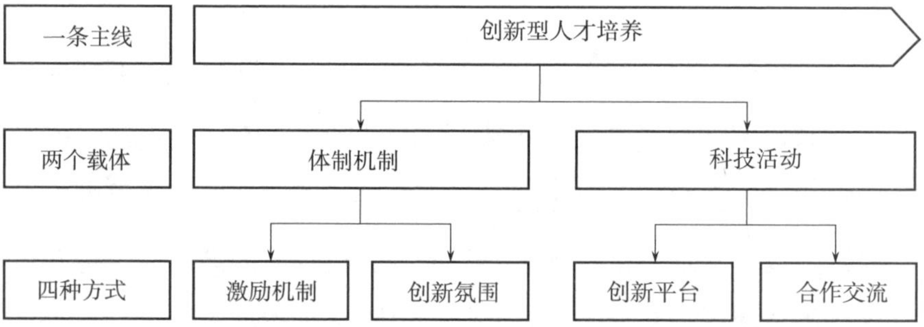

图 2-1 创新型人才培养方式方法

1）设立创新激励机制。企业应设立明确的奖励机制，对在创新工作中取得突出成绩的员工给予物质和精神上的奖励，如申报创新项目、获得创新奖等，以此激发员工的创新热情，提高他们参与创新活动的积极性。

2）营造良好的创新氛围。企业应营造一种鼓励创新、包容失败的文化氛围，使员工敢于尝试新的想法和方法，而不惧怕失败；同时，企业也要建立公正的评价机制，对员工的创新成果进行合理评估，确保创新成果得到认可和推广。

3）建立创新团队和平台。企业可以设立专门的创新团队或创新中心，为员工提供一个集思广益、共同创新的平台；同时，企业也可以与高校、科研机构等建立合作关系，建立产学政研合作机制，共同开展创新研究和人才培养。

4）鼓励跨界合作与交流。企业应鼓励员工进行跨界合作与交流，打破部门壁垒，促进不同领域的知识共享和经验交流。这有助于拓宽员工的视野，激发他们的创新思维。

（二）培养路径

创新是第一动力，人才是第一资源，创新驱动本质上是人才驱动。因此，加强青年创新人才培养开发，完善系统化培养体系，有利于加快青年人才全面成长并脱颖而出，这对支撑新质生产力高质量发展具有重要意义。具体培养路径如下。

1. 坚持党管人才，完善系统化培养体系

坚持和加强党对人才工作的领导，把培养造就青年人才作为重大战略任务，充分发挥党的思想政治优势、组织优势，坚持不懈地用党的创新理论武装青年，促进青年人才健康成长、全面发展。需要充分发挥党的思想政治优势、组织优势和密切联系群众优势，加强对人才工作的宏观管理和综合协调。同时，也要注重发挥市场的作用，把党管人才与市场配置人才资源有机结合起来，形成人才工作的合力。

2. 坚持战略引领，创新精准化培训模式

紧扣企业发展战略和中心工作，优化设计青年人才培养路径，分类别、分层次、分岗位开展精准培训，重点抓好青年科技创新人才、青年管理创新人才和创新战略预备队的培训培养。一方面，战略引领意味着在培训过程中，应紧密围绕企业的战略目标和业务需求，来制定培训计划。通过明确企业的发展方向和重点业务领域，培训内容可以更加精准地匹配员工的岗位需求，从而确保培训成果能够直接转化为企业的生产力。另一方面，创新精准化培训模式要求我们在培训方法上进行革新。传统的培训模式往往注重知识的灌输，而精准化培训则更强调实践操作和问题解决能力。例如，可以采用项目式学习、案例研究、模拟演练等方式，让员工在实际操作中学习和掌握技能，提高培训的针对性和实效性。

3. 坚持改革创新，搭建多元化成长舞台

加大持续选拔培养力度，注重将优秀青年人才放到重要岗位上去历练，健全与岗位、能力、贡献相适应的激励机制，形成引进、培养、使用、激励有效衔接的体制机制，搭建更多成长舞台。一方面，在人才培养方面，企业应坚持改革创新的理念，不断

探索新的培养方式和方法，以适应不断变化的市场环境和业务需求。通过改革传统的培训模式、引入新的教学方法和技术手段，激发员工的学习兴趣和创新能力，提升他们的综合素质和竞争力。另一方面，搭建多元化成长舞台是满足员工个性化发展需求的重要举措。企业应根据员工的兴趣爱好、职业规划和能力特点，为他们提供多样化的成长机会和平台。例如，可以设立不同层级的职位晋升通道，让员工根据自己的能力和表现逐步提升职位；开展跨部门、跨领域的合作项目，使员工有机会接触和了解不同的业务领域；举办各类技能竞赛、创新大赛等活动，激发员工的创新精神和竞争意识。

（三）培养过程

源头培养、跟踪培养、全程培养是构建全面、系统、高效的人才培养机制的重要组成部分，旨在从人才的选拔、培养到发展全过程中，实现精准定位、持续关注和全方位提升。

1. 源头培养

源头培养强调在人才选拔的起始阶段就注重对其潜力和特质的发掘。这要求我们在选拔人才时，不仅要看重其当前的能力和表现，更要关注其未来的潜力和成长空间。通过科学、公正的选拔机制，选拔出具有发展潜力和创新精神的人才，为后续的培养和发展奠定坚实基础。

对于企业而言，应坚持以用为本，根据国家战略性新兴产业以及未来产业，制定企业的技术发展路线，按岗配置人才资源，明确人才招聘或引进的方向，确保企业能够找到急需的人才，并实现个人和岗位的高度匹配。另外，联合一些专业对口且学科专业优势突出的高校，开设特色专业或特色课程，有针对性地制定创新型人才培养目标与方案。

2. 跟踪培养

跟踪培养是在人才引进后，对人才的成长过程进行持续的关注和指导。通过定期评估、反馈和调整培养方案，确保人才能够按照既定目标和路径发展。跟踪培养的关键在于建立有效的沟通机制和反馈机制，使人才能够及时了解自己的进展和不足，从而调整学习策略和发展方向。

具体培养过程如下：首先，做好培训体系的顶层设计工作。对处于职业生涯各个阶段的人才进行有针对性的培养，实现递进式培养，并将人才培养与不同类型岗位的需求相结合，在人才培养全覆盖的基础上增强针对性，要特别注重培训效果以及员工核心竞争力提升方面。其次，创新开拓融合型技术人才的培养，促进人才融合发展。要建立好融合型技术人才培养模式，拓宽融合型技术人才上升通道，鼓励专业技术人才参加职业能力培训与评价，鼓励青年人才大胆承担创新项目并勇担重任，在评奖、评优、职务晋升等方面向创新型人才倾斜。最后，突出新兴技术领域的培育。要瞄准科技“最前沿”，勇闯创新“无人区”。

3. 全程培养

全程培养是对人才培养全过程的整体规划和管理。要求从人才的选拔、培养、使用到发展等各个环节进行系统规划和安排。通过制定明确的培养目标、设计科学的培养方案、提供丰富的实践机会并搭建广阔的发展平台，确保人才能够在整个成长过程中得到充分的支持和帮助。

总之，要实现源头培养、跟踪培养、全程培养，需要构建一个全面、系统、个性化的人才培养机制，并在人才的选拔、培养到发展的全过程中给予他们充分关注和支持，帮助他们实现个人价值和职业梦想。

（四）创新型人才政策梳理

2023 年 5 月 29 日，习近平总书记在中共中央政治局第五次集体学习时强调：“进一步加强科学教育、工程教育，加强拔尖创新人才自主培养，为解决我国关键核心技术攻关提供人才支撑。”[①] 培养和用好青年科技创新人才，对加快实现高水平科技自立自强、建设科技强国和人才强国意义重大。党的十九大以来，国家及相关部委陆续出台了多项相关政策，自 2021 年以来，国家层面人才相关政策梳理如表 2-1 所示。

① 中华人民共和国中央人民政府．习近平主持中央政治局第五次集体学习并发表重要讲话[R/OL].（2021-05-29）[2024-7-29].https：//www.gov.cn/yaowen/liebiao/202305/content_6883632.htm?device=app&eqid=96f6c28c000197e80000000464784539&eqid=e35b7a2d0001da26000000066487e09b.

表2-1 国家人才相关政策梳理

政策名称	发布时间	发布主体	政策内容
《高技能领军人才培育计划》①	2024 年 1 月	人力资源和社会保障部等七部门	1. 强化企业主体责任，依托企业培训中心、职业学校（含技工学校，下同）、高技能人才培训基地、公共实训基地、工匠学院、技能大师工作室、劳模和工匠人才创新工作室等平台，通过企业岗位培训、校企联合培养、关键岗位实践、重点项目参与等方式，培养适应产业发展和国家战略需要的领军人才 2. 优先支持参与国家重大战略、重大工程、重大项目、重点产业的领军人才领衔创建技能大师工作室、劳模和工匠人才创新工作室，聚焦先进制造业、战略性新兴产业、数字技能等领域开展技术革新、技能攻关和人才培养工作，符合条件的按规定给予经费支持
《关于进一步加强青年科技人才培养和使用的若干措施》②	2023 年 8 月	中共中央办公厅、国务院办公厅	1. 鼓励青年科技人才深入经济社会发展实践，结合实际需求凝练科学问题，开展原始创新、技术攻关、成果转化，把论文写在祖国大地上 2. 支持青年科技人才在国家重大科技任务中“挑大梁”“当主角”。国家重大科技任务、关键核心技术攻关和应急科技攻关大胆使用青年科技人才，40 岁以下青年科技人才担任项目（课题）负责人和骨干的比例原则上不低于 50%

① 中华人民共和国人力资源和社会保障部．人力资源社会保障部等七部门关于实施高技能领军人才培育计划的通知 [R/OL].（2024-01-30）[2024-7-29].https：//www.mohrss.gov.cn/xxgk2020/fdzdgknr/zcfg/gfxwj/rcrs/202402/t20240206_513413.html.

② 中华人民共和国中央人民政府．中共中央办公厅 国务院办公厅印发《关于进一步加强青年科技人才培养和使用的若干措施》[R/OL].（2023-08-27）[2024-7-29].https：//www.gov.cn/zhengce/202308/content_6900456.htm.

续表

政策名称	发布时间	发布主体	政策内容
《关于加强新时代高技能人才队伍建设的意见》①	2022 年 10 月	中共中央办公厅、国务院办公厅	1. 构建以行业企业为主体、职业学校（含技工院校，下同）为基础、政府推动与社会支持相结合的高技能人才培养体系。行业主管部门和行业组织要结合本行业生产、技术发展趋势，做好高技能人才供需预测和培养规划。鼓励各类企业结合实际把高技能人才培养纳入企业发展总体规划和年度计划，依托企业培训中心、产教融合实训基地、高技能人才培训基地、公共实训基地、技能大师工作室、劳模和工匠人才创新工作室、网络学习平台等，大力培养高技能人才 2. 围绕国家重大战略、重大工程、重大项目、重点产业对高技能人才的需求，实施高技能领军人才培育计划。支持制造业企业围绕转型升级和产业基础再造工程项目，实施制造业技能根基工程
《关于开展科技人才评价改革试点的工作方案》②	2022 年 9 月	科技部等八部门	1. 围绕国家科技任务用好用活人才，创新科技人才评价机制，以激发科技人才创新活力为目标，以“评什么、谁来评、怎么评、怎么用”为着力点，以“破四唯”和“立新标”为突破口，以深化改革和政策协同为保障，按照创新活动类型构建以创新价值、能力、贡献为导向的科技人才评价体系，引导各类科技人才人尽其才、才尽其用、用有所成，为实现高水平科技自立自强和建设世界科技强国提供有力人才支撑 2. 按照承担国家重大攻关任务的人才评价以及基础研究类、应用研究和技术开发类、社会公益研究类的人才评价，从构建符合科研活动特点的评价指标、创新评价方式、完善用人单位内部制度建设等方面提出试点任务，推动人才评价体系更加完善，形成可操作可复制可推广的有效做法

① 中华人民共和国中央人民政府．中共中央办公厅 国务院办公厅印发《关于加强新时代高技能人才队伍建设的意见》[R/OL].（2022-10-07）[2024-7-29].https://www.gov.cn/zhengce/2022-10/07/content_5716030.htm.

② 中华人民共和国科学技术部．科技部等八部门印发《关于开展科技人才评价改革试点的工作方案》的通知 .[R/OL].（2022-09-23）[2024-7-29].https：//www.most.gov.cn/xxgk/xinxifenlei/fdzdgknr/qtwj/qtwj2022/202211/t20221109_183356.html.

“功以才成，业由才广。”党的十八大以来，以习近平同志为核心的党中央坚持科技是第一生产力、人才是第一资源、创新是第一动力，全面加强党对人才工作的领导，牢固确立人才引领发展的战略地位，推动新时代人才工作取得历史性成就、发生历史性变革。习近平总书记围绕人才工作发表了一系列重要论述，深刻回答了为什么要建设人才强国、什么是人才强国、怎样建设人才强国的重大理论和实践问题，为做好新时代人才工作提供了根本遵循。自 2021 年以来，习近平总书记关于创新人才相关理论如图 2-2 所示。

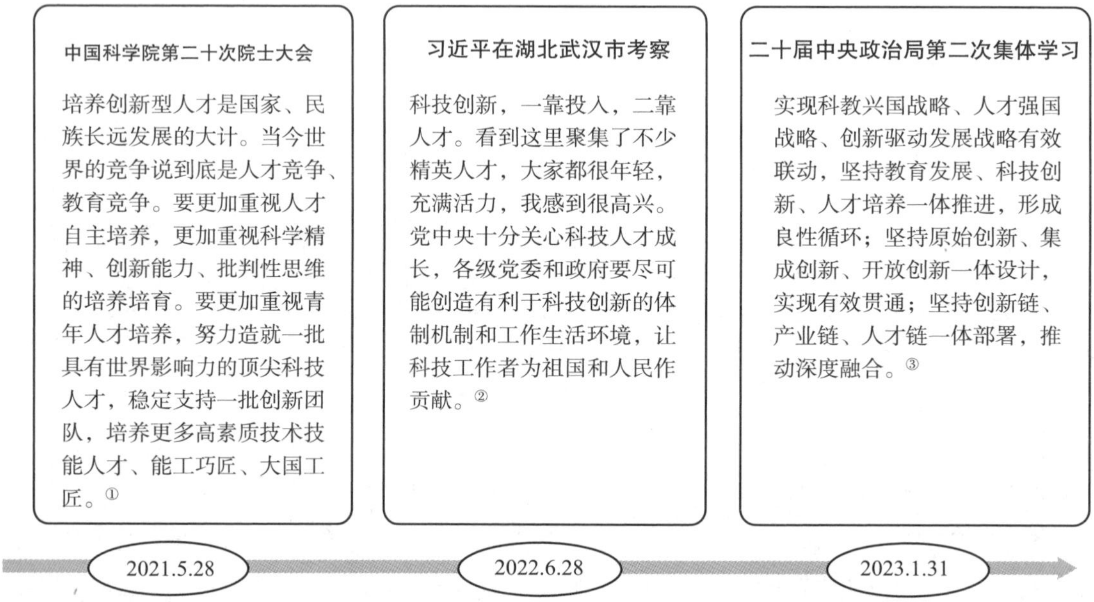

图 2-2 习近平总书记关于创新人才相关理论

---

① 中国共产党新闻网 . 习近平：在中国科学院第二十次院士大会、中国工程院第十五次院士大会、中国科协第十次全国代表大会上的讲话 .[R/OL].（2021-05-28）[2024-7-29].http：//cpc.people.com.cn/n1/2021/0528/c64094-32116542.html.

② 中华人民共和国中央人民政府 . 习近平在湖北武汉考察时强调：把科技的命脉牢牢掌握在自己手中 不断提升我国发展独立性自主性安全性 .[R/OL].（2022-06-29）[2024-7-29].https：//www.gov.cn/xinwen/2022-06/29/content_5698391.htm.

③ 中华人民共和国中央人民政府 . 习近平主持中共中央政治局第二次集体学习并发表重要讲话 .[R/OL].（2023-02-01）[2024-7-29].https：//www.gov.cn/xinwen/2023-02/01/content_5739555.htm.

第三节 新质生产力

（一）新质生产力相关理论

自习近平总书记在 2023 年 9 月 7 日新时代推进东北全面振兴座谈会上首次提出新质生产力以来，在中央经济工作会议、中共中央政治局集体学习、全国人大等多个会议场合对新质生产力的发展状况、特点、关键和本质，以及如何因地制宜发展新质生产力做了论述，具体如图 2-3 所示。

尤其是在 2024 年 1 月 31 日中共中央政治局第十一次集体学习时，习近平总书记对新质生产力给出了完整的定义，概括地说，新质生产力是创新起主导作用，摆脱传统经济增长方式、生产力发展路径，具有高科技、高效能、高质量特征，符合新发展理念的先进生产力质态。它由技术革命性突破、生产要素创新性配置、产业深度转型升级而催生，以劳动者、劳动资料、劳动对象及其优化组合的跃升为基本内涵，以全要素生产率大幅提升为核心标志，特点是创新，关键在质优，本质是先进生产力[①]。这段话对新质生产力的概念、基本内涵、特征、关键和本质进行了总结、概括。

新质生产力的涌现与演进并非一蹴而就，而是深深植根于漫长的历史脉络之中，它与社会生产力的跃升及社会制度的革新紧密相连。纵观人类文明的发展历程，生产力经历了从简单工具、手工劳作到现代化机器设备与人工智能的飞跃。而所谓的“新质生产力”，是在传统生产力的基础上，经过长时间的积累与蜕变，最终实现质的飞跃。在马克思《德意志意识形态》中，他强调生产力主要表现为一种“物质力量”，即生产力的实质性方面。这种力量与生产关系的相互作用，共同构成了“生产方式”或“生产模式”，这是人类社会历史演进的基础架构。当新质生产力积累到一定程度

① 中华人民共和国中央人民政府．习近平在中共中央政治局第十一次集体学习时强调：加快发展新质生产力 扎实推进高质量发展 [R/OL].（2023-02-01）[2024-7-29]. https://www.gov.cn/yaowen/liebiao/202402/content_6929446.htm.

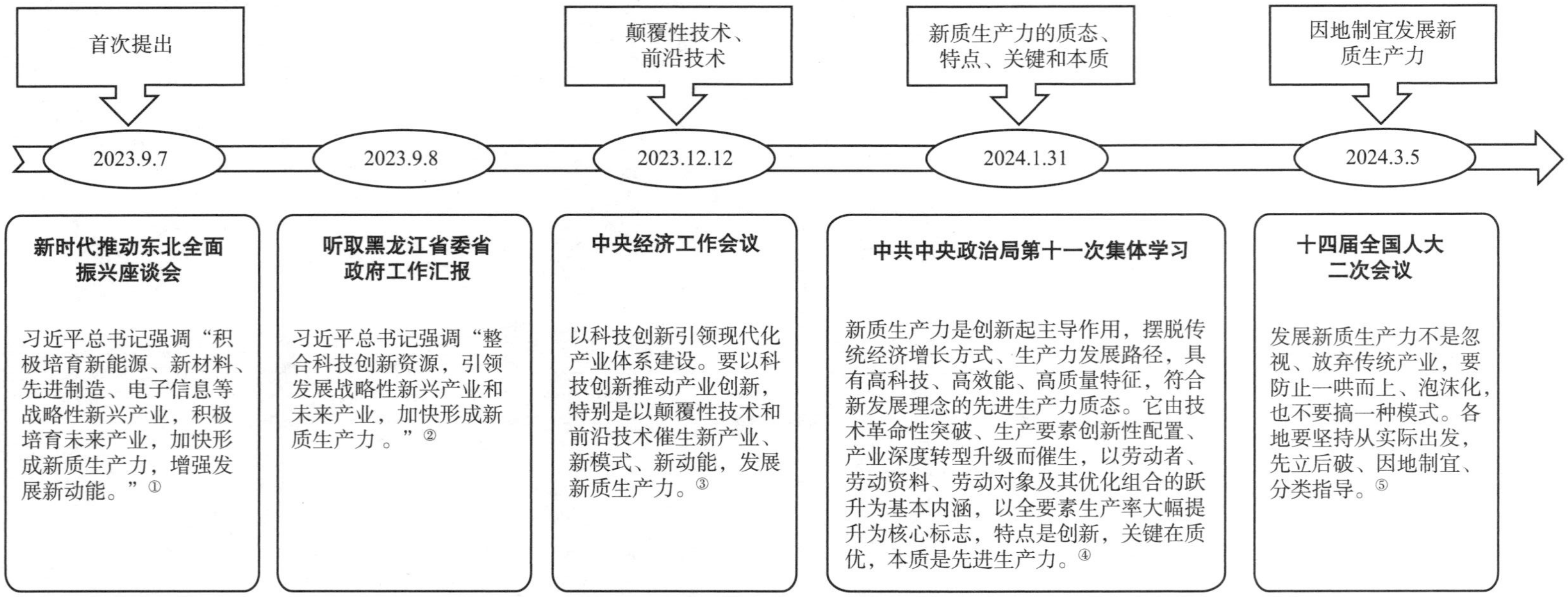

图 2-3　习近平总书记关于新质生产力论述

① 中共中央党校（国家行政学院）. 习近平主持召开新时代推动东北全面振兴座谈会强调牢牢把握东北的重要使命 奋力谱写东北全面振兴新篇章 [R/OL].（2023-09-09）[2024-7-29]. https：//www.ccps.gov.cn/xtt/202309/t20230909_159168.shtml.

② 中国共产党新闻网 . 深刻理解新质生产力的核心要义 [R/OL].（2024-04-29）[2024-7-29].http：//theory.people.com.cn/n1/2024/0409/c40531-40212047.html.

③ 中国共产党新闻网 . 中央经济工作会议在北京举行：习近平发表重要讲话 李强作总结讲话 赵乐际 王沪宁 蔡奇 丁薛祥 李希出席会议 [R/OL].（2023-12-13）[2024-7-25]. http：//dangjian.people.com.cn/n1/2023/1213/c117092-40137526.html.

④ 中华人民共和国中央人民政府 . 习近平在中共中央政治局第十一次集体学习时强调：加快发展新质生产力 扎实推进高质量发展 [R/OL].（2023-02-01）[2024-7-29]. https：//www.gov.cn/yaowen/liebiao/202402/content_6929446.htm.

⑤ 中共中央党校（国家行政学院）. 习近平在参加江苏代表团审议时强调 因地制宜发展新质生产力 [R/OL].（2024-03-05）[2024-7-29]. https：//www.ccps.gov.cn/tpxw/202403/t20240306_161145.shtml.

时，它与旧有的生产关系产生摩擦，最终在多种社会因素的交织作用下，催生出与新质生产力相匹配的新型生产关系，进而推动社会持续进步。在这一动态过程中，新质生产力不断孕育与成长，而旧有的生产关系则逐步被新的体系所替代，这可能会触发社会制度及形态的根本变革。新型生产关系的诞生与发展，旨在与新质生产力相契合，共同推动社会不断向前。因此，新质生产力的形成与演进是一个复杂的社会现象，它涉及众多社会因素与历史背景。然而，随着社会的演进与科技的进步，新质生产力的形成与发展将愈发迅速和普遍，成为人类社会进步的主要引擎。

从新质生产力的逻辑关系来看，新质生产力丰富了生产力构成理论。劳动者、劳动资料、劳动对象这三大生产要素及其优化组合的跃升，构成了新质生产力的基本内涵。从劳动者来看，随着技术的快速发展和应用，劳动者在劳动过程中可以使用海量数据和超越以往的巨大算力，劳动能力大幅提升。从劳动资料来看，大数据、云计算、区块链等高新技术带来了生产工具的全面提升，催生出诸如新能源汽车、锂电池、光伏产品等高效、智能、安全、绿色的生产资料，释放出巨大的生产效能。从劳动对象来看，新质生产力所涉及的劳动对象的种类和形态大幅拓展。其中，创新型人才是劳动者中最为关键的一部分，他们是技术革命性突破、产业深度转型升级的第一资源。

新质生产力逻辑关系图如图 2-4 所示。

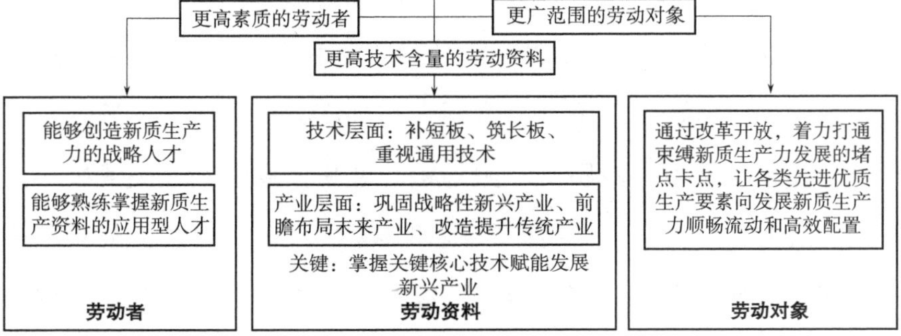

图 2-4 新质生产力逻辑关系图

（二）新质生产力的底层逻辑

新质生产力是由技术革命性突破、生产要素创新性配置、产业深度转型升级所催生的当代先进生产力。从底层逻辑来看，它包括创新逻辑、产业逻辑和生态逻辑，如图 2-5 所示。

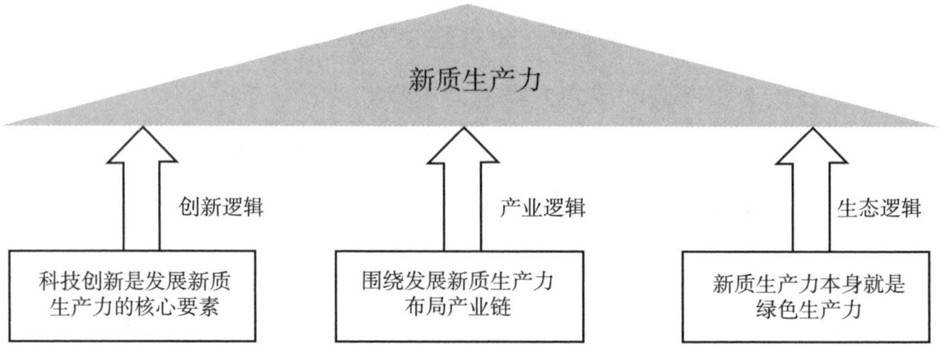

图 2-5 新质生产力底层逻辑

1. 创新逻辑：科技创新是发展新质生产力的核心要素

科技创新通过引入新技术、新工艺和新材料，可以显著提升产业的生产效率和质量，推动产业向更高层次发展。同时，科技创新还可以催生新兴产业，为经济发展注入新的动力。在全球化背景下，国际竞争日趋激烈，由科技创新催生的产业变革极大地改变了人们的生产方式、生活方式和思维方式，大数据与超算的强强联手所创造的生成式人工智能技术，打开了人工智能的全新境界，影响深远的第四次科技革命正在从根本上重塑世界力量版图。

2. 产业逻辑：围绕发展新质生产力布局产业链

发展新质生产力，需要布局合理的产业链，确保各个环节之间的有效衔接和协同发展。具体来说，可以通过以下几个方面来布局产业链：首先，加强科技创新，推动产业创新。科技创新是发展新质生产力的核心要素，通过突破关键核心技术、开发新产品和新服务等方式，推动产业链的升级和转型；同时，要注重创新链和产业链的深度融合，形成以创新为引领的产业链发展模式。其次，优化产业链结构，提高产业协同效率。通过分析产业链的薄弱环节和瓶颈问题，加大投入力度，优化资源配置，提高产业链的协同效率；此外，还需要加强产业链上下游企业的合作，推动形成紧密的产业链合作关系，实现资源共享和互利共赢。最后，加强政策引导和支持，营造良好的发展环境。政府可以通过制定相关政策，鼓励企业加大科技创新投入，推动产业链的优化升级。同时，还可以加强人才培养和引进，为产业链的发展提供有力的人才保障。

3. 生态逻辑：新质生产力本身就是绿色生产力

新质生产力本身就是绿色生产力，这一观点强调了新质生产力在推动经济社会发展过程中的环保和可持续性特征。首先，新质生产力注重科技创新和高效利用资源，通过采用先进的生产技术和工艺，能够减少能源消耗和废弃物排放，从而实现绿色生产。这种生产方式不仅提高了生产效率，还降低了对环境的负面影响，有助于实现可持续发展，助力“双碳”战略的实现。其次，新质生产力强调循环经济和资源循环利用，通过优化产业链和推动产业协同，实现资源的最大化利用和废弃物的最小化排放。这种生产模式不仅提高了资源的利用效率，还降低了环境污染的风险，符合绿色发展的理念。最后，新质生产力还关注生态保护和生态平衡，通过保护和恢复生态环境，实现经济发展与环境保护的和谐共生。这种发展方式有助于维护生态平衡，为人类提供更加宜居的生活环境。

（三）新质生产力的“新”

新质生产力的“新”主要体现在新技术、新组织方式、新目标和新组合方式等方面。

一是新技术。新质生产力以新技术为特征，这些新技术包括颠覆性技术和前沿技术。这些技术的应用催生出一系列新产业、新模式、新动能，从而形成了新的生产力。例如，以数字化、网络化、智能化为特征的新一代信息技术，对传统生产方式进行改造升级，形成了智能制造、工业互联网等新型生产方式。

二是新组织方式。新质生产力在组织生产的方式和内容上也体现了“新”。与传统生产力主要依靠投资驱动、劳动力驱动、土地要素驱动不同，新质生产力主要依靠创新驱动，包括技术创新和数字经济与原有产业的融合。这种新的组织方式使得生产过程更加高效、精准和智能。

三是新目标。新质生产力的发展目标也体现了“新”。与传统生产力更多考虑产量的增加不同，新质生产力更加关注绿色、生态、可持续的发展，更强调质的发展。这一目标与高质量发展的要求相契合，体现了对经济社会可持续发展的追求。

四是新组合方式。新质生产力通过优化产业和产业、要素和要素的组合方式，实现生产力能级的跃升。这种新的组合方式使得资源得到更加合理的配置和利用，提高了生产效率和质量。

（四）新质生产力的“质”

新质生产力的“质”可以从高质量、多质性和双质效三个方面进行阐述。

首先，新质生产力的“高质量”体现在其能够坚实地支撑我国经济实现高质量发展。这不仅仅追求量的合理增长，更强调质的显著提升。新质生产力并非忽视量的积累，而是强调在有足够产量的基础上提升质量。当产量达到一定规模时，企业才有能力提升产品质量，而质量的提升又能进一步转化为销量的增长，为扩大生产规模提供可能。此外，高质量还涵盖了生产全流程和全领域。新质生产力运用高精尖技术，实现高效率要素组合，以生产高质量产品来满足高品质需求。同时，它也推动生产、流通、分配和消费等各领域共同实现高质量的跃升，从而带动整个社会其他领域的高质量发展。

其次，新质生产力的“多质性”体现在其在新发展理念的指导下，具备多种特性。创新性是其首要特质，同时还兼具协调性、绿色性、共享性和开放性。在当前的生产力变革中，数字、协作、绿色、蓝色、开放等生产力元素成为新质生产力多质性的直观表现。这些元素共同构成了新质生产力的多元特性，使其能够适应不同的发展需求。

最后，新质生产力的“双质效”表现在其既注重短期效益，也注重长期效益；既注重经济效益，也注重社会效益和生态效益。从微观生产的角度看，新质生产力善于利用短线积累来支撑长线发展。从国家发展的角度看，新质生产力在推动经济现代化的过程中始终以提升民生福祉为目标。从人类社会的角度看，新质生产力在追求经济效益的同时，也坚持在发展中保护生态环境，实现可持续发展。这种双重质效的特点使得新质生产力成为推动社会进步的重要力量。

第四节 高质量发展

习近平总书记在 2017 年党的十九大报告中作出了“我国经济已由高速增长阶段转向高质量发展阶段”[①] 的重要论述，这是对党的十八大以来我国面临国内外形势变化以及我国主要矛盾变化而作出的科学论断，鲜明地指出了我国在新时代、新发展阶段上的基本特征和战略目标。在同年召开的中央经济工作会议上，习近平总书记指出，要“推动我国经济在实现高质量发展上不断取得新进展”[②]，“高质量发展”成为当前以及未来中国经济发展的新方向。习近平关于经济高质量发展重要论述自提出以来，不仅在党和国家的工作会议上被反复强调，而且引起了社会各界，尤其是学者们的广泛关注和研究。随着高质量发展不断向前推进，经济社会对高质量发展的要求也不断提高。2021 年习近平总书记在参加第十三届全国人大四次会议青海代表团审议时指出，“高质量发展是‘十四五’乃至更长时期我国经济社会发展的主题，关系我国社会主义现代化建设全局”[③]，高质量发展的内涵不断丰富和完善，表明了党中央和全体人民对高质量发展的更高期待。党的二十大提出，“高质量发展是全面建设社会主义现代化国家的首要任务”[④]，深入研究经济高质量发展形成的理论渊源、现实依据和科学内涵，并从中提炼出重要论述的显著特征以及价值意蕴，对丰富和深化经济高质量发展的科学内涵、推动经济社会高质量发展、贯彻落实习近平高质量发展重要论述具有重要的理论和实践意义。高质量发展具有以下两个方面的特征。

一是高质量发展是覆盖全局、重点突出的发展。首先，高质量发展要求我们在发

① 中国共产党新闻网．深刻把握经济高质量发展的内涵要义 [R/OL].（2023-09-20）[2024-7-29].http：//theory.people.com.cn/n1/2023/0920/c40531-40081356.html.

② 习近平．习近平谈治国理政：第 3 卷 [M]. 北京：外文出版社，2020：239.

③ 习近平．论把握新发展阶段、贯彻新发展理念、构建新发展格局 [M]. 北京：中央文献出版社，2021：533.

④ 习近平．高举中国特色社会主义伟大旗帜 为全面建设社会主义现代化国家而团结奋斗——在中国共产党第二十次全国代表大会上的报告 [M]. 北京：人民出版社，2022：28.

展中注重创新、绿色、协调、开放、共享，推动经济实现更高质量、更有效率、更加公平、更可持续的发展，既要求在各个领域都实现高质量的发展，同时突出工作的重点和难点。要以创新为高质量发展的第一动力，以创新促进产业升级，带动经济发展。以协调为高质量发展的内生特点，坚持深化供给侧结构性改革和着力扩大有效需求协同发展。以绿色为高质量发展的普遍形态，贯彻“绿水青山就是金山银山”的发展理念，推动经济增长与环境保护相协调，让发展更加可持续。以开放为高质量发展的必由之路，继续深化改革，以高水平开放促进高质量发展。以共享为高质量发展的根本目的，践行发展为了人民的宗旨，让发展成果更多更好地惠及全体人民。其次，高质量发展需要基于对我国经济发展内在规律性的科学认识作出战略性判断。这意味着我们需要深刻把握我国经济发展的阶段、环境以及条件的变化，尤其是结合国际环境深刻变化以及国内经济发展出现的新情况、新特点及“三期叠加”的复杂局面等，提出符合时代发展要求的重大判断。这体现了高质量发展的战略性和前瞻性特点。最后，高质量发展还需要我们加快经济结构调整，推动经济增长动力转换。

二是高质量发展是贯彻民本理念的发展。首先，高质量发展强调以人民为中心的发展思想。它要求在经济发展过程中，要始终把满足人民群众的需求和利益放在首位，推动经济社会发展全面体现以人民为中心的价值追求。其次，高质量发展注重发展的全面性、协调性和可持续性，它要求在发展经济的同时，也要注重社会、文化、生态等各个方面的协调发展，实现经济效益和社会效益的双赢；最后，高质量发展强调发展的普惠性和共享性，它要求在发展过程中，要让全体人民共享发展成果，实现共同富裕和社会公正。

第三章　创新型人才培养对新质生产力的作用价值

CHAPTER 03

第一节　科技创新、新质生产力与高质量发展的关系

科技创新、新质生产力与高质量发展之间存在密切的关系，它们相互作用、相互促进，共同推动经济社会的发展和进步。

首先，科技创新作为推动新质生产力发展的核心动力，具有引领和推动社会进步的关键作用。科技创新涉及从基础研究到应用研发的全过程，通过不断突破传统技术的局限，创造出具有颠覆性的新技术、新工艺和新材料。这些创新成果不仅提高了生产效率，降低了成本，还推动了产品质量的提升，满足了消费者日益增长的需求。科技创新的快速发展，使得新质生产力得以不断涌现，成为推动经济社会发展的重要力量。

其次，新质生产力作为实现高质量发展的关键支撑，具有引领和推动经济社会全面进步的重要作用。新质生产力代表了先进生产力的演进方向，是技术革命性突破、生产要素创新性配置、产业深度转型升级的产物。它强调创新驱动，注重提高生产效率，减少资源消耗、环境污染，推动经济社会实现可持续发展。新质生产力的不断提升，有助于推动经济结构的优化、产业结构的升级和市场竞争力的提升，进而实现经济社会的高质量发展。

发展新质生产力推动高质量发展，是全面建设社会主义现代化国家的首要任

务，是提高我国经济活跃力、创新力和竞争力的重要举措，也是满足人民对美好生活的向往的必然要求。发展新质生产力，既是理论问题，也是实践导向，既要构建体系框架，也要规划路径设计，需要从攻破技术难题、优化要素配置、加快产业升级、促进绿色转型、全面深化改革五个方面入手，推动新质生产力引领高质量发展迈向新阶段，如图 3-1 所示。

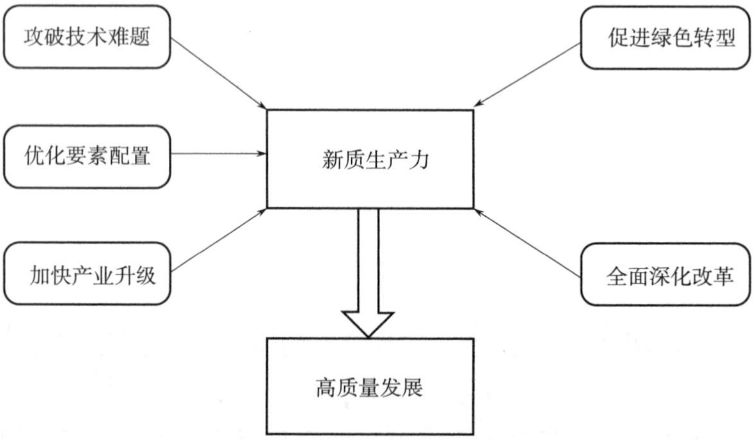

图 3–1　新质生产力与高质量发展关系

最后，高质量发展作为科技创新和新质生产力发展的目标导向，具有引领和推动经济社会全面发展的重要作用。高质量发展强调经济、社会、环境、文化等多个领域的协调发展，追求质量变革、效率变革、动力变革。这需要科技创新和新质生产力的持续推动和支撑，通过不断推动技术进步和产业升级，实现经济社会的可持续发展。同时，高质量发展也为科技创新和新质生产力提供了广阔的应用场景和发展空间，使得科技创新和新质生产力得以不断发展和完善。

第二节　创新型人才对新质生产力的作用价值

人才对新质生产力的发展具有至关重要的作用。新质生产力，作为在社会生产过程中出现的新的、具有变革性和创新性的生产力要素或形态，是推动经济社会发展的重要动力。而人才尤其是创新型人才，作为具备特定领域知识、技能和经验，并能创造贡献和价值的个体，是新质生产力发展的核心要素。新质生产力代表未来科技、产业发展的新方向，需要许多原始创新、颠覆性创新、“0-1”技术突破，而这些技术突破需要战略科学家、领军型人才和优秀青年科技人才等创新型人才。因此，发展新质生产力，必须培育一大批大家、大师和国际一流人才，产生一批改变人类工作和生活的颠覆性科学技术，涌现一批具有全球引领性、影响力的领军型企业，集聚并使用来自世界各地的高端人才，为我所用，进一步建成世界重要人才中心和创新高地，形成服务于新质生产力的创新型人才系统。

第三节　新质生产力对创新型人才要素分析

塑造和发展新质生产力，归根结底要靠创新型人才。国家、高校以及企业需要建立健全创新型人才培养机制，政府要制定并落实好招才引智的创新人才政策，促进创新链、产业链、供应链、资金链、人才链深度融合，打造一批让年轻人才追梦的平台，让创新人才找到最需要的资源要素、享受最优质的创业服务，充分释放创新创造活力。

发展新质生产力，需要树立新的人才观。在当前的时代背景下，科技无疑已成为推动社会进步的首要力量，人才则是第一资源，创新也是第一动力。为提升国家的整体科技实力，我们需要加快实施一批具有战略性、全局性和前瞻性的国家重大科技项目，并以国家战略需求为指引，集中力量攻克原创性、引领性的科技难题，让人才链支撑产业链、创新链、资金链，才能不断形成推动经济社会发展的新动能。加快形成新质生产力，需要集聚高水平创新型人才，特别是要构建起以人才链支撑产业链、创新链、资金链的关键路径，即自主培养高层次创新型人才、吸引与集聚全球顶尖创新型人才、深度进阶融合人才链与“三链”，新质生产力对创新型人才要素分析如图 3-2 所示。

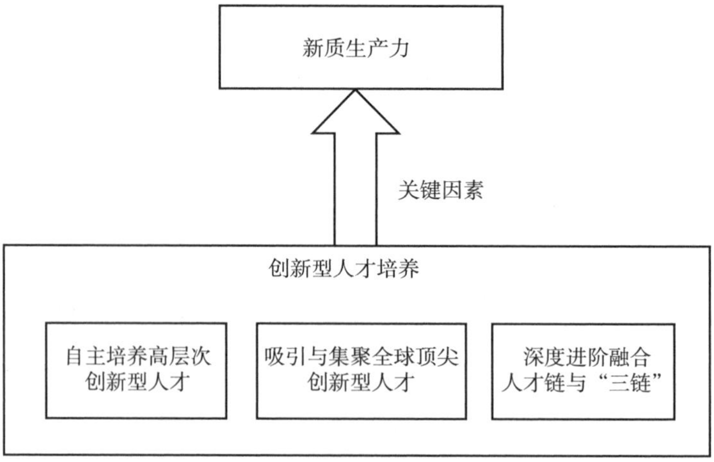

图 3-2 新质生产力对创新型人才要素分析

（一）自主培养高层次创新型人才赋能科技创新

党的二十大报告提出，“加快建设国家战略人才力量，努力培养造就更多大师、战略科学家、一流科技领军人才和创新团队、青年科技人才、卓越工程师、大国工匠、高技能人才”①。战略人才力量的内涵在历史长河中不断演进与拓展，这一过程不仅凸显了当前人才队伍建设中面临的核心问题，也紧密地结合了国家的战略发展需求，战略人才力量所追求的创新性、前瞻性和实效性与新质生产力强调创新、高效和可持续性相契合。

1. 坚持工程牵引，培养造就战略科技人才梯队

在人才队伍建设方面，我们首先需要进一步强化战略科学家和顶尖人才的引进策略，这类人才不仅应拥有科技前沿的引领能力，还需具备创新资源的集聚能力以及国际学术的显著影响力，确保我们能够引进世界一流的科研人才。此外，针对国家重点核心技术攻关领域，应加快科技领军人才的培养和集聚步伐，通过依托重大科研项目，组建跨领域、跨学科的协同攻关团队，实现项目、基地、人才和资金的深度融合与高效支持。在这一过程中，应给予团队充分的财务支配权和创新自主权，确保团队能够

① 人民网．强化中国式现代化人才支撑[R/OL].（2024-04-22）[2024-7-29]. http：//gs.people.com.cn/n2/2024/0422/c183342-40819006.html.

灵活高效地开展科研工作，以推动核心技术的突破和产业的创新发展。

2. 坚持产业为要，加大核心领域人才开发力度

在构建现代化产业体系的征途上，我们应精准把握战略性新兴产业、高技术产业及未来产业的发展脉络。首要任务是锁定产业链的关键节点和前沿交叉领域，集中资源吸引并培育稀缺人才。一方面，我们要以人才战略为引领，抢占未来产业发展的先机，重点关注集成电路、人工智能、生物医药、新能源、新材料和数字经济等前沿产业，加快构建这些产业的创新高地。另一方面，我们必须加大对卓越工程师和高技能人才的培育力度。注重培养那些具备突出技术创新能力、善于应对复杂工程问题，并且具备工匠精神的复合型工程技术技能人才，为我国新质生产力的发展提供坚实支撑。

3. 坚持引育并举，提高人才供给自主可控能力

在推动新质生产力的形成与发展中，我们需要综合考虑政府与市场两种资源，充分利用国内外高校、企业资源，加大人才引进与培育力度，为这一进程提供源源不断的动力。需坚定走人才自主培养的道路，发挥高校在人才培养中的核心作用，强化科教协同与产教融合育人机制，注重培养学生创新思维，鼓励学生参加各种创新大赛，确保理论知识和实践相结合。更要着眼应对未来可能出现的挑战，前瞻性布局相关人才培养，加快培养国家急需紧缺人才和高水平科技复合型人才。

（二）吸引与集聚全球顶尖创新型人才赋能人才集聚

顶尖创新型人才的引进是加快形成新质生产力的有效方法，是汇聚全球创新资源的重要途径。要拓宽创新人才的引进渠道、方式和机制的改革创新，为发展新质生产力汇聚全球人才资源。

1. 充分发挥新型举国体制优势

为了加速新质生产力的形成，我们应充分发挥我国集中力量办大事的制度优势，强化党对人才工作的全面领导作用，布局前瞻性技术、重大工程项目，实现精准的战略规划。积极探索组织化方式，通过建制化和体系化的方法来推动原创性和引领性的科技创新，破除论资排辈、“四唯”思想，大胆使用青年创新型人

才，并给予政策支持和容错机制。

2. 加强创新型人才的跨界引进

通过对跨学科、跨领域、跨行业的创新型人才引进，打破学科壁垒、领域隔阂、行业藩篱，引进一批具有跨界思维和创新能力的高层次人才。尤其要加强对跨国家、跨地区、跨文化的创新型人才的引进，打破国家边界、地域限制、文化障碍，提高人才流动的效率，促进人才资源的畅通流动，吸引全球高水平创新型人才。

（三）深度进阶融合人才链与“三链”赋能整体效能提升

人才链与创新链、产业链、资金链深度进阶融合，是加快形成新质生产力的关键环节，是提升创新效率和效果的重要途径。要充分发挥“四链”的协同作用，实现创新要素的高效配置和优化组合，提升新质生产力的整体效能，加强政府职能管理部门间的协同联动和政策集成，加速技术、产业、人才、资金等要素的集聚与互动，以人才链为纽带，确保这些要素能够良性循环、有效贯通。围绕产业发展配置创新要素，加快建设高能级创新平台和新型研发机构，推动跨领域、跨组织、跨学科协同创新，聚焦产业链重点领域和薄弱环节开展关键技术攻关，建立健全“基础研究—技术攻关—成果产业化”转化接力机制，以变革性技术赋能衍生新兴产业。完善工作统筹调度机制，坚持教育、科技、人才“三位一体”融合发展，提升人才培养水平和自主可控能力，推动人才在链条上自由流动和优化配置，用好用活人才第一资源，为产业科技创新提供有力支撑[①]。

① 徐军海．人才驱动新质生产力的路径选择[J]．中国人才，2024（02）：20-22.

第四章　创新型人才培养赋能新质生产力高质量发展 SWOT 分析

CHAPTER 04

创新型人才培养赋能新质生产力高质量发展 SWOT 分析如图 4-1 所示。

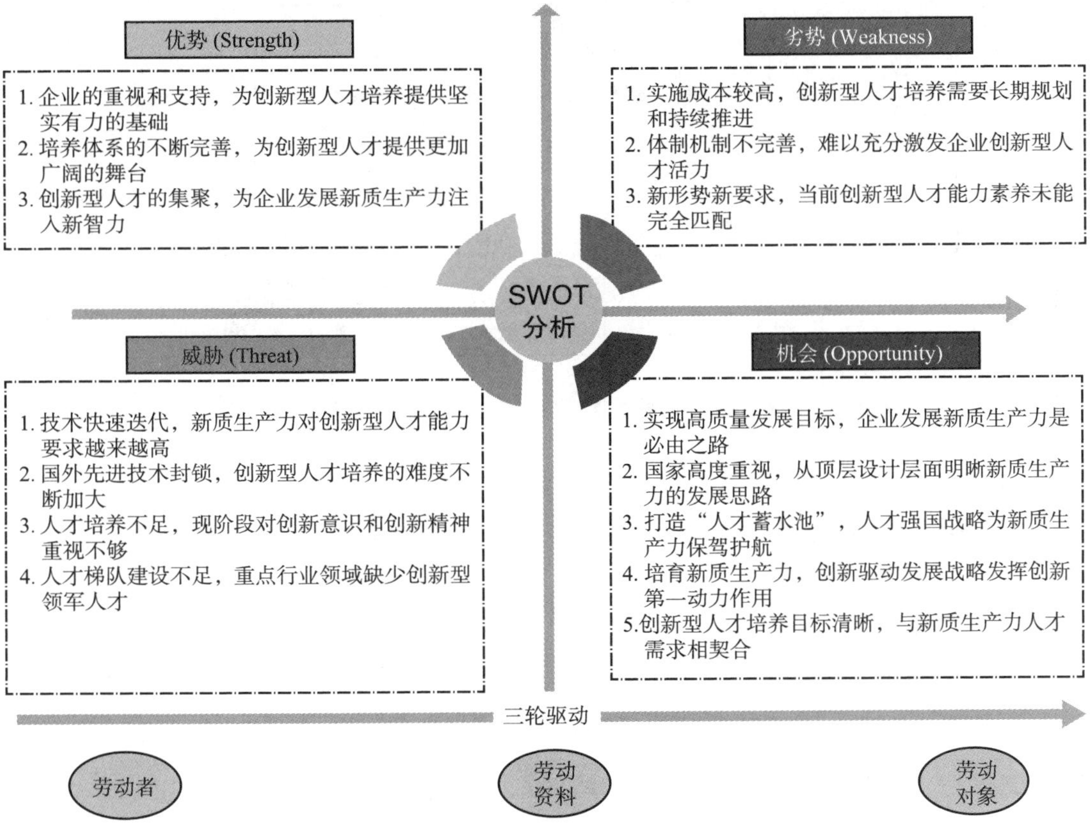

图 4-1　创新型人才培养赋能新质生产力高质量发展 SWOT 分析

第一节 创新型人才培养赋能新质生产力高质量发展的优势分析

创新型人才培养赋能新质生产力高质量发展的优势分析如图 4-2 所示。

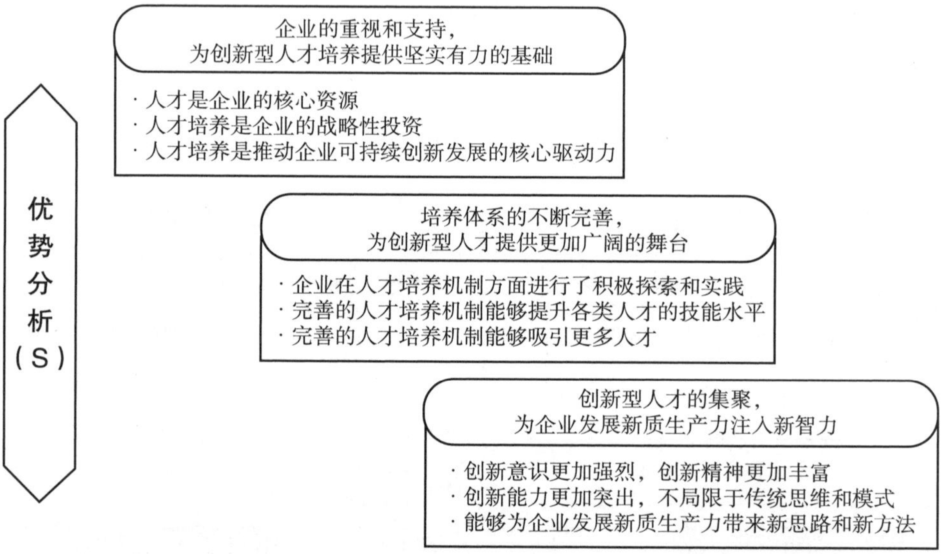

图 4-2 创新型人才培养赋能新质生产力高质量发展的优势分析

（一）企业的重视和支持，为创新型人才培养提供坚实有力的基础

人才是发展的核心驱动力，无论是国家之间的竞争，还是企业之间的竞争，归根到底都是人才的竞争，人才的重要性不言而喻，更多企业开始认识到人才培养对企业发展的重要性。

过去一些企业将人才视为企业的成本，认为人才培养加大了企业的隐性成本，因而不愿意投入过多的精力与金钱，但随着时代的发展和进步，越来越多的企业开始转变观念，将人才视为企业的核心资源，认识到人才培养是企业的战略性投资，更是推动企业可持续创新发展的核心驱动力，应摆在企业发展的核心位置。创新型人才因其敢为人先的创新精神和突出的创新能力，对企业的影响必然比一般人才更大，其重要性更加显著。当下企业竞争空前激烈，人才争夺战逐渐白热化，企业对创新型人才的需求日益增加，因此越来越重视创新型人才的引进和培养，将创新型人才培养作为企业的重点人才战略进行布局设计，助力企业实现高质量发展。

（二）培养体系的不断完善，为创新型人才提供更加广阔的舞台

随着创新型人才培养越来越受到企业的重视和支持，很多企业在人才培养机制方面进行了积极探索和实践，意图通过完善的人才培养机制提升各类人才的技能水平，进而吸引更多人才，确保企业能够应对当前越来越高的发展要求，最终实现高质量发展目标。由于各类人才培养模式和方法有所不同，企业需要设计构建相应的人才培养体系。由于创新型人才是一类特殊且重要的人才，越来越多企业针对创新型人才，进行顶层制度设计和底层实践探索，构建相对完善的创新型人才培养体系。

对于企业来说，尤其是科技型企业，依托创新型人才培养机制的探索创新，不但能够持续提升企业现有创新型人才的专业胜任能力，还能够吸引更多创新型人才，为企业人才队伍注入新鲜血液，促进和推进企业实现健康发展。此外，还能更大限度地激发创新型人才的潜力，使其获得更多展示人生价值的平台，获得更大的发展空间，在更广阔的舞台上实现自己的人生价值。

（三）创新型人才的集聚，为企业发展新质生产力注入新智力

新质生产力的本质是先进生产力，是劳动者、劳动资料、劳动对象及其优化组合的跃升。从新质生产力的影响要素分析来看，人才资源是其中最活跃、最关键的要素之一，也是形成新质生产力的核心。因而，以人才培养为依托，集聚高水平创新型人才，建立一支高水平高素质的劳动者队伍，是实现人力资本不断积累，最终形成新质生产力的重要保证。

创新型人才，尤其是高水平创新型人才是企业加快发展新质生产力的重要基础，

面对新形势下培育和发展新质生产力的新要求，企业亟须集聚和培养一大批高水平创新型人才，依托创新型人才，推动创新发展，进而确保新质生产力的高质量发展。新质生产力的最大特点是创新，借助创新手段，最大化提升全要素生产率，进而推动企业向更高质量迈进。创新型人才与一般人才最重要的不同点在于，其创新意识更加强烈，创新精神更加丰富，创新思维更加活跃，创新能力更加突出，不局限于传统思维和模式，能够为企业发展新质生产力带来新思路和新方法，因而创新型人才将为企业发展新质生产力注入新智力。

第二节　创新型人才培养赋能新质生产力高质量发展的劣势分析

创新型人才培养赋能新质生产力高质量发展的劣势分析如图 4-3 所示。

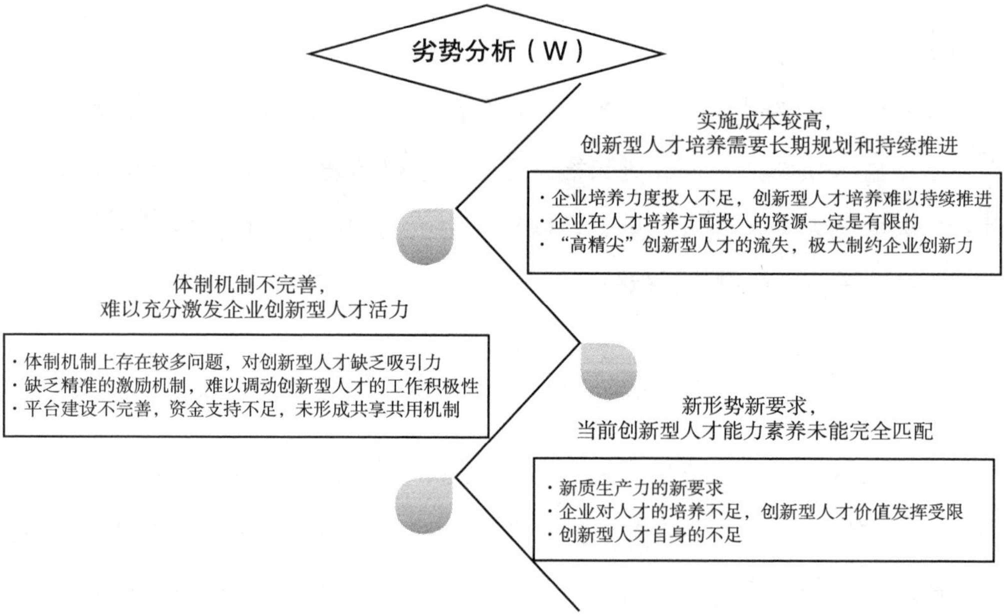

图 4-3　创新型人才培养赋能新质生产力高质量发展的劣势分析

（一）实施成本较高，创新型人才培养需要长期规划和持续推进

企业培养力度投入不足，往往是创新型人才培养难以持续推进的重要因素。但创新型人才的培养是一个持续的过程，很难在短期就能给企业的创新发展带来颠覆式变化，这就需要企业在顶层做好前期规划与设计，同时持续性投入大量的时间和资源，持续推进创新型人才培养机制与培养体系的建设，为创新型人才培养保驾护航，进而形成企业创新发展新质生产力的重要驱动力。

但企业本质上还是以盈利为目的的社会组织，以经济效益最大化为导向，因而其愿意在人才培养方面投入的资源一定是有限的，尤其是要求高、实施成本昂贵、在短期内又很难出成果的创新型人才的培养，企业很难持续坚持，且近些年，受经济形势、人工成本管控等各类宏观因素的影响，很多企业在职工教育经费使用方面相对谨慎，保持在较低水平；同时企业还存在人才流失问题，尤其是“高精尖”创新型人才的流失，将极大制约企业创新力，给企业带来巨大打击，一方面创新型人才的培养成本一般较高，企业需要前期投入大量的时间精力，其流失将造成极大的沉没成本，另一方面创新型人才的流失，极有可能影响企业当前的技术突破或项目推进，对企业的创新发展带来很大困难。

（二）体制机制不完善，难以充分激发企业创新型人才活力

企业创新型人才的培养需要一定的企业环境。在优良的环境下，创新型人才能够更加专注于创新工作，明确自身的目标任务，对企业的组织机构、政策与制度运行完全信任，创新型人才能够遵循秩序做好自身的工作，为企业和国家的发展作出贡献。

创新型人才不足是影响企业自主创新能力的重要因素，很多企业体制机制上存在较多问题，对创新型人才缺乏吸引力，一方面难以吸引到核心关键人才，另一方面，即使能够引进优秀人才，也很难留住人才，甚至可能导致核心技术和商业秘密遭泄露。企业体制机制不完善，首先体现在缺乏精准的激励机制上，很多企业存在“干多干少一个样、干好干坏一个样”的“大锅饭”思想，不能根据激励对象的特点，针对性采取对应的激励方式，即未能在精准激励上勇于推陈出新，持续深耕细作，因而难以利

用激励机制提高创新型人才工作的积极性。其次体现在平台建设不完善上，一些企业在引入了高水平的创新型人才后，未能提供合适的平台或者机会，资金支持不足，未形成共享共用机制，导致创新型人才价值的发挥作用大打折扣，既不利于创新型人才自身的发展，也会对企业的创新发展产生不利影响。

（三）新形势新要求，当前创新型人才能力素养未能完全匹配

新形势下，新质生产力的提出对人才培养提出了新要求。新质生产力，以创新为第一动力，而创新型人才的培养是企业实现创新发展的前提和基础，这就意味着创新型人才是支撑企业发展新质生产力的核心要素，但从实际来看，当前创新型人才能力素养未能完全符合新质生产力发展要求。

从企业角度来看，很多企业在创新型人才培养方面仍存在着重使用、轻培养等问题，当遇上行业繁荣期时，企业急于用人，不肯花大量时间和精力对创新型人才进行系统性培养；而当遇上行业周期萧条期的时候，更是舍不得投入资金培养人才，甚至常常降薪减员，这必然会造成创新型人才的能力素养不能完全匹配新质生产力发展要求。

从创新型人才自身视角来看，新形势下发展新质生产力需要新智人才，这要求创新型人才具备更强的创变思维、复合思维和技术思维等，对其思维、知识、能力等方面提出了更高的要求，而创新型人才自身可能存在不足。

从创新型人才对企业发展的驱动作用来看，现阶段，一方面很多企业未能意识到创新型人才的价值，在引进和培养创新型人才方面下的功夫不够；另一方面，即使一些企业已经意识到创新型人才对企业的重大价值，但受体制机制约束，也很难充分发挥创新型人才在企业创新发展中的作用。

因而，从现阶段来看，由于企业对人才的培养不足、创新型人才自身的不足、新质生产力的新要求以及创新型人才价值发挥受限等，导致了创新型人才能力素养未能完全符合新质生产力发展要求。

第三节 创新型人才培养赋能新质生产力高质量发展的机会分析

创新型人才培养赋能新质生产力高质量发展的机会分析如图 4-4 所示。

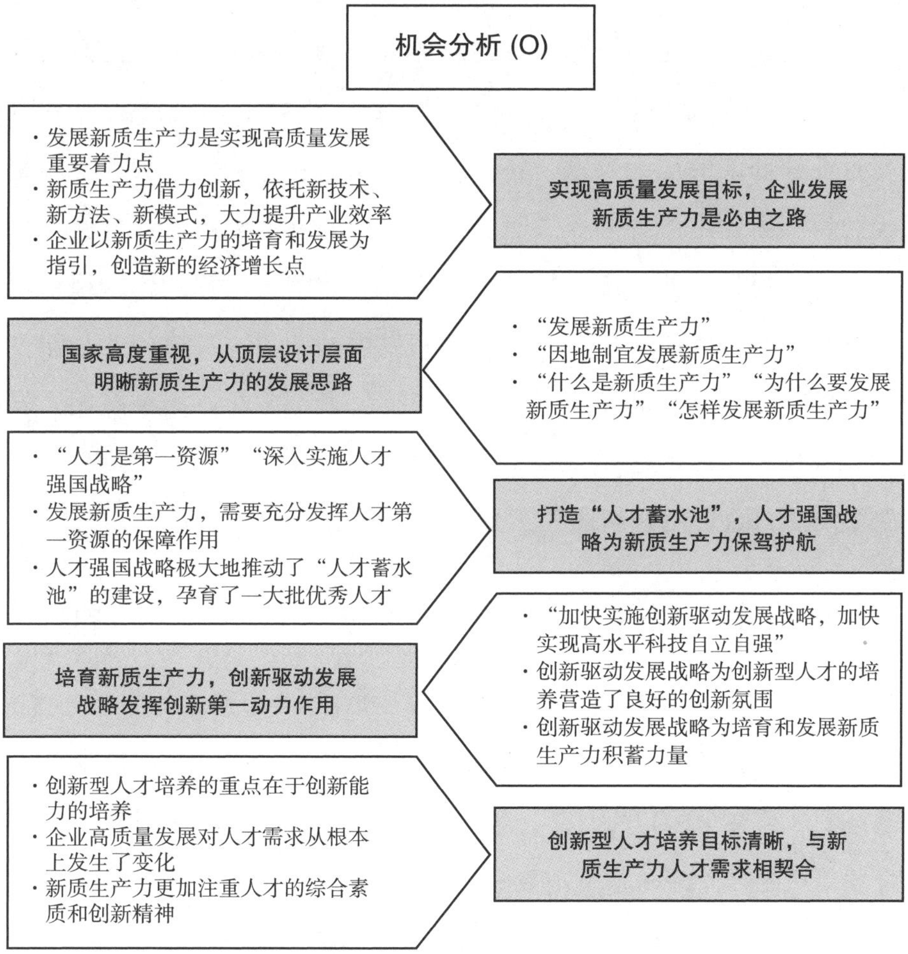

图 4-4　创新型人才培养赋能新质生产力高质量发展的机会分析

（一）实现高质量发展目标，企业发展新质生产力是必由之路

高质量发展是体现新发展理念的创新发展，发展新质生产力是实现高质量发展重要着力点。生产力水平是社会能否前进发展的决定性力量，新质生产力的关键在质优，与传统生产力相比，其摆脱了高资源投入、高能源消耗的粗放型经济增长方式，由创新起主导作用，与新发展理念完全契合，为生产力发展培养新的发展路径，具有高科技、高效能、高质量特征。

对于多数企业来说，面对新形势下的新要求，亟须解决自身转型升级的重大问题，尤其是产业结构的优化调整，如何利用新质生产力推动企业实现高质量发展是当前很多企业都面临的重大课题。企业作为创新的主体，为了实现高质量发展目标，必须大力发展新质生产力，一方面，新质生产力借力创新，依托新技术、新方法、新模式，大力提升产业效率，推动传统产业向数字化、智能化、绿色化等方向转型；另一方面，企业以新质生产力的培育和发展为指引，加快企业战略性新兴产业和未来产业的谋划布局，创造新的经济增长点。通过分析，不难看出，发展新质生产力是实现高质量发展的必由之路，因而面对当前日益激烈的市场竞争，企业想要实现高质量发展，必须用好新质生产力这一利器。

（二）国家高度重视，从顶层设计层面明晰新质生产力的发展思路

从 2023 年在地方考察时提出“新质生产力”到在中央经济工作会议上强调“发展新质生产力”，从 2024 年 1 月主持中共中央政治局第十一次集体学习时对新质生产力作出系统阐述到 3 月在全国“两会”上强调“因地制宜发展新质生产力”，习近平总书记关于发展新质生产力的一系列重要论述，深刻回答了“什么是新质生产力”“为什么要发展新质生产力”“怎样发展新质生产力”的重大理论和实践问题。

从新质生产力的提出到习近平总书记关于发展新质生产力的一系列重要论述，不难看出，国家高度重视新质生产力的发展，尤其是面对当前动荡的国际形势以及经济下行压力等外部宏观因素，亟须寻求新的发展动力，培养新的经济增长点。新质生产

力的提出，为打造经济发展新引擎、塑造高质量发展新优势提供了科学指引，从“什么是新质生产力”，到“为什么要发展新质生产力”，最后到“怎样发展新质生产力”，国家从顶层设计层面，明确了新质生产力的科学内涵、重大意义与具体的发展要求，尤其是“怎样发展新质生产力”为发展新质生产力指明了具体方向。

（三）打造“人才蓄水池”，人才强国战略为新质生产力保驾护航

党的二十大报告提出，“人才是第一资源”，深入实施新时代人才强国战略，是我国社会主义现代化建设的必然选择。自党的十八大以来，以习近平同志为核心的党中央始终把人才工作摆在治国理政大局的关键位置，全面深入实施人才强国战略。发展新质生产力，需要充分发挥人才第一资源的保障作用，与新质生产力发展相匹配的创新型人才队伍建设，是形成和发展新质生产力的重要动力源泉。

社会生产力的发展，本质上依赖于人的发展。劳动者是生产力的最活跃的要素，其素质水平和技能水平，直接决定了生产力的发展水平。在深入实施新时代人才强国战略背景下，很多企业优化完善了人才培养机制，打造了“人才蓄水池”，在人才的培养、引进、使用和流动等方面都积极探索新举措。人才引进方面，重视人才引进工作，紧扣产业发展人才需求，积极引进“高精尖缺”人才，完善人才引进机制；人才培养方面，加大人才培养力度，尤其是紧缺的创新型人才，给予人才成长的机会与平台；人才使用和流动方面，不断优化科研环境，建立健全激励机制，做好其生活服务保障，尽可能降低人才流失率。不难发现，人才强国战略极大地推动了“人才蓄水池”的建设，孕育了一大批优秀人才，为企业发展新质生产力提供了坚强的保障。

（四）培育新质生产力，创新驱动发展战略发挥创新第一动力作用

习近平总书记在党的二十大报告中指出：“创新是第一动力”，“加快实施创新驱动发展战略。加快实现高水平科技自立自强”。[①] 创新驱动发展是以创新为核心，不断推动和引导发展的新动力的战略，从本质上来看，其与新质生产力有一定的相通

---

① 中华人民共和国中央人民政府．党的二十大代表热议——加快实施创新驱动发展战略[R/OL].（2022-10-22）[2024-7-29]. https://www.gov.cn/xinwen/2022-10/22/content_5720797.htm.

点，都是解决发展动力的问题。党的十八大作出实施创新驱动发展战略的重大决策部署，创新驱动发展战略，一方面，紧紧抓住科技创新这个“牛鼻子”，抢占科技和产业制高点，充分发掘和利用新的理念、技术、模式等，在关键核心技术攻关和重点产业转型升级上不断实现新突破，为企业寻求新的利润增长点；另一方面，从本质上说，创新驱动的实质是人才驱动，创新驱动发展战略的决策部署，对企业的人才培养提出了更高的要求，尤其是创新型人才的培养。

基于上述分析，不难看出，从创新型人才培养角度来看，创新驱动发展战略为创新型人才的培养营造了良好的创新氛围，明确了创新型人才对企业的重要价值，也为培育和发展新质生产力积蓄力量；从新质生产力的发展基础来看，近年来，通过深入实施创新驱动发展战略，越来越多企业依托科技创新、人才创新等优势，充分发挥创新的价值，积极打造科技生产力，这为加快形成新质生产力奠定了良好的基础。

（五）创新型人才培养目标清晰，与新质生产力人才需求相契合

创新型人才培养的重点在于创新能力的培养，着重提升人才的创造力和创新思维能力，即敢于颠覆传统、勇于开拓未知，将创新作为必答题，重新组合、转移和应用已有知识和经验，找到解决问题的新方法；培养人才跨学科综合发展能力，即跨越学科界限，整合不同领域的资源、知识和技能；加强人才知识转化和实践应用能力，即将专业知识转化为实践应用的能力；培养人才适应变化和持续学习能力，即快速适应变化，保持学习能力。作为创新型人才，面对新形势和新问题，一般能够直面挑战，基于自身已有知识，发挥主观能动性，积极学习新知识与新技能，探索解决问题的新路径新方法。

新质生产力的核心在于促进全要素生产率显著提高，在培育和发展新质生产力新要求下，企业高质量发展对人才需求从根本上发生了变化。以职业素质、工作技能和工作经验为核心的传统人才模型已经很难满足新质生产力中促进全要素生产率提升的核心要求。新质生产力更加注重人才的综合素质和创新精神，对人才的创新创造能力、跨界整合能力、技术应用能力以及持续学习能力等方面提出了要求。

第四节　创新型人才培养赋能新质生产力高质量发展的威胁分析

创新型人才培养赋能新质生产力高质量发展的威胁分析如图 4-5 所示。

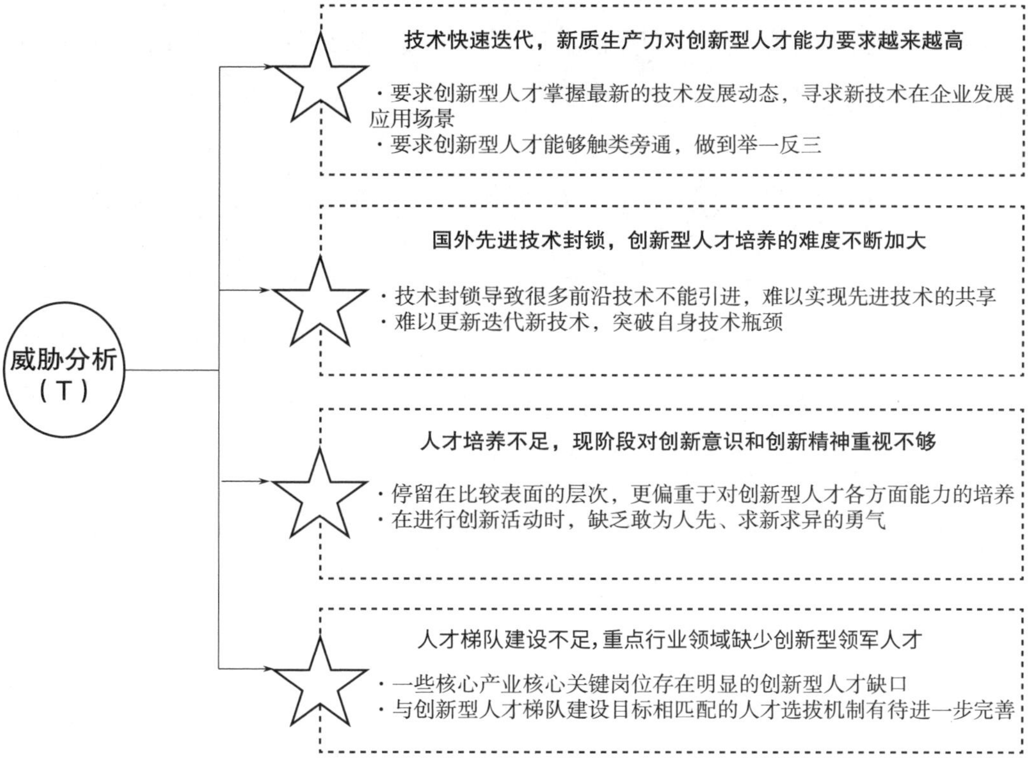

图 4-5　创新型人才培养赋能新质生产力高质量发展的威胁分析

（一）技术快速迭代，新质生产力对创新型人才能力要求越来越高

新质生产力具有高科技特征，发展新质生产力，科技创新更是核心驱动力，创新型人才作为发展新质生产力的重要引擎，是否具备跟踪掌握国内外前沿科技的能力是其能否发挥作用的关键所在，尤其在科技发展日新月异的背景下，科学技术更新迭代

速度不断加快，已成为影响生产力跨越式发展的重要因素。随着新技术和新工具的不断涌现，培育和发展新质生产力的路径也越来越丰富，但同时这也对人才的能力提出了越来越高的要求，尤其是创新型人才。一方面要求创新型人才既能够紧跟国内外前沿技术、颠覆性技术，掌握最新的技术发展动态，同时能识别出满足企业发展需求的前沿技术、颠覆性技术，寻求新技术在企业发展应用场景，前瞻性进行技术引入和布局，具备将技术转化为企业生产力的能力；另一方面要求创新型人才能够触类旁通，在理解掌握新理念和新技术的基础上，将一些新理念新技术，创造性引入全新的领域，做到举一反三，具备技术创新应用的能力，真正掌握技术的精髓。因此，技术的快速发展既能推动新质生产力的快速发展，同时也对支撑新质生产力发展的创新型人才提出更高的要求。

（二）国外先进技术封锁，创新型人才培养的难度不断加大

随着我国经济的不断崛起，综合实力不断增强，国际地位不断上升，对全球的影响越来越大，国外各种“中国威胁论”层出不穷，特别在技术创新领域，大搞技术封锁，将技术问题政治化、意识形态化，意图遏制我国的发展，打压我国各类新兴技术产业的发展。

无论是科技竞争，还是创新竞争，归根到底都是人才竞争，当前我国各领域面临的“卡脖子”困境，从本质上来说就是人才的缺乏和技术的不足。近年来，国家出台若干制度政策措施，从顶层到基层，支持各类企业自主创新，创新型人才的培养被摆到更加重要的位置。但是以美国为首的西方国家搞各种科技“小圈子”，封锁前沿技术，一定程度上影响了创新型人才的培养。一方面，技术封锁导致很多前沿技术不能引进，创新型人才可能要花费更多的时间来解决国外已具备相对完善解决方案的技术问题，很难腾出精力来攻克更加复杂的技术难题；另一方面，技术封锁导致很多创新型人才不能及时跟踪掌握前沿技术和颠覆式技术，难以更新迭代新技术、突破自身技术瓶颈，不利于其技术水平的有效提升。

（三）人才培养不足，现阶段对创新意识和创新精神重视不够

与传统生产力相比，新质生产力更注重发挥创新的引领和驱动作用。创新不仅是新质生产力的驱动力，也是其能否实现高质量发展的关键所在，创新型人才的价值不言而喻。创新型人才的培养需要由浅入深，由表及里，既需要掌握各类知识技能，能够创新，又需要从根本上认同创新的价值，想要创新。因此，对于创新型人才来说，掌握各类必要的能力固然很重要，这是开展创新活动的重要工具与方法，但思想上的创新，即创新意识和创新精神，一种敢为人先、求新求异的思想和意识，则是开展创新活动的重要前提。

从人才培养现状来看，对于创新能力方面的培养，仍停留在比较表面的层次，更偏重于对创新型人才各方面能力的培养，如学习能力、系统整合能力、技术运用能力等，但是对于创新意识和创新精神等深层次的思想创新强调不足，创新能力培养深度不够，一定程度上使得创新型人才的创新能力培养效果大打折扣。创新意识和创新精神强调不足，可能导致一些创新型人才自主创新的意识不强，在进行创新活动时，缺乏敢为人先、求新求异的勇气，甚至存在为了创新而创新的现象，一定程度上使得创新型人才在企业创新活动中的作用价值发挥不尽人意。

（四）人才梯队建设不足，重点行业领域缺少创新型领军人才

人才梯队建设是持续性的人才投资行为，创新型人才梯队建设是满足创新发展需求，提供人力资源储备的重要基础和保障。通过系统构建创新型人才梯队，确保为新质生产力的发展持续输送符合高质量发展需求、数量充足、质量优良、供给及时的高素质创新型人才。创新型人才不足，是制约我国科技创新发展的重要因素，尤其是创新型领军人才，作为创新发展的灵魂人物，对创新发展起主导作用，更是重中之重，其不足很可能导致创新发展停滞不前。

当前形势下，一方面，由于受国内外政治形势、经济形势、技术创新等影响，一些核心产业核心关键岗位存在明显的创新型人才缺口，尤其缺乏创新型领军人才；另一方面，由于科研环境、发展机遇、激励机制等人才管理机制问题，全球化引进创新

型人才难度显著加大，尤其是创新型领军人才供给，这也给人才梯队建设带来了很大的困难。与此同时，与创新型人才梯队建设目标相匹配的人才选拔机制有待进一步完善，尤其是对创新型领军人才的胜任力要素、选拔标准不清晰，缺少全面系统的评价标准。此外，缺少系统的创新型人才培养模式，也是影响创新型人才梯队建设目标实现的重要因素。创新型人才，尤其是创新型领军人才，其培养模式既要满足高质量发展新质生产力的需求，又要满足不同梯队中创新型人才的成长需求。

第五章 创新型人才培养赋能新质生产力高质量发展的案例分析

CHAPTER 05

第一节 某电力企业依托人才画像技术助力企业发展新质生产力实践案例

党的二十大报告指出，“要坚持教育优先发展、科技自立自强、人才引领驱动，加快建设教育强国、科技强国、人才强国”。[①] 某电力企业（以下简称 A 企业）在大力推进数字化转型过程中，沉淀积累了各类人才大量有价值的数据，为充分发挥人力资源价值，尤其是创新型人才的创新价值，A 企业开展了调研活动，并结合调研情况，进一步收集数据、治理数据、使用数据，依托大数据人才画像技术，创新地提出具有企业特色的“全景立体化”创新型人才管理模式；探索开展人才画像和人才盘点，全职业生涯记录创新型人才成长印记、全方位辅助推荐组织急需创新型人才、全景化宏观分析创新型人才队伍建设现状，构建创新型人才数字化管理场景；同时通过大数据动态化更新管理，以及人才数据的不断完善、相关数据的不断丰富，持续更新创新型人才池和梯队结构，最终为企业全面提升创新型人才队伍建设效益效能提供有效助力，

① 中华人民共和国中央人民政府．党的二十大代表热议——加快实施创新驱动发展战略[R/OL].（2022-10-22）[2024-7-29]. https：//www.gov.cn/xinwen/2022-10/22/content_5720797.htm.

助力企业发展新质生产力，如图 5-1 所示。

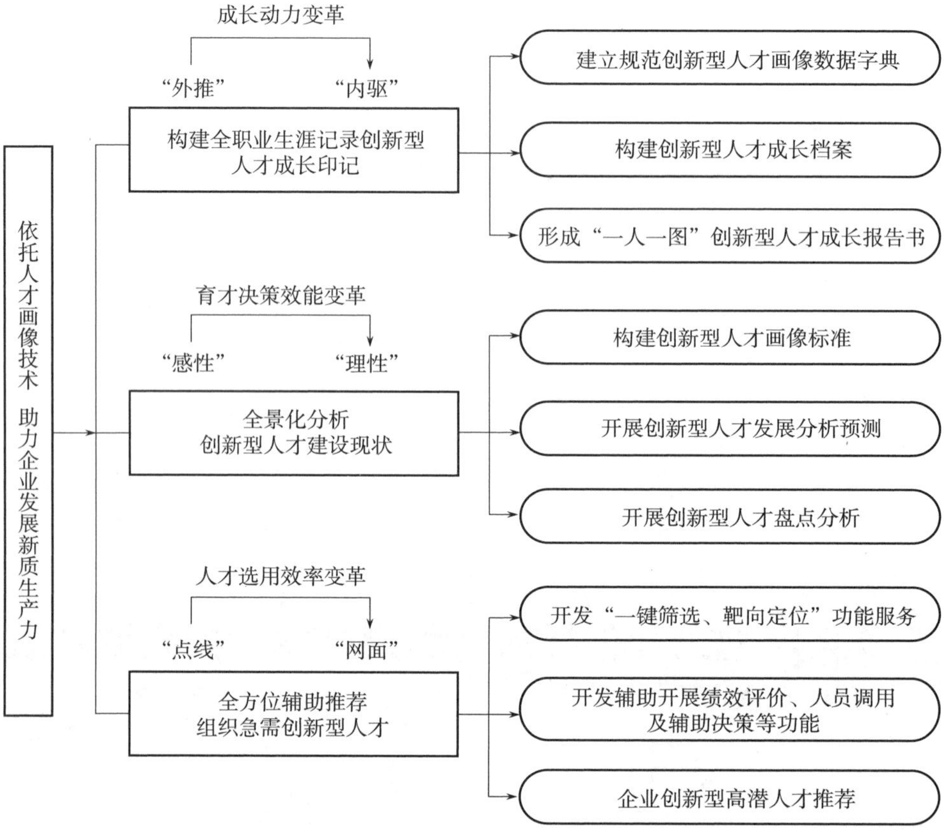

图 5-1　某电力企业依托人才画像技术助力企业发展新质生产力图

（一）案例分析

1. 构建全职业生涯记录创新型人才成长印记，着力推动创新型人才成长从“外推”到“内驱”的动力变革

（1）建立规范创新型人才画像数据字典

在传统的人力资源管理模式下，创新型人才选拔评价存在着数据不统一、维度不统一、填报方式不统一现象，既有各类线上填报系统，也有各类线下填报表单，相应地存在数据零散、封闭等现象，严重影响数据质量。因此，A 企业结合企业现有人才评价选拔方式，梳理包括人力资源管理系统、职称评价系统、技能等级评价系统，以及创新型人才培养标准，对大量的原始数据开展了标准定义和结构化提取工作，依托人

才创新型画像技术对各类评价标准进行汇总整理，通过数据标准化定义、结构化提取，形成基于创新型人才画像技术的数字化人才成长档案数据字典。最终的数据字典共涵盖基本信息、政治素质、履职绩效、获得荣誉、工作业绩、创新成果、专业能力、传承育人、个人成长等 10 个一级页签，68 个二级页签，同时该字典对数据含义、业务规则、数据来源渠道、数据更新频次等进行了明确的说明，为消除数据孤岛有效加强数据贯通打下了坚实的基础。

（2）构建创新型人才成长档案

在传统的人力资源管理模式下，由创新型人才个人留存反映其成长的动态、重要成长的信息。组织各类选拔多采用集体推荐与个人申报结合的方式，报送时效不一、数据质量不高，分析处理佐证材料、核验真实性耗费大量人工成本。针对此项需求，A 企业利用数字化系统开发“云”档案功能，创新型人才可通过数字化平台实时发起个人信息更新流程、经组织人事部门审批通过后完成维护，在人才评选、职称申报、评优评先、年度总结过程中，可以通过系统将日常记录的个人成长情况、成果获奖情况、重点项目完成情况等信息数据一键提取，从根本上减轻重复整理资料的负担，做到一次录入、终生受用。

（3）形成“一人一图”创新型人才成长报告书

传统的创新型人才的管理多以纸质档案形式，存在于管理部门，记录的信息单一，无法全面反映创新型人才的成长情况。依托数字化系统创新型人才成长档案，进一步提取关键信息，形成“一人一图”创新型人才成长报告书，直观立体呈现创新型人才基本信息、成长里程碑、成长大事记、积分雷达图等信息。其中成长大事记，从工作经历、岗位交流、工作业绩、获得荣誉、成果表彰、授权专利、授课任务、培训经历 8 个维度，提取入职以来每一年最高级别荣誉，从时间轴，纵向呈现员工每年成长发展历程，积累形成个人成长轨迹。积分雷达图模块，可以根据所属专业、所属岗位的积分标准，横向比员工积分排名，即员工在单位整体排名、在相同入职年限人员排名，同时能够明确自身的优势劣势，明晰定位、找准差距，引导员工对标典型、主动成才。

2. 全景化分析创新型人才建设现状，着力推动育才决策从“感性”到“理性”的效能变革

（1）构建创新型人才画像标准

一是构建创新型人才画像，A 企业从重点任务、创新成果、专利发明、传承育人等维度，为各种不同专业类型，定制差异化的创新型人才画像标准，形成多项专业化的创新型人才标准。

二是构建创新型人才成长积分标准，A 企业根据各个单位的业务特点和关注重点，从履职绩效、业绩贡献、成果获奖、创新作品、荣誉表彰 5 个模块、10 个积分维度，形成适应业务需求的创新型人才成长积分标准。

（2）开展创新型人才发展分析预测

一是进行岗位胜任能力个人发展分析。通过对创新型人才基本数据和岗位评价标准的关联性分析，搭建岗位胜任能力符合度模型，收集创新型人才的人力资源数据，包括基本信息、培训数据、测评数据、持证数据、上岗数据等。数据收集完成后，需要对数据进行预处理，一方面是为了对数据集可能存在的缺失值进行处理或者对字符型变量数据进行类型转换以满足后续建模算法对数据的要求；另一方面要找出对创新型人才评价影响较大的数据，剔除无关的数据，这在数据挖掘流程中是比较重要的一环，也称为数据降维或变量约简。针对不同的数据处理需求有不同方法，如缺失值处理可用均值法、中位数法等，而指标变量的选择可用因子分析、主成分分析、聚类等方法。通过数据图形化展示，生成员工能力发展报告。

二是进行创新型人才发展趋势分析。基于创新型人才个人发展分析，结合通过历史数据分析构建的人才发展趋势模型，可实现对创新型人才发展趋势的预测。发展趋势分析结合培训、评价、持证、上岗和总体情况等关联因素，从知识、技能和潜能三个维度对创新型人才未来三年发展进行预测。

（3）开展创新型人才盘点分析

挖掘数据价值，横向开展基层单位、纵向开展创新型人才的盘点分析，形成“一组织一策略”分析报告书，帮助组织全面掌握本单位中创新型人才队伍结构、质量等宏观现状，辅助组织精准分析创新型人才当量密度、人才梯队后备、青年培养成效等

关键信息，为组织科学打造“接得上”的人才梯队、精准储备“跟得上”的潜力人才提供量化数据依据。

3. 全方位辅助推荐组织急需创新型人才，着力推动人才选用从“点线”到“网面”的效率变革

（1）开发“一键筛选、靶向定位”功能服务

提供创新型人才专业背景、工作业绩等工作维度，以及日常爱好、兴趣特长等“一键筛选、靶向定位”功能服务，满足组织岗位竞聘、柔性团队组建、各类专家选拔、专项人才推荐等不同人员选用场景需求，帮助组织更快速、更便捷、更全面地了解所需人才情况，提高人才选用效率和精准度。

（2）开发辅助开展绩效评价、人员调用及辅助决策等功能

在开展季度或年度绩效评价时，从成长档案中遴选部门绩效经理人用于绩效评价的参考维度，提取所有创新型人才该维度信息，汇总形成可视化看板，周期性反馈各部门绩效经理人，用于辅助绩效经理人作出合理决策。当出现短时间人员分析及使用需求（如选拔推荐、人员调用），规定申报条件且人力资源系统数据未覆盖（如获奖情况、个人荣誉、岗位交流）等情况时，可通过数字化成长档案信息梳理满足符合规定条件的创新型人才，辅助本单位领导和人力资源部门快速作出合理决策。

（3）企业创新型高潜人才推荐

高潜人才推荐是借助 BP 数据分析模型与企业人才资源大数据进行智能化高潜人才分析的辅助性工具，可以帮助 HR 工作人员精准发现高潜人才，制定高潜人才培养计划，最终确定高潜人才。创新型高潜人才是人才质量与结构关系密切的人群，他们对组织创新战略的落地，业务的创新发展，梯队的优化与建设至关重要。更快、更精准地发现具有晋升潜力的创新型人才，已经成为企业赢得竞争优势的关键。企业人才大数据创新型高潜人才推荐可以帮助人力资源部门更快、更准、更好地进行创新型高潜人才推荐、人才培训与人才晋升，大幅提升企业生产效率、扩大生产力、实现企业整体战略。

（二）案例小结

A 企业通过大数据平台，将创新型人才的基本信息、能力素养、队伍情况可视化呈现，有利于创新型人才的针对性培养、成长，以及创新型人才队伍的科学合理组建。同时，依托透过大数据人才画像技术，重点关注组织和业务对创新型人才提出的要求，其中既包括年龄、教育背景、从业年限等门槛，也包括绩效要求、与创造高绩效相关的关键经历、专业与领导能力、发展潜力、动力等进阶要求，从而确保人才管理信息具有层次性，能够区分“能”或“不能”，也能鉴别“优秀”与“一般”，有利于创新型人才信息的立体化呈现。通过大数据平台搭建，企业创新型人才队伍结构日趋合理，能力素质水平逐步提升，为增强企业核心竞争力提供日益坚强的人力资源保障。

1. 以数据为驱动，形成“牵引式”创新型人才成长模式

聚焦创新型人才，从成长轨迹、人才当量密度等关键维度，对创新型人才数量、队伍结构、专业排名等数据进行分析盘点，为创新型人才选拔配置、梯队建设提供保障。通过平台大数据，为创新型人才建立了“一人一图”，明确了职业规划指导和发展通道，创新型人才可通过大数据平台可视化看板清楚地看到自身定位、发展路径、优势及短板，可有效驱动创新型人才弥补短板、主动成长。

2. 以业务为导向，形成“立体化”创新型人才管理模式

通过可视化大数据平台，企业各级、各部门管理人员及人力资源管理人员可即时查看创新型人才成长轨迹，基于企业战略要求和业务需求，建立“人资搭平台，专业选人才”的选拔培养模式，按照创新型人才上升通道逐级选拔，搭建多维岗位成长成才路径，形成人资和业务部门“立体化”创新型人才管理模式。

第二节 某重工业企业创新型人才培养助力高质量发展实践案例

为加大创新型人才培养力度，注入企业高质量发展新动能，某重工企业（以下简称 B 企业）于 2016 年年初设立了创新工作室。创新工作室设在操作现场，用于现场集中教学，氛围浓厚，共计 30 平方米；在办公楼设置一个 65 平方米的大型培训教室和一个 20 平方米的小型培训教室（会议室），可供参观、实习、操作培训。创新工作室可支撑技能教学培训工作，共投入建设经费 8 万元；与职工大学共建，其热轧仿真模拟系统、VR 模拟设备故障排查系统由职工大学投入 360 万元，可供教学使用。B 企业以创新工作室创设为抓手，培养造就了一批知识型、技术型、创新型职工队伍，为企业生产经营提供了坚实的人力智力支持，有效探索出一条以创新型人才赋能培育和发展新质生产力，助力企业高质量发展的路径。

创新工作室成立至今，完成创新攻关项目 593 项，解决热轧板带生产质量、产能等关键性难题，获取省级 QC 成果 3 项，领军课题项目 4 项，先后获得省部级科学技术进步奖二等奖 2 项、三等奖 4 项；国际、国家发明展览会金奖 5 项、银奖 7 项、铜奖 9 项；全国钢铁行业职工技术创新成果一等奖 1 项、二等奖 1 项；冶金行业创新创意大赛一等奖 2 项、二等奖 1 项、三等奖 3 项；辽宁省创新方法大赛二等奖 3 项、三等奖 2 项；核心期刊发表论文 10 余篇，总结提炼所在集团先进操作法 5 项，累计创效 3.3 亿元。在集团技术竞赛中，20 余人获得集团公司技术能手荣誉称号，46 人完成了职业职称晋级；工作室领军人物在全国“首钢杯”轧钢工技术竞赛获得第 8 名的好成绩。

（一）案例分析

某重工业企业创新型人才培养助力高质量发展示意图如图 5-2 所示。

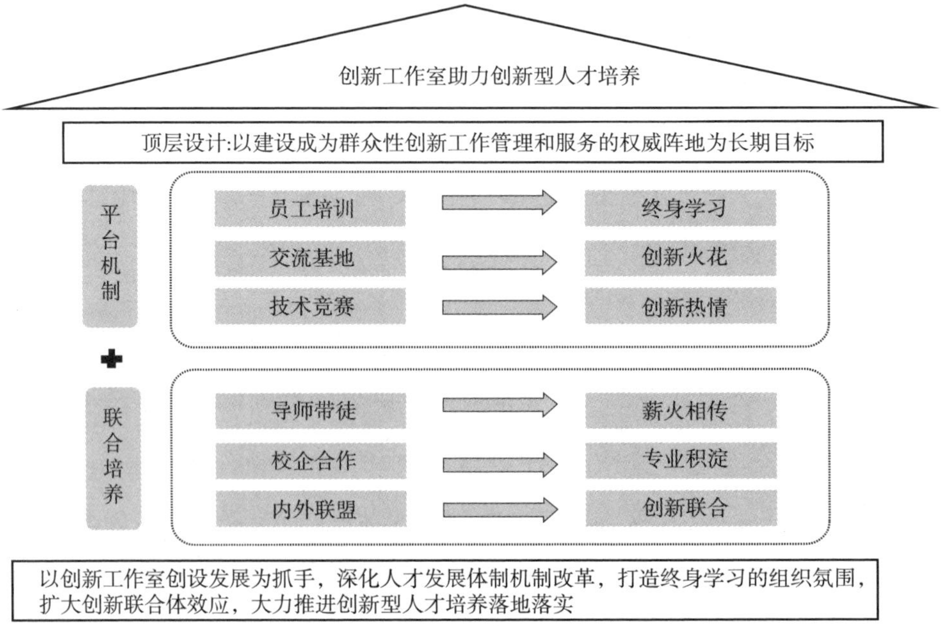

图 5-2　某重工业企业创新型人才培养助力高质量发展图

1. 加强顶层设计引导，科学设立中长期目标

创新工作室以建设成为群众性创新工作管理和服务的权威阵地作为自身的长期目标，不断提升工作站在职工中的影响力和权威性，带动职工以创新攻关为动力，提升职工参与企业推进新工艺、引进新技术、开发新产品等方面工作的热情和关注度，加强职工创新工作的获得感和对企业的主人翁责任感。把实现“四个一”作为创新工作站的中期目标。“四个一”即每一个创新周期解决一批生产瓶颈问题，每一个创新周期培养一批生产骨干人才，每一个创新周期树立一批先进典型人物，每一个创新周期创出一批科技科研成果。创新工作室始终坚持“把工作室建设成为部门群众性创新工作管理和服务的权威阵地”作为自身的长期目标，不断提升工作室在职工中的影响力和权威性，带动职工以创新攻关为动力，提升职工参与企业推进新工艺、引进新技术、开发新产品等方面工作的热情和关注度，加强职工创新工作的获得感和对企业的主人翁责任感。

2. 开展员工培训讲堂，引导树立终身学习理念

创新是以对理论知识的运行和现有设备的了解为基础的，做好创新工作必须有扎

实的理论基础和熟知的装置制造系统，以此为前提对员工培训工作要转变思想和理念，提高员工专业化水平，将人才培养工作作为国有企业人才队伍建设的重要工作。通过聘请部门内高技能人才为内训师，依据员工的理论知识水平分高、中、低三个层次开展专项培训。针对集中的培训方法员工参与度不高且培训效果不明显、企业 60% 员工处于小班倒班、让所有员工集中培训会有抵触情绪等问题，创新工作室采取定时定点定人方式，利用员工的零碎时间进行培训，培训内容有针对性，利用班中交接班时间及现场停轧间歇时间，对岗位员工单独进行技能方面的培训，对于白板的职工集中进行短时间的培训。这种培训方式，既不耽误正常的工作时间，也不占用职工在家的休息时间，又营造出了轻松的学习环境，职工们的学习积极性提高，培训学习的抵触情绪明显减少，同时学习效率大幅提升，学习更有针对性，得到了职工的好评。创新工作室在完善培训学习模式以来，举办了各类专题讲座，满足职工对现场理论和实际操作知识的需求，开办了各类基础培训班 40 多次，做到了传承和创新并举，使员工养成在工作中学习、在学习中工作的终身学习理念。

3. 打造常态化交流基地，促进创新火花碰撞

为了开拓员工思路，提高技术水平，减少理论知识盲点，促使新老员工的共同成长，工会以创新工作室为核心交流基地，不定期地开展学习交流活动，包括各专业小组横向与纵向的多维度交流，通过“互补互助”的方式，提高了员工的专业技能素养。同时为了更好地组织开展小组之间的交流活动，创新工作室按生产工艺和工种、专业进行梳理和分组，设立 4 个专业小组，分别为生产效率提升小组、质量提升小组、设备保障小组、工具革新小组，每个专业小组设组长 1 名，负责创新工作室学习研讨、技术交流、技能提升、协同攻关等组织工作。

各专业组组长结合实际组织小组成员开展经验交流、专题培训及协作攻关等活动，定期开展互动交流，明确交流内容、议程及形式，围绕重点攻关课题，组织开展现场攻关，进行现场答疑、指导等互助服务活动，组织小组成员跨专业、跨区域进行面对面交流互动，进一步打破区域划分和专业设置壁垒，形成共建共享的良好运行机制。利用交流基地组织开展研讨交流活动，培训技术骨干、拓展技术成果，持续提升员工协同创新效能。

4. 深入开展技术竞赛活动，激活干事创新热情

员工在本岗位日复一日地重复工作，工作积极性很难从内心表达出来，在一味地工作过程中，考核和监督这个外在的动力也会黯然失色，只有员工内心的工作热情才是内在的动力源泉，仅仅靠外在的力量，是无法实现员工能力的最大化。比赛这种激发内在动力的方式，可谓是百益而无一害，不仅可以激发参赛员工的工作热情，还能带动其他员工的工作激情，更为领导识别人才提供了有效渠道。创新工作室先后承办了 8 个关键工种的年度技术竞赛，充分调动广大职工学习技术、钻研技能、争先创优的积极性，增强职工的学习创新能力、工作实践能力和技能开发能力。劳动竞赛是业务技能的比武场，促进广大职工参与劳动竞赛，无形中形成了在实践中锻炼提升业务技能的良好氛围。开展劳动竞赛可以极大地锻炼队伍素质，让胜利者树立信心，让失利者不断总结经验，这种循环往复的形式极大地促进了职工劳动技能水平的提升，从而练就一支高素质的职工队伍。

5. 导师带徒促成长，砥砺奋进传薪火

通过“传帮带”把前辈优良作风薪火相传，让工作经验欠缺的新岗位人员迅速成长。将理论知识扎实、现场经验丰富的师傅对新转岗的员工通过“师徒结对”的方式，采取“讲、看、练、考”等灵活多样的形式，有步骤、有重点地进行“传帮带”。同时，活动还细化了导师责任清单，明确了理论知识“面对面”传授、每名师傅针对徒弟的基本情况，因地制宜、因人制宜，采取“一对一”的形式，与职工建立“手拉手”的联系机制，确保“传帮带”责任落到实际工作中，“传帮带”措施取得实效。同时工会领导与创新工作室还对导师带徒协议压实带徒责任，对导师带徒活动不定期进行检查督导，对教得不用心、学得不上心的，给以提醒；对不适应教学、提不起兴趣的，重新进行师徒配对；对教不明白、学不深入的，及时调整师徒名单，切实以动态管理的方式推动“导师带徒”落到实处、见到实效。以本人自评、同事交叉评、导师弟子互评相结合的综合评价模式对结对效果进行评估，按照结果评选出“最佳师徒对子”，召开交流座谈会分享结对经验。

6. 开展校企合作，加深专业素养

根据人才发展建设需要，量身定制各类人员培养、培训计划，有针对性地采取“请进来，走出去”的形式，到各大高等院校、行业领军企业进行交流、学习，重点、全面、系统地培养人才。通过内部高技能人才体系的专业人才和外聘教师的方式，举办各类专题讲座，满足职工对现场理论和实际操作知识的需求。工作站以生产线为实践培训主基地，联合辽宁科技大学等高校，以推进工艺技术改进和解决生产实际问题为目标开展相关工作。采用集团线上网站建立专业授课软件，开展线上培训和交流，录制创新讲座，实现信息互通、技术互联。

7. 加强内外部联盟联络，扩大创新联合体

为进一步推进理论创新、实践创新、制度创新、学习创新、培训创新，进一步互通集团内部的优势资源、优势力量、优势能力，调动广大一线职工的积极性、主动性、创造性，提升创新工作室科学化管理水平，用创新思维、创新方法助力企业各专业人才的成长。创新工作室与集团内部各单位子公司创新工作室建立联盟关系，主要形成同行业创新工作室联盟、全流程创新工作室联盟及混合创新工作室联盟等方式，共同探索新时代职工创新工作室科学化、标准化建设新模式，研讨职工创新工作室发展过程中出现的重大问题，定期组织成员单位开展研讨、相互交流、相互学习等互建互助活动，有计划地到外部职工创新工作室学习先进经验，为成员单位加强自身建设提供有效支撑。

秉承“强强联合、协同创新、成果共享、共同发展”理念，系统谋划工作目标，坚持市场导向、问题导向和服务导向，跨企业、跨基地、跨区域组建职工创新工作室外部联盟。由内部联盟创新升级为协同创新，打破区域、行业和专业壁垒，实现信息共享，推动技术互补的外部联盟。“联盟”是以“职业相近、岗位相连、业务相通”为原则，促进企业人才跨区域、跨行业、跨专业学习交流和联合攻关，充分发挥劳模工匠人才在示范引领、技能传承、协同攻关、集智创新方面的积极作用。同时，将充分发挥“联盟”优势，积极促进“联盟”成员总结提炼创新成果、先进做法和绝技绝招，推动创新工作室工作成果和职工技术创新成果有价值推广，打造职工成长的“大课堂”、技术创新的“孵化器”、成果转化的“中转站”，以提高生产效率、增强创

新能力、培养技能人才等为落脚点，分别制定创新目标和工作措施，推进专业化实施，开展群众性创新创效活动。创新工作室不定期组织各类实地学习考察活动，适时组织创新工作室各小组长及主要核心成员到上下游企业的创新工作室进行交流，面对面研究问题，寻找创新共同点。

（二）案例小结

国以才兴，业以才旺。人才是创新驱动的第一要素，是推动科技发展的重要原动力，也是新质生产力中最为活跃、最为积极的要素。B 企业以创新工作室创设发展为抓手，坚持人才强企理念，大力推进创新型人才培养落地落实，取得了显著的创新成就。总结其实践经验，主要有以下几点。

1. 高度重视创新型人才

培养始终坚持党管人才，以创新型人才培养赋能企业高质量发展。人才是创新的第一动力，是发展的第一引擎。B 企业设立创新工作室作为创新型人才培养的主阵地。投入大量人财物资源支撑，从顶层设计到常态化运行机制，实现全过程把控，助力创新工作室建设落地、落实、发挥实效。

2. 坚持深化人才发展体制机制改革

人才是兴业之本、创新之源。最大化激发人才的创新创造活力，已成为科技自主创新的先决条件和重要前提。B 企业通过建立创新工作室规范的管理运行机制、完善的创新服务机制、公开的创新奖励机制，打通人才发展成长的正向渠道，大幅提升了人才发展成长的内驱力，调动了创新创效的积极性。

3. 引导树立创新理念，打造终身学习的组织氛围

内部文化，引领创新提升。创新工作室既需要崇尚创新的“制度水源”，也需要鼓励创新的“制度空气”。文化是一种意识形态，是一个团队精神的体现，也是指引团队工作方向潜在的精神基础。创新工作室将以自身为引导，通过外出参观、讲座培训、信息发布等方式，将外部的先进技术、产品需求等内容传达到人才，激发学习的主动性，打造终身学习的组织氛围。

4. 建立内外部联盟，扩大创新联合体效应

创新工作室与集团内部各单位子公司创新工作室建立联盟关系，主要形成同行业创新工作室联盟、全流程创新工作室联盟及混合创新工作室联盟等方式，共同探索新时代职工创新工作室科学化、标准化建设新模式。此外由内部联盟创新升级为协同创新，打破区域、行业和专业壁垒，实现信息共享，推动技术互补的跨企业、跨基地、跨区域的外部联盟。通过联盟形式，推动创新型人才培养，更好更快孵化、推广创新成果。

第六章　创新型人才培养赋能新质生产力高质量发展的体系构建

CHAPTER 06

在前面章节中，对创新型人才培养和新质生产力的相关概念特征，以及两者之间的作用价值进行了分析，同时重点对创新型人才培养赋能新质生产力高质量发展进行了 SWOT 分析，并选取了两个典型案例进行分析总结。基于上述的研究，为解决创新型人才培养如何赋能新质生产力高质量发展的问题，本章重点构建创新型人才培养赋能新质生产力高质量发展的体系。

第一节　目标

以习近平关于发展新质生产力的重要讲话精神和我国关于创新型人才培养的会议文件为指导，聚焦决策支持、资源配置和价值创造，进一步优化创新型人才培养模式和结构，构建能赋能新质生产力高质量发展的创新型人才培养体系，助推企业实现更有效率、更可持续、更为稳定地高质量发展。

第二节　原则

（一）坚持党的全面领导、战略引领原则

习近平总书记强调：做好人才工作必须坚持正确政治方向，不断加强和改进知识

分子工作[①]。坚持党的领导是我国人才事业取得成功的根本保证，坚持党对人才工作的全面领导，是保证新时代人才工作走向正确政治方向的根本要求。强化战略引领，推进党建工作与创新型人才培养工作的深度融合，选拔使用政治素质过硬、又红又专的人才，人才的培养工作要紧紧围绕企业的战略发展，符合企业生产经营特点和管理的具体要求。

（二）坚持分层分类培养、顶层策划原则

在设计不同的培养模块的过程中，注重针对性，要根据不同层级和不同类别的创新型人才的分层分类设计不同的培养模块。从培养需求分析入手，制定计划、设计课程，重视对效果的评估并持续改进，逐步建立运作程序科学有效、针对性与实效性较强的企业创新型人才培养体系，用系统工程的观念作出顶层策划和设计，切实为新质生产力的高质量发展添砖加瓦。

（三）坚持持续价值创造、对标一流原则

全面深化对标工作，以价值创造为导向推进企业人才体系和人才能力的建设。充分把握自身战略定位，结合企业“十四五”战略规划发展目标，确定企业的主营业务板块，持续发力，以创新型人才培养为根基，打造一流企业价值创造指标体系，建立立体全面清晰的发展路径。结合企业所处的行业位置和不同的发展阶段，全面对标同行业标杆的创新型人才培养工作，系统谋划价值创造能力提升措施，多层级、多维度、高频次地开展对标一流的工作，与时俱进，不断引领企业新质生产力的高质量发展。

（四）坚持不断改革创新、注重实效原则

要始终围绕企业的发展战略和科研生产工作需求，将创新型人才培养体系建设作为一项系统工程来抓。统筹协调好各类创新型人才培养的区别、与新质生产力发展的作用等关系，以切实提高企业创新型人才的自律力、坚韧力、专业力、培育力、开创

① 中华人民共和国中央人民政府．习近平出席中央人才工作会议并发表重要讲话[R/OL].（2021-09-28）[2024-7-29]. https：//www.gov.cn/xinwen/2021-09/28/content_5639868.htm.

力和责任力为培养目标。持续提高创新型人才培养内容与需求的契合度，增强培养的针对性，创新培养方式和模式，不断提高人才培养的质量和效果。

第三节 新质生产力高质量发展对创新型人才的胜任素质要求

要实现新质生产力的高质量发展和企业的战略目标，就要对创新型人才的素质提出更高更新的需求，即提升不同类型的创新型人才的素质能力，本节主要回答需要什么素质的创新型人才的问题，以国家、企业和社会需求为导向，以培养创新型人才创新能力和创新精神为重点，以提高思想道德素质和职业精神为基础，探索建立跨单位、学科、专业的紧缺创新型人才培养机制，促进创新型人才成为复合型人才。

本文通过全类别——三类创新型人才维度（创新型管理人才、创新型技术人才、创新型技能人才）、全内容——胜任素质维度（政治素质、职业素质、专业知识素质、能力素质）、全程——职业发展维度（初级、中级、高级）三大维度进行模型构建，具体如图 6-1 所示。

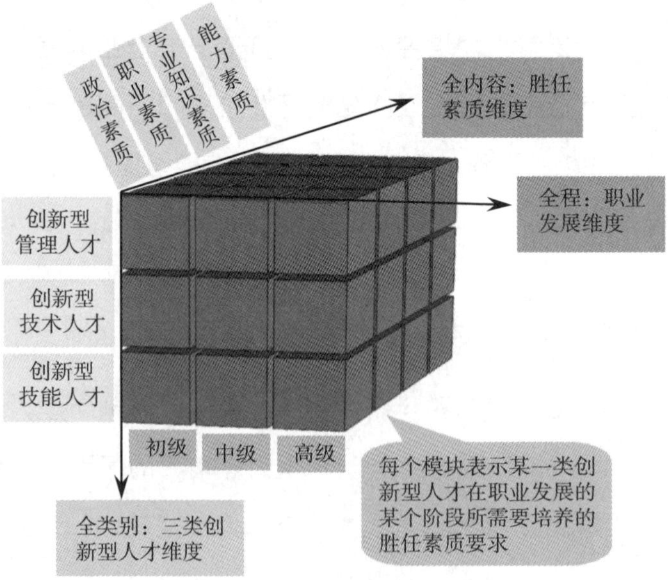

图 6-1 创新型人才培养赋能新质生产力高质量发展体系构建模型图

通过对图 6-1 中三个不同维度进行分解，可以得出职业发展维度图、三类创新型人才维度图和胜任素质维度图，分别如图 6-2 ～图 6-4 所示。

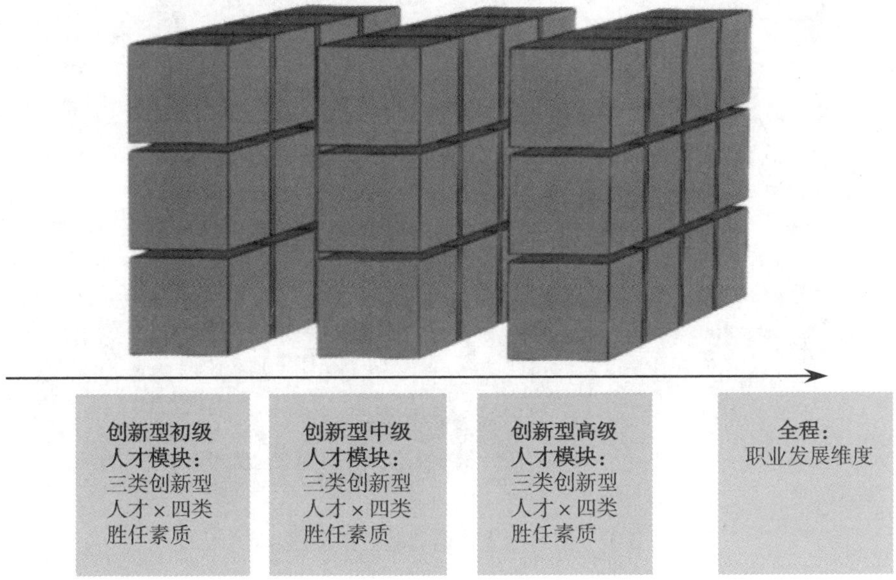

图 6–2　创新型人才培养职业发展维度图

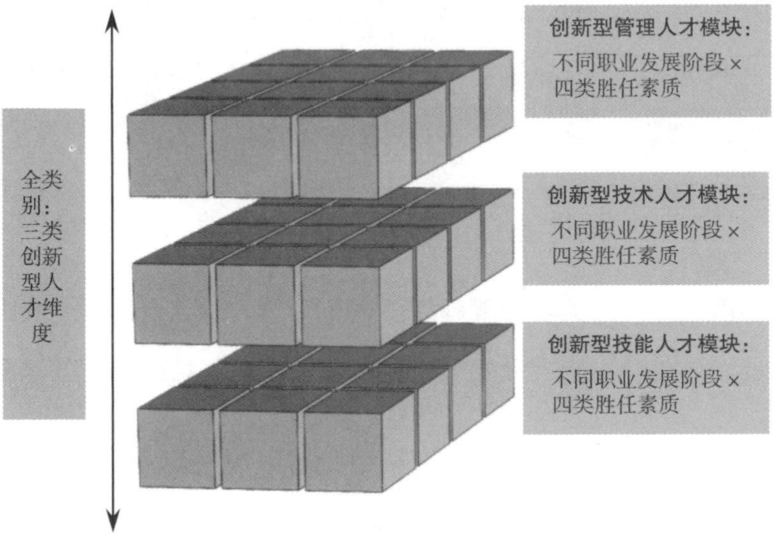

图 6–3　创新型人才培养三类创新型人才维度图

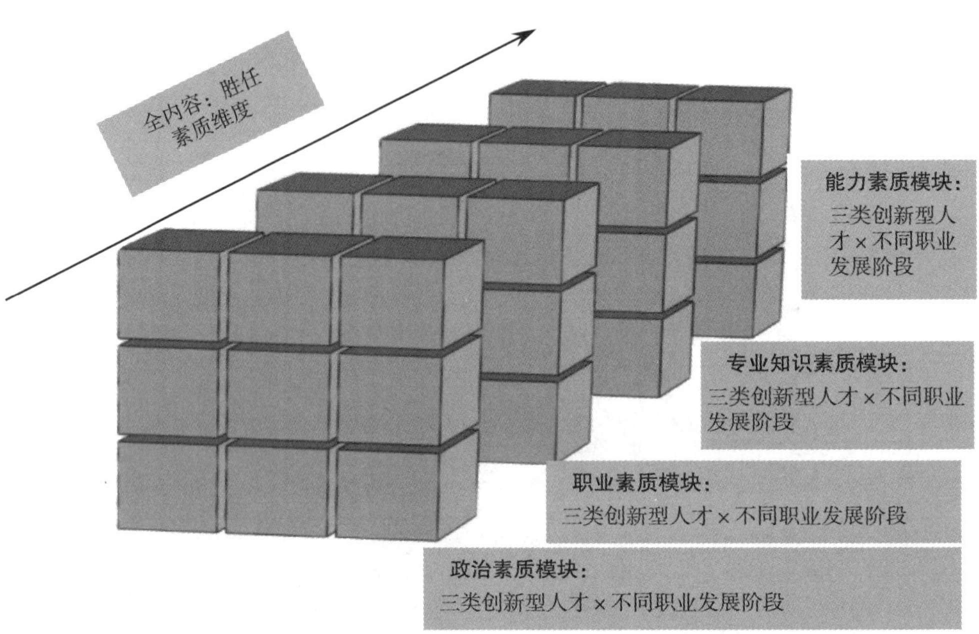

图 6-4　创新型人才培养胜任素质维度图

（一）新质生产力高质量发展对创新型管理人才的胜任素质要求

通过对创新型管理人才的胜任要素模型进行筛选，并结合新质生产力高质量发展的要求，归纳出新质生产力高质量发展对创新型管理人才培养的胜任素质要求，如表 6-1 所示。

（二）新质生产力高质量发展对创新型技术人才的胜任素质要求

通过对创新型技术人才的胜任要素模型进行筛选，并结合新质生产力高质量发展的要求，归纳出新质生产力高质量发展对创新型技术人才培养的胜任素质要求，如表 6-1 所示。

（三）新质生产力高质量发展对创新型技能人才的胜任素质要求

通过对创新型技能人才的胜任要素模型进行筛选，并结合新质生产力高质量发展的要求，归纳出新质生产力高质量发展对创新型技能人才培养的胜任素质要求，如表 6-1 所示。

表6-1 创新型人才培养的胜任素质要求

级别	类别	管理人才	技术人才	技能人才
高级	政治素质	政治引领 绝对忠诚 公正廉洁 社会责任 无私奉献	对党忠诚 廉洁从业 社会责任	对党忠诚 廉洁从业 敬业精神
	职业素质	企业文化认同 国际视野 诚信守法 勇于担当 严慎细实 客户至上	企业文化认同 追求卓越 勇于担当 严慎细实	企业文化认同 克难攻关 勇于担当 团队带领 严慎细实
	专业知识素质	战略管理 市场营销 财务金融 人力资源管理 技术管理 智能化信息化 成本工程 价值工程 精益生产 安全保密 质量管理 风险管控	前沿追踪 技术管理 智能化信息化 成本工程 价值工程 安全保密 质量管理 风险管控	技能基础知识 计划执行 成本控制 安全控制 质量控制 智能操作
	能力素质	抗压能力 经营决策能力 变革创新能力 团队建设能力 高效执行能力 有效控制能力	抗压能力 技术创新能力 统筹协调能力 有效控制能力 创新能力	专业技能能力 难题解决能力 沟通能力 “传帮带”能力 分析问题能力 持续学习能力 创造能力
中级	政治素质	政治规矩 诚实正直 廉洁自律 敬业精神	政治规矩 诚实正直 廉洁自律	政治规矩 诚实正直 廉洁自律
	职业素质	企业文化认同 主动进取 大局意识 承担责任	企业文化认同 主动进取 大局意识 严慎细实	企业文化认同 主动进取 克难攻关 团队合作 严慎细实

续表

级别	类别	管理人才	技术人才	技能人才
中级	专业知识素质	规划计划 财务知识 人力资源管理 成本工程 价值工程 智能化信息化 质量管理 安全保密 风险管控	规划策划 成本工程 价值工程 智能化信息化 质量管理 安全保密 风险管控	技能基础知识 成本控制 安全控制 质量控制 智能操作
	能力素质	分析策划能力 自我控制能力 团队建设能力 高效执行能力 开拓创新能力 持续学习能力	专业创新能力 技术攻关能力 团队建设能力 自我控制能力 持续学习能力 开拓创新能力	专业技能能力 沟通能力 “传帮带”能力 分析问题能力 持续学习能力 创造能力 自我控制能力
初级	政治素质	政治纪律 爱党爱国 诚实可信 责任意识 遵规守纪 爱岗敬业	政治纪律 爱党爱国 遵规守纪 爱岗敬业	政治纪律 爱党爱国 遵规守纪 爱岗敬业
	职业素质	企业文化认同 主动进取 严慎细实 服务意识	企业文化认同 主动进取 关注细节 遵规守纪 协同高效	企业文化认同 主动进取 克难攻关 团队合作 落地执行
	专业知识素质	管理知识 财务基础 时间管理 公文写作 成本工程 价值工程 质量管理 安全保密 智能化	时间管理 成本工程 价值工程 软件工程 质量管理 安全保密 智能化	专业知识 成本控制 安全控制 质量控制
	能力素质	沟通表达能力 组织协调能力 团结协作能力 计划执行能力 自我调节能力 持续学习能力	沟通表达能力 专业学习能力 技术实现能力 团队融入能力 高效执行能力 持续学习能力	专业技能能力 沟通能力 分析问题能力 持续学习能力 自我控制能力

第四节　创新型人才培养的体系构建

在培养创新型人才政治素质、职业素质、专业知识素质和能力素质各方面能力时，需要进行动态调整，如在开办针对提升高级管理者政治素质的对应培训项目时，根据培养对象特点以及国家、地方政府的相关要求进行课程设计和内容调整。

建议培养方式是根据培养内容的特点及培训对象而定，可以通过线上培训、集中面授培训、党性专题培训、研究式学习、案例式教学、焦点小组、行动学习、导师带徒弟、项目实践等方式进行。

（一）创新型管理人才培养的内容体系构建

在培养内容上，创新型高级管理人才培养的内容更加偏重于宏观层面；创新型中级管理人才培养的内容既要兼顾宏观层面内容，也要巩固基础知识；创新型初级管理人才培养的内容则侧重于基础知识。

在培养方式上，创新型高级管理人才适合采用焦点小组、研究式学习等方式；创新型中级管理人才适合采用案例式教学、行动学习等方式；创新型初级管理人才适合采用线上培训、集中面授培训、项目实践等方式。

1. 创新型高级管理人才的培养内容体系

根据表 6-1 对三类不同级别的创新型人才所需要重点培养的胜任素质进行梳理总结，再进一步对不同级别不同类型的创新型人才培养的内容体系进行构建，并梳理出相应的课程体系。其中，创新型高级管理人才培养内容体系及课程体系如表 6-2 所示。

表6-2 创新型高级管理人才培养内容体系及课程体系

类别	重点培养的胜任素质	重点培养的内容体系	重点培养的课程体系
政治素质	政治引领	国家利益高于一切，政治立场坚定，品德高尚，具有很高的政治水平。坚持用中国特色社会主义理论体系武装头脑、指导实践、推动发展	中国特色社会主义理论体系、习近平新时代中国特色社会主义思想、党史、廉洁警示案例等相关课程
	绝对忠诚	对国家、人民、企业事业真心诚意、尽心竭力，赤诚无私	
	公正廉洁	能带头秉公办事，廉洁自律，不徇私情，不谋私利，并能严格管理下属成员	
	社会责任	对整个社会的良性发展承担应有的责任。引领示范高尚品德，坚持实践正义原则，愿为他人作出奉献和牺牲	
	无私奉献	不图回报、不计较个人得失，全心全意为工作、团队贡献自己的力量、时间、智慧等	
职业素质	企业文化认同	弘扬企业文化，赓续企业精神，对企业文化有认同感，对企业有归属感	企业文化、国内外宏观经济形势、国际化经营发展战略与政策等相关课程
	国际视野	站在国际视角，确定与调整企业发展战略和经营布局。深度洞悉国际和国内市场、环境，适应经济全球化和市场化的趋势，带领企业又快又好地发展	
	诚信守法	信守合同，依法纳税，讲求信誉，以身作则，诚信做事，努力创造诚信的氛围。为人处世，做事立业，讲“诚”，重“信”	
	勇于担当	有强烈的担当精神，勇于对国家负责、对企业负责、对自己与他人负责。抢抓发展机遇，勇于改革、善于改革，有担当意识、担当气魄、担当能力	
	严慎细实	做事严于律己、慎重、细心、实事求是，注重实效等。并能引导与严格管理下属成员，工作态度细致、实事求是	
	客户至上	把客户的需求和满意度放在首位，一切经营活动都以满足客户需求和提升客户满意度为核心	
专业知识素质	战略管理	对企业发展战略问题具有独到的敏感性和预见性，具备制定企业发展战略的世界眼光与创新战略思维。把握全局的战略思维能力与创新和变革管理。引导推进企业战略实施与落地	战略管理、人力资源管理等相关课程
	市场营销	掌握品牌与品牌战略内涵、品牌战略实施、品牌的塑造与传播	
	财务金融	了解财务预算、财务决策；资产重组、资产收并购、相关法律等内容	
	人力资源管理	掌握企业高级人力资源培养与激励，能正确识人、选人、育人、用人，能引导提升员工智力，能激活员工活力	
	技术管理	具备高知识容量，掌握技术和管理融合。能用所掌握的技术和能力来提高整个团队的效率，并能引领组织技术创新，完成组织战略和运营目标	
	智能化信息化	掌握信息化技术与管理、大数据、云计算等内容	

续表

类别	重点培养的胜任素质	重点培养的内容体系	重点培养的课程体系
专业知识素质	成本工程	运用成本工程知识引导组织创新、型号科研与生产管理，保证产品性能质量，降低运营成本	战略管理、人力资源管理等相关课程
	价值工程	引导、组织提升研发能力，提升价值创造能力	
	精益生产	精通精益生产理念与知识，能通过系统结构、人员组织、运行方式和市场供求等方面的变革，引领组织生产、组织管理方式变革	
	安全保密	重视安全生产与保密宣传教育，强化组织安全生产与保密意识，能以身作则，长期坚持安全生产与保密制度	
	质量管理	熟悉国内外最新质量管理理论，引领组织成员遵守质量方针和质量体系，领导组织成员提升工作质量	
	风险管控	掌握风险管控的手段和方法、提升防范风险的预见力、提高发现风险问题的能力、提高处理风险问题的能力	
能力素质	抗压能力	遇到困难毫不退缩，敢于拼搏，勇攀高峰。敢于攻关，超强抗压，不怕困难	压力管理、团队建设等相关课程
	经营决策能力	把握市场和行业发展趋势，确定战略发展方向；规划经营目标，制定经营方针及经营策略；评价和选择经营决策方案，并组织实施；根据阶段性实施效果，调整和优化经营决策活动	
	变革创新能力	优化工作流程，提升管理效率；调整业务模式、组织架构、管理制度；把握发展，推进二次创业、转型升级	
	团队建设能力	为团队确定目标；通过分工提高团队效率，保障团队获得资源；促进团队协作，维护团队利益；激励与约束团队成员；对团队成员提供指导、支持和培养	
	高效执行能力	运用及组织各项资源，有效率地达成组织既定的目标。为实现战略和阶段性目标而需具有的计划、指挥、跟进、协调能力	
	有效控制能力	以比较少的人力、财力和物力，较少的精力与时间使组织的各项活动处于控制状态。一旦组织的某项活动出现偏差，能及时纠正偏差，且能使偏差所导致的损失降到最低	

2. 创新型中级管理人才的培养内容体系

根据表 6-1 对三类不同级别的创新型人才所需要重点培养的胜任素质进行梳理总结，再进一步对不同级别不同类型的创新型人才培养的内容体系进行构建，并梳理出相应的课程体系。其中，创新型中级管理人才培养内容体系及课程体系如表 6-3 所示。

表6-3　创新型中级管理人才培养内容体系及课程体系

<table>
<tr><th>类别</th><th>重点培养的胜任素质</th><th>重点培养的内容体系</th><th>重点培养的课程体系</th></tr>
<tr><td rowspan="4">政治素质</td><td>政治规矩</td><td>国家利益高于一切，政治立场坚定，品德高尚，具有很高的政治水平。坚持用中国特色社会主义理论体系武装头脑、指导实践、推动发展</td><td rowspan="4">中国特色社会主义理论体系、习近平新时代中国特色社会主义思想、党史、廉洁警示案例等相关课程</td></tr>
<tr><td>诚实正直</td><td>依据事物的本质处理组织中的事务，实事求是，不受个人利益、好恶的影响，信守承诺，正确对待自己和他人，创造诚信的氛围</td></tr>
<tr><td>廉洁自律</td><td>廉洁奉公，忠于职守，严格执行工作程序及规定，不利用职务便利为自己或他人直接或间接牟取不正当利益</td></tr>
<tr><td>敬业精神</td><td>热爱自己的职业，有强烈的职业使命感，可以全身心投入到工作中去，尽全力采取行动去完成工作任务</td></tr>
<tr><td rowspan="4">职业素质</td><td>企业文化认同</td><td>弘扬企业文化，赓续企业精神，对企业文化有认同感，对企业有归属感</td><td rowspan="4">敬业精神等相关课程</td></tr>
<tr><td>主动进取</td><td>主动工作，积极进取</td></tr>
<tr><td>大局意识</td><td>从整体利益出发，能站在全局的高度看问题、想办法，做决策。把握大局势的发展方向，不计较眼前得失</td></tr>
<tr><td>承担责任</td><td>对自己的言行、决策所产生的效果承担相应的义务和责任。对自己的行为负责，以及对由此产生的后果负责</td></tr>
<tr><td rowspan="9">专业知识素质</td><td>规划计划</td><td>具有制定规划与编制计划的能力，掌握制定规划与编制计划的方法</td><td rowspan="9">财务管理、人力资源管理、成本管理等相关课程</td></tr>
<tr><td>财务知识</td><td>掌握预算管理、资产管理、成本管理、税收筹划等知识，能够解读财务报表，进行财务分析与预测</td></tr>
<tr><td>人力资源管理</td><td>掌握劳动经济理论、人力资本理论、心理学理论；企业人力资源规划、工作分析与工作设计、员工招聘与配置、薪酬管理、绩效管理、培训与开发、劳动关系管理、社会保险；相关法律法规及政策</td></tr>
<tr><td>成本工程</td><td>掌握企业成本工程的内涵，实施方案步骤等</td></tr>
<tr><td>价值工程</td><td>掌握企业价值工程的内涵，实施方案步骤等</td></tr>
<tr><td>智能化信息化</td><td>掌握信息化技术与管理、大数据、云计算等内容</td></tr>
<tr><td>质量管理</td><td>掌握质量管理各方面知识，掌握质量改进的方法，主动提升产品质量，能够应用于质量管理的实践提升工作质量</td></tr>
<tr><td>安全保密</td><td>掌握相关安全管理要求，遵守安全管理制度，遵守保密制度</td></tr>
<tr><td>风险管控</td><td>掌握工作相关法律知识，了解风险管理知识，并能够运用于工作之中，确保企业的经营活动在合规的条件下运行，有效控制风险</td></tr>
</table>

续表

类别	重点培养的胜任素质	重点培养的内容体系	重点培养的课程体系
能力素质	分析策划能力	具备较强的分析问题的能力，能独立进行策略思考与计划编制	分析策划、团队管理、持续学习等相关课程
	自我控制能力	能够主动掌握并控制自身心理与行为，对自我行为能进行理性判断并执行	
	团队建设能力	能够为团队确定目标；通过分工提高团队效率，保障团队获得资源；促进团队协作，维护团队利益；激励与约束团队成员；对团队成员提供指导、支持和培养	
	高效执行能力	能够运用及组织各项资源，有效率地达成组织既定的目标	
	开拓创新能力	具有开拓创新能力，面对阻碍时，采取多种技术和方法深入研究问题，寻求与以往不同的解决方法和工作方式	
	持续学习能力	客观评价自我，了解个人能力的局限，不断为自己设定具有挑战性的目标，主动改善与发展自我，积极主动地从各种渠道学习工作所需的知识，针对不足之处努力改进并提高	

3. 创新型初级管理人才的培养内容体系

根据表 6-1 对三类不同级别的创新型人才所需要重点培养的胜任素质进行梳理总结，再进一步对不同级别不同类型的创新型人才培养的内容体系进行构建，并梳理出相应的课程体系。其中，创新型初级管理人才培养内容体系及课程体系如表 6-4 所示。

表6-4　创新型初级管理人才培养内容体系及课程体系

类别	重点培养的胜任素质	重点培养的内容体系	重点培养的课程体系
政治素质	政治纪律	国家利益高于一切，政治立场坚定，品德高尚，具有很高的政治水平。坚持用中国特色社会主义理论体系武装头脑、指导实践、推动发展	中国特色社会主义理论体系、习近平新时代中国特色社会主义思想、党史、廉洁警示案例等相关课程
	爱党爱国	对党忠诚、对国家热爱和对民族自豪。清楚自己肩负的国家责任、社会责任、企业责任，并自觉、认真地履行好义务，积极地把责任转化到行动中去	
	诚实可信	为人诚实、信守诺言，作出承诺即能全力以赴。在工作团队中是值得信赖的工作伙伴、同事	
	责任意识	明确自己的目标和任务，认真履行自己的职责，勇于面对困难和挑战，并积极寻求解决问题的方法	
	遵规守纪	遵守企业的相关工作规章和各项工作纪律制度，遵守企业现有的秩序、自觉执行命令和履行自己的职责	
	爱岗敬业	热爱自己现有的工作岗位，认真履行自身岗位职责，用一种恭敬严肃的态度对待自己的工作，力求业务保质保量完成	

续表

类别	重点培养的胜任素质	重点培养的内容体系	重点培养的课程体系
职业素质	企业文化认同	弘扬企业文化，赓续企业精神，对企业文化有认同感，对企业有归属感	企业文化、服务能力等相关课程
	主动进取	主动进取是初级管理人员的一种工作态度、人生追求、工作方法，做到对自我有正确认识、对周边环境能够正确对待、对人生道路充满信心和希望，能够主动工作，积极进取	
	严慎细实	做事严谨、认真、细心、能从实际出发，实事求是、注重实干、实效，将小事做得仔细、完美	
	服务意识	善于从对方立场思考问题，发现上级、客户、同事的需求。在客户服务方面，能以内外部顾客需求为导向，主动提供服务，根据客户的反馈，不断改进提升服务质量	
专业知识素质	管理知识	掌握基础的部分管理知识，如企业管理、经营管理、常见的管理理论、具体市场营销手段等	公文写作、时间管理等相关课程
	财务基础	掌握预算管理、资产管理、成本管理、税收筹划等基础知识，能够简单看懂三大财务报表，进行简单财务分析	
	时间管理	掌握事先规划并运用一定的技巧、方法与工具实现对时间的灵活及有效运用，从而实现个人或组织的既定目标，了解时间管理的方法和工具，提高自身工作效率	
	公文写作	具备一定的公文写作能力，主要包括：信息采集研究能力、文体格式运用能力、立意构思能力、文字表述能力等。熟悉常用公文的种类及写作要求，能够起草工作中所需要的各类公文	
	成本工程	掌握成本工程的有关知识，有效降低不必要的成本开支。掌握基础的成本工程理论和成本控制技术，并能够理解、贯彻产品成本水平设计、建立和具体实施成本管理体系、实施成本控制、成本降低、成本分析和成本改进的相关基础性成本工程具体工作	
	价值工程	价值工程涉及价值、功能和寿命周期成本三个基本要素。在日常的工作中，能够运用价值工程的眼光，敏锐地觉察、发现一些提升价值、创造能力的手段和方法技巧	
	质量管理	掌握质量管理各方面知识，能够应用于质量管理的实践	
	安全保密	掌握相关安全管理要求，遵守安全管理制度，遵守保密制度	
	智能化	了解智能化信息化的重要性，在日常工作中能够自觉多使用信息化的手段，提供工作信息化的建议，了解一些信息化前沿的部分常识，如信息化技术与管理、大数据、云计算等内容	

续表

类别	重点培养的胜任素质	重点培养的内容体系	重点培养的课程体系
能力素质	沟通表达能力	沟通交流要点突出，思路清晰，能以别人容易理解的方式传递相关的意见和信息，逻辑性较强，能与领导、同事顺畅交流	沟通表达、组织协调等相关课程
	组织协调能力	善于获取上级与周围同事支持，整合可利用资源，理顺内部关系、建立明确目标，有效地完成工作任务	
	团结协作能力	能够团结同事，融入团队，共同合作完成工作任务。能够自觉发挥团队精神、互帮互助，为团队工作效率最大化尽力。不仅要有个人能力，更要有在不同的位置上各尽所能、与其他工作成员协调合作的能力	
	计划执行能力	能合理地安排本职工作，同时能制定所负责的业务的工作计划，有问题及时进行反馈	
	自我调节能力	在遭受诱惑、阻力、敌意、压力时，能够有效控制自身的心理和行为活动，保持冷静，控制负面的情绪和行动	
	持续学习能力	积极主动地学习最新业务知识，针对不足之处努力改进和发展自我	

（二）创新型技术人才培养的内容体系构建

创新型高级技术人才在培养内容上更加偏重于宏观层面。培养方式上，创新型高级技术人才适合采用焦点小组、研究式学习等方式，创新型中级技术人才适合采用案例式教学、行动学习等方式，创新型初级技术人才适合采用线上培训、集中面授培训、项目实践等方式。

1. 创新型高级技术人才培养内容体系

根据表 6-1 对三类不同级别的创新型人才所需要重点培养的胜任素质进行梳理总结，再进一步对不同级别不同类型的创新型人才培养的内容体系进行构建，并梳理出相应的课程体系。其中，创新型高级技术人才培养内容体系及课程体系如表 6-5 所示。

表6-5　创新型高级技术人才培养内容体系及课程体系

类别	重点培养的胜任素质	重点培养的内容体系	重点培养的课程体系
政治素质	对党忠诚	对国家、人民、企业事业真心诚意、尽心竭力、赤诚无私	中国特色社会主义理论体系、习近平新时代中国特色社会主义思想、党史、廉洁警示案例等相关课程
	廉洁从业	能带头秉公办事，廉洁自律，不徇私情，不谋私利，并能严格管理下属成员	
	社会责任	对整个社会的良性发展承担应有的责任。引领示范高尚品德，坚持实践正义原则，愿为他人作出奉献和牺牲	
职业素质	企业文化认同	弘扬企业文化，赓续企业精神，对企业文化有认同感，对企业有归属感	企业文化等相关课程
	追求卓越	充分发挥单位、个人的优势、能力，以及所能使用的资源，在专业技术课题上攻坚克难，使集体发挥到极致的一种状态	
	勇于担当	有强烈的担当精神，勇于对国家负责、对企业负责、对自己与他人负责。抢抓发展机遇，勇于改革、善于改革，有担当意识、担当气魄、担当能力	
	严慎细实	做事严于律己、慎重、细心、实事求是，注重实效等。并能引导与严格管理下属成员，工作态度细致、实事求是	
专业知识素质	前沿追踪	全面掌握系统内多学科、多专业知识；及时了解国内外相关技术现状，跟踪新技术应用范围的发展前景等	技术管理、成本管理、安全保密等相关课程
	技术管理	具备高知识容量，掌握技术和管理融合。能用自己所掌握的技术知识和能力来提高整个团队的效率，并能引领组织技术创新，完成组织战略和运营目标	
	智能化信息化	了解智能化信息化的重要性，在日常工作中能够自觉多使用智能化信息化的手段，提供工作信息化的建议，了解一些智能化信息化前沿的部分常识，如信息化技术与管理、大数据、云计算等内容	
	成本工程	掌握企业成本工程的内涵，运用成本工程知识引导组织创新、型号科研生产任务，保证产品性能质量，降低运营成本	
	价值工程	掌握企业价值工程的内涵，引导、组织提升研发能力，提升价值创造能力	
	安全保密	重视安全生产与保密宣传教育，强化宣贯安全生产与保密意识，能以身作则，长期坚持安全生产与保密制度	
	质量管理	熟悉国内外最新质量管理理论，引领组织成员遵守质量方针和质量体系，领导组织成员提升工作质量	
	风险管控	掌握风险管控的手段和方法、提升防范风险的预先力、提高发现风险问题的能力、提高处理风险问题的能力	

续表

类别	重点培养的胜任素质	重点培养的内容体系	重点培养的课程体系
能力素质	抗压能力	遇到困难毫不退缩，敢于拼搏，勇攀高峰。敢于攻关，超强抗压，不怕困难	抗压管理、决策管理等相关课程
	技术创新能力	根据国内外专业技术先进知识，结合系统内技术现状，科学、合理地开发新技术、新领域，以实现技术进步	
	统筹协调能力	从全局出发考虑专业技术发展或技术研发任务；注重工作整体性、放眼未来，协调团队工作，调整整体资源，以实现利益最大化	
	有效控制能力	以比较少的人力、财力和物力，较少的精力与时间使组织的各项活动处于控制状态。一旦组织的某项活动出现偏差，能及时纠正偏差，且能使偏差所导致的损失降到最低	
	创新能力	在面对新的情况、问题或挑战时，能够运用创新思维和方法，开创新的局面，提出并实施新的解决方案，以推动事物的发展和进步	

2. 创新型中级技术人才培养内容体系

根据表 6-1 对三类不同级别的创新型人才所需要重点培养的胜任素质进行梳理总结，再进一步对不同级别不同类型的创新型人才培养的内容体系进行构建，并梳理出相应的课程体系。其中，创新型中级技术人才培养内容体系及课程体系如表 6-6 所示。

表6–6　创新型中级技术人才培养内容体系及课程体系

类别	重点培养的胜任素质	重点培养的内容体系	重点培养的课程体系
政治素质	政治规矩	在履行职责时，在政治方向、政治立场、政治言论和政治行为方面遵守规范。坚持国家利益高于一切，政治立场坚定，品德高尚，具有很高的政治水平。坚持用中国特色社会主义理论体系武装头脑、指导实践、推动发展	中国特色社会主义理论体系、习近平新时代中国特色社会主义思想、党史、廉洁警示案例等相关课程
	诚实正直	依据事物的本质处理组织中的事务，实事求是，不受个人利益、好恶的影响，信守承诺，正确对待自己和他人，创造诚信的氛围	
	廉洁自律	廉洁奉公，忠于职守，严格执行工作程序及规定，不利用职务便利为自己或他人直接或间接牟取不正当利益	
职业素质	企业文化认同	弘扬企业文化，赓续企业精神，对企业文化有认同感，对企业有归属感	敬业、大局观等相关课程
	主动进取	主动工作，积极进取	
	大局意识	从整体利益出发，能站在全局的高度看问题、想办法、做决策。把握大局势的发展方向，不计较眼前得失	
	严慎细实	做事严谨、认真、细心，能从实际出发，注重实效	

续表

类别	重点培养的胜任素质	重点培养的内容体系	重点培养的课程体系
专业知识素质	规划策划	能够在技术项目开始阶段，做好项目整体策划，熟知项目进行的各个环节，并按照时间节点一步一步实施	策划管理、成本管理、质量管理、安全保密等相关课程
	成本工程	掌握企业成本工程的内涵，实施方案步骤等	
	价值工程	掌握企业价值工程的内涵，实施方案步骤等	
	智能化信息化	掌握信息化技术与管理、大数据、云计算等内容	
	质量管理	掌握质量管理各方面知识，掌握质量改进的方法，主动提升产品质量，能够应用于质量管理的实践提升工作质量	
	安全保密	掌握相关安全管理要求，遵守安全管理制度，遵守保密制度	
	风险管控	掌握工作相关法律知识，了解风险管理知识，并能够运用于工作之中，确保企业的经营在合法的条件下运行	
能力素质	专业创新能力	主动学习国内外先进专业技术，在专业技术研究方面有独到的见解，拥有革新思维及开展新技术的勇气	团队建设、技术攻关等相关课程
	技术攻关能力	面对技术难点时，能够冷静考虑，集中人力、物力对关键性技术进行研究，克服困难，及时提出解决处理问题的方案	
	团队建设能力	能够为团队确定目标；通过分工提高团队效率，保障团队获得资源；促进团队协作，维护团队利益；激励与约束团队成员；对团队成员提供指导、支持和培养	
	自我控制能力	能够主动地掌握自身心理与行为。对自我行为能进行理性判断并执行	
	持续学习能力	客观评价自我，了解个人能力的局限，不断为自己设定具有挑战性的目标，主动改善与发展自我，积极主动地从各种渠道学习工作所需的知识，针对不足之处努力改进并提高	
	开拓创新能力	在面对新的情况、问题或挑战时，能够运用创新思维和方法，开创新的局面，提出并实施新的解决方案，以推动事物的发展和进步	

3. 创新型初级技术人才培养内容体系

根据表 6-1 对三类不同级别的创新型人才所需要重点培养的胜任素质进行梳理总结，再进一步对不同级别不同类型的创新型人才培养的内容体系进行构建，并梳理出相应的课程体系。其中，创新型初级技术人才培养内容体系及课程体系如表 6-7 所示。

表6-7 创新型初级技术人才培养内容体系及课程体系

类别	重点培养的胜任素质	重点培养的内容体系	重点培养的课程体系
政治素质	政治纪律	国家利益高于一切，政治立场坚定，品德高尚，具有很高的政治水平。坚持用中国特色社会主义理论体系武装头脑、指导实践、推动发展	中国特色社会主义理论体系、习近平新时代中国特色社会主义思想、党史、廉洁警示案例等相关课程
	爱党爱国	对党忠诚、对国家热爱和对民族自豪。清楚自己肩负的国家责任、社会责任、企业责任，并自觉、认真地履行好义务，积极地把责任转化到行动中去	
	遵规守纪	遵守企业的相关工作规章和各项工作纪律制度，遵守企业现有的秩序、自觉执行命令和履行自己的职责	
	爱岗敬业	热爱自己现有的工作岗位，认真履行自身岗位职责，用一种恭敬严肃的态度对待自己的工作，力求业务保质保量完成	
职业素质	企业文化认同	弘扬企业文化，赓续企业精神，对企业文化有认同感，对企业有归属感	企业文化、时间管理、成本管理等相关课程
	主动进取	主动进取是初级专业技术人员的一种人生态度、工作方法，要做到对自我有正确认识、对周边环境能够正确对待、对人生道路充满信心和希望，能够主动工作，积极进取	
	关注细节	留意科研生产过程中每一个细微之处，不忽略，不放弃，注重各个环节管理	
	遵规守纪	能够遵守企业的相关工作规章和各项工作纪律制度，能够遵守企业现有的秩序、自觉执行命令和履行自己的职责	
	协同高效	与企业内部人员协同合作，共同努力，从而形成最大合力，以促进企业的发展	
专业知识素质	时间管理	掌握事先规划并运用一定的技巧、方法与工具实现对时间的灵活及有效运用，从而实现个人或组织的既定目标，了解时间管理的方法和工具，提高自身工作效率	
	成本工程	掌握成本工程的有关知识，有效降低不必要的成本开支。能掌握基础的成本工程理论和成本控制技术，并能够理解、贯彻产品成本水平设计、建立和具体实施成本管理体系、实施成本控制、成本降低、成本分析和成本改进的相关基础性成本工程具体工作	
	价值工程	价值工程涉及价值、功能和寿命周期成本三个基本要素。在日常的工作中，能够运用价值工程的眼光，敏锐地觉察、发现一些提升价值、创造能力的手段和方法技巧	
	软件工程	掌握日常研发过程中常用软件	
	质量管理	掌握质量管理各方面知识，能够应用于质量管理的实践，了解产品设计“三性”基本知识	
	安全保密	掌握相关安全管理要求，遵守安全管理制度，遵守保密制度	
	智能化	了解智能化信息化的重要性，在日常工作中能够自觉多使用智能化信息化的手段，提供工作信息化的建议，了解一些智能化信息化前沿的部分常识，如信息化技术与管理、大数据、云计算等内容	

续表

类别	重点培养的胜任素质	重点培养的内容体系	重点培养的课程体系
能力素质	沟通表达能力	沟通交流要点突出，思路清晰，能以别人容易理解的方式传递相关的意见和信息，逻辑性较强，能与领导、同事顺畅交流	沟通表达、高效执行等相关课程
	专业学习能力	熟知专业岗位工作流程，了解其他岗位流程；积极主动学习专业技术发展历史、现状及趋势	
	技术实现能力	善于运用理论知识解决专业技术难题，实现技术转化	
	团队融入能力	具有协作精神，能够团结同事、融入团队，将个人成长与团队成长相结合，共同合作完成工作任务，并共同进步	
	高效执行能力	能够及时、准确理解上级要求，运用各项资源，有效率地达成既定的目标，完成相关任务	
	持续学习能力	积极主动地学习最新业务知识，针对不足之处努力改进和发展自我	

（三）创新型技能人才培养的内容体系构建

在培养内容上，创新型高级技能人才应更加偏重于创新能力和职业素质培养，创新型中级技能人才和创新型初级技能人才则在培养内容上更加偏重于专业技能的培养。

在培养方式上，创新型高级技能人才适合采用焦点小组、研究式学习等方式，创新型中级技能人才适合采用案例式教学、现场教学等方式，创新型初级技能人才适合采用线上培训、导师带徒、现场教学、AR 教学等方式。

1. 创新型高级技能人才培养内容体系

根据表 6-1 对三类不同级别的创新型人才所需要重点培养的胜任素质进行梳理总结，再进一步对不同级别不同类型的创新型人才培养的内容体系进行构建，并梳理出相应的课程体系。其中，创新型高级技能人才培养内容体系及课程体系如表 6-8 所示。

表6-8　创新型高级技能人才培养内容体系及课程体系

类别	重点培养的胜任素质	重点培养的内容体系	重点培养的课程体系
政治素质	对党忠诚	对国家、人民、企业事业真心诚意、尽心竭力、赤诚无私	中国特色社会主义理论体系、习近平新时代中国特色社会主义思想、党史、廉洁警示案例等相关课程
	廉洁从业	能带头秉公办事，廉洁自律，不徇私情，不谋私利，并能严格管理下属成员	
	敬业精神	热爱自己的职业，有强烈的职业使命感，可以全身心投入到工作中去，尽全力采取行动去完成工作任务	
职业素质	企业文化认同	弘扬企业文化，赓续企业精神，对企业文化有认同感，对企业有归属感	企业文化、团队合作等相关课程
	克难攻关	遇到困难毫不退缩，敢于拼搏，勇攀高峰	
	勇于担当	有强烈的担当精神，勇于对国家负责、对企业负责、对自己与他人负责。抢抓发展机遇，勇于改革、善于改革，有担当意识、担当气魄、担当能力	
	团队带领	在团队中主动征求他人意见，与他人互享信息，互相鼓励，为了团队目标与团队成员通力合作，具有科学决策力	
	严慎细实	做事严于律己、慎重、细心、实事求是，注重实效等，并能引导与严格管理下属成员，工作态度细致、实事求是	
专业知识素质	技能基础知识	为完成本工种工作所需的知识	成本管理、安全管理、质量控制等相关课程
	计划执行	能够迅速理解上级意图，形成目标并制定出具体可操作的行动方案，通过有效组织各类资源，保证计划的高效、顺利实施	
	成本控制	在保证正常工作状态和产品质量的前提下，通过增加产出、优化流程等手段控制成本	
	安全控制	掌握工作相关安全操作规程和安全管理制度，掌握工作中危险源特性，理解控制危险源的原理和方法	
	质量控制	严格遵守质量标准，提高产品精度、避免残次品的产生	
	智能操作	掌握智能化技术与管理、大数据、云计算等内容	
能力素质	专业技能能力	拥有完成本工种生产任务所需要的操作技能	分析问题、持续学习等相关课程
	难题解决能力	能够准确全面地认识工作难题，利用有效资源，提出解决问题的意见或方案，并使难题得到解决的能力	
	沟通能力	能快速领会他人意图，作出适当反应，察觉并消除误解，达成合作共识	
	“传帮带”能力	能够以有效方式将自己的工作经验及技能逐步传授给团队成员，提高团队工作技能水平	
	分析问题能力	善于识别问题，并分析问题产生的根本原因，制定出合理的解决方案，确定正确的行动方向和目标并能有效推进	
	持续学习能力	学习方法恰当，学习方式灵活，积极吸取新知识、新技术，善于向他人学习，理论、技能提升较快	
	创造能力	产生新的思想和新的产品的能力	

2. 创新型中级技能人才培养内容体系

根据表 6-1 对三类不同级别的创新型人才所需要重点培养的胜任素质进行梳理总结，再进一步对不同级别不同类型的创新型人才培养的内容体系进行构建，并梳理出相应的课程体系。其中，创新型中级技能人才培养内容体系及课程体系如表 6-9 所示。

表6–9　创新型中级技能人才培养内容体系及课程体系

类别	重点培养的胜任素质	重点培养的内容体系	重点培养的课程体系
政治素质	政治规矩	在履行职责时，在政治方向、政治立场、政治言论和政治行为方面遵守规范。坚持国家利益高于一切，政治立场坚定，品德高尚，具有很高的政治水平。坚持用中国特色社会主义理论体系武装头脑、指导实践、推动发展	中国特色社会主义理论体系、习近平新时代中国特色社会主义思想、党史、廉洁警示案例等相关课程
	诚实正直	依据事物的本质处理组织中的事务，实事求是，不受个人利益、好恶的影响，信守承诺，正确对待自己和他人，创造诚信的氛围	
	廉洁自律	廉洁奉公，忠于职守，严格执行工作程序及规定，不利用职务便利为自己或他人直接或间接牟取不正当利益	
职业素质	企业文化认同	弘扬企业文化，赓续企业精神，对企业文化有认同感，对企业有归属感	团队合作等相关课程
	主动进取	主动工作，积极进取	
	克难攻关	遇到困难毫不退缩，敢于拼搏，勇攀高峰	
	团队合作	为了团队目标与团队成员通力合作	
	严慎细实	热爱自己的职业，有强烈的职业使命感，可以全身心投入到工作中去，尽全力采取行动去完成工作任务	
专业知识素质	技能基础知识	为完成本工种工作所需的知识	成本管理、安全管理、智能制造等相关课程
	成本控制	在保证正常工作状态和产品质量的前提下，通过增加产出、优化流程等手段控制成本	
	安全控制	掌握工作相关安全操作规程和安全管理制度，掌握工作中危险源特性，理解控制危险源的原理和方法	
	质量控制	严格遵守质量标准，提高产品精度、避免残次品的产生	
	智能操作	掌握智能化技术与管理、大数据、云计算等内容	

续表

类别	重点培养的胜任素质	重点培养的内容体系	重点培养的课程体系
能力素质	专业技能能力	拥有完成本工种生产任务所需要的操作技能	分析问题、沟通能力、自我控制等相关课程
	沟通能力	能快速领会他人意图，作出适当反应，察觉并消除误解，达成合作共识	
	“传帮带”能力	能够将自己的工作经验及技能逐步传授给本团队的初级技能人员，提高所在团队工作技能水平	
	分析问题能力	善于识别问题，并分析问题产生的根本原因，制定出合理的解决方案，确定正确的行动方向和目标并能有效推进	
	持续学习能力	能够积极吸取新知识、新技术，善于向他人学习。能从经历的偶发体验或事件中，总结出解决问题的方法并加以运用	
	创造能力	产生新的思想和新的产品的能力	
	自我控制能力	主动控制自我情绪与行为，对日常工作中遇到的问题或者压力经过理性判断后再执行或释放	

3. 创新型初级技能人才培养内容体系

根据表6-1对三类不同级别的创新型人才所需要重点培养的胜任素质进行梳理总结，再进一步对不同级别不同类型的创新型人才培养的内容体系进行构建，并梳理出相应的课程体系。其中，创新型初级技能人才培养内容体系及课程体系如表6-10所示。

表6-10　创新型初级技能人才培养内容体系及课程体系

类别	重点培养的胜任素质	重点培养的内容体系	重点培养的课程体系
政治素质	政治纪律	在履行职责时，在政治方向、政治立场、政治言论和政治行为方面遵守规范。坚持国家利益高于一切，政治立场坚定，品德高尚，具有很高的政治水平。坚持用中国特色社会主义理论体系武装头脑、指导实践、推动发展	中国特色社会主义理论体系、习近平新时代中国特色社会主义思想、党史、廉洁警示案例等相关课程
	爱党爱国	对党忠诚、对国家热爱和对民族自豪。清楚自己肩负的国家责任、社会责任、企业责任，并自觉、认真地履行好义务，积极地把责任转化到行动中去	
	遵规守纪	遵守企业的相关工作规章和各项工作纪律制度，遵守企业现有的秩序、自觉执行命令和履行自己的职责	
	爱岗敬业	热爱自己现有的工作岗位，认真履行自身岗位职责，用一种恭敬严肃的态度对待自己的工作，力求业务保质保量完成	

续表

类别	重点培养的胜任素质	重点培养的内容体系	重点培养的课程体系
职业素质	企业文化认同	弘扬企业文化，赓续企业精神，对企业文化有认同感，对企业有归属感	企业文化、团队合作等相关课程
	主动进取	主动进取是初级专业技能人员的一种人生态度、工作方法，要做到对自我有正确认识、对周边环境能够正确对待、对人生道路充满信心和希望，能够主动工作，积极进取	
	克难攻关	遇到困难毫不退缩，敢于拼搏，勇攀高峰	
	团队合作	为了团队目标与团队成员通力合作。与企业内部人员协同合作，共同努力，从而形成最大合力，以促进企业的发展	
	落地执行	在实际工作中，将公司、领导计划、策略或目标转化为具体行动，并确保这些行动能够有效、高效地实现预期结果	
专业知识素质	专业知识	为完成本工种工作所需的知识	成本管理、安全管理、质量控制等相关课程
	成本控制	在保证正常工作状态和产品质量的前提下，通过增加产出、优化流程等手段控制成本	
	安全控制	掌握工作相关安全操作规程和安全管理制度，掌握工作中危险源特性，理解控制危险源的原理和方法	
	质量控制	严格遵守质量标准，提高产品精度、避免残次品的产生	
能力素质	专业技能能力	拥有完成本工种生产任务所需要的操作技能	沟通管理、自我控制等相关课程
	沟通能力	能领会他人意图，作出适当反应	
	分析问题能力	善于识别问题，并分析问题产生的根本原因，制定出合理的解决方案，确定正确的行动方向和目标并能有效推进	
	持续学习能力	能够积极学习吸取必要知识、技术及技能	
	自我控制能力	主动控制自我情绪与行为，对日常工作中遇到的问题或者压力经过理性判断后再执行或释放	

第七章 创新型人才培养赋能新质生产力高质量发展的关键路径方法

CHAPTER 07

本章借鉴中国传统哲学思想——道、法、术、器、势，从这五个方面与创新型人才培养相结合，输出创新型人才培养赋能新质生产力高质量发展的关键路径方法。具体从明道、循法、御术、精器、顺势五个方面进行路径分析，提炼出可供参考的实操性方法，以期达到能真正为新质生产力高质量发展赋能的目的。创新型人才培养赋能新质生产力高质量发展路径方法如图 7-1 所示。

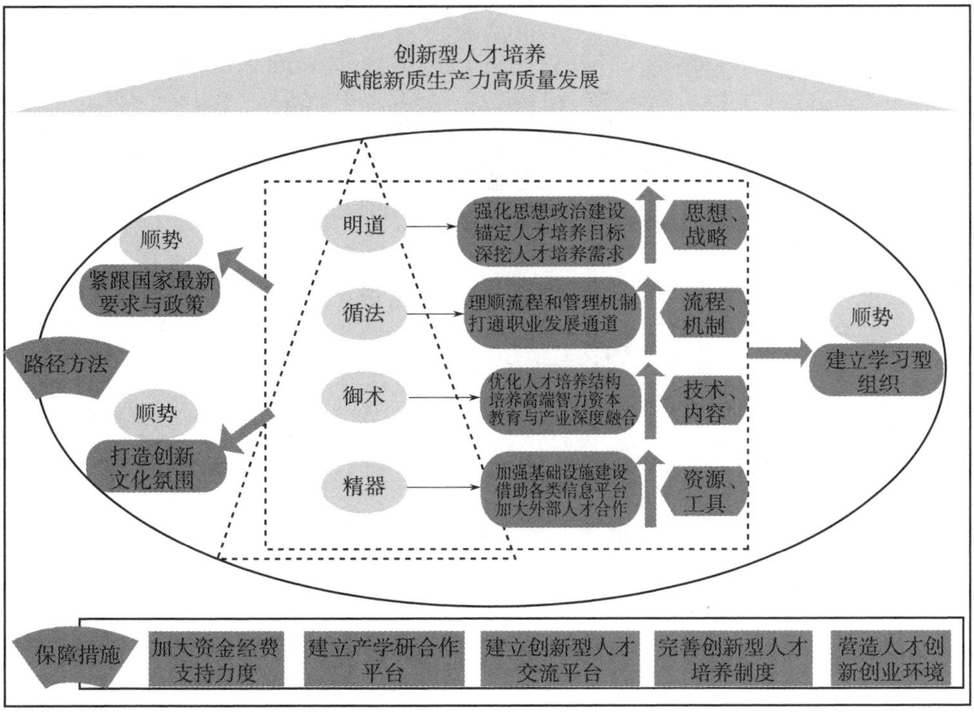

图 7-1 创新型人才培养赋能新质生产力高质量发展路径方法

第一节 明道——为赋能新质生产力高质量发展凝心铸魂

道是思想和理念，决定着终极的高度。明道，主要是站在创新型人才培养思想战略的高度，来为新质生产力的高质量发展提出赋能路径，包括强化思想政治建设，锚定人才培养目标，深挖人才培养需求三大方面内容。

（一）强化思想政治建设

推动思想政治工作贯通创新型人才培养体系，需要坚持价值引领、坚持问题导向、坚持守正创新、坚持系统观念，持续着力形塑贯通新理念、破除各种贯通梗阻、探索贯通新路径、构建育人大格局。思想政治工作是党的优良传统、鲜明特色和突出政治优势，是一切工作的生命线。

加强和改进思想政治工作，事关党的前途命运，事关国家长治久安，事关民族凝聚力和向心力。习近平总书记指出："加强党的领导和党的建设，加强思想政治工作体系建设，是形成高水平人才培养体系的重要内容。"[①] 新征程上，为把发展科技第一生产力、培养人才第一资源、增强创新第一动力更好结合，为深入实施科教兴国战略、人才强国战略、创新驱动发展战略提供强大人才支撑，为全面建成社会主义现代化强国、实现第二个百年奋斗目标，以中国式现代化全面推进中华民族伟大复兴助力赋能，更应不断加强思想政治工作，推动思想政治工作贯通人才培养体系。思想决定意识，意识决定行为。思想政治建设关系到员工素质、工作效率及员工创新能力的提升。创新型人才培养离不开强化思想政治建设，具体可以从以下几个方面入手。

① 中国共产党新闻网．着力推动思想政治工作贯通人才培养体系[R/OL].（2023-02-14）[2024-7-30]. http://theory.people.com.cn/n1/2023/0214/c40531-32623114.html.

1. 牢牢把握正确的发展方向

要从思想政治建设的高度抓创新型人才培养工作，深刻地认识到人才工作也是政治工作，牢牢把握思想政治工作生命线，牢固树立“四个意识”，增强“四个自信”，做到“两个维护”，努力培养出一代又一代拥护中国共产党的领导、热爱祖国、热爱人民的创新型人才队伍。

2. 培育选拔德才兼备的创新型人才

有才无德会坏事，有德无才会误事，有德有才方能干成事。在人才培养和选拔时，在培育选拔过程中，不仅要聚焦理论水平、专业能力、实践本领，更要加强对人才的思想淬炼、政治历练，把好人才的政治关、思想关、道德关，确保创新型人才能做到德才兼备。

3. 不断加强理想信念教育

从观念上引导创新型人才，以加强理论教育和党性教育为落脚点，建设理想信念教育体系，更好发挥“净化器”“大熔炉”“风向标”的作用。要从观念上改，思想政治工作绝不是谈谈话、喊喊口号、搞搞民意调查那么简单，要从企业决策层提高对思想建设重要性的认识，从战略的高度认识到创新型人才对企业新质生产力高质量发展的重要性。

4. 发挥系统工程的作用

思想政治建设是一项系统工程，蕴含于企业的发展规划、宣传文化、选人用人、风险管控、业绩考核等方方面面，最终体现在企业和员工具体的收益上。只有在各个环节都强化对创新型人才的重视，完善企业在思想政治层面上对创新型人才整体观、系统观、大局观的意识，才能为企业打造出一支能力强、配置优的创新型人才，助力企业发展新质生产力。

（二）锚定人才培养目标

1. 明确政策目标

创新型人才培养要结合国家、地方政府和企业最新的关于人才培养的发展战略，如《关于进一步加强青年科技人才培养和使用的若干措施》《×× 市引进培养高精尖缺人才的若干规定》等。还要结合国家、地方政府和企业最新的关于新质生产力的发展战略，如《2024 年政府工作报告》、《工业和信息化部等七部门关于推动未来产业创新发展的实施意见》（2024 年 1 月 18 日）、《陕西省高水平推进产业创新集群建设加快形成新质生产力实施方案》（2024 年 4 月）等。在政策目标的指导下确定创新型人才培养目标。

2. 明确企业目标

企业作为创新型人才的使用者、技术创新的主体，承担着人才使用与发展、发明技术转为实用产品的功能、产业发展的重要任务。根据战略目标的不同，企业对创新型人才的培养目标也有所不同，包括类型（管理、技术、技能）、专业（如财务、人工智能、自动化、化学、行政管理）、技能（如焊接、高低压电器装配、机械设备安装）等。

根据政策目标和企业目标，来设计创新型人才的培养目标，培养目标要能切实地达到赋能新质生产力高质量发展的目的。各方根据这些培养目标，通力合作，培养出足量的创新型人才以促进新质生产力的高质量发展。

（三）深挖人才培养需求

伴随着社会进步与技术的快速发展，创新型人才的知识结构需要不断优化，判断人才培养的有效性，最根本的依据是能否推动新质生产力的战略发展。创新型人才培养需求分析作为工作的起点，应以终为始，以结果为导向，通过战略宣贯、战略分解和战略执行等多种方式，重点关注企业战略发展所需要的内容，并将培训从单纯的课堂学习延伸到整个业务活动全流程中。

1. 将理论实践相结合以满足企业需求

人才培养的最终目的是学以致用，学校应该注重课程内容的设置与教学方式选择，将理论与实践充分结合，让学生不仅能够掌握专业的技术知识，还具备相应的技术实践能力。在创新型人才培养的过程中，将理论与实践相结合非常重要，在充分学习完理论知识后，通过实际操作进行验证，才能更深入地掌握学习到的知识，巩固学习到的内容，而不止于停留在表面。将理论与实践相结合才能真正地做到学以致用，满足企业的培养需求。

2. 设计与企业需求契合的培养内容

在对创新型人才进行培养前，教师应该设计好与企业需求相契合的教学培养内容，充分提升学生的学习积极性。高校可以与当地优质企业合作，为学生提供岗位工作全过程的实习机会，创立创新创业大赛，建立针对企业需求的研究工作室等方式，通过这些举措使学生能够针对企业真实的需求进行学习，以提高创新型人才的培养效率和复合能力。

第二节　循法——为赋能新质生产力高质量发展保驾护航

法，是方法、流程。循法在本书中主要是指在流程机制层面为新质生产力的高质量发展赋能。具体路径包括理顺流程和管理机制，打通职业发展通道等两方面内容。

（一）理顺流程和管理机制

创新型人才培养的流程和管理涉及的方面很多，包括，深化分配制度改革，完善创新型人才激励机制；建立项目激励机制，引导人才主动向新质生产力项目流动；健全后备人才培养制度，完善创新型人才选拔制度三方面。

1. 深化分配制度改革，完善创新型人才激励机制

完善绩效考核办法，以真实绩效考核为分配依据，建立健全一人多岗、一岗多职，激励性分配；拓宽不同岗位薪级幅度及晋升空间，建立多岗位、多任务系数加权分配办法。

一是构建模块式的分配核定机制，其构成公开透明且灵活机动，推动人才智能化流动，鼓励承担多项任务和多个岗位，提高人才效能和组织运行效率。

二是构建理念清晰、结构合理、水平适当、管理规范的薪酬分配体系，以形成薪酬管理整体解决方案和政策导向集合，准确指导薪酬管理工作。

三是构建保障措施结构化清单，规范制度模板，不断完善以提高企业经营绩效、规范过程管理为目标的各类经济问责机制，问责事项根据不同发展阶段的具体情况、外部指标对标分析及经营方向的需求等及时调整，在现行基础上推行清单式动态管理，确保经济问责事项确定的及时性，并全部覆盖涉及企业发展的重大事项和关键环节。

四是实施多元化激励手段，在深入实施基于实际绩效激励机制的基础上，突破传统分配模式，建立多元化激励措施，探索实施分类精准激励，对于不同类型的创新型人才，积极推行合规人员持股以及股权、分红激励、科技成果转化奖励等激励政策。

五是建立国际化经营驻外人员薪酬管理机制，实行分类指导，合理合规确定薪酬水平。

2. 建立项目激励机制，引导人才主动向新质生产力项目流动

完善基于实际绩效的激励机制，设立新质生产力项目激励。对于新质生产力项目和产品，以其创造的总价值（绩效）为基准，建立“创新绩效、效率、价值”的评价标准，大幅提高对新质生产力项目（产品）价值成果认同，加大难度系数和激励力度，提高创新型人才的待遇水平，给予创新型团队与产品价值（绩效）数量相匹配的薪酬，引导创新型人才主动向新质生产力项目流动，推动新质生产力的发展。在条件成熟的前提下，以成果孵化机制、智力资本为基础，探索建立持股激励政策和收益分红激励政策，将新质生产力项目的长远收益与创新型人才个人的利益紧密挂钩。

3. 健全后备人才培养制度，完善创新型人才选拔制度

以民主、公开、竞争、择优为导向改革创新型人才选拔任用方式和方法，建立开放的人才使用环境，不拘一格选拔人才，形成能者上、庸者下，人尽其才、才尽其用的创新型人才选用格局。创新型人才选拔的指标、权重、计算方法都可以是动态的、渐进的、不断完善的，但同时也应该是智慧的、智能的、可量化的，这些趋势可以部分有效弥补定性选拔人才的弊端。完善创新型人才选拔任用的工作规则，加大人才的综合分析研判力度，保证人才的基本素质和工作能力，培养复合型人才，建立满足促

进新质生产力高质量发展所需要的创新型人才培养使用机制。

（二）打通职业发展通道

拓宽创新型人才发展通道，激发成长动力。根据创新型人才职业发展通道的实际情况，进一步完善相关配套制度，健全人才各层级、分类及各类通道间灵活转换制度，明确各类别间、各层级间的转换条件，促进人才自主、有目的地成长成才。

1. 针对新领域、新业态、新模式下的创新型人才的成长方式进行研究

每年对人才的成长通道进行完善，深化人才的职级改革，规范创新型人才跨专业、跨领域、跨学科深造条件和途径，促进人才不断完善自身业务知识、提升业务能力，向高端、复合、创新型人才方向发展。

2. 加强人才的全职业生涯设计理念培养

对重点创新型人才和青年后备创新型人才进行职业生涯管理，可通过多岗锻炼、重大项目锻炼、名师带徒等多种形式，强化创新型人才的职业发展目标和发展路径。

第三节 御术——为赋能新质生产力高质量发展驱动引擎

术主要是指技术方法、实践方法。御术在本书中主要是从内容技术层面为新质生产力高质量发展赋能，提供驱动引擎。具体实施路径包括优化人才培养结构，培养高端智力资本，教育与产业深度融合三方面内容。

（一）优化人才培养结构

创新型人才的培养要服务国家战略发展的需要。要发展新质生产力，就要大力培养战略性新兴产业和未来产业所需要的相关专业，产业需要转型升级，各地方政府、高校和企业要高度重视重点领域和关键行业的紧缺高素质人才培养。

1. 引导高校、职业学院优化学科专业结构布局

地方政府可进行“专业建设预警机制”建设，系统分析经济、科技和社会发展对未来创新型人才的需求状况，逐步形成高校专业设置咨询、评价、信息发布及预警的长效机制。

2. 围绕区域或企业产业结构调整的需要推进人才培养结构的建设

不同区域或企业有不同的新质生产力相关的产业布局，可支持本地高校建立相关的优势学科和特色专业，支持企业和高校进行联合办学或培养等，进一步优化当地的创新型人才的培养结构。

3. 优化创新型人才的类型结构，培养应用创新型人才

使人才培养更加立足实际，贴近实践，回归应用本质，满足社会需要。积极探索应用创新型人才培养模式，从以传授知识为主向以培养能力为主转变，从以教为主向以学为主转变，从以讲授为主向以实践训练为主转变，从以课堂教学为主向以现场教学为主转变，从以学校评价为主向以社会评价为主转变，从以写文章为主向以做专利为主转变，从以学年制为主向以学分制为主转变。

（二）培养高端智力资本

智力资本是一个国家、企业、组织最有价值的资产，是发展过程中的无形资产，能形成有效的价值增值，包括核心技术、知识、经验、专业技能、客户关系等。创新型人才的培养离不开发展智力资本。充分发挥智力要素对企业、产业、社会发展的带动作用，才能更好地促进新质生产力的高质量发展，进一步强化智力劳动成果具有交换价值的理念，建立智力劳动成果补偿机制等。

（三）教育与产业深度融合

创新型人才培养要赋能新质生产力的高质量发展，要坚持以“立足高端、统筹发展、资源共享、优势互补、合作共赢、共谋发展”为原则，将教育与产业进行深度融合。

1. 导入知识体系，实现理论与实践的结合

将企业的具体实操课程导入高校的知识体系中，如航天企业的系统工程、智能制造等核心课程，列入高校必修课或选修课中，高校与企业双方共同确定人才培养目标与标准，共同设计与实施专业课程体系，共同构建“工学交替”递进式实践教学体系，将知识导入与实践案例结合，实现即学即用，举一反三。采用“项目教学法”，以任务驱动培训教学全过程，强化理论教学和实践教学的衔接性，为创新型人才培养提供在“做”中“学”的机会，让他们经历“确定任务—制定计划—实施计划—质量控制与检测—评估反馈”的整个流程体系，以达到创新型人才培养的目标，实现理论与实践相结合的创新突破。

2. 联合办学，集合多方力量实现共赢

联合办学模式整合了双方在各自学生管理、专业教学、就业实训等方面的优势，取长补短，达到双赢。新质生产力要实现高质量发展需要技术的突破和产业的升级，企业积极主动地走出去、引进来，把生产实践需求与管理、技能知识培养提升融合起来，联合高校或社会力量对创新型人才进行培养，探索联合办学院模式，建立应用型、复合型、创新型人才培养体系。在培养环节上着重加强工程实践训练、产学合作和国际合作，尝试开展“学校导师 + 企业导师”双导师联合培养，共同实施“课程学习、制造实践实训、国际交流、技术研发创新”的一体化培养等。

3. 成立创新型人才培养合作联盟

为加快实现技术革命性突破与产业深度转型升级的需求，企业可积极构建创新型人才培养联盟。在创新型人才培养上要结合时代需求，把重点领域人才培养作为产教融合教育培训模式的主攻方向，如智能网新能源汽车、新材料、创新药、生物制造、商业航天、量子技术、生命科学、人机智能交互、工业机器人等技术和装备所需要的人才培养。依托现有的资源，组建集教育教学与职业技能培训、教学研究、技术服务、对外交流、人才培养于一体的创新型人才培养合作联盟。

第四节 精器——为赋能新质生产力高质量发展添砖加瓦

器，是指工具手段。精器在本书中主要指在资源工具层面为赋能新质生产力高质量发展添砖加瓦。主要路径包括加强基础设施建设，借助各类信息平台，加大外部人才合作三方面内容。

（一）加强基础设施建设

1. 建立企业创新型人才储备池

建立企业创新型人才储备池最大的价值体现在让人才加速发展、降低“揠苗助长”的风险。一些发展比较缓慢的企业，内部多年没有巨变，人才按照自然成熟的周期慢慢成长，在职位空缺自然出现的时候实现替补，并不需要刻意制造机会。但在一些快速扩张的企业，只依靠自然成长，人才显然会供不应求。创新型人才池的一个重要目标是打造一个梯队系统，使组织出现重要职位空缺时，内部有一批经过高度训练、具备资格的员工，可以随时出任空缺职位。因此，创新型人才池一定要与企业发展新质生产力的战略和业务规划紧密相连，还要有灵活的组织结构。创新型人才作为企业关键岗位储备池，强调的是对同一职位上的人才进行批量的、有针对性的培养、激励和保留。在培养方式上，创新型人才储备池要基于岗位职责和能力的全方位培养，分解目标岗位的职责和能力，可采用工作技能培训、行动学习、影子见习或配备指导人等方式。

2. 建立基于创新型人才培养的知识管理体系，提供人才画像

企业要以知识经济时代对创新型人才培养的要求为牵引，发挥科技先导的优势，加速内部知识共享、转移以及外部知识引入、转移，形成以人为本的知识管理和知识

服务体系。完善知识管理系统，提供具有定量分析功能的“人才画像”，进而实现为不同岗位的创新型人才提供定制化、精准培训。利用人力资源管理中对员工能力测量的工具与知识管理的数据相融合，可为选人用人提供参考信息。根据企业的核心业务，鉴别组织的知识资源，开展管理活动。

3. 加强培训课程开发及内外师资库建设

加强创新型人才培养的课程体系建设，以企业大学、联合办学高校和职业学院、社会办学力量等为依托，以专业知识、实践案例、绝活绝技等为重点，充分发挥企业自身优势，开发一批具有企业特色、符合实际需要的精品培训课程和教材。例如，航天企业可开发一系列突出航天特色、专业特色和体系特色的课程（如航天精神系列课程、航天系统工程系列课程、航天质量管理系列课程等）。

外部师资构建方面，要坚持聘用和合作相结合的原则，根据创新型人才培养的需求制定外部师资的需求计划，建立动态师资库。一是可以面向社会公开选拔、择优聘用专职人员来对企业进行创新型人才培养。二是要加强同知名高校和培训机构的合作交流，进行合作课程开发，请国内外顶级教授专家进行讲课，同知名培训机构建立合作关系。三是可以邀请国内一流企业的管理者或技术专家来做交流或举办讲座，学习一流企业的实践经验。

外部师资有其自身优势，但内部师资更加了解企业的实际情况。内部讲师在传授相关知识技能的同时，可以将自己的工作心得与企业发展实际情况相结合，对创新型人才培养的内容更为贴近实际，更易于理解和接受，同时也是内部人员总结工作、提升自我、全面复盘的过程。企业应积极建设一支高素质的专兼职内训师队伍，围绕“选拔、培养、使用、考核、激励”五个环节出台制度措施。重点选聘一批具有管理、技术、技能实战经验且具有一定授课技巧的优秀内训师。培养一批精通教学设计、资源开发、教学组织、项目管理及在线学习支持服务的内部专职培训设计师和教学管理队伍。落实“领导干部上讲台”相关要求，鼓励退居二线领导干部到各类培训班授课。推进优质师资共享，建立企业统一的师资库。

（二）借助各类信息平台

1. 加快建设智慧教育平台

积极打造智慧教育平台，大力推广在线教育，加快构建智能化、多元化线上学习平台，持续推动平台迭代升级。建设精品网络课程库，加快优质课程资源上线。推进智慧教育平台与人力资源管理系统互联互通，加强信息化管理，建立企业统一、分级管理的员工培训电子档案信息系统。完善员工培养的大数据，实时掌握员工的培养需求、记录及反馈等信息。通过在线教育平台的建设，使得企业创新型人才对自身的教育培训有系统的了解。

2. 积极探索信息技术在人才管理领域的应用

要实现创新型人才的培养，则人才管理的信息化建设必不可少，主要有以下四个方面。

一是信息化使人才能力数字化。无论组织是使用已有的胜任力模型，还是应用普适性的人才标准，都是将人的能力标签化，使之能够在同一个尺子上衡量。根据这样的人才标准，让人的能力变成一个一个的标签，可横向比较，可纵向追踪。

二是信息化使管理过程高效化。流程制度在在线系统上固化下来，采用移动端更加场景化地设计产品，这样大批量、重复劳动、容易出错的简单劳动会被各类软件中的程序代替。

三是信息化使人人都能做分析师。当企业有足够多的数据积累以后，大数据和人工智能技术的长足发展让每个HR和管理者都可以轻而易举地从数据中获得想要的信息。

四是信息化能突破人类能力的限制。相比于人的决策，程序的决策通常都更加客观，也更加全面。信息技术超强的收集信息、快速分析及建模能力，突破了人类能力的限制，在人才管理中能创造独特的价值。

（三）加大外部人才合作

健全以特聘院士、特聘“千人计划”、国家杰青优青、青托等专家为代表的外部高层次人才使用机制，建立外部高层次人才高效使用模式。以市场化手段吸引外部人才承担企业相关项目和课题，为创业项目提供合作平台。建立健全外部人才合作、使用制度，推动创新型人才通过各种渠道成为企业外部人才的一份子，成为企业有效人才资源，充分对高校、社会、海外等各方面人才进行资源高效调动与使用，为战略新兴产业、新项目人才提供高效率资源对接机制。

第五节 顺势——为赋能新质生产力高质量发展谋篇布局

势是趋势风向。顺势在本书中主要是从政策文化层面为赋能新质生产力高质量发展谋篇布局。主要路径包括紧跟国家最新要求与政策，打造创新文化氛围，建立学习型组织等三方面内容。

（一）紧跟国家最新要求与政策

国家和地方政府近期出台了大量关于创新型人才和发展新质生产力的利好政策，企业应利用好最新的政策红利，在创新型人才选育用留的全过程为企业创造价值、减少成本，为赋能新质生产力的发展提供更坚实的基础。企业在国家和地方政府出台的政策文件基础上，也可根据自身需求出台相应的规章制度。同时也应注重规章制度的落实反馈，将创新型人才引进、选拔、评价、测评的效果和效应返回到创新型人才建设者、管理者中，在此基础上进行修正、制定相应的政策与措施。

（二）打造创新文化氛围

发挥企业的文化优势，通过教育培训、集体活动、联合攻关等，构建创新文化交流平台，鼓励团队成员共享知识、技术、经验和能力，营造人人创新的组织氛围，快速提高团队的集体智慧，增强组织竞争力，达到整体大于部分之和的协同效果。

（三）建立学习型组织

通过创新“传帮带”、支持员工自学、完善教育培训、建设知识共享平台等，培养企业作为一个组织的学习习惯和学习氛围，促进企业转化为学习型组织，形成崇尚创新、学习先进、共享开放的组织文化。通过补短板（人员流动与共享、信息技术、教育培训等）和加长板（人员引入与使用、信息与情报收集、教育培训等），打造“知识型组织”的远景，让员工爱学习，促进更多的员工转化为创新型人才。同时积极发挥员工作为知识承载者的作用，激发员工终身学习的愿望。结合企业创新型人才培养实际，坚持以人为本，尊重员工，创新符合知识型员工特点的培训和培养方式，给知识型员工提供充分实现个人价值的发展空间。

第八章 小结

CHAPTER 08

加快发展新质生产力已成为2024年推进经济社会高质量发展的主旋律，更高素质的劳动者是新质生产力的第一要素。人是生产力中最活跃、最具决定意义的因素，新质生产力对劳动者的知识和技能提出更高要求。发展新质生产力，需要能够创造新质生产力的创新型人才，他们引领世界科技前沿、创造新型生产工具，包括在颠覆性科学认识和技术创造方面作出重大突破的创新型顶尖科技人才，在基础研究和关键核心技术领域作出突出贡献的一流科技领军人才和青年科技人才；需要能够熟练掌握新质生产资料的应用型人才。他们具备多维知识结构、熟练掌握新型生产工具，包括以“卓越工程师”为代表的工程技术人才和以“大国工匠”为代表的技术工人。培育创新型人才有助于加快科技创新进程，牢牢把握新一轮科技革命和产业变革的机遇，为实现高质量发展构建新的竞争力和持久动力。

以创新型人才培养赋能新质生产力高质量发展，要把握关键路径方法。要强化思想政治建设、锚定人才培养目标、深挖人才培养需求以明道，为赋能新质生产力高质量发展凝心铸魂；要理顺流程和管理机制、打通职业发展通道以循法，为赋能新质生产力高质量发展保驾护航；要优化人才培养结构、培养高端智力资本、推动教育与产业深度融合以御术，为赋能新质生产力高质量发展驱动引擎；要加强基础设施建设、借助各类信息平台、加大外部人才合作以精器，为赋能新质生产力高质量发展添砖加瓦；要紧跟国家最新要求与政策、打造创新文化氛围、建立学习型组织以顺势，为赋能新质生产力高质量发展谋篇布局。此外，还应建立健全保障机制。可以通过加大新质生产力发展、创新型人才培养专项资金经费支持力度，打造成熟的产学研合作平台，建立创新型人才交流平台，完善创新型人才培养制度，营造人才创新创业环境等方面做好保障。

展望未来，新质生产力将成为推动经济社会发展的新引擎。我们应当把握机遇，积极应对挑战，通过科技创新和产业升级，不断释放新质生产力的活力，为实现经济社会的高质量发展贡献力量。这不仅是对当前经济发展阶段的准确把握，也是对未来发展趋势的科学预见。为了加快推进新质生产力的发展，我们应当坚持以科技创新为核心，以产业升级为关键，以人才培养为基础。加大对科技创新和人才培养的支持力度，鼓励企业加大研发投入和技术创新，推动产业向高端、智能、绿色等方向升级转型。同时，要注意加强教育培训，培养具有创新意识和实践能力的高素质人才，为构建现代化经济体系，实现经济持续健康发展奠定坚实基础。未来，通过完善创新型人才培养体系、深化教育与科技创新的融合、培养高层次应用型领军人才、重视人才使用与培养、推动教育事业的持续发展以及积极应对未来的创新挑战，我们必将培养出更多具有创新精神和实践能力的人才，为新质生产力的发展提供源源不断的动力，为实现中国式现代化提供可靠的人力资源保障。

02

第二篇 创新成果篇

航天党性教育体系建设的研究及实践

中国航天科技国际交流中心

周 湘 刘小溦

企业简介

中国航天科技国际交流中心（以下简称“国际交流中心”）由原中国宇航出版有限责任公司、中国航天报社、中国宇航学会和航天人才开发交流中心于2016年7月重组整合而成，现为中国航天科技集团有限公司所属二级单位。国际交流中心是航天新闻宣传的主阵地、国际科技交流的主平台、特色文化创意的主力军、科技图书出版的主渠道、人才培育服务的主基地。

国际交流中心坚持“立足集团、深耕航天、面向市场、服务社会”的发展方针，打造中国航天知识经济领导品牌，成为中国文化产业知名企业、高科技人才培育服务基地、国际科技交流合作高端平台。国际交流中心同时承担中国宇航学会、集团公司新闻中心（中国航天报社）、集团公司党校（航天培训中心）、航天人才交流服务、航天国际交流、航天图书出版等业务，以及集团公司的相应职能。

国际交流中心主业包括新闻传播、学术交流、图书出版、人才服务、文化创意等业务板块。其中，新闻传播板块要打造矩阵式全媒体传播平台，对内舆论引导力不断加强，对外传播影响力不断扩大；做到新闻传播发布到位，舆情监测应对及时，报纸广告、发行稳步增长。学术交流板块要持续举办高端航天国际会议会展，并形成品牌；中外机构对接活动形成系列，成效明显；国际空间学术组织的参与度不断提高，在若干领域发挥主导作用；要有效承接政府转移职能，重要学术活动与重大问题咨询影响力显著提高；学术刊物精品化、国际化、市场化取得突破。图书出版板块要形成航天知识与航天文化集聚传播中心，系列丛书影响力不断扩大，科技期刊平台形成规模，数字出版取得突破；大众图书出版规模稳步增长，市场占有率明显提升，效益显著。人才服务板块要形成面向全国的航天特色党校培训体系，建设航天企业大学和航天精神传播教育基地，为集团公司发展提供智力支持与人才支撑；创建基于云技术的人力资源服务能力，在人事代理、劳务派遣、劳务外包、人才测评等方面形成产业规模。文化创意板块要实现科普活动专业化、系列化，航天科教课程、教具、科普实验室服务业务形成规模；在博物馆、展览展会策划设计，广告创意，航天收藏品、纪念品，影视动漫制作，以及文化创意创新性业务等领域形成新的经济增长点。

一、创新成果背景

党的二十大报告提出，用党的创新理论武装全党是党的思想建设的根本任务。全面加强党的思想建设，坚持用新时代中国特色社会主义思想统一思想、统一意志、统一行动，组织实施党的创新理论学习教育计划，建设马克思主义学习型政党。加强理想信念教育，引导全党牢记党的宗旨，解决好世界观、人生观、价值观这个总开关问题，自觉做共产主义远大理想和中国特色社会主义共同理想的坚定信仰者和忠实实践者。习近平总书记在 2016 年会见天宫二号和神舟十一号载人飞行任务航天员及参研参试人员代表时指出，注重传承优良传统，发扬特别能吃苦、特别能战斗、特别能攻关、特别能奉献的载人航天精神，彰显了坚定的中国特色社会主义道路自信、理论自信、制度自信、文化自信，为坚持和发展中国特色社会主义增添了强大精神力量。

航天事业是党的事业、国家的事业、人民的事业，在党中央的坚强领导下，中国航天走出了一条自力更生、自主创新的发展道路，取得了一系列举世瞩目的伟大成就。中国航天科技集团有限公司是我国航天事业的主导力量，集团公司高质量发展，要以习近平新时代中国特色社会主义理论作为根本遵循，特别是航天强国建设进入关键时期，外部环境错综复杂，内部改革压力迫切，亟须党性教育作为统一思想、继往开来、开拓创新的重要手段。进一步地，集团公司 2024 年工作会议指出，要坚持党的全面领导，落实全面从严治党政治责任；坚决落实习近平强军思想，履行好强国强军使命责任；坚持人才强企战略，建设堪当重任的干部人才队伍；坚持以政治建设为统领，深入推进新时代党的建设新的伟大工程。

中国航天科技国际交流中心作为集团公司人才培训的主基地，通过研究及建设航天党性教育体系，更好地发挥党性教育对航天高质量发展的突出作用，增强党性教育效能，提高党员领导干部及全体党员的理论水平及党性修养，大力弘扬航天精神，激发使命感及责任感，培养一批高质量的党员队伍，为航天强国建设注入磅礴动力。

二、创新成果措施

（一）把握定位，助推集团公司高质量发展

航天党性教育体系以助推集团公司高质量发展作为内在驱动，分析高质量发展要素及关联，重点包括：1）加强党的全面领导，筑牢航天强国建设根基；2）加快完善创新体系，迈向更高水平科技自立自强；3）统筹能力优化布局，全面支持科研生产任务完成；4）全面推进深化改革，加快管理体系管理能力现代化；5）打造航天人才高地，汇聚航天事业发展磅礴力量。

进一步地，构建航天党性教育体系研究理念：1）以习近平新时代中国特色社会主义思想作为根本遵循，坚定高质量发展方向，树牢教育体系姓“党”的根本定位，确保体系始终满足党和国家对航天事业的发展要求；2）从党的理论中提炼守正创新的科学方法论，进一步加强党员队伍的履职能力，特别是习近平总书记对新时代年轻干部提出的七项能力：政治能力、调查研究能力、科学决策能力、改革攻坚能力、应急处突能力、群众工作能力、抓落实能力等；3）深入挖掘党性教育与航天创新的内在联系，以党性教育助推党建工作，以党建工作促进业务发展，进一步提高航天企业核心竞争能力，航天党性教育体系建设路线如图 1 所示。

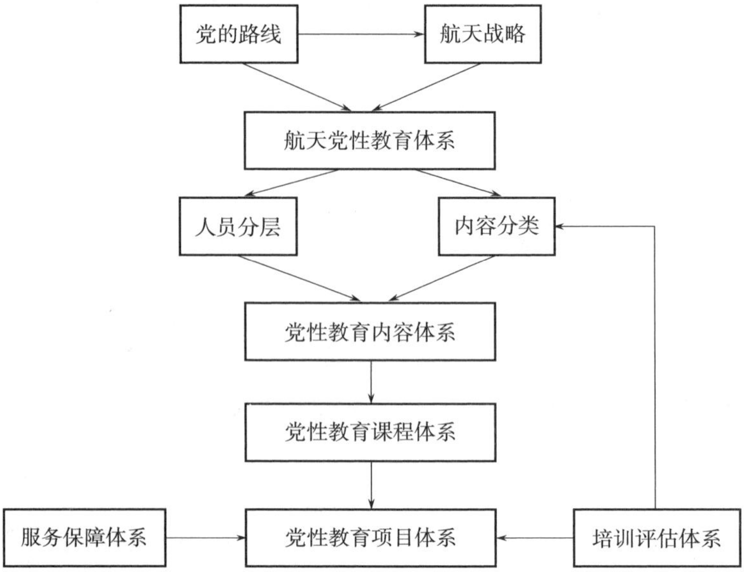

图 1　航天党性教育体系建设路线

(二) 人员分层，形成全面覆盖的管理架构

通过对培训主体分级、培训对象分层的方法，实现培训的精细化管理，以及培训需求的具象化满足，具体包括：

1）依据集团公司三级管理架构，由集团公司、二级单位及三级单位，分别重点针对集团公司党组管理的领导干部、二级单位党委管理的领导干部、三级单位领导干部及全体党员实施培训。其中，集团公司在党性教育体系建设、党性教育计划等方面提供顶层指导，开展具有示范性的重点班次。例如，按照中央党校国资委分校的要求，每年举办集团公司党校局级领导干部进修班，内涵深刻，内容丰富，作用显著，是航天党性教育的重中之重。

2）依据人员类型，将培训对象划分为党员领导干部、党务工作人员、基层党员、入党积极分子等，设计具有差异化的培训内容，合理配置师资力量及教学资源。进一步地，设置具有差异化的培训目标：①针对党员领导干部，重点学习党的最新理论，以及国家重大方针政策，加强领导干部党性修养，提高政治鉴别力、领导能力及决策水平；②针对党务工作人员（主要包括党支部书记 / 支部委员、纪委书记 / 纪委委员、党务部门工作人员）等，重点加强对党的组织纪律及工作方法，以及集团公司党务政策的学习，提高自身的政治敏锐性及党务工作水平；③针对基层党员，深入学习习近平中国特色社会主义思想，增强党的宗旨意识，树立正确的世界观、人生观及价值观，增强对航天事业的责任感及使命感；④针对入党积极分子，更好地了解党的奋斗历程，以及航天精神的孕育过程，进一步树立对中国共产党的认同感，争取早日成为一名合格的共产党员。

3）教育过程中，促进跨层级培训主体的交流及协作，打造培养及发展党员领导干部的管理链条。

（三）内容分类，合理分配培训资源

依据航天党性教育体系定位，对培训内容科学分类，能够合理分配培训资源，形成不同层次有机的知识结构，强调培训重点及优先级，满足不同层次人员的个性化培训需求。具体地，航天党性教育的内涵主要包括四个维度，分别为党的理论知识、党性修养、关键胜任力、基本任职能力等。其中，党的理论知识及党性修养按照中央党校相关要求开展教学工作；关键胜任力主要是立足岗位和业务视角，提出提升岗位绩效的关键能力，对于党员领导干部而言，培训的重点为领导力，特别是提升业务能力和专业能力的领导力培训必须体现航天特色，合理分配党性修养内容；基本任职能力是根据岗位研发通用管理能力或业务技能，如表 1 所示。

表1　党性教育培训内容体系

培训维度	培训内容
党的理论知识	习近平新时代中国特色社会主义思想、党的二十大报告精神、马克思列宁主义、毛泽东思想、中国特色社会主义理论体系、新时代中国特色社会主义重大问题等
党性修养	理想信念、航天精神、党的宗旨、党史国史、革命传统、道德品行、法治思维、反腐倡廉、科学文化素质等
关键胜任力	政治意识、战略思考、大局意识、责任意识、团队建设、沟通协调、诚实正直、持续学习、高效执行、心理调控等
基本任职能力	党委书记履职知识与技能、党支部管理知识与技能、党建业务知识与技能、纪检监察业务知识与技能等

（四）厚积薄发，建设具有航天特色的课程体系

依据航天党性教育内容体系，匹配培训课程，建设课程体系。具体包括：

1）全面覆盖党性教育内容，包括党的理论知识类课程、党性修养类课程、关键胜任力类课程及基本任职能力类课程等，特别关注时效性政策类课程及航天党建重点难点问题等。

2）通过设计教学内容、教学方法、评估标准等，规范和统一课程标准，保证课程质量能够得到有效控制，特别是依据航天特色，邀请航天领导及党建专家，打造一批符合航天文化的精品课程。

3）设计课程逻辑，有序、系统地设置课程排序，循序渐进地提升学员的理论水平及党性修养。

4）依据培训内容，建设分类师资库：①针对理论类课程，邀请中央党校（国家行政学院）、市委党校、知名高校学者等授课，理论水平高，能够带来最新的研究成果；②针对对标类课程，邀请航空、兵器、电子等领域知名企业党建负责人授课，借鉴外部宝贵经验及有效方法；③针对内部分享类课程，邀请航天领导及专家授课，切合航天实际，增进同行交流，共同商讨问题解决之道；④针对能力类课程，邀请管理专家，依据需求定制培训内容，快速加强履职效能。

（五）服务目标，营造“线上 + 线下”多元化学习氛围

国际交流中心在党性教育实践中，依据培训目标，选择匹配度较高的培训形式，除了传统的面授外，重点加强结构化研讨、现场教学及网络培训等，具体包括：

1）培训实施中，安排专有时间，开展结构化研讨，锚定航天高质量发展目标，提前设置交流主题，引导师帮助学员结合自身实际，推动来自不同层级、不同类型单位的学员充分交流，分享学习心得及工作经验，形成言之有物的研讨成果。

2）现场教学是党性教育的重要方式。国际交流中心除在延安、井冈山、瑞金、沂蒙、红旗渠等红色教育基地建立培训点外，还安排学员参观绵阳“两弹一星”基地，航天博物馆，酒泉、太原、西昌、文昌等航天发射基地等，帮助学员亲身领悟航天精神，增强航天工作荣誉感。

3）要求学员依据学习内容，结合自身实际，撰写培训论文，提高学员的战略思维、逻辑思考、创新思维及问题解决能力，进一步地，把论文作为交流载体，展示学习成果，扩大党性教育的影响范围。

4）国际交流中心在集团公司的指导下，建设航天网络学院，包括学习中心、课程中心、专题推荐、人才测评等多个模块，上线课程 2000 门，累计实施网络项目 150 项，学员可以依据自身的时间和地点灵活安排学习进度，营造“线上 + 线下”良好的学习氛围，部分航天网络学院培训项目如图 2 所示。

国防军工系统航天科技安全生产管理人员培训班
课程数量：20 学时：15.5 开班时间：2023-03-17

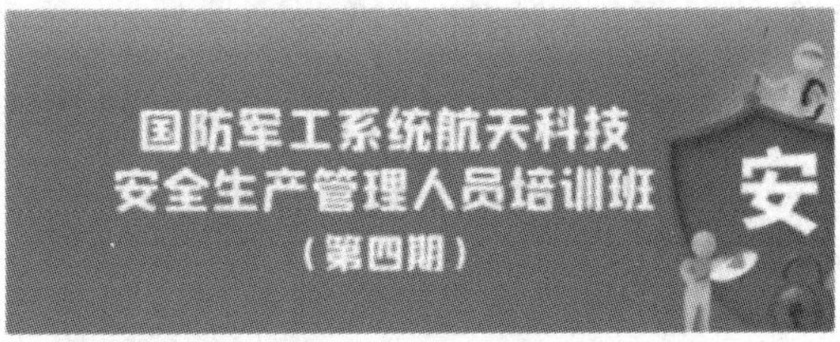

国防军工系统航天科技安全生产管理人员培训班
课程数量：20 学时：15.5 开班时间：2023-03-24

入党积极分子网络培训班
课程数量：25 学时：24.0 开班时间：2023-04-03

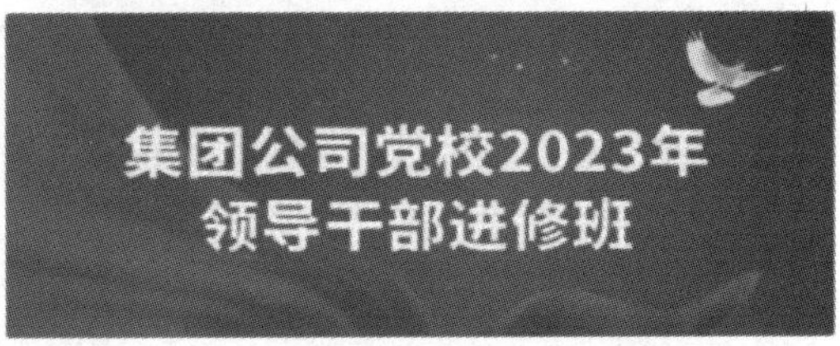

集团公司党校2023年领导干部进修班
课程数量：43 学时：59.0 开班时间：2023-04-10

航天技术应用及服务产业单位负责人安全生产培训班
课程数量：10 学时：7.0 开班时间：2023-04-21

十一院青马工程培训班
课程数量：40 学时：40.0 开班时间：2023-05-11

图 2　航天网络学院培训项目摘选

（六）满足需求，构建动态化的项目体系

基于课程体系，依据人员类型及培训目标等，构建航天党性教育项目体系，如表 2 所示。具体包括：

1）定期项目：针对不同层次人员，调节四类培训内容比例，同时，结合上级要求及科研生产实际，合理设置培训时长，例如，定期实施为期 2 个月的集团党校局级领导干部进修班，以及 1 周的共青团干部培训班等。

2）定制项目：通过需求调查、项目设计、项目实施、培训评估等步骤，由需求牵引项目设计，强调针对性及时效性。例如，2023 年，国际交流中心围绕深入学习贯彻党的二十大精神，深入调研，周密安排，从过去五年的工作和新时代十年的伟大变革、中国共产党的初心使命与发展历程、开创国防和军队现代化新局面、开辟马克思主义中国化时代化新境界、坚定不移全面从严治党、认真学习领会《中国共产党章程（修正案）》、加快构建新发展格局等多个方面，全面解析二十大报告内容，进一步地，加入对航天高质量发展的结构化研讨及现场教学环节，上千名航天党员领导干部参加了培训，奠定了集团公司深入学习贯彻二十大精神的重要基础，培训现场如图 3 所示。

表2　航天党性教育项目体系

项目分类	项目属性
党的理论知识	综合理论水平提升
	专项理论水平提升
党性修养	综合素质提升
	专项素质提升
关键胜任力	综合能力提升
	专项胜任力提升
基本任职能力	党委书记 / 副书记基本任职能力提升
	党支部书记 / 支部委员基本任职能力提升
	党务工作人员基本任职能力提升
	纪委书记 / 纪委委员基本任职能力提升

图 3　航天党性教育培训现场

（七）以终为始，构建动态的培训评估及保障体系

国际交流中心具有一支专业能力较强的培训实施团队及服务保障团队，能够发挥近二十年的航天培训经验及资源优势，有效保证培训体系顺利落地。具体包括：

1）培训评估体系方面，从培训层面、学员层面及组织层面开展评估，如表 3 所示。通过从多个层面获取信息及数据，不断迭代及丰富党性教育体系，始终服务于党的政策及航天强国建设。

2）保障体系方面，国际交流中心整合内部及外部的优势资源，在制度保障、人员保障、资源保障及服务保障等方面不断积累经验，改善服务，特别是及时更新科技进步带来的培训硬件及软件，优化学员体验，提高培训效能，如表 3 所示。

表3 航天党性教育培训评估体系及保障体系

维度	评估层面/保障内容	评估内容/重点保障工作
培训评估体系	培训层面	由学员在线填写培训满意度问卷，包括课程内容、讲师风范、现场服务等维度
	学员层面	采用 360 度评估方法，包括学员课堂表现、研讨成果、活动参与、结业考试、培训总结、行动计划、发表成果等维度
	组织层面	设计量表，由所在单位评价学员行为改变对党建工作创新及经营管理水平提升的贡献程度
保障体系	制度保障	完善党性教育考勤制度、学习制度、纪律规范、考核制度等，在培训过程中严格执行，实现对培训全流程的闭环管理
	人员保障	形成三级管理的培训领导小组，构建完善的管理结构；持续提升班主任及教学助理队伍的专业水平及服务态度；合理安排班级班委、组长等，分配相应职责，加强班级凝聚力
	资源保障	精心准备用餐住宿、培训场地、往返交通等培训硬资源，以及材料制作、讲师沟通、参观交流等培训软资源，保障培训顺利实施；关注科技进步，及时更新培训信息化软硬件
	服务保障	做好学员及讲师在课堂学习、生活起居及现场教学中的全过程服务；主动关心学员，及时解决学员遇到的问题；成立应急事件处理小组，提前准备应急预案，应对可能发生的突发事件

三、创新成果效果

国际交流中心研究及建设党性教育体系多年，取得了丰硕成果，为集团公司高质量发展注入强大的精神动力，源源不断地提供信仰坚定、能力突出、敢于胜利的航天党员队伍。

1）更好地以党性教育助推集团公司高质量发展。党性教育体系建设的初心，是全面系统地加强党员领导干部及全体党员的理想信念，特别是以习近平新时代中国特色社会主义思想武装头脑，以航天精神激励自身奋斗，通过体系落地，学员普遍对党和国家的发展充满信心，更加坚定了投身航天强国建设的决心。

2）有针对性地提升航天党员的理论水平。国际交流中心构建了全面覆盖马克思列宁主义、毛泽东思想、中国特色社会主义理论体系，以及习近平新时代中国特色社会主义思想等党性教育内容体系，特别是关注理论前沿，及时补充到体系中，例如，把全面深入学习习近平新时代中国特色社会主义思想作为近期培训重点，在国资委党校的指导下，由来自国家机关、中央党校及集团公司的领导及专家授课，激发了党员领导干部及全体党员学理论、用理论的动力，能够主动用党的最新理论武装头脑，用党的科学方法指导实际工作，航天全体党员的理论水平获得了普遍提升。

3）将航天精神与党性修养有机融合。国际交流中心通过人员分层、内容分类，采用多元化的形式，提高党性修养，特别是通过现场教学及对标学习等方式，安排大批党员领导干部赴革命老区及航天三线基地参观交流，切身体会革命前辈抛头颅、洒热血的艰辛历程，自发地产生向革命前辈学习的动力。进一步地，通过将培训内容与航天业务结合，着力培养学员的“七项能力”，以及航天特色领导力，有效提高了党员领导干部的政治素养及领导能力。

4）成为航天党建创新的重要载体。航天党性教育体系在实践中，与党建工作有机融合，一是通过定期培训，加强党务工作人员业务水平，提高航天企业党建效能；二是通过组织生活会、主题党日、党支部结对共建等形式，鼓励全体党员积极参与党组织的各项活动，特别是整合航天党性教育资源，扎实做好党建培训，推动党建工作入脑入心；三是通过党性教育，强化党风廉政意识，坚决抵制腐败和不正之风，营造风清气正的工作环境，加强航天基层党组织的战斗堡垒作用。

四、成果经验总结

研究及建设航天党性教育体系，是一个系统性、动态化的过程，需要满足顶层设计、外部输入及文化自洽，只有打造扎根自身特点的体系内容，才能推动党性教育真正落地，发挥预期作用。

一是把党性教育融入企业发展战略中。特别是国有企业，要深刻把握“两个确立”，切实做到“两个维护”，把党性教育作为有效工具，以党的理论作为企业发展的根本指导，把党性修养作为人才成长的必由路径，努力实现党性教育与企业发展相互促进、良性循环。

二是强化理论学习与实践融合。企业应该深入分析自身业务，将理论与实际结合，特别是引导学员运用习近平新时代中国特色社会主义思想分析问题、解决问题，加强全体党员的学思悟践能力，助推企业高质量发展。

三是建立分类分层的党性教育体系。根据培训主体及学员层次，分别设计具有针对性及实效性的培训内容，匹配培训课程，加强党性教育体系落地的可操作性，节约培训资源，有效满足不同人员的学习需求。

四是注重对内部资源的开发。企业文化是员工在长期艰苦奋斗中形成的宝贵资源，把党性教育与企业文化有机融合，更容易被新员工接受。因此，企业应该用心挖掘内部教育资源，作为党性教育的重要载体，在组织内部营造积极向上的学习氛围。

五是创新教学模式。除传统教学方式外，引入案例教学、现场教学、行动学习、网络培训、结构化研讨等方式，激发学员的参与感及主动性。特别地，运用信息化手段，如 VR、大数据、人工智能等，分析学习数据，实现个性化内容的精准推送，加强培训针对性及学习体验。今后，国际交流中心将继续研究及完善航天党性教育体系，更好地发挥党性教育在助推航天强国建设过程中的关键作用，为中华民族的伟大复兴贡献航天力量。

连线人物

周　湘　中国航天科技国际交流中心培训二处高级工程师、处长助理，北京航空航天大学特聘讲师，北京理工大学MBA，国家人社部一级企业人力资源管理师，一级企业培训师，一级营销师，二级心理咨询师，深耕航天培训十余年，主笔完成“航天企业培训体系建设”等多项航天管理课题，发表航天人力资源管理论文十余篇，参编图书两部。

基于典型工作场景的干部案例培训体系构建与实践

国网江苏省电力有限公司管理培训中心

程宝玉 周 权 刘 璐 黄 珊

企业简介

国网江苏省电力有限公司党校、管理培训中心主要承担省公司党员领导干部、优秀青年干部、党务工作者、优秀共产党员、优秀团员青年及各类管理人员培训，承担党的建设、企业管理类课题开发研究，承担三、四级领导人员的领导力评鉴工作。共设置8个部门，设有国网领导力开发研究中心江苏分中心、国网案例研究中心江苏分中心、省公司党建研究中心、省公司党风廉政建设研究中心。党校（管培中心）坚持以习近平新时代中国特色社会主义思想为指导，坚定打造国网系统理论教育、党性教育和管理培训“江苏样板”目标，努力为党育才、为党献策，高质量完成各项目标任务。全年完成培训办班632期20.1万人·天，培训收入达1.09亿元，业绩考核获直属单位小组标杆，获评省公司党风廉政建设先进单位。主动承办市、县公司领导人员培训班，有力有效调度各方培训资源，覆盖率分别达100%、84%，至2023年年底，党校（管培中心）优秀师资队伍达1350名，优质课程达2570门。先后获评国内一流企业党校示范单位、国网公司先进集体、江苏省五一劳动奖状、江苏省文明单位、省公司“四好”领导班子等称号，连续四年获评“中国企业教育先进单位百强”，是国网系统唯一通过国际ISO9001：2015质量管理体系认证的培训中心。

一、创新成果背景

干部教育培训是建设高素质干部队伍的先导性、基础性、战略性工程，为培养造就政治过硬、适应新时代要求、具备领导社会主义现代化建设能力的高素质干部队伍，要结合干部教育培训工作实际，探索干部教育培训新方式新方法。加快开展案例培训是当前干部教育培训的方向，加快构建干部案例培训体系是开展干部案例培训的基础。

1）适应经济社会发展需要。随着经济社会的快速发展，新情况、新问题不断涌现，干部需要不断更新知识和提高能力，以更好地适应工作需要。构建干部案例培训体系，可以帮助干部了解和掌握新的理论、新的理念、新的方法，提高他们应对复杂问题的能力。

2）促进干部队伍专业化建设。干部案例培训体系可以针对不同领域、不同行业、不同岗位的干部进行专业化培训，帮助他们提高专业素养和专业技能，促进干部队伍的专业化建设。国有企业是我国经济发展的重要支柱，构建干部案例培训体系可以帮助企业培养高素质、专业化、创新型的干部队伍，提高企业的核心竞争力，推动企业的可持续发展。

3）提升干部综合素质。干部案例培训体系可以涵盖政治素质、业务素质、领导素质等覆盖干部履职能力的多个方面，随着市场竞争的加剧和企业的快速发展，对干部的综合素质要求越来越高，构建干部案例培训体系可以帮助干部全面提升综合素质，提高工作效能和服务水平。

4）增强干部创新能力。通过案例培训，可以帮助干部培养创新思维和创新能力，推动干部工作思路和方法创新，提高工作质量和效益，进而推动企业产品、技术、管理等方面的创新，提高企业的市场竞争力。

二、创新成果措施

（一）工作原则

1）战略引领原则：以落实建设具有中国特色国际领先的能源互联网企业的战略目

标为引领，突出重要领域和关键环节，萃取具有国家电网特色的优秀工作经验，促进企业最佳实践的沉淀、推广、传承和迭代，推动高质量发展。

2）服务业务原则：案例开发以服务于业务工作、业务场景、业务难点以及管理堵点和痛点为基本导向，深入挖掘经营管理、业务发展、基层党建等方面的典型管理经验和业务经验，推动管理理念创新和业务实践创新。

3）实效实用原则：打造案例培训体系建设、应用与推广为一体的工作模式，加大案例在公司范围内的推广应用，更好地推动案例研究成果见效与落地，有效解决战略推进过程中出现的新矛盾、新问题。

（二）工作目标

通过构建基于干部履职能力提升的案例培训体系，总结和传承公司干部管理实践与业务经验，让“以案例为中心”的学习成为战略落地、业务发展和干部人才培养的助推器，推动实现“显性知识系统化、隐性知识显性化、组织分享常态化”，基于干部典型工作场景的案例培训体系如图 1 所示。

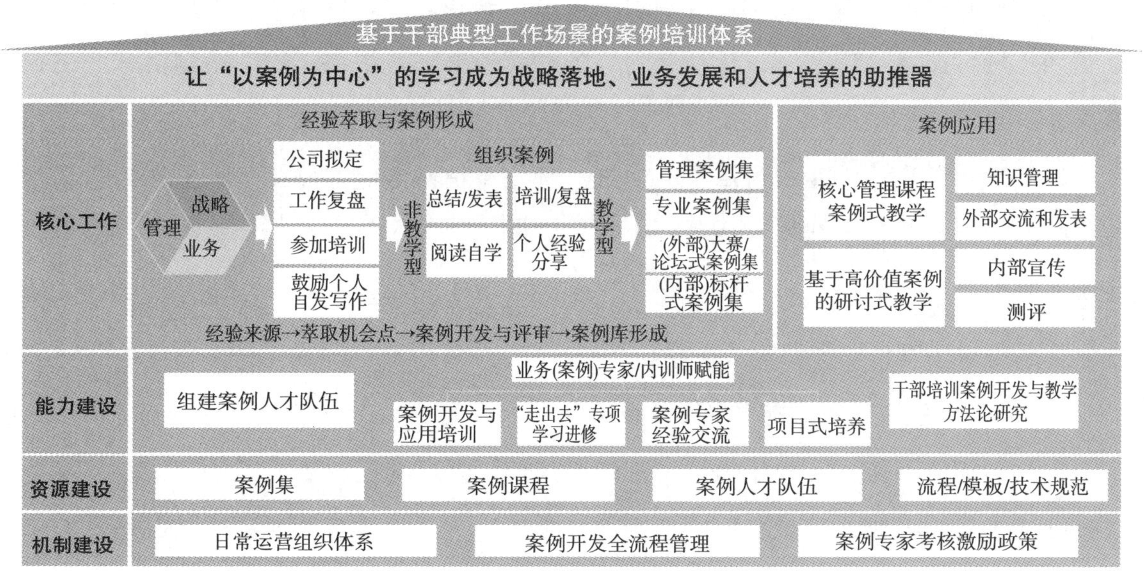

图 1　基于干部典型工作场景的案例培训体系

（三）建设路径

1. 以战略内涵为导向，明确案例培训体系价值定位

为促使案例更有效运用，需要充分发挥业务部门的功能。由管理培训中心进行案例工作赋能，业务部门负责案例工作中的采集、编写、使用等工作。清晰的案例培训体系价值定位，可以更好地推动业务部门参与案例培训工作，以达到最佳效果。

（1）把握战略内涵，明确价值定位

作为国网系统排头兵，公司一直以来保持了争先领先率先的发展态势，这些都离不开干部队伍的担当作为、带头示范。电力事业是党和人民的事业，电网企业的干部更应全面增强各方面本领、履行好新时代职责使命。基于干部履职能力提升的案例培训体系，不仅局限于案例“进培训、进课堂”，更多探索“进战略、进管理、进业务”，让“以案例为中心”的学习，推动构建以干部成就事业的良好生态，推动“人才力”变成“发展力”。

（2）全面调查研究，汲取经验做法

坚持目标导向、问题导向，按照上下结合、由浅入深、以点带面的调研思路，灵活运用实地调研、延伸了解、标杆学习等多种调研方法，围绕“干部案例培训”主题开展调研。

选择地市公司、直属单位基建、生产、营销等核心专业四级领导人员作为访谈代表，听取其对案例培训体系的建设意见建议。同时，深入剖析华为、平安、中国银行等公司案例培训体系的先进经验做法，为国网江苏电力系统谋划、科学建立干部案例培训体系提供了理论支撑和实践指导。

（3）坚持系统谋划，构建生态体系

在充分研究基础上，立足公司干部培养实际，坚持守正创新，明确公司干部案例培训体系的建设路径。以“显性知识系统化”为出发点，搭建案例培训体系结构，解决公司当前案例种类多、数量大，但是存档无体系的问题，促进案例归类、存储的系统化；以“隐性知识显性化”为方向，探索多样化的案例开发形式、开发多样化的案例培训资源、构建案例工作全流程管理、开展案例工作赋能，解决当前案例工作体系

化不强、工作不规范的问题，深化案例培训体系运作；以“组织分享常态化”为目标，推动案例应用到干部培训中，探索通过案例教学为业务赋能，建立案例学习氛围，加快拓展案例的应用途径，解决当前案例使用途径单一的问题，加快案例培训体系应用；强化“组织运转、管理制度、数字化平台”长效保障，形成体系化运作的良好生态，为高素质专业化干部人才队伍培养提供支撑。

2. 以“显性知识系统化”为出发点，搭建案例培训体系结构

在国家电网公司案例分类标准的基础框架下，结合调研结论、理论研究与公司现有大量案例梳理分析，明确公司干部案例培训体系结构主要包括案例分类标准、案例写作重点、案例写作模板、案例基本结构四个方面，为日后干部案例的开发与深化应用提供基础支撑。

（1）立足多途径应用，明确案例分类标准

基于干部培训的案例差异分析，结合公司干部工作特点，将干部案例按照使用途径的不同，分为行为事件案例、优秀实践案例和典型经验案例三个类型，明确各类案例的开发标准。行为事件案例定位为个人在工作中的感悟、反思，主要目的为传递个人经验、技能，用于任职、个人分享和交流；优秀实践案例定位为对承担具体工作任务的技能、经验、知识等的总结，传递组织管理经验、专业技能，用于业务研讨、自学、应用推广等；典型经验案例定位为公司层面的、跨业务领域的重大事件经验总结，主要目的为传递价值观、管理理念、政策导向，用于大规模学习、对外推广传播等。

（2）突出“主体、文体、目的”，规范案例写作重点

从主体、文体、目的三个维度，规范三类案例的不同写作重点，为进行系统化案例开发提供方向建议。

规范写作主体，行为事件案例以个人为核心，讲述个人在工作实践中经历过的典型事件，突出个体在化解矛盾过程中的思考和细节行为；优秀实践案例是以工作任务为核心，描述在解决工作任务中的具体问题所需要的知识、技能、成功经验；典型经验案例是以组织整体为核心，描述的是企业在生产经营管理中总结出的工作方式和方法。

规范写作文体，行为事件案例采用故事演绎的表达方式，以事件的发展为脉络，具体描述事件发生、发展过程中的外在现象；优秀实践案例采用经验萃取的表达方式，选择业务中完成任务的具体问题，将优秀标杆的时间经验进行提炼提取；典型经验案例采用工作总结或情况汇报的表达方式，以问题的发现、分析、解决、总结、改进为脉络，总结提炼问题存在的内在原因和有效措施。

明确写作目的，行为事件案例多应用于情景模拟培训与考试，提升与检验领导力等；优秀实践案例可以直接应用到完成任务的工作中；典型经验案例具有直接推广应用的价值，提高企业整体管理水平。

（3）基于案例特点，制定写作模板和结构

根据三类案例的特点，分别制定标准化的案例写作模板和结构，规范案例的开发工作，为保障案例能够大规模复制与推广提供支持。

3. 以“隐性知识显性化”为方向，深化案例培训体系运作

干部案例培训体系作为沉淀经验和提供借鉴的系统，其有效运用对于提升干部履职能力具有良好支撑作用。通过规范系统的运作，可以有效服务公司干部人才队伍建设、推动公司业务提质增效。

（1）双管齐下，探索多元案例开发形式

依托培训实现案例教学与案例萃取相统一，沉淀组织经验。案例得以有效应用的前提之一是案例的现实性。这就要求案例的事件必须是一个真实的故事，存在着从各个侧面进行研究、分析和解释的可能性。基于现实性要求，可以依托公司领导干部培训班开展案例萃取工作，即案例工作坊，沉淀组织经验。

现场萃取与主题征集相结合，获得多元案例。现场萃取，即根据公司重点工作安排，选取其中一项重点工作，结合各部门 / 单位工作实际情况，前往现场开展调查研究，与相关负责人员和员工进行深入访谈交流，明确事件过程，完成经验萃取和案例撰写。主题征集方式即配合公司组织部，拟定多个主题，按照固定的模板，面向各地市公司、支撑机构开展案例征集工作。征集案例后，组织案例开发专家对案例进行筛选、进一步加工，形成典型案例。

（2）规范管理，探索案例工作全流程

以案例为线索，围绕案例的写、教、学、用开展案例工作全流程管理。构建“四段八步”案例开发模型。形成公司案例开发“四段八步”法，沉淀组织经验。第一段，规划案例，根据实际需要确定案例主题，并在确定主题的基础上构思案例应用场景，明确是用在培训教学、标杆宣传还是对外推广；第二段，整理素材，基于案例主题搜集相关素材，并根据与案例主题的契合程度，对素材进行“去粗取精”；第三段，撰写案例，挑选与主题和用途相匹配的案例模板，撰写案例内容；第四段，优化案例，撰写干部个人和案例评审专家分别对案例内容进行检查、审阅，不断修改和完善案例成品。形成案例教学五步法。基于“情境 + 思考 = 知识 + 应用”的逻辑，形成“营造氛围—案例介绍—组织研讨—点评总结—引导行动”的案例教学五步法，规范案例教学步骤与流程，改进教学方式，促进教学工作发展以及教学效率的提升，通过案例教学赋能业务提质增效。

（3）实践导向，开发多样化的案例培训资源

基于干部工作现实需要与共性问题，开发案例培训课程。从公司现有案例中，提取出涉及公司经营管理、改革发展、重大战略落实等方面的共性问题，结合干部学员培训需求，界定相关问题、梳理问题维度、明确涉及要素以及要素间的相互关系，并且结合案例中作出的策略选择、呈现出的启发引导，靶向对标出案例适用岗位和使用场景，针对性改编形成教学案例，将其嵌入干部培训教学课程，最终形成案例教学课程。

结合公司重大战略主题，编写典型案例集。结合公司战略及业务重点，从党的建设、安全发展、能源互联网发展、市场与客户服务、综合能源服务、产业发展、资产运营等战略重点主题中提炼具备典型性、先进性，能够反映公司价值观的优秀管理案例，汇编成册并进行出版，着力传播推介“可复制、好推广、信得过”的苏电经验。

（4）工作赋能，开展案例专家赋能

规划开办案例开发与应用培训班。主要辅导“绩优”员工掌握案例开发方法、开发案例课程、成为案例专家，以点带面传播案例开发理念及案例工作价值。

推动案例专家上讲台。充分发挥案例专家了解基层实际、业务技能熟练的特点，

使他们全程参与到案例教学、案例课程设计、案例开发和专职培训师的培养中，助力一批案例专家走上讲台。

4. 以“组织分享常态化”为目标，加快案例培训体系应用

以“覆盖全面化、价值最大化”为宗旨，确保在案例教学的时间和非教学时间的自主学习时间中，都有全面、丰富的案例应用活动；既有对内的标杆宣传，引导干部通过学习和模仿标杆经验以弥补自身不足，也有对外输出企业价值观与知名度的宣传与推广。最大限度地发挥案例所含知识经验的价值，实现干部工作能力、组织培训效力和公司影响力的提升。

（1）加强组织驱动，推进案例自主学习

推动各单位 / 部门开展线上线下自主学习、复盘研讨会、宣讲座谈会和工作坊等各类活动，引导干部在非教学时间自主进行案例学习，在公司内部营造积极的学习氛围和案例学习文化。推动线上线下自主学习，线上网站筛选精品，制作案例合集，实行定向推送机制。线下为每位干部开放案例角，由公司规定整体的学习主题、学习内容和学习时间，定期检查和反馈；定期开展案例复盘会、研讨会，在团队或部门内对过往项目和案例的内容、路径、效果和价值等进行学习和回顾；定期开展各类宣讲会、座谈会，鼓励干部和团队分享在管理和业务中遇到的真实问题。

（2）突出科学系统，提升案例教学质量

由公司确定重点主题教学的主题和对象，组织开展培训教学活动。过程中由教师引导学员对案例进行全面学习和分析，深入总结背后的理念、方法、教训、差距、根因以及改进措施等。因教学时间有限，学习内容以个人或团队的小型行为事件案例为主。通过引导学员积极参与、思考、输出和探讨，助其塑造分析和解决问题的思维模式，持续提升学习和实践能力，同时提升组织的培训质效。

（3）突出标杆宣传，树立案例学习文化

从行为事件案例中筛选出优秀实践案例，利用一定媒介，在组织内外对标杆人物、团队或事件进行宣扬传播。一方面引导干部主动将自身的工作质效和结果与标杆人物作比较，从而发现差距，通过学习和模仿标杆经验以弥补自身不足，持续提升工作实力和竞争力；另一方面体现公司对标杆的重视和认可，不仅能对标杆本身起到很好的

激励作用，还能激发其他干部的工作动机，提升其工作积极性，为组织营造良好的工作氛围。

（4）拓宽推广渠道，打造案例培训品牌

选择具有极大推广价值的系统级典型经验，如包含系统级方法、公司级优秀管理经验或重大成功事件的典型经验案例，利用一定媒介和途径，参加案例大赛、企业管理案例论坛、全国性案例征集评选活动等，在行业和领域内开展公司对外宣传工作，助力公司对外宣传在运营过程中沉淀的优秀管理经验、系统级方法或价值观等，提高公司的知名度和影响力，打造一个具有公司特色的案例品牌。

5. 以“体系运转良性化”为基础，强化案例培训体系长效保障

从优化组织体系、加强制度建设、谋划数智赋能三个方面采取有效措施，构建运作流畅、制度规范、工具智能的数字化支撑保障体系，确保实现体系良性化运转，取得干部案例培训体系建设的最大化效益、效率和效能。

（1）优化组织体系，形成齐抓共管良好局面

成立案例工作小组。负责统筹、规划、组织、全程跟进案例培训体系的建设与落地工作，包括案例研究、案例收集、案例开发、案例推广、案例教学推进等工作，协调各方资源，深化应用措施，保障知识资产价值的有效发挥。探索建立由公司组织部牵头、公司管理培训中心具体实施、各单位协同配合的多层次管理运营机制。由公司组织部牵头，明确干部案例培训体系的发展目标、发展方向、建设重点、建设依托。公司管理培训中心具体实施干部案例培训体系日常运营工作，以案例教学、案例征集为主要枢纽，整合公司各单位优势资源，沉淀各单位组织管理经验和业务工作经验，开展典型案例入库和及时更新工作，为各单位运用案例提供坚实的案例支撑。

组织建设案例人才队伍。由各地市公司人资部主任担任本单位干部案例培训体系建设负责人，从本单位中选择一批覆盖所有专业的有意愿、有能力的“绩优”员工，形成案例人才队伍。各地市公司人资部负责案例学习氛围的营造，案例人才队伍主要负责案例开发工作，同时也可以选择有潜力的员工成为案例教学培训师，承担案例编写、案例课程开发和案例教学工作。

建立常态化协作配合机制。与公司相关专业部门建立常态化的联络机制，共同商

定案例萃取与开发、应用工作中的重大事项；以经验共享为目标，以学员培训、集中办公、案例研讨、案例平台共建为抓手，畅通与地市公司、县公司协作配合机制，萃取业务部门 / 基层单位管理经验，形成典型案例，并以案例反哺业务部门 / 基层单位管理提升。

（2）加强制度建设，推动案例培训工作系统规范

完善制度体系。坚持系统思维，案例培训体系要与员工培养体系有序衔接，制定规范干部案例培训的相关管理办法，并鼓励各级单位因地制宜制定实施细则，建立 1+N 的管理制度体系，将干部案例培训融入国网江苏电力的人才培养大体系中。同时，要制定内容翔实的案例工作指南，如案例开发、课程开发、案例教学、案例使用等的标准化工作指南，规范、统一各单位的案例工作过程。

建立考核激励机制。科学设计评价指标体系，从案例质量、决策采纳和用户反响等维度对案例成果进行评价，突出评价指标的客观性、时效性和实操性；设立案例库优秀成果奖，每年由组织部对成果奖获得单位和个人进行通报表扬，表彰对案例开发与研究工作作出突出贡献的单位和个人，充分调动公司员工开展案例经验萃取的热情；将培训班学员撰写案例作为一项考核要点，案例质量与学员考核评价挂钩，对优秀学员评选产生影响，同时将高质量案例汇编成册，提交至公司组织部及各专业部门，以案例形式反映基层工作及经验，以充当公司工作参阅。

加强宣贯指引。通过月度会、组工例会、信息专刊等平台，采用汇报展示、海报手册、楼宇视频等方式，宣传案例工作的管理理念，营造良好的案例学习氛围，帮助员工提高认识，推进案例工作理念深入人心。

（3）谋划数智赋能，提升案例培训工作管理质效

目前公司案例已经积累到相当的数量，下一步可以考虑依托公司国网学堂，建立数字化案例库平台，对现有案例进行梳理、分类，做到案例可视化、实用化，同时，建立案例动态更新机制，定期对案例进行梳理和筛选，供员工进行自主学习参阅。线上可开发公司专属的案例网站，按主题上传案例课程、案例合集等，有视频、图文、PPT 等多种形式；线下可创办有固定场所的“案例角”，按册刊印放置各类案例，提供案例相关书籍等。

三、创新成果效果

（一）系统研究了案例培训体系的理论基础和实证案例

通过系统梳理案例培训体系的理论基础，明确了案例培训体系的定义。案例培训体系是指对于企业具有指导性作用的案例样本集合，其有效运作是一个将各种碎片化呈现的案例进行组合化和系统化，并传播给组织成员的过程。基于理论研究得出，案例培训体系的构建要从案例培训体系的结构和运作两个方面展开。同时研究了华为、平安、中国银行等公司案例培训体系的价值定位、结构及运作机制，为构建公司干部案例培训体系框架提供理论基础和范式借鉴。

（二）构建了公司干部案例培训体系框架

综合考虑公司干部培训工作的特征，依托公司干部案例的建设现状，从保障层、资源层、应用层三个方面构建了江苏公司干部案例培训“漏斗型”案例生态体系框架，并明确案例工作的目标为：总结和传承公司干部管理实践与业务经验，让“以案例为中心”的学习成为战略落地、业务发展和干部人才培养的助推器，推动实现“显性知识系统化、隐性知识显性化、组织分享常态化”。

（三）明确了公司干部案例培训体系的建设路径

在干部案例培训体系框架的基础上，从明确价值定位、搭建案例培训体系结构、深化案例培训体系运作、加快案例培训体系应用、强化案例培训体系长效保障五个方面，提出公司干部案例培训体系建设路径，同时在路径设计过程中，深入考虑公司业务、干部实际工作，做到案例培训体系的构建贴合战略、贴合业务、贴合管理现状，助推干部履职能力提升。

四、成果经验总结

（一）推动了企业"隐性知识显性化、显性知识系统化、组织分享常态化"

通过经验萃取与案例开发、案例库建设、案例课程体系建设、案例资源共享渠道建设等多种方式，促进企业对典型经验类案例分析启示、对问题类典型案例的研究讨论，将员工的隐性知识转化为企业的显性知识、将员工的个人经验转化为企业的集体经验，使知识系统化、全面化、科学化，使组织内的知识分享行为更普遍、更常见、更频繁。

（二）形成了企业案例工作的模式方法

一方面建立了基于知识管理理论、以案例开发助推公司战略落地的系统分析框架，解决公司案例开发相关问题。另一方面也打造了"案例研究、案例开发、案例应用、案例人才培养"的一体化工作模式，并匹配"案例标准化、案例信息化"等相应技术规范。多方体系综合建设，形成了独具特色的案例工作模式方法。

（三）促进了案例成果的应用与推广

通过全面推行培训"两个带来"（两个带来：带来问题和案例）"两个带回"（两个带回：带回工具和方法），着力建设案例资源，推动典型案例"进培训、进课堂、进头脑"，典型案例的价值被充分利用。通过出版案例相关著作等多种方式，促进"可复制、好推广、信得过"的苏电经验广泛传播。

连线人物

周　权　国网江苏省电力有限公司管理培训中心培训开发部（领导力评鉴中心）主任，高级经济师。牵头编著8本专著，《初心永恒：中国共产党在江苏电力的百年》入选江苏党性教育优秀教材，参编《企业文化十讲》入选中组部优秀教材，牵头1项成果获评国家级管理创新成果二等奖，牵头3项成果获评省级管理创新一等奖，2篇论文入选行业级管理创新论文一等奖，研究成果入选典型经验案例库30余项。策划并实施丹心行动，荣获2021年度电力行业教育培训领域影响力项目。牵头组织开展领导人员“走出去”研讨培训，获评中国人才发展平台（CSTD）第八届企业学习设计大赛学习设计灯塔项目奖、2023年全国电力行业教育培训领域影响力事件。

培训设计体系与运营体系的优化与重构

航空工业沈阳飞机工业（集团）有限公司

赵 云 朱 健 陆 旸 羿 岩 闫 强 杨秀华

企业简介

沈阳飞机工业（集团）有限公司（以下简称“航空工业沈飞”或“沈飞公司”）隶属于中国航空工业集团有限公司，是以航空产品制造为核心主业，集科研、生产、试验、试飞、服务保障为一体的大型现代化飞机制造企业，是中国航空工业集团有限公司骨干企业之一。公司创建于1951年6月29日，占地390万平方米，是中国航空工业发祥地之一，被誉为“中国歼击机的摇篮”。70多年来，沈飞始终坚持“航空报国、航空强国”的宗旨和“敬业诚信、创新超越”的理念，凭借致远的发展战略、至上的客户理念、雄厚的技术实力、卓越的创新管理，几代沈飞人薪火相传，不懈奋斗，先后研制生产了40多种型号数千架歼击机并装备部队，填补了一系列国防建设的空白，谱写了中国航空工业发展的恢宏篇章。研制生产了我国第一代舰载机歼15飞机，使我国航空武器装备实现了陆基向海基的重大突破；研制生产的国产四代战斗机鹘鹰飞机，使我国成为世界上第二个能够同时研制两款四代战斗机的国家。公司先后荣获“中国企业信息化500强”“全国质量效益型先进企业”“中国质量鼎”“中国工业大奖”“高新技术企业”等荣誉称号。

一、创新成果背景

航空工业集团提出了建设航空强国“两步走”战略目标和“一心、两融、三力、五化”的新时代发展战略，必须大力加强人才队伍建设，努力打造一支高素质专业化的干部队伍和技术技能领先的人才队伍。航空工业党组颁布了《关于建立完善新时代航空工业人才发展体系的意见》文件，公司颁发了《人才新政 30 条》，对建设高素质专业化人才队伍措施路径提出了要求。

（一）培训定位培养职责需要进一步聚焦组织战略

清晰的培训定位可以为培训工作指明方向。只有方向正确，才能让培训部门持续蓄力和积累，聚焦方向、持续耕耘，培训才能创造卓越价值；清晰的培训定位可以让培训工作事半功倍，能够将有限的资源用在“刀刃”上；清晰的培训定位能够让培训部门的目标与培训部门个人的发展产生连接，形成培训团队之间的情感契约，聚焦团队。

（二）培训项目设计体系需要进一步聚焦业务发展

从纵向看，项目设计包括目标设定、前期宣传、中期学习、实践转化、成果评估与推广等阶段。从横向看，项目设计要围绕课程线、动能线、实践线、个人发展线、管理与宣传线。项目设计要围绕纵向和横向两个维度进行立体设计，既要保证项目设计没有遗漏，覆盖项目管理的各个维度，又要有选择地进行侧重设计，将资源和精力聚焦在产生价值和保证项目成功的那些“杠杆解”上。

（三）培训运营管理体系需要进一步聚焦流程管理

培训运营体系是 AOS 在人力资源培训管理领域的深入实践，支撑核心业务体系有效运转的保障。以“架构—模型—流程—IT—标准”的运营管理体系技术实现路径，围绕企业核心价值链开展全员素质提升培训体系架构设计、分析及后续的实施落地。

（四）培训效果评价体系需要进一步覆盖培训全程

把培训效果评估作为培训过程的一个重要环节，将培训效果的评估放到整个培训系统中来考虑。建立培训前的需求评估、学员评估、师资评估到培训中的过程管控和一、二级评估，到培训后的三级行为评估和四级业绩评估以及结果报告，构建完整的培训效果评价体系。

二、创新成果措施

（一）重新定位企业培训职责，保障战略发展

OD（Organization Development，组织发展）为帮助组织顺利适应外部，帮助高层领导充分发展组织内部，为实现组织远大的外部目标提供保障。TD（Talent Development，人才发展）更强调员工本身的发展，致力于为组织持续提供关键人才，希望通过人才的力量推动整个组织战略和业务发展。LD（Learning and Development，学习与发展）更强调知识技能与工作的匹配，与以前的培训概念更加接近，其工作内容更多属于培训项目的规划、设计和实施。组织发展、人才发展、学习与发展三者的职责与逻辑关系如图 1 所示。

图 1　组织发展、人才发展、学习与发展三者的职责与逻辑关系

1. 聚焦组织发展，制定培训战略

组织文化强调了适应性与使命两个维度是组织关注外部的程度，反映了企业是否

顺应外部经济、政治、社会环境的变化适时地作出相应的改变和调整。适应性与员工参与性两个维度又反映了组织的灵活性，即以市场、客户为导向的创新能力。一致性与员工参与性两个维度反映了组织关注内部的程度，它要求企业具备对内部系统、结构和流程进行动态的整合，以满足组织目标的实现。使命与一致性两个维度要求组织具有相对的稳定性，使得企业有自己的发展方向和目标，并且强化员工对企业的忠诚和归属感。战略因素包括战略 / 使命、领导力和组织文化。运营因素是结构、管理实践和系统（包括政策和程序）。个人因素包括工作单位氛围、技能和任务、动机以及个人需求和价值观。

2. 聚焦人才发展，确定培训定位

（1）确定关键岗位

关键岗位在企业经营决策过程发挥影响力，其影响程度越高，岗位的战略价值越高。关键职位与组织的关键能力紧密相连，且对组织的未来发展起着至关重要的作用；关键职位比较适合从内部培养和选拔，而非外部招聘；关键职位在组织内部属于中高层级；根据公司业务发展、组织构架的变动，关键职位可能发生变化。

（2）确定关键员工或关键群体

关键员工判定的时候，业绩和能力超标的员工列入公司核心人才库，符合晋升的标准，也是公司重点保留的对象。关键岗位识别使用的方法：绩效 + 能力；绩效 + 胜任度；绩效 + 准备度，根据相应的权重和指数得出是否是关键人才。需要注意的是：员工的绩效代表员工过去的行为和结果，胜任度代表员工今天做得怎么样，准备度代表员工明天会怎么样。经识别，公司的关键员工或关键群体是高层管理者、单位责任人、领导人员、专家、骨干、新员工等。

（3）快速培养关键人才

健全培养机制，集中培训与岗位培养并举。企业的集中培训是培养关键人才的主渠道。同时企业的培训又需要操作性，其现实性很强。立足岗位，从实践中培养充电，也是培养关键人才的主战场。岗位培养的做法主要有：交任务、压担子、多指导、重交流。从“用人才干工作”转变到“用岗位培养人才”的思路上来。重点关注人才新政三十条、卓越工程师、技术骨干、红箭训练营等。

注重用主导文化培养，人才是否忠于企业，是否对企业负责，主要取决于企业主导文化灌输培养。文化一旦被员工认同，就会形成一种价值取向，就能教育人才，规范人才的行为，产生巨大的向心力、凝聚力。重点关注航空报国精神、集团文化、集团战略、“十四五”规划宣贯、“三四五”发展目标等。

注重传、帮、带，“传”注重传经验。传授工作管理经验，凝心聚力促进企业共同发展。“帮”着眼帮急需。“帮”就是做给他们看，带着他们干，针对他们的需求，缺什么就教什么。“带”立足带根本，根本就是人格素质。带根本，就是用自己的人格素质带出人才的人格素质。重点关注师带徒、导师制、项目制、创新工作室、创新团队等。

3. 聚焦学习发展，构建培训体系

根据企业岗位体系构建培训体系建设，以岗位能力要求为基准，把握在岗人员与组织要求能力的差距，设计切合组织目标的、有针对性的培训课程。系统化的培训课程实施结合企业培训体系建设阶段和培训需求，设计体系化、系统化培训实施方案，涵盖多群体、多内容、多形式的课程设计和实施安排，实现企业培训计划的统筹管理。人才发展导向的培训全景设计如图 2 所示。

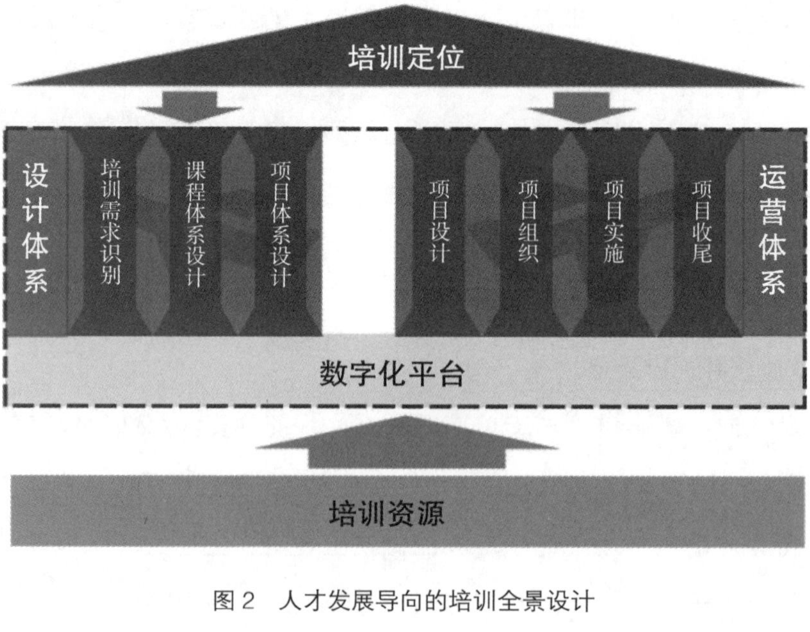

图 2　人才发展导向的培训全景设计

尤其需要注意的是，为了使培训体系有效落地，年度培训计划要关注公司战略、围绕公司战略、覆盖战略相关的重点工作；学习项目要关注业务痛点，与业务发展强关联，与业务痛点强关联，聚焦到某一（或若干）业务部门（职能部门）的重点工作；培训课程要关注学员短板，从学员出发，急用先培，补齐短板，提升长板。

（二）重构培训项目设计体系，保障业务发展

聚焦组织发展和人才发展需要，对组织战略、工作和员工进行科学分析，确定人员能力素质模型；针对培训需求来设计和开发培训项目，避免培训的盲目性，确保学员获得工作所需的知识和技能，满足组织发展需求，为公司“十四五”规划和“三四五”目标的实现提供人才保障。项目设计体系如图 3 所示。

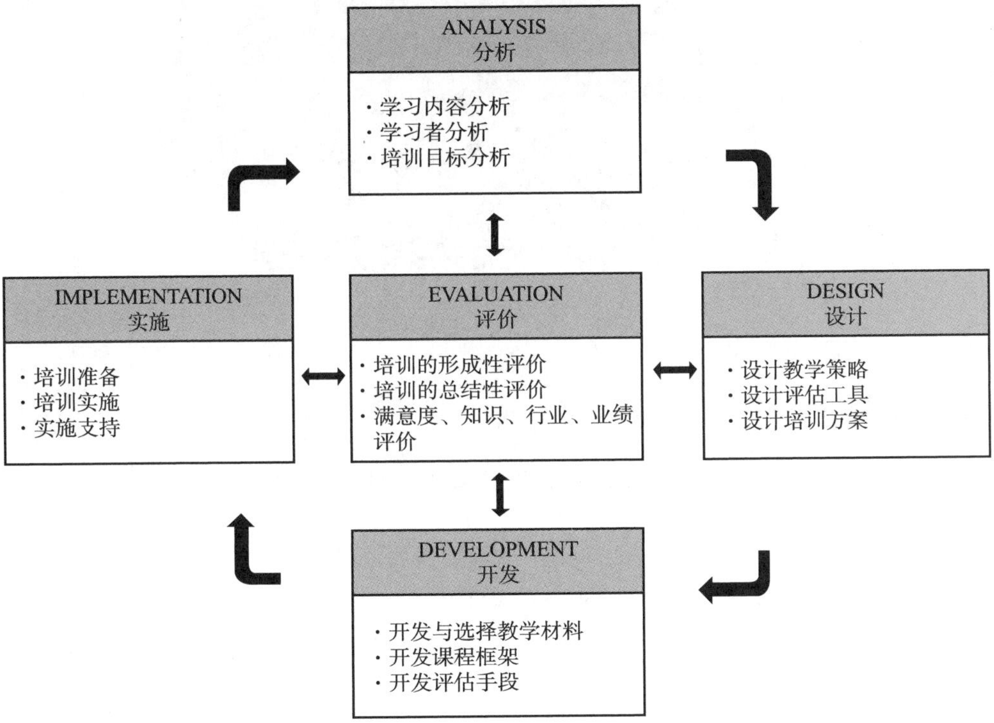

图 3　项目设计体系

1. 识别培训需求，提高培训针对性

胜任力是指能将工作中表现优异者与表现平庸者区分开来的个人的表层特征与深层特征，包括知识、技能、社会角色、自我概念、特质和动机等个体特征。基于胜任

力的培训需求分析模型，主要通过组织环境变化的判断，识别企业的核心胜任力，并在这个基础上确定企业关键岗位的胜任素质模型，同时对比员工的能力水平现状，找出培训需求所在。

以职业生涯为导向的培训需求分析模型呈现出了三个特点：将企业需求与员工职业生涯发展需求进行结合，尊重了员工的个体发展；不仅考虑了现期需要，还考虑了远期需要，这是对前瞻性培训需求分析模型的升华；员工真正参与到培训需求分析的过程中，使培训需求评价的主体得到拓展。全职业生涯课程体系如图 4 所示。

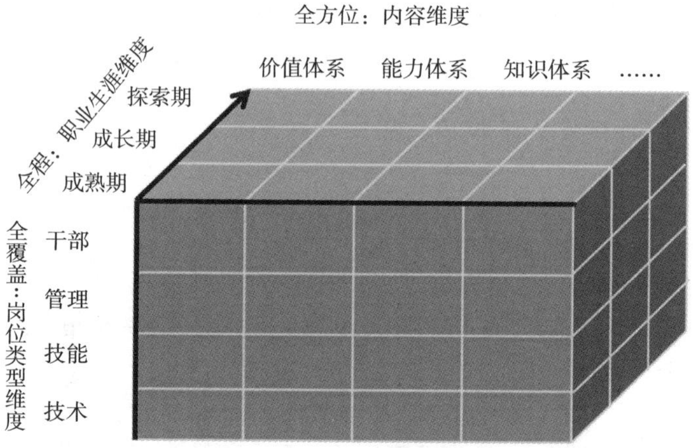

图 4　全职业生涯课程体系

2. 搭建课程体系，提高培训实效性

建立基于知识、能力、价值三个体系的需求构建内容体系。建立标准能力项以及课程库，针对沈飞公司实际，通过评估分析现有能力现状与能力需求的差距，在同类或同级别岗位中进行整合，最终确认各层级新任、成熟、后备类型的培训课程需求。干部序列通过管理创造价值；管理序列通过组织、协调、体系设计创造价值；技术序列解决专业问题创造价值；技能序列通过劳动 / 操作创造价值。国家、集团、公司、个人都会影响价值类课程的需求，而每个方面的文化价值体系需求都需要通过来源、渠道、周期确定，进行搜集、整合后完成课程设计工作。通过转盘模型对这四方面分别进行六个方向的确定，生成文化价值体系类课程建立的方法框架。课程体系构建路径如图 5 所示。

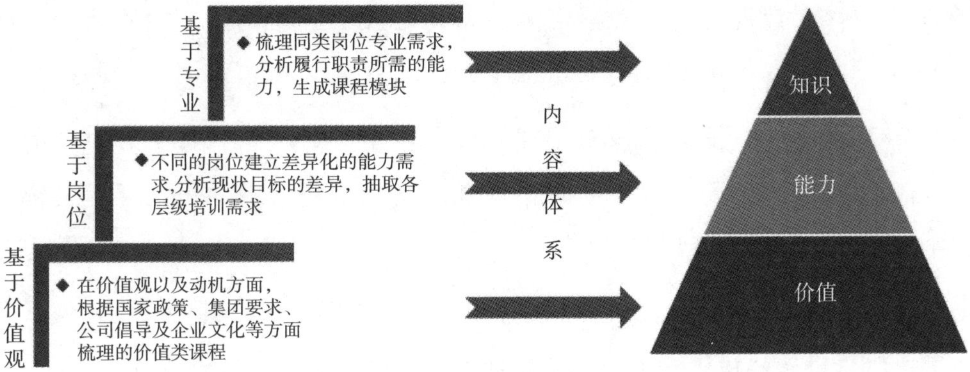

图 5　课程体系构建路径

搭建综合课程库，未来不断持续完善，为未来项目提供有效的课程。匹配差异化的模型设计，梳理历史培训合作资源，整合并搭建匹配不同类岗位、模块的课程，梳理完成课程库设计；课程库应依据不断变化的培训需求，经过合理、适当的论证研讨后，及时删减课程，并更新对应的授课讲师信息，实行课程库的动态管理；在拟定的课程库中，为每门课程确定课程编号、课程类型、课程名以及课程内容的框架。培训课程库如图 6 所示。

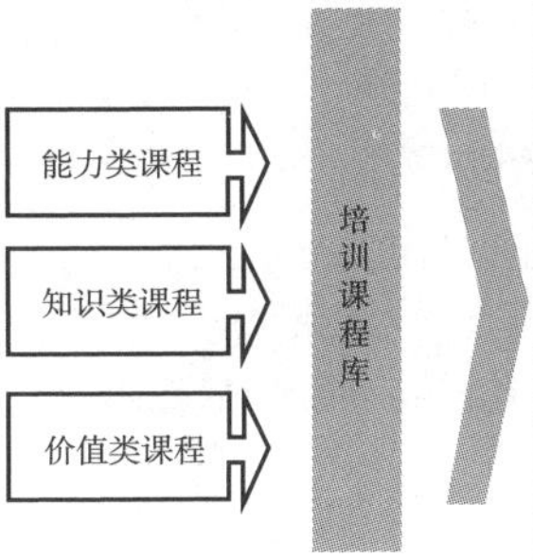

课程编号	课程类型	课程名	课程内容
NL-01-01	组织协调能力	部门与跨组织的沟通协调	1.沟通在管理中的意义；2.沟通的含义；3.沟通的三重属性：技能、管理与文化；4.通过沟通提高工作和协调效能：六大抓手
NL-01-02	分析能力	思维创新与六顶思考帽	1.白色思考帽；2.绿色思考帽；3.黄色思考帽；4.黑色思考帽；5.红色思考帽；6.蓝色思考帽
NL-01-03	分析能力	金字塔原理	1.表达的逻辑；2.思考的逻辑；3.解决问题的逻辑；4.演示的逻辑
ZS-01-04	人力资源管理	非人力资源经理的人力资源管理	1.企业经营人力资源管理；2.非人力资源经理对人力资源应有的认识；3.非人力资源管理的专业培育
JZ-01-02	价值类课程	大趋势：中国经济与政治	1.当前中国经济；2.经济与社会：历史的视角；3.世界宪政发展经验及其对中国的启示
…	…	…	…

图 6　培训课程库

3. 设计项目体系，提高培训专业性

针对不同的培训需求，组建各类型的基准项目，设计对应的基准培训项目，可根据岗位层次、参与人员类型等因素综合确定项目。要把每一场培训都作为一个学习项目去运作，要在一开始就“以终为始”界定业务收益，要“从始至终”设计完整体验，要把重要精力放在学习转化上，要用主客观数据评估培训的成果和影响力。

培训项目教学计划的制定应紧密围绕公司培委会确定的人才培养要求，适应人员能力提升以满足岗位要求。根据实际需要，教学方式可采用理论面授、实操训练和沉浸体验式教学等。培训项目教学计划包含以下内容：项目背景分析；培训项目设计，包括能力项、匹配课程、学时和授课形式；课程设计，包括课程名称、课程所需学时和具体授课内容。

各培训项目完成后，对培训项目教学计划的实施情况进行经验总结，发现问题，分析原因，制定整改措施，实现培训项目教学计划实施质量的持续改进。

（三）优化培训运营管理体系，保障培训实施

培训运营管理体系如图7所示。

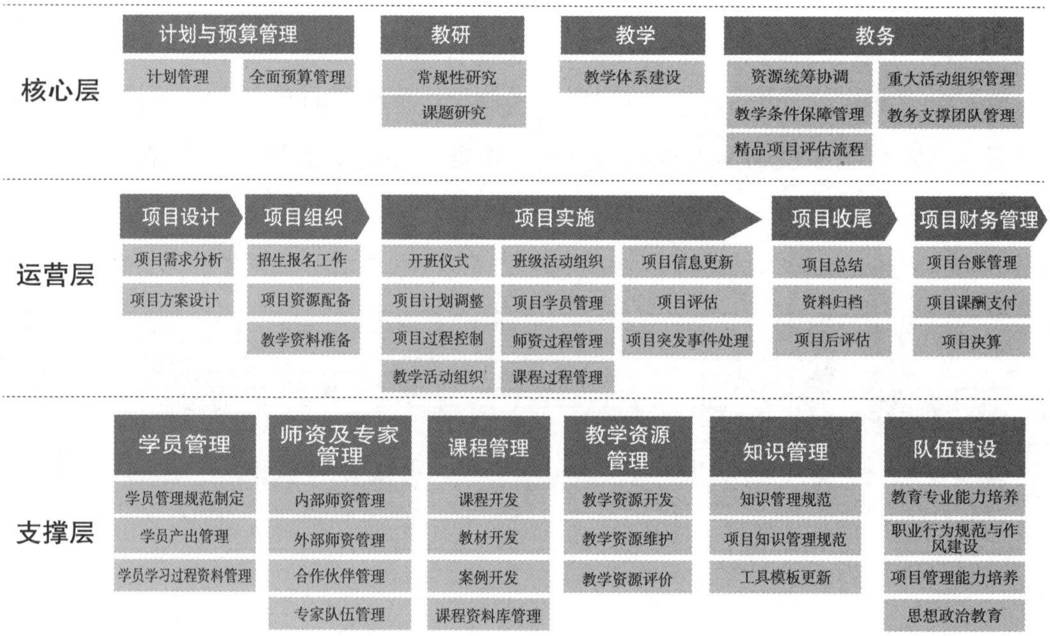

图7　培训运营管理体系

1. 重构流程架构，实现业务管理流程化

在架构层面，从沈飞公司的战略使命出发，以沈飞公司发展规划与人力资源规划为牵引，界定组织与环境之间、组织内各要素之间的逻辑关系，描绘组织的机构、功能、业务逻辑等方面的整体图像，从而实现对组织演进和发展的整体驾驭。在模型层

面，识别组织整体的业务模型（组织创造价值和向客户提供价值的基本逻辑）和各个分领域的业务模型，重构了人力资源业务域业务模型，其下含培训管理流程组和职业发展管理流程组。

2. 设置业务伙伴，实现培训管理规范化

推行公司、部门两级业务伙伴管理模式，以“大人力资源管理”理念为牵引，搭建纵向穿透、横向（内部）交流、平台保障的业务伙伴管理机制，建立公司层面培训伙伴关系，通过推行片区化管理（7 个片区共设置培训主管 49 个）和岗位定期交流，充分发挥培训主管的桥梁纽带作用，规范分校培训活动，形成纵向贯通两级培训平台，横向联接各所分校管理机制，助力“12335”员工素质培训工程推进，确保各分校建设和培训效果提升。

3. 制定实施方案，实现培训实施标准化

项目组织实施阶段应注重计划的准确性和培训的有效性。为保证整个培训的顺利实施，项目小组应对培训中的技术环节、教学环节和服务管理等各个环节进行严格控制，提交必要的报表信息和统计信息。同时对培训中出现的问题进行沟通和解决。学员签到，并由班主任负责考勤。根据培训项目实施的具体情况选择是否举行开班仪式。课程结束时，发课程反馈问卷，并通知学员按时填写。根据培训项目实施的具体情况选择是否举行结业仪式，如需举行结业仪式请按结业仪式流程进行。

项目总结阶段主要负责培训中各项资料的整理、汇总、统计；提交培训总结报告和其他相关资料信息。根据培训项目实施的具体情况选择是否推送网络教育中心的课程，如需推送网络教育中心的相关课程请在培训交流群内发布通知，并要求学员按时间节点完成。培训相关人员召开培训总结会议，对培训项目进行复盘并收集整理培训意见和建议，研究后形成整改措施。

（四）优化培训效果评价体系，保障培训效果

培训效果的评估是培训工作的最后一个环节，也是培训系统中最难实现的一个环节，其对于企业的整个培训工作是至关重要的。只有采用正确的评估方法，对培训的

效果作出客观、准确的评价，才能衡量培训工作的效果，检验培训计划的完成情况，总结经验，找出不足，进行改进，从而提高培训的实效性。

培训前，加大培训需求调研力度，寻找短板和痛点，结合培训课程谱系更有针对性地完善课程设计方案，将组织需求和个人需求相结合，形成“动静结合”的培训模式，注重需求牵引，通过培训需求调研结合课程谱系完善课程设计方案，根据需求调研情况进行培训分组和研讨主题设置。

培训中，强化过程设计，多采用体验式、案例式等互动性强的教学模式，增强代入感和融入度，使学员充分沉浸在培训中，增强培训效果，带着问题学，培训后针对研讨主题进行结业汇报，将培训与实际工作相结合，通过培训解决工作中的实际问题或为其提供参考。

培训后，采用学员和师资量化考核评分方式，加强对培训考核评价结果的应用，为组织部门和业务主管部门提供选人用人的数据材料支撑。培训过程中利用每天课前时间随机抽取学员对前一天的培训内容进行总结分享，培训后通过填写“5310”行动计划表和结业汇报的方式强化培训闭环管理，行动计划表作为学员个人结业材料，PPT汇报材料作为小组结业材料，增强学员对培训的总结和思考。

三、创新成果效果

（一）培训体系流程得到优化

整合公司现有培训资源，建立公司、单位两级培训平台，充分发挥公司级平台的系统统筹作用和单位级平台的专业培养作用，并以LBP队伍为纽带促进高效沟通。通过实施“12335”全员素质提升工程，优化了培训体系，以素质提升助推管理提升，为公司科研生产经营管理工作提供有力支撑。

（二）人才梯队建设取得成效

依据分层分类原则实现了管理、技术、技能相关先进理念、方法、工具等培训覆盖骨干群体，逐步形成了聚焦关键少数、辐射全体员工的培训格局。专家人才培养见成效，入选集团公司和公司管理专家、技术专家、技能专家数百人，各类骨干近千人。

（三）培训资源建设显著增强

在培训师资队伍建设方面，建立了干部专家授课机制，发挥各级领导人员和专家“领头雁”作用，近千名干部和专家累计授课 45338 小时；强化内训师队伍建设，将内训师分为初级、中级、高级、特级、首席五个等级，目前共有各级内训师 3300 人。

在课程教材建设方面，结合职业生涯阶段特点和员工能力提升需求，搭建分层分类课程谱系，优化课程设计和教材编制标准，累计开发教材课件 2618 份。

在实训基地建设方面，航空工业沈飞目前已经建成集职工培训、职业技能鉴定、技能等级评价等功能为一体的综合性职工培训基地，是国家高技能人才培养示范基地、国家首批高技能人才（机电项目）培训基地、航空工业集团高级技术人才培训基地、航空工业集团高技能人才培训基地、沈阳市高技能人才培训基地（2 个）。建有技能大师工作室 6 个（其中国家级 2 个、沈阳市 4 个）、劳模创新工作室 29 个（其中国家级 2 个、省部级 3 个、地市级 12 个、公司级 12 个），有力保证了技能人才培养和实操训练。

四、成果经验总结

培训设计体系与运营体系的优化与重构聚焦组织发展和人才发展需要，对组织战略、工作和员工进行科学分析，确定人员能力素质模型，确立人才发展导向的培训定位；聚焦企业业务发展，重定向培训规划和开展培训设计体系优化，重点开展培训需求识别、课程体系设计、项目体系设计工作；优化培训运营管理体系，建立项目设计、项目组织、项目实施、项目评估管理流程和工作标注，将培训业务嵌入企业发展主价值链；以培训资源建设、数字化平台建设为依托，确保培训有效实施；构建完整的培训效果评价体系，将评价工作贯穿培训全流程。

统筹实施“12335”全员素质提升工程，即聚焦“又好又快产品实现”的高质量发展目标构建 1 个培训体系，做实公司级、单位级 2 级培训平台，优化“党校、培训学校、团校”3 校运行模式，面向“干部队伍、专业队伍、全体员工”3 个群体，开展党建业务、管理业务、技术业务、技能业务、专项业务 5 项业务培训，由党委副书记牵头推进学习型组织建设，组建人才培养（培训）工作小组，把培训职能真正下放到各个部门，形成各部门负责人作为培训实施者和督导者，培训部门作为服务者、协助者、指导者的资源充分调动、流程高效运转、素质有效提升的培训工作新格局。

连线人物

赵　云　高级工程师，现任航空工业沈阳飞机工业（集团）有限公司党校/培训中心常务副校长/主任兼党委书记。航空工业集团党建专家，中国航空教育学会理事、副秘书长，中国航空教育学会职业教育分会副主任委员、总干事，航空行业教育指导委员会委员。全面开展组织“四航”计划和“四鹰”计划，激发分校平台对人才培养的阵地作用，提高“五位一体”培训的精准性和有效性。近年来，主持或参与管理课题21项，获得各项成果16项。

内生型企业网络安全实战人才培养创新与实践

深信服科技股份有限公司（深信服产业教育中心）
李洋 严波 黄浩 徐璐 刘嘉

企业简介

深信服科技股份有限公司（以下简称“深信服”）是专注于企业级网络安全、云计算、IT基础设施及物联网的产品和服务供应商，拥有深信服智安全和信服云两大业务品牌，致力于承载各行业用户数字化转型过程中的基石性工作，从而让每个用户的数字化更简单、更安全。目前，深信服员工规模超8000名，在全球有50余个分支机构，公司先后被评为国家级高新技术企业、中国软件和信息技术服务综合竞争力百强企业等。

从2013年开始，深信服就全情投入信创产业发展，坚持“双模拉齐，先进升级”，获得了包括“信创工委会卓越贡献成员单位”在内的多项权威认可。一直以来，深信服十分重视研发和创新。持续将20%年收入投入研发，并在深圳、北京、长沙、南京和成都设立5大研发中心，研发人员比例约为40%，坚持以“持续创新”的理念打造省心便捷的产品，获得了市场广泛认可。目前，超过10万家用户正在使用深信服的产品。根据IDC数据，深信服VPN、全网行为管理、下一代防火墙、应用交付和桌面云均为中国市占率第一，超融合、EDR均为中国市占率前三。

随着在企业级IT领域的持续深耕，深信服竭尽所能，主动承担起更多的社会责任，担任近20部国家标准和行业标准的主要起草单位。在安全领域，获国家发改委批准建设“下一代互联网信息安全技术国家地方联合工程实验室”，并获国家互联网应急中心批准成为“国家级网络安全应急服务支撑单位”。在云计算与IT基础设施领域，获批成立“广东省智能云计算工程技术研究中心”。同时，为了更好地回馈社会，深信服于2021年成立了“深圳市深信服公益基金会”，是经深圳市民政局、深圳市社会组织管理局批准，由深信服科技股份有限公司捐资成立的非公募慈善基金会。自成立之日起，基金会以扶弱济困、公益助学为主要服务领域，在宪法、法律法规和国家政策的指导下，积极践行社会主义核心价值观，参与社会公益慈善事业。并加入深圳市基金会发展促进会会员单位、深圳市慈善事业联合会会员单位，荣获深圳市南山区慈善会赠予的“慈善之星”称号。

多年以来，深信服也积极与合作伙伴、生态伙伴、产业组织、高校、研究机构等构建共赢的生态圈，致力于推动技术进步和产业发展。在2020年，深信服正式成立“深信服产业教育中心”（以下简称“产教中心”），聚焦网络安全和云计算领域的教育、培训、认证产品与服务，也是深信服科技人才培养战略的核心组成部分，致力于为政府、社会、企业及高校提供专业的、全方位的人才培养解决方案，让产业教育更简单、更有效。产教中心坚持“1262”的战略布局，即一个品牌（“深信服产业教育中心”），两大战略（“双核双循环战略”：网络安全及云计算两大硬核、国内国际人才培养双循环的两大战略），六大产品服务（校企合作、政企合作、技术认证、教育平台、大赛竞赛、人才基地），两大基金（科研合作基金、人才培养基金）。

产教中心拥有300余位特聘专家组成的四大专家智囊团，在其指导下，构建了深信服人才培养“I-CIRCLE模式”，以学习者为中心，从教学平台与课程研发，到人才认证与就业输出，始终坚持人才培养标准与国内外网络安全和云计算产业用人需求动态同频，打造优秀人才成长生态圈。

产教中心将始终肩负网络安全、云计算领域人才培养的重任，致力于成为网络安全、云计算教育培训领域的产业标杆，支持国家人才战略，竭尽全力与政府、高校、企业、教育培训从业者一起为产业源源不断地输送人才，为国家数字化产业保驾护航。

一、创新成果背景

随着信息技术的飞速发展，数字化转型已成为推动国家进步和民族复兴的关键力量。然而，网络空间的开放性和互联性也使得国家安全面临前所未有的挑战。当前，全球网络安全形势日益严峻，网络攻击手段不断翻新，数据泄露事件频发，给国家安全带来了严重的威胁和挑战。能源行业对于国家的经济发展、社会稳定以及国家安全都具有举足轻重的作用。随着能源行业各类型企业数字化转型不断深入发展，能源类企业的网络安全问题愈发凸显其重要性。

在国家和行业的共同重视下，近些年来，能源行业各类企业开展了体系化的网络安全建设并呈现逐步完善的趋势。各企业纷纷落地应用了先进的网络安全技术和设备，建立了完善的网络安全防护体系。包括构建多层次的安全防御网络，从物理安全、网络安全、系统安全到数据安全，全方位保障能源生产和供应的稳定与安全。同时，企业还加强了网络安全管理，制定了符合企业业务发展的网络安全制度，提高了管理的规范性与合规性。在网络安全建设的过程中，能源行业企业也愈发重视网络安全专业人才的培养，通过开展网络安全意识培训、安全管理培训、安全风险应急响应等相关培训，不断提升员工专业素养和技术能力。

然而，作为经济社会运行的“神经中枢”，能源领域面临的网络安全风险和威胁形式越发严峻。面对日益严峻的网络安全形势，能源行业急需培养一支具备高素质、专业化和实战经验丰富的网络安全人才队伍，是网络安全体系化建设的重中之重。正如第三方调研报告《网络安全人才实战能力白皮书 攻防实战能力篇》中所阐述的，能源行业对具备安全运维、渗透测试、应急响应等综合实战能力和经验的专业技术人才的需求量位列第一，在细分行业中其人才需求占比为 21%，如图 1 所示。

深信服作为在网络安全和云计算领域深耕 24 余年的企业，不仅在业务安全体系建设和业务上云建设，保障了能源行业中诸多发电、电力、石油、煤炭等企业实现数字化转型平稳落地，同时基于深信服积累的成熟技术经验和产教中心先进的人才培养模式、智能化的教育培训平台及丰富的教学课程与实践资源，结合各能源类企业多维度人群个性化培训的实际需要，提供企业安全创新技术中心建设、网络安全专项技术培训、网络安全竞赛全体系产品和服务等个性化、一体化的解决方案，全方位满足了企业人员在安全意识提升、法规标准普及、运维防护、攻防渗透以及AI+安全前沿技术等多方面的培养需求。

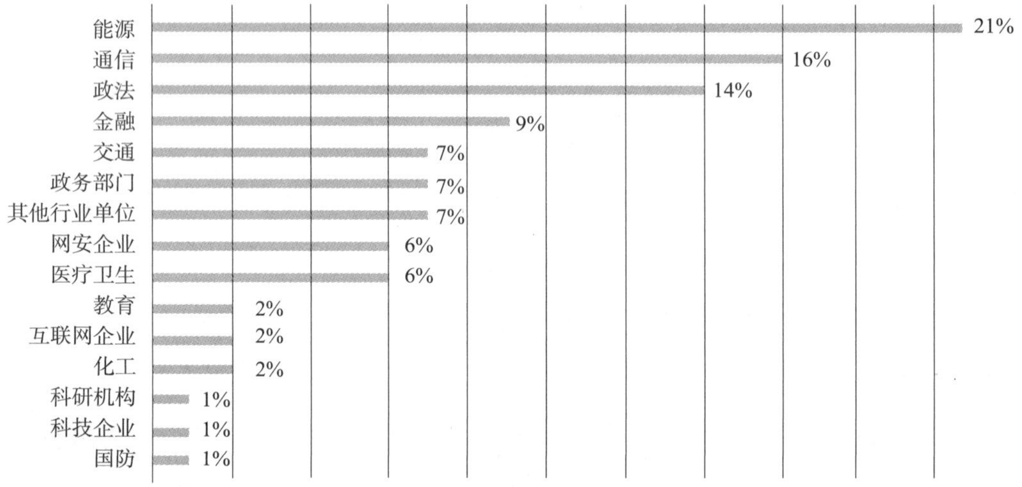

图1　行业网络安全人才需求量分布

（图片来源：《网络安全人才实战能力白皮书　攻防实战能力篇》）

二、创新成果措施

网络空间安全面临的形势复杂多变，对抗趋势愈发凸显。网络安全是一个事关国家安全的重大战略性问题，近些年来，党中央、国务院高度重视网络安全工作。在加快建设网络强国、数字中国的大背景下，各行业加强培养既懂行业又掌握专业技术的网络空间安全人才势在必行。在此大背景下，深信服以一体化的解决方案，为能源行业的安全、稳定、快速发展提供了坚实的网络安全实战人才保障，助力行业迈向更加安全、智能的数字化未来。

（一）人才需求痛点

近几年来，依托不断完善的网络安全专业设备，能源行业各单位能够较好地保障各类业务和管理系统安全运行。但是，网络安全技术、信息安全技术发展迅速，新技术、新知识迭代更新异常之快，信息系统的物理网络边界的概念日益模糊，环境越来越复杂，业务暴露面也越来越大，攻击面也随之扩大，攻守双方处在“敌明我暗”的状态中。同时，伴随数字化转型的不断深入和发展，企业现有信息安全技术专职人员数量较少、人员专业对口情况低，且人员能力水平参差不齐，知识体系、实战能力、应急管理能力等亟须“升级”。在新技术、新常态的大趋势下，人才网络安全实战能力的培养必须长效化、高质量地持续进行，现有人员专业技术能力已逐渐无法满足日益严峻的风险处置应对需求。

同时，人工智能技术在安全行业的应用日益广泛，现有人员专业技术能力已逐渐无法满足日常海量预警和风险处置应对需求，需要借助生成式人工智能大模型技术，提升人员安全能力，优化威胁检测、研判全流程的效率和效果。因此，需要在企业内构建提升现有人员新技术能力的一体化环境，助力企业内生型网络安全实战人才技能和综合素质培养。

（二）创新培养体系

通过对能源行业网络安全实战型人才需求的广泛调研，结合深信服多年来在行业内的技术积累并深度融合泛产业化资源，贯通产业链、教育链、人才链，以国际化视角和产业人才需求为依据，将“产、学、训、研、赛、证”形成闭环，同时将人才综合能力评价贯穿始终，构建人才培养 I-CIRCLE 模式。以学习者为中心，从教学平台与课程研发，到人才认证与能力输出，始终坚持人才培养标准与国内外产业用人需求动态同频，形成复合型人才培养与成长的生态闭环。

基于 I-CIRCLE 人才培养模式，在为能源行业开展网络安全实战人才培养的过程中，我们以建设“网络安全数智化创新技术中心”为依托，针对多维群体，开展意识培养、专技培训、实战竞赛、靶场仿真、能力验证等多元化人才培养项目；同时，结合人工智能大模型技术，实现网络安全风险意识过硬、运维技术能力提升、攻防演练应急响应有效、靶场仿真漏洞风险 AI 预判、系统上线潜在威胁排查等目标，构建“人防、技防、智防”的“三防”体系（图 2），为能源行业网络安全培养复合型实战人才，为能源行业数字化深入转型保驾护航。

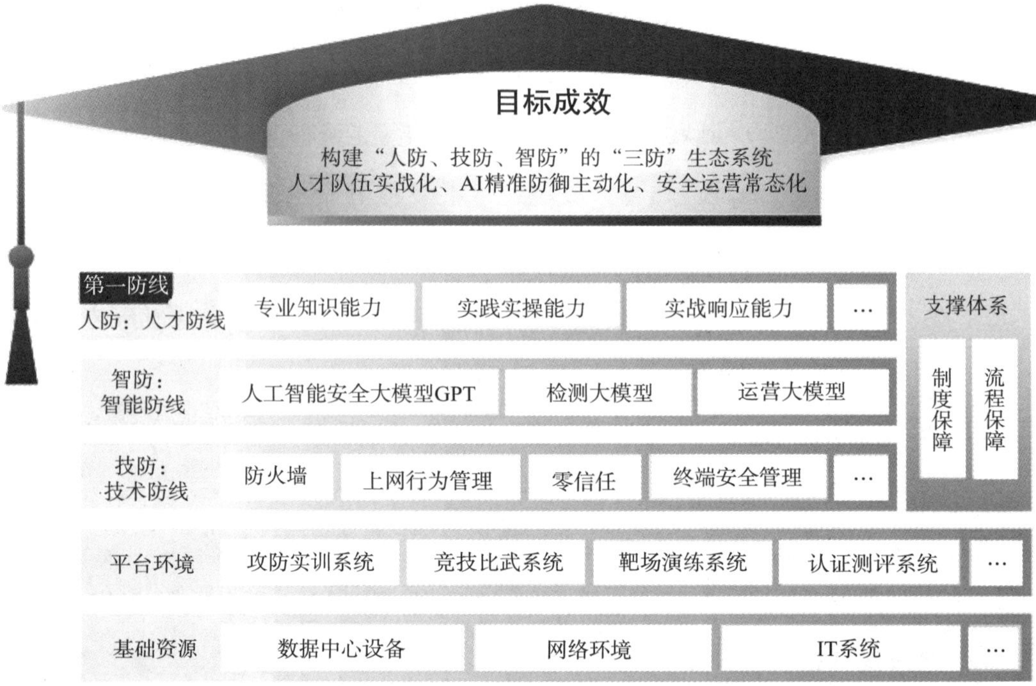

图 2　行业人才培养“三防”体系架构图

（三）培养体系落地

作为国家关键基础设施行业，在能源行业构建网络安全数智化创新技术中心，按照锚定群体、明确目标、建设实施、成果输出四个步骤，承载“人防、技防、智防”的“三防”人才培养生态体系落地实施。

1. 锚定群体

网络安全设施作为能源行业数字化转型深入发展的基础设施，需要建立全方位且有效的人才防线，提升安全防护基线。按照我们对能源行业各类企业的了解，总体来看可将人员按照“一整体、三聚焦”来开展，如图 3 所示。

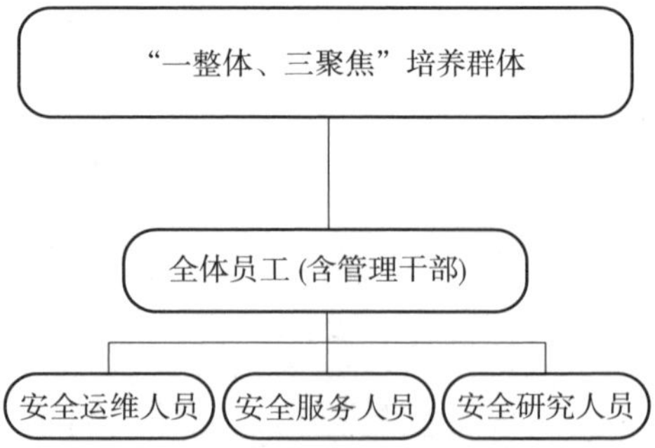

图 3　四类培养群体

2. 明确目标

依据上述四类培养群体，按照其日常工作内容和能力画像，确定专属培养目标，如图 4 所示。

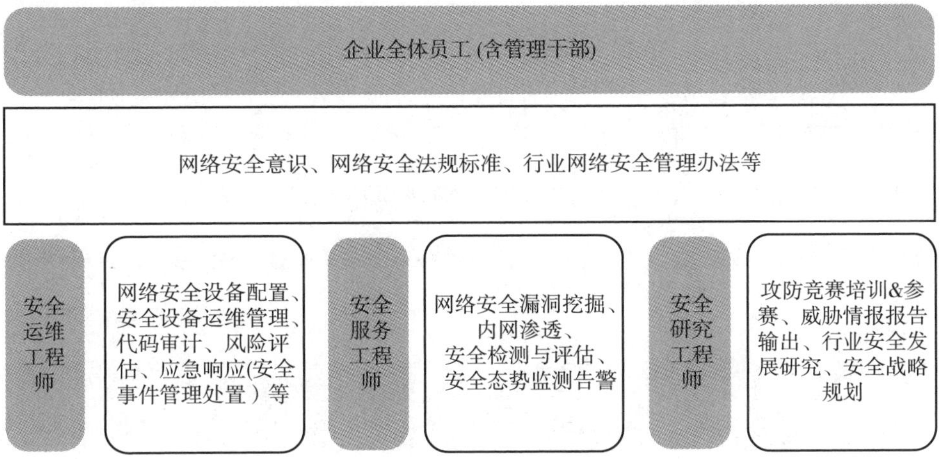

图 4 个性化培养目标

3. 制定计划

根据“一整体、三聚焦”培训人群，因人制宜开展定制化培训内容，如表 1 所示。

表1 “一整体、三聚焦”培训方案

面向群体	培训内容	培训频率（建议）	培训及考核形式
企业全体员工（含管理干部）	网络安全意识、网络安全法规标准、行业网络安全管理办法（如《电力行业网络安全管理办法》等）专题内容	2 次 / 年（4 月、9 月）	寰宇“演训赛研”平台线上自学 + 线下 / 线上集中培训 + 线上理论题考核
安全运维工程师	网络安全设备配置、安全设备运维管理、代码审计、风险评估、应急响应（安全事件管理处置）等专题内容	2 次 / 年（5 月、11 月）	寰宇“演训赛研”平台线上学练 + 线下集中培训 + 线下认证 A 级标准考核（考核逐次提高难度）
安全服务工程师	网络安全漏洞挖掘、内网渗透、安全检测与评估、安全态势监测告警等专题内容	2 次 / 年（5 月、11 月）	寰宇“演训赛研”平台线上学练 + 线下集中培训 + 线下认证 P 级标准考核（考核逐次提高难度）
安全研究工程师	攻防竞赛培训 & 参赛、威胁情报报告解读、行业安全发展研究、安全战略规划等专题内容	2 次 / 年（2 月、11 月）	安全战队人员可“以赛代考”，鼓励通过内外部参赛积累实战经验 其他以报告撰写发布、研究成果发布等为考核

4. 建设实施

网络安全数智化创新技术中心作为网络安全“三防”人才体系建设的现实载体，落地建设内容包含平台环境、专项培训资源及环境（AI+ 安全、安全设备及配套课程、实战训练资源）、基础资源三大模块。

（1）“演训赛研”一体化平台

深信服寰宇实战演练平台（以下简称“平台”），包含网络安全人才培养过程中急需的理论与实践学习、攻防竞技演练、靶场竞技比武、技术科研转化等“演训赛研”四位一体，充分满足行业网络安全实战型人才培养的刚需。实战演练平台如图 5 所示。

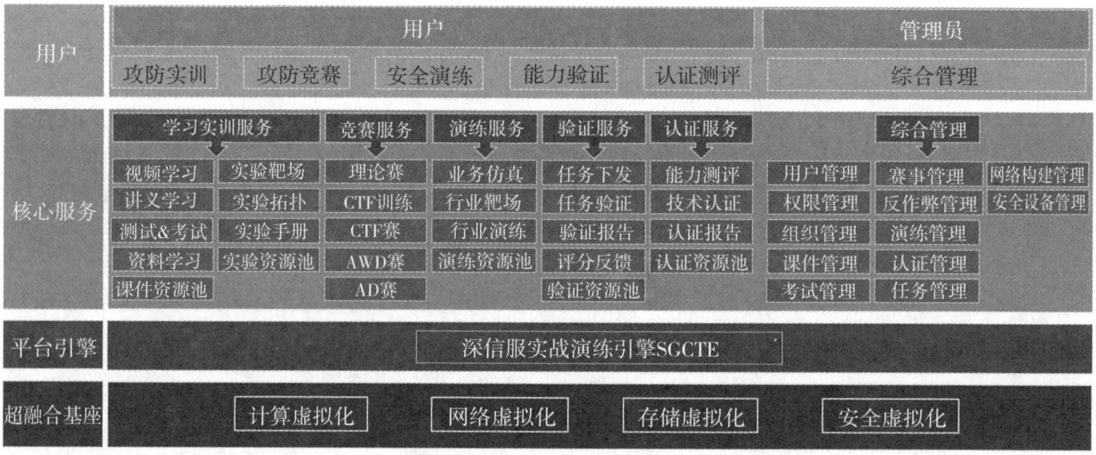

图 5　实战演练平台

平台提供体系化的专项学习课程，涵盖视频、讲义、实验、测试、考试、资料 6 种学习资源，支持用户个性化课程设置，并以技能树、曲线图的形式可视化直观展现学员的学习路径与学习进度；同时，将攻防技能与竞技演练作为行业网络安全人才培养的进阶阶段，以“攻防技术实践 + 综合项目演练”层层巩固行业信息化技术人员发现问题、分析问题和解决问题的能力，实现人才能力全阶段培养。企业安全内测中心学习地图如图 6 所示。

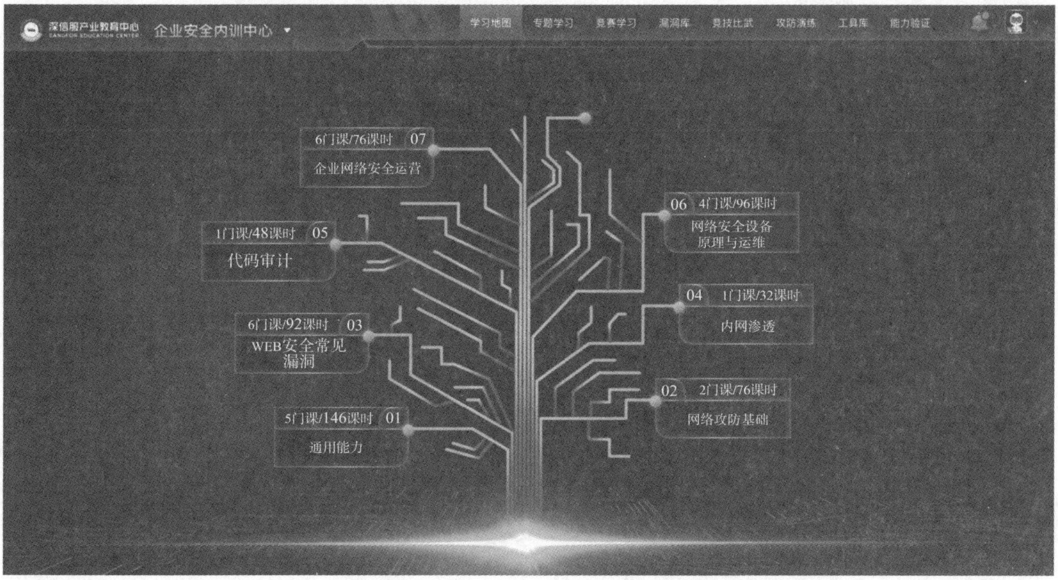

图 6　企业安全内测中心学习地图

平台应用先进的 SDynamic 引擎，能够将相关人员实战演练的数据通过大数据分析技术进行全景呈现，能力画像精准有效，更好地助力行业人才选拔和人才队伍组建。某实战演练数据分析如图 7 所示。

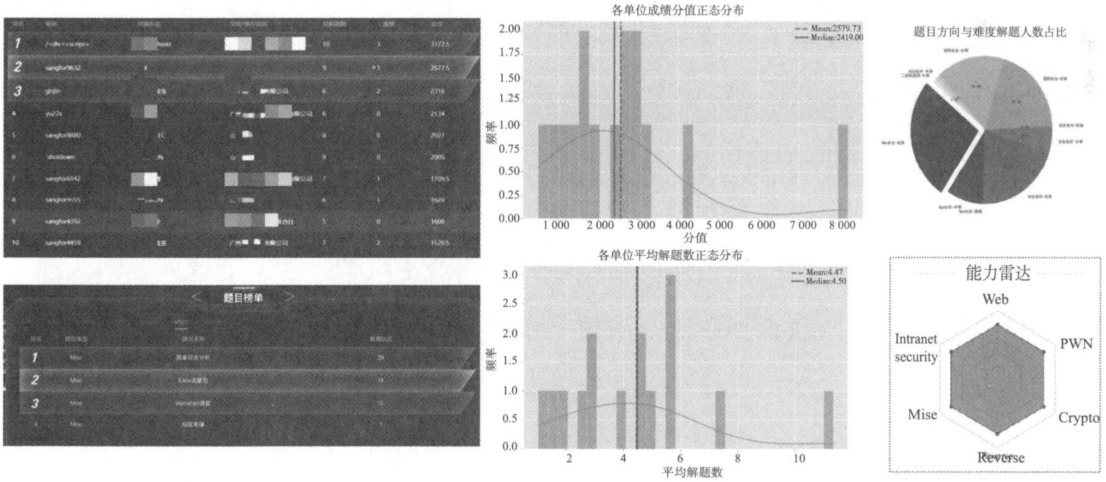

图 7　某实战演练数据分析

通过基于现有业务环境搭建的靶场及仿真环境，开展系统和产品的测试、验证、评估等工作，降低公司现有和未来计划上线的信息系统、网络设备等潜在的安全风险。

企业在完成安全防御系统部署规划并投入之前，系统可以将其防御模式、安全策略、安全配置在仿真环境里进行验证，从而真正了解到部署和规划是否可以有效保护数据资产，提升网络攻防对抗能力。

同时，融合能力认证测评体系，实现对人员学习成果进行客观验证，如图 8 所示。

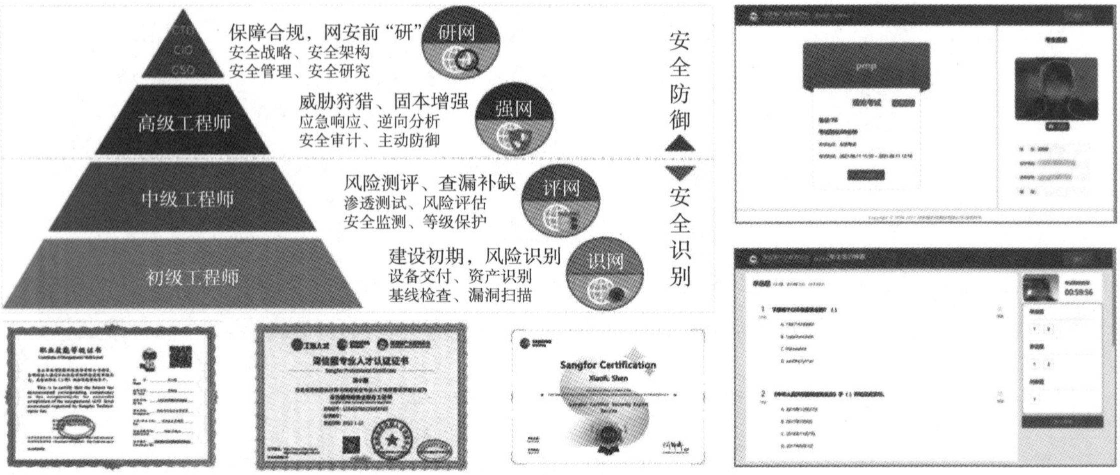

图 8　能力认证测评体系

（2）专项培训资源及环境

按照企业培训人员能力培养目标，专项培训资源及配套环境建设涵盖网络安全基础知识强化、网络安全设备运维管理、网络安全运营管理、网络安全攻防演练等内容。

（a）网络安全基础知识提升

近些年，数据泄露、勒索病毒、黑客攻击、邮件诈骗等围绕企业办公场景的网络安全事件频发，并且针对能源行业的有组织的网络攻击频繁发生，而这些攻击大部分是由于员工的安全风险意识薄弱而导致进一步严重后果。通过建设部署安全意识教育展板、培训宣传大屏、数据安全 / 邮件安全演示等网络安全意识、基础知识教育相关软硬件设备，面向企业所有人员开展安全风险识别与防范的教育培训，提高安全基线。

此外，能源行业所涉及的生产作业环境专业设备，如火电、风电、太阳能、石油开采等工业设备、工业网络及控制系统，由于场地特殊性不便于在生产现场开展培训，可通过沙盘仿真、软件模拟、流程演示等方式对相关环节所涉及的工控网络安全内容进行认知培训。网络安全基础知识提升专区建设效果如图 9 所示。

图 9　网络安全基础知识提升专区建设效果图

（b）网络安全设备运维管理能力提升

通过对能源类相关企业安全防护系统及设备建设现状的了解，现阶段各企业广泛建设并成熟落地运用的设备及系统包含上网行为安全、边界安全（防火墙）、零信任、终端安全（EDR、XDR）等，通过与日常工作业务紧密结合的培训讲义、视频、实践等内容，提升企业网络安全相关技术人员业务设备运维与应急响应能力。网络安全设备运维管理能力提升培训资源如图 10 所示。网络安全设备运维管理能力提升专区建设效果如图 11 所示。

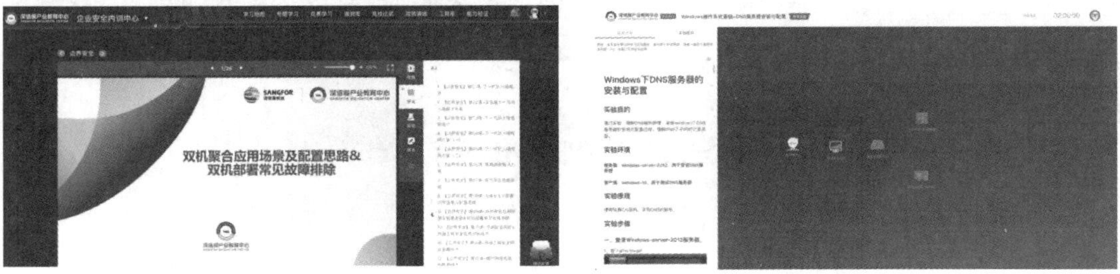

图 10　网络安全设备运维管理能力提升培训资源（部分展示）

图 11　网络安全设备运维管理能力提升专区建设效果

（c）网络安全运营管理能力提升

通过建立与网络信息化及组织架构相配套的智能化安全运营中心，以及大数据、威胁情报、SOAR、AI 安全大模型的落地部署，实现网络安全从依赖个人到人机共智、从被动向主动、从静态到动态、从单点到整体、从粗放到精准防御的转变，全方位、全天候地保障网络信息系统安全可靠，全面监测和阻断已知网络攻击和未知入侵渗透风险，防范内外部多类型攻击，以安全保发展，以发展促安全，“平战结合”推动企业网络安全发展迈向新的高度。网络安全运营管理能力提升专区建设效果如图 12 所示。

图 12　网络安全运营管理能力提升专区建设效果

（d）网络安全攻防演练能力提升

基于现有业务环境搭建 1∶1 模拟仿真环境及实网攻防环境，为能源企业网络安全岗位人员提供虚拟攻防演习、实网演练的场景。通过虚实结合的实战演习和演练，参与者可以得到训练，以及实战如何识别网络威胁、采取防御措施、应对攻击事件，从而提高整体的网络安全防护能力。网络安全攻防演练能力提升靶场实战资源如图 13 所示。网络安全攻防演练能力提升专区建设效果如图 14 所示。

（3）基础设备资源及环境

网络安全数智化创新技术中心的建设，需要一个安全、稳定、可拓展的基础设备环境，作为承载平台和多元化培训、实战竞赛、演习演练的“基石”。

电力行业场景
(企业安全测试)

- 攻击方：从传统的漏洞扫描到更高级的渗透测试，以及针对容器安全、应用服务安全、数据安全以及域安全等技术，对电力企业内部网络进行各种类型的安全测试
- 防守方：结合流量探针、态势感知、防火墙等安全设备，对企业内部网络进行专业技术防护

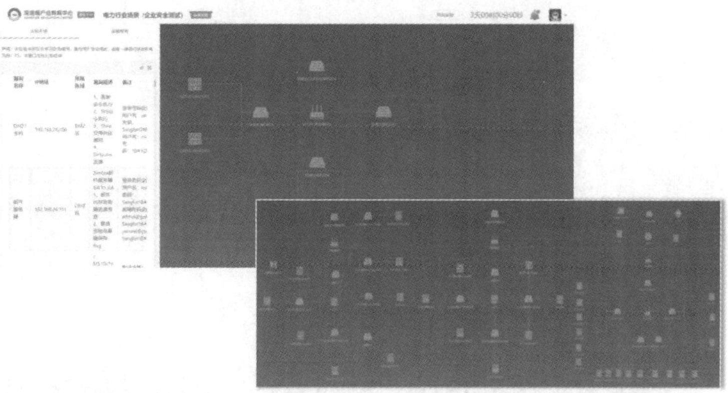

图 13　网络安全攻防演练能力提升靶场实战资源（部分展示）

图 14　网络安全攻防演练能力提升专区建设效果图

三、创新成果效果

基于网络安全数智化创新技术中心，依托于中心完备的软硬件资源和环境，面向3大类人群开展特色化、定制化能力提升培训，全面助力企业网络安全相关人员安全风险意识、安全运维管理、安全事件分析与应急响应、安全策略设计与调优、安全渗透测试、代码审计、漏洞挖掘等核心实战技术能力的提升，更好地应对复杂多变的网络威胁，确保安全问题早发现早处置，及时闭环处理，保障企业数字化建设成果安全、可持续发展。

（一）案例一：国家能源集团乌海能源有限责任公司

乌海能源有限责任公司（以下简称“乌海能源”）是国家能源集团公司的子公司，位于内蒙古乌海市，是一个集焦煤生产、洗选加工、瓦斯发电为一体的专业化煤炭生产企业，煤炭总资源储量16.04亿吨，其中91%为炼焦用煤，可采储量4.65亿吨，以肥煤、焦煤、1/3焦煤为主，是内蒙古最大的焦煤生产基地。网络信息安全作为企业数字化转型的“基石”，不仅需要构筑安全、可靠的网络安全防护软硬件体系，更要加强网络信息安全从业人员的技术实战水平，保障企业生产过程不受日益复杂严峻的网络安全风险影响。

依托乌海能源与深信服共建的网络安全数智化创新技术中心，以数智化学习平台为网络安全人才培养载体，涵盖了精准匹配企业网络信息安全岗位人员工作能力需要的实战化课程体系，以“理论学习+技术实战”为形式、以“基础—进阶—精通”为能力培养路径，为乌海能源网络信息安全人才梯队建设提供了体系化、规范化的环境，助力企业培养多元化实战型网络攻防人才和网络运维人才。乌海能源有限责任公司数智化学习平台如图15所示。

图 15　乌海能源有限责任公司数智化学习平台

（二）案例二：中国南方电网贵州电网有限责任公司

中国南方电网贵州电网有限责任公司（以下简称“贵州电网公司”）整合内部网络安全人才资源，按照初、中、高级规划网络安全岗位能力图谱和能力评估标准，建立了以提升“监测发现、分析研判、应急处置、追踪溯源”能力为核心的网络安全红蓝军人才库，制定可持续性的人才培养计划。大赛现场照片如图 16 所示。

图 16　大赛现场照片

初级梯队，面向贵州电网公司刚接触网络安全的新员工或其他初级人员，采用“线上选拔 + 通用课程体系 + 实训系统”的基础训练模式。确保人员具备从事网络安全常态化工作能力，并作为红蓝队伍人才库的基础，为红蓝队员的选拔提供支持。

中级梯队，面向贵州电网公司网络安全专职人员（红蓝队），采用“专业课程体系 + 赛事实践 + 线下强化实训 + 配套设施（竞赛系统）”的综合训练模式，帮助人员提升网络攻防能力。

高级梯队，面向贵州电网公司网络安全拔尖人员，采用“攻防演习 + 众测 + 大赛强化 + 配套设施（攻防演习平台）”的综合提升训练模式，旨在全面提升此梯队人员的网络安全能力，并扩大他们在全国范围内的影响力。

（三）案例三：上海璞泰来新能源科技股份有限公司网络安全专项人才培养项目

为适应行业数字化转型要求，切实提升信息技术部门相关技术人员网络安全防护与运维能力，上海璞泰来新能源科技股份有限公司与深信服联合开展网络安全专项人才培养计划，面向 20 多家子公司 30 余名技术人员开展培训。同时，充分考虑在职参训员工对工作和学习需双向兼顾的实际情况，培训设计了灵活的在线学习（SAAS 云上学习模式）和实训机制，依托深信服系统化课程体系，在近半年时间里制定了科学、合理的日常学习与考核机制，有效促进并保障了培训成果。SaaS 云上学习大纲及结业证书示例如图 17 所示。

图 17　SaaS 云上学习大纲及结业证书示例

（四）案例四：大唐国际发电股份有限公司网络安全人才培养项目

大唐国际发电股份有限公司生产环保部主办，唐山电力培训中心和深信服产业教育中心联合承办，展开为期 10 天的网络信息安全技能培训。作为针对网络安全技术人员的专项培训，深信服以专业资深的讲师和科学、实用、先进的网络安全课程，帮助企业提升实战中的网络安全防控和运维能力，提高公司整体的网络安全防护水平。

此次培训围绕 web 安全、SQL 注入、文件上传、反序列化、命令执行等攻防专题，理论与实践相结合，进行了详细讲解。此外，深信服专家讲师针对能源企业各类生产控制软件和管理系统容易存在漏洞威胁的情况，定制开发工控安全相关培训内容，切实帮助企业解决实际问题。培训证书如图 18 所示。

图 18　培训证书

四、成果经验总结

习近平总书记强调，建设网络强国，要把人才资源汇聚起来，建设一支政治强、业务精、作风好的强大队伍。网络安全实战人才队伍是推动数字中国建设，保障数字经济发展成果、稳固网络安全根基的关键要素。

深信服通过清晰、明确的“一整体、三聚焦”培训目标人群，因人制宜定制化培训内容，以“网络安全数智化创新技术中心”作为培训承载实体，开展的培训计划扎实落地，推动各单位内部知识型、技能型、创新型网络安全人才队伍建设，以强有力的人才和技术能力，充分保障网络安全态势平稳可控，助力能源企业生产作业安全运行，推进数字化转型进程，实现高质量发展。

此外，深信服通过全流程、全维度支撑能源企业组织内部开展网络安全攻防类赛事，作为衡量企业网络安全技术人员培训成果与业务实战水平、提高应急响应技术能力和团队协作能力的有效形式，将攻防实战竞技大比武在企业乃至行业内形成常态化、制度化，“以赛代练、以赛代评、以赛育人、以赛选才”，开展理论赛、CTF 赛、AWD 赛、行业靶场赛、安全防护赛、安全运维赛、红蓝攻防演练等多项赛事，通过竞赛为企业遴选优秀实战型人才，建立政治可靠、技术精湛、攻防兼备、素质全面、符合能源行业相关企业发展刚需的复合型网络安全人才队伍，构筑坚实的网络安全人才第一防线。

连线人物

李　洋　深信服科技股份有限公司副总裁、深信服产业教育中心总经理、重庆邮电大学校董、江西财经大学深圳研究院粤港澳大湾区大数据（金融）安全研究中心主任、大湾区产教联盟副理事长、教育部信息技术新工科产学研联盟理事会理事/网络空间安全工作委员会副主任、全国工业和信息化职业教育教学指导委员会通信职业教育教学指导分委员会委员、人力资源和社会保障部技工教育和职业培训教学指导委员会“网络技术与安全分委会”委员、中国计算机行业协会理事会常务理事、武汉市网安基地校企联合会副会长、中国职业技术教育学会装备委员会副主任、中国教育发展战略学会产教融合专业委员会专家、CCF高级会员及全国会员代表、CCFVC常务委员等，荣获中国产学研合作促进奖、教育行业年度突出贡献人物等多个奖项。

提升基层党组织书记培训质效　促动银行党业融合常态化的探索与研究

中国银行浙江省分行

倪陈明　徐海燕　杨　舒

企业简介

中国银行浙江省分行是浙江省历史最悠久的银行，成立于1913年9月15日，至今已经走过了一百余年的辉煌历程。全行现有二级分行12家，中心支行66家，经营性支行448家，在岗员工13000余人。近年来，中国银行浙江省分行围绕党中央、省委省政府和总行有关决策部署，积极担当浙江经济金融发展的主力军。紧跟“一带一路”倡议、“五篇大文章”、共同富裕示范区建设、三个“一号工程”等国家和省级发展规划，助推浙江高质量发展和省域现代化建设，在浙江基础设施建设、民生工程、普惠金融、乡村振兴、绿色金融等方面发挥积极作用，并依托中国银行的国际化优势，在支持浙江企业“走出去”、助力国际国内“双循环”等方面扮演重要角色。

一、创新成果背景

中国银行浙江省分行党委认真贯彻党中央决策部署，落实总行党委工作要求，提高政治站位，深刻把握金融工作的政治性和人民性，深入践行金融为民的初心使命，积极培育中国特色金融文化，扎实做好“五篇大文章”，坚决落实省委省政府关于金融支持实体经济发展的工作要求，在金融监管部门的关心和指导下，以实际行动担当助力浙江高质量发展的金融主力军，为浙江“两个先行”贡献中行金融力量。近年来，中国银行浙江省分行业务发展取得了显著成绩，这与该行长期坚持党建引领、重视基层建设密不可分。

截至 2023 年，浙江省分行已经陆续完成了针对基层党支部书记的“三部曲”实战培养计划，以基层辐射全局的典型案例为载体，开展了“百名书记讲党史”“百名书记讲党建”“百名书记话新局”系列活动，以党建理论为切入点，以党务实践为主攻点，以党业融合为关键点，为分行积累了大量的学习资料，为探索常态化创新开展党建培养项目奠定了坚实基础。在这一过程中，浙江省分行不仅注重理论学习，更注重实践能力的培养，通过各种形式的实践活动，使党员干部在服务群众、解决实际问题中锻炼成长。

然而，在取得成绩的同时，浙江省分行也发现当前党建培训中仍存在一些问题，如党建理论培训频次有限，党员干部及党务工作者很难成为党建专家；缺乏与银行业务实际相结合的案例分析和实践操作；基层党建实践的成果难以做到及时创新与总结等。针对这些问题，浙江省分行开始探索党建新方式，构建党建培训新平台，塑造党建培训新常态。

二、创新成果措施

2024 年 4 月，浙江省分行围绕基层党组织书记政治能力提升启动专题实战培训项目，此次项目针对基层党总支、基层党支部两个培训班型，基本能够体现中国银行浙江省分行基层党建的探索与思考。

（一）项目背景

中国银行浙江省分行深入贯彻落实党的二十大精神，重视基层党建工作，持续提升党组织书记政治能力，坚持党建和业务一起谋划、一起部署、一起落实、一起检查，促进党建与业务深度融合，助推浙江省分行高质量发展。为进一步强化纪律意识，提升政治能力，推进党业互融互促，充分发挥党支部书记的带头作用，省分行遴选了近年来新提任的基层党支部书记和优秀党总支书记，前后分两批参加了培训。

本次培训聚焦于提升基层党组织书记的政治能力。政治能力是衡量领导干部的第一能力，培养政治能力是新时代党员干部党性锻炼和能力素质的重要内容，在提升政治能力的前提下，培训项目聚焦党业融合，探索深入运用提升政治能力的实践逻辑。

（二）问题分析

浙江省分行就基层党建现状，如何更好地用党建引领业务发展向辖内各二级分行党委、党总支、党支部书记开展了调研。

从调研结果来看，目前绝大部分基层党支部能够定期按时开展组织生活，部分活动组织比较好，但也存在一些效果不理想，有党员缺席的情况。总结目前基层党建面临的主要困难在于“党建理论、政策掌握不透、不到位”“党建与业务工作的过程融合缺少方法和经验”“创新党建工作新思路的研究与实践探索不足”“缺少党建专家的指导，自己经验能力还有欠缺”。对于支部“三会一课”的效果评价，多数认为效果一般，缺乏显著效果。

在如何提升党建工作能力方面，绝大多数党务工作者认为应该寻本溯源，从进一步夯实政治理论基础入手，也有部分党务工作者认为应该兼学相关的政策法规解读及党风廉政教育。对于培训形式，多数基层书记、党务工作者认为优秀党建案例、工作经验分享可能会起到更好的效果。

事实上，关于银行基层党建的问题，大多是类似架构、网点分布较广的企业遇到的共性问题，如何运用有限的培训成本完成对现状的持续改善是本项目的核心问题。

（三）理论基础

提高党员干部的政治能力是习近平总书记反复强调的一个重大问题。

2017 年 2 月，习近平总书记在省部级主要领导干部学习贯彻党的十八届六中全会精神专题研讨班上强调："党的高级干部要注重提高政治能力，牢固树立政治理想，正确把握政治方向，坚定站稳政治立场，严格遵守政治纪律，加强政治历练，积累政治经验，自觉把讲政治贯穿于党性锻炼全过程，使自己的政治能力与担任的领导职责相匹配。"

2018 年 6 月，习近平总书记在中共中央政治局第六次集体学习时，对政治能力的内涵进行了精准概括，指出政治能力就是"把握方向、把握大势、把握全局的能力，辨别政治是非、保持政治定力、驾驭政治局面、防范政治风险的能力"。党的二十大报告再次强调："全面建设社会主义现代化国家，必须有一支政治过硬、适应新时代要求、具备领导现代化建设能力的干部队伍。"并要求"加强党的政治建设，严明政治纪律和政治规矩，落实各级党委（党组）主体责任，提高各级党组织和党员干部政治判断力、政治领悟力、政治执行力"。

2020 年 10 月 10 日，习近平在中青班开班式上再次提到政治能力："在干部干好工作所需的各种能力中，政治能力是第一位的。有了过硬的政治能力，才能做到自觉在思想上政治上行动上同党中央保持高度一致，在任何时候任何情况下都能'不畏浮云遮望眼''乱云飞渡仍从容'。"

这些重要论述为党员干部提高政治能力指明了方向。

（四）具体做法

本次培训项目围绕提升政治能力展开，开设两期示范班，分别聚焦基层党总支书记与基层党支部书记两类人群，其整体规划、核心思路与特色做法阐述如下。

1. 整体规划

整体培训采取"集中授课 + 行动学习 + 岗位实践"的方式进行，同时尽可能地解构每一部分规定动作，要求按照"五个提升"进行设计：

1）授课聚焦银行党建实际、真实案例，提升关联度；

2）承接已有"党建资源"，提升支持度；

3）采用多种培训方式，提升匹配度；

4）设置多样活动形式辅助学习，提升参与度；

5）整理实践案例及行动计划并实践推广，提升实践度。

集中授课期尽量缩短并围绕党业融合的主题嵌入行动学习工作坊，通过后期在线指导和追踪完成行动学习的在岗实践。

2. 核心思路

（1）“四级联动”构建“抓党建”堡垒

浙江省分行目前下辖 12 家二级分行、机构，所属各级党组织 890 个，共有党员 7339 人，基层党组织遍布整个浙江省行政区域，存在区域较分散、量大面广、资源集中度不高等问题，在客观上造成了基层党建人员力量不足、党建工作质效不高等短板问题，本次项目在选拔优秀基层党支部书记进行培训的同时，创新性地举办基层党总支书记培训示范班，打通“省行 / 二级分行党委—基层党总支—基层党支部—党员”四级联动，形成责任明确、运转有序的党建工作领导机制和运行机制，同时按照业务交叉、覆盖全面的原则，形成党建工作、业务指导齐抓共管的“大党建”工作格局。上级党组织能够及时将最新的党建信息和资源传递到基层，基层党组织也能够将工作中的好做法、好经验向上反馈，实现了资源的双向流动。通过将培训对象聚焦在基层党总支书记和基层党支部书记身上，有效促进了党建工作的标准化和规范化，确保了基层党建培训的针对性和有效性。

（2）“锻炼内功”积累“学党建”资源

浙江省分行利用“百名书记”项目、“基层党建质量提升年”等活动机会，以党史学习、党建理论、党业融合等内容为抓手，以内训课、微党课为载体，以满足不同层次、不同岗位党员的党建学习需求为目的，积累了丰富的党建学习资源。同时，搭建多个基层党建场景理论框架，发布《党支部书记一点通》《党委班子党建主要任务清单》《党支部主要工作清单》等指导文件，编印《支部党建工作实务集》，在实践中建立了自己的党建工作案例库，将不同党建及业务场景下各个支行的优秀做法总结展示，以创新的思路和务实的举措为学习者提供优质范例。“党建地图”“党建品牌”等一个个生动的案例展示了银行党建、基层党建的更多可能，积极探索形成指导基层党组织在实际工作中不失位、不错位、不越位的工作状态。

（3）“分行设题”出好“做党建”课题

推动党建和业务工作深度融合一直以来都是党中央的明确要求，省分行党委围绕2024年度重点党建与业务工作，积极探索推动企业基层党组织融入基层业务实践，对二级分行进行调研，完成“重点党建业务实践课题”汇总表。各二级分行围绕普惠金融、科技金融、绿色金融等各基层网点实际业务方向给出54个课题，对党业融合、党建品牌、党员先锋作用等提出了具体方案，并给出了明确的评价指标和验收标准，形成党建搭台、业务唱戏新局面。各基层党组织书记坚持围绕中心、服务大局的政治站位，按照“精准定位、破解难题、打通堵点、促进工作”的基本原则，充分发挥政治功能和组织功能作用，将党建课题攻关与破解一道难题、促进一项工作紧密结合，努力把党建政治优势、组织优势、思想优势转化为破解难题，推动发展的新优势。基层党建与经营管理座谈会如图1所示。

图1　基层党建与经营管理座谈会

3. 特色做法

（1）精品课堂，高效赋能

按照党组织书记现状，围绕“学理论、补短板、拓思路、促提升”的思路：

1）课程安排更充实。培训课程注重理论与实际结合，从内容安排上统筹安排了习近平新时代中国特色社会主义思想的浙江实践、习近平金融思想、两会精神学习、党纪学习等课程，让政治理论教育、党规党纪教育、党的宗旨教育贯穿始终，扎实聚焦培训基本任务。

2）培训内容更务实。培训课程在内容设计上，兼顾理论与实践相结合，理想信念教育与服务中心工作相融合，特别是在习近平生态文明思想、铸牢中华民族共同体意识等课程方面紧密与实际相结合，延伸讲授“新时代基层党建理论实务与创新实践”“党建工作与中心工作相融合”等课程，分享党建在具体工作中的重点难点及运用，有效服务于各项中心工作。

3）师资搭配更贴实。按照“内外结合、资源共享、择优入库”的原则，形成由内部专家、知名院校、省市党校组成的“党建师资库”，授课内容组合更加优化完善。

（2）行动学习，课题攻关

项目以推动党建工作与生产经营深度融合为目标，以党业融合工作坊为助推器，以各基层党总支、党支部为主体，着力解决重点党建与业务问题，共分为课题立项、课题攻关、课题发布三个阶段。

1）精准立项，突出一个“准”。各位党组织书记坚持围绕中心，服务大局的政治站位，突出问题导向、目标导向和效能导向，根据年度重点任务，找准课题切入点，找对课题融合点，确保选题立项精准有效。示范班上共形成课题立项 65 项。

2）课题攻关，突出一个“实”。坚持实事求是、务求实效的原则，扎实推进，层层落实。各基层党组织在确定课题项目后，坚持系统观念，深入思考，提前谋划，同步推进。按照示范班《党业融合工作坊》的讨论，明确完成时限，落实责任分工，广泛动员参与，确保课题攻关高质量推进。

3）课题发布，突出一个“能”。进行党建课题攻关展示，集中展示优秀党建课题攻关项目的好经验、好办法和好举措。把课题展示作为展示党建与业务工作互融共促有力举措的舞台，作为各支部“比学帮赶超”的擂台，作为支部书记和党员学习交流、共同提升的平台，对具备可复制、有推广条件的党建课题攻关项目，编制成优秀课题成果汇编，下发至各基层党组织，使各基层党组织知道如何开展党建课题攻关。各基层党组织认真组织学习借鉴优秀课题案例，进一步增强党建课题攻关活动的辐射效果和影响，充分发挥课题成果的示范带动作用，推动形成党建工作与业务工作同部署、同推进、同落实的良好局面。

（3）品牌促动，增添亮色

项目进一步探索解决党建与生产经营“两张皮”现象，坚持擦亮党建品牌，提升党业工作质效。

1）抓特色，激发党建品牌新活力。各分行党组织已有较为成熟的党建品牌建设体系，并在近几年发展中厚植了丰富底蕴，基本形成一支部一特色的良好布局。以此次项目为契机，各基层党组织依托党建品牌，进一步深入挖掘如“惠风和畅”“榴岛先锋”“侨韵文成”等党建品牌内涵，积极运用对党建品牌的再维护、再促动、再创建激发党建品牌新活力。

2）亮本色，展现实干担当新动力。围绕具体课题，各个党支部积极开展各种实践活动，构建出如“123+N”“九字轮推动”“党建 + 养老”等工作方法，抓统筹，抓重点，强效能。

3）淬成色，彰显红色先锋新合力。以各基层党组织书记为核心，积极运用党建引领提升团队凝聚力和战斗力，发挥党员先锋模范带头作用，建立党员业务攻坚先锋队 34 支，以党建业务深度融合促动支行发展。“强音符”奏响“大合唱”，金融资产、普惠金融余额、客户数量等各个指标上均实现了新的突破。活动现场如图 2 所示。

图 2　活动现场

三、创新成果效果

自开展基层党组织政治能力提升培训项目以来，各基层党组织、广大党员积极参与，主动作为，攻坚克难，创新成效主要表现在以下三个方面。

（一）将党建工作“软实力”转化为业务高质量发展“硬实力”

浙江省分行始终坚持以高质量党建引领保障高质量发展，通过本次激活基层党组织书记党建动能，借助党业融合，积极做好“五篇大文章”，各基层党支部纷纷实现了包括普惠金融、乡村涉农贷款、数字金融、养老金融、绿色金融、消费金融（车分期、来聚财）等方面的业务突围，并在过程中擦亮了党建品牌，凝聚了党员队伍，实现了市场份额与竞争力提升。

（二）基层党建实现从“有形”到“有效”的提升

在组织实施开展党建课题攻关活动中，通过不断实践和探索，深刻认识到了党建工作中诸如“双报到”“党员 E 家”等工作方法的实用性，总结归纳形成了“五深度五带动”党建工作法，“五个一”支部工作法，“联学联考”党员学习教育机制，基层党建“六字经”，创建“五强”党支部等务实管用的方式方法，基层党组织“两个功能”作用发挥有效彰显。

（三）探索出一条持续提升基层党建质量的有效途径

“以小促大”完成目标计划。一是小载体激发大活力，示范班用时 3.5 天，在较短时间内密集设置课程学习、座谈交流、行动学习、党建知识测试等充实的培训内容，其内核在于解构各项培训环节，把关键时间用在关键环节上，压缩非必要时间，实现时间利用最大化。二是小环节引导大主题，灵活尝试“一小时学堂”“一小时破冰”“一小时研讨”等小环节，结合《习近平关于金融工作论述摘编》、“做好五篇大文章”等，实现了学员内部的互动。三是小堡垒释放大能量，以单独基层党组织为堡垒，五个基层党组织构成一个小组，每个基层党组织书记领一个课题，完成年度重点业务任务。

四、成果经验总结

本次培训项目是一个微创新的党建培训项目，主要的创新思路在于从顶层设计上的寻求“短、平、快”，降低培训成本和时间成本的同时将党建工作贯彻到基层党组织的“神经末梢”。降低培训成本和时间成本的主要意义在于将培训活动“向轻转化”“向实落地”。

1）抓好关键人群，党建架构更完善，细节更加丰富。构架“大党建”四级架构，基层党总支和基层党支部书记作为关键人群，通过周期性的“请培训”推动，锻炼一支懂党建、懂业务、懂管理，会解读政策、会疏导思想、会解决问题的优秀书记队伍，能够贯彻落实省市分行党委的工作要求，肩负起基层党建最后一公里的任务。

2）用好积累资源，党建能量更充沛，机制更加长效。党建工作往往容易陷入“阶段性陷阱”，意思是一段时间过于专注一个主题，忽略其他方面，因此积累学习资源在党建工作中扮演着至关重要的角色。通过积累丰富的党建学习资料，我们不仅为员工提供了宝贵的自学机会，还为组织注入了持续发展的动力。因此，通过示范班的宣贯，可以让员工更加主动地利用好这些学习资源，提升党建学习的有效性，增强员工的参与感和归属感。

3）注重过程管控，党业融合互促进，价值更加凸显。将行动学习解构后，在岗实践如何追踪和督促阶段是项目的重点，注重学员关键节点与过程性材料的按时收集，注重及时研究学员执行过程中的反馈并给予指导是两个核心，设计阶段性辅导以及答疑邮箱进行保障，此外，鼓励学员之间进行交流和分享，通过集体智慧来解决实践中遇到的难题，从而保证党业融合实践与价值挖掘。

连线人物

倪陈明 中国银行浙江省分行党委组织部副部长，具有20余年人力资源从业经验，在人员培训与开发、基层党建等领域具有丰富的理论与实践经验，先后在《应用心理学》《中国人力资源开发》《现代商业》等多个期刊发表论文，牵头撰写的多篇调研报告在最近5年内连续获中国政研会优秀研究成果、全国金融系统思想政治工作和文化建设调研成果一、二等奖。

以问题为导向的“USSS”课程开发模式的探索与研究

中共广西电网有限责任公司党校

王伯杨　陈志博　农蔚涛　余长厅　黄　静

企业简介

广西电网有限责任公司（以下简称“广西电网”）是中国南方电网公司的全资子公司，主要负责广西电网的电力建设、生产经营、电力购销、电力交易与调度、电力资源优化配置等相关业务。公司秉承“创造价值、服务社会、成就员工”的企业使命，致力于为客户提供更优质的服务和更便利的用电体验。

广西电网位于南方电网中部，是西电东送的重要电压支撑和电源补充基地，南方电网“八交十直”主通道过境广西，最大送电能力超过5800万千瓦。500千伏、220千伏变电站分别覆盖全区所有地级市和县域，全网呈“四横两纵”的网架格局，220千伏系统形成双环和双链网架结构。

广西电网在生产经营规模方面表现突出，连续14次被评为“广西优秀企业”，定点扶贫工作连续4年获评自治区最高评级“好”。在人员技术构成方面，公司拥有一支高素质的技术团队，并且在科技创新方面取得了显著成绩，荣获2021年度广西科学技术奖一等奖1项、二等奖5项、三等奖1项。在社会责任履行方面，广西电网积极履行社会责任，勇担央企使命，积极响应国家政策，推广新能源汽车应用。公司还通过多种方式参与慈善捐助、助困扶贫、军民共建和义务劳动等活动，体现了企业的社会责任感。广西电网六度蝉联“全国文明单位”，58个集体或个人获“全国老干部工作先进集体”等国家级荣誉，607个集体或个人获“八桂楷模”等省部级荣誉。此外，公司还荣获第六届广西壮族自治区主席质量奖，成为南方电网首家荣获省级（自治区）最高质量荣誉奖的单位。广西电网在电力建设和运营方面具有显著优势，致力于为客户提供高质量的服务，并积极履行社会责任，取得了多项荣誉和成就。

一、创新成果背景

当前全球能源电力行业面临百年未有之大变局，全球电力供需受气候影响加剧，极端高温天气频现，制冷系统的电力需求不断增加，部分地区电力供应紧张。这些国际形势的变化迫切要求电力行业在战略新兴业务上进行调整和优化，以应对未来的挑战。

从国家层面来看，政府对电力事业的发展规划不断升级，涉及配电、绿色电力证书、电力系统调节能力、信息披露、电力现货市场、电力装备等多个方面。国家发展改革委和国家能源局发布的《关于加快建设全国统一电力市场体系的指导意见》明确了全国统一电力市场体系建设的总体目标和方向。这些政策为电力行业在战略新兴业务上的发展提供了政策支持和指导。

南方电网公司发布了《南方电网“十四五”电网发展规划》，提出将投资约 6700 亿元加快数字电网建设和现代化电网进程，推动以新能源为主体的新型电力系统构建。南方电网公司还致力于打造一支布局合理、协同高效、具备核心竞争力的新兴业务企业集团军，到 2025 年建成具有全球竞争力的现代产业体系。

为此，广西电网制定了《“十四五”发展规划和 2035 年远景目标展望》（以下简称《规划》），《规划》确定了以输配电业务为核心，以共享服务平台为基础，实现管制业务和新兴业务“双轮驱动”的发展新格局。孟振平董事长在广西电网平陆储能站调研时强调，更大力度布局战略性新兴产业，是新一轮国企改革深化提升行动重点任务之一。要牢牢把握改革正确方向，锚定战略性新兴产业新赛道，深入研究各细分赛道的发展方向和业务边界，找准定位、有效分工、聚集合力，充分调动员工积极性，因地制宜推动商业模式创新，积极布局发展公司战略性新兴产业，加快培育一批专精特新企业，为构建新发展格局、推动高质量发展、推进中国式现代化作出新的更大贡献。

鉴于战略新兴业务单位和部门在管理模式和运营流程中存在界限不清、职责不明等问题，中共广西电网有限责任公司党校（简称“广西电网党校”）认识到加强相关培训的重要性。为了提升从业人员的业务能力和专业素养，广西电网党校依据公司战略新兴业务在管理、安全和合规方面的需求，组织了办公室、法规部、新兴业务部等相关部门和单位，以“USSS”创新开发模式，共同开发了一系列针对性强、实用性广、应用价值高的培训课程。广西电网党校希望通过视频和面授培训的方式，为从业人员提供全面的业务知识与技能提升，从而推动战略新兴业务领域的创新和突破，为能源电力行业的可持续发展贡献宝贵的智慧和力量。

二、创新成果措施

（一）问题分析

随着战略新兴业务的快速发展，一些单位和部门已经针对这些新业务进行了组织架构的调整。然而，在这一过程中，面对新环境、新技术和新要求，以及战略新兴业务本身所具有的先进性、知识密集性和实践性强等特点，目前的培训内容显现出若干亟待解决的问题。

1）培训内容的系统性有待提高。当前的战略新兴业务培训多呈现零散状态，采取的是打补丁式的开发方式，仅针对个别问题进行点对点的解决，缺乏整体的系统规划和联动效应。

2）培训内容的针对性有待加强。现有的培训课程大多基于一般业务，而针对战略新兴业务特有的工作模式、具体内容和培训需求，尚未形成定制化的开发方案。

3）教学设计的科学性有待提高。目前主要依赖传统的讲授法，教学方式停留在枯燥、直白的讲授层面，未能结合授课对象和内容进行科学的教学设计，导致学员的学习效果并不理想。

4）师资队伍的能力需要进一步提升。一方面，对战略新兴业务的系统性知识掌握不够深入，难以提供系统、全面，能够引发深入思考的教学内容；另一方面，在授课技巧上也缺乏专业训练，与学员的互动不足，影响了教学效果。

因此，广西电网在战略新兴业务的培训领域面临着系统性、针对性、设计性和师资队伍建设等方面的挑战。针对这些问题，广西电网需要采取切实有效的措施，优化培训体系，提升培训质量，以更好地适应战略新兴业务的发展需求。

（二）开发总体思路介绍

1. 理论基础：成人学习特点

成人学习的学习动机、经验、需求、社会角色和责任，共同塑造了成人学习的独特性。被誉为“成人教育学之父”的马尔科姆·诺尔斯在其著作《现代成人教育实践：成人教育学和儿童教育学的对照》中，概括了成人学习的五个基本原则：1）成人具有独立的自我观念，能够自主指导学习；2）他们拥有丰富的生活经验，这成为学习的宝贵资源；3）成人的学习需求与其不断变化的社会角色紧密相连；4）他们倾向于围绕问题进行学习，并对那些能够立即应用的知识表现出浓厚的兴趣；5）成人的学习动力主要源自内在动机。

成人学习过程通常包括体验、反思、思考、行动四个关键步骤。体验，即学习者通过亲身经历获取知识；反思，学习者对自己或他人的经历提出问题；思考，学习者基于体验形成理论；行动，学习者将理论应用于实践，并通过实践来验证理论的正确性。

在成人教育课程的开发中，应遵循几个核心原则：1）重视经验学习的价值，鼓励学习者通过实践活动学习，并将新知识与既有经验相结合；2）倡导小组学习，通过同伴间的交流和合作，将个人经验转化为集体的学习资源，以促进共同学习和问题解决。

成人教育应该认识到成人学习者作为自主的个体，他们带着丰富的经验和内在动机参与学习，教育者的任务是设计能够激发学习者主动参与和应用所学知识的教学活动。通过这样的教育实践，可以更有效地支持成人学习者的成长和发展。

2. 总体思路

战略性新兴产业的发展带动了相关从业人员工作内容及岗位任务的转变。为助力从业人员迅速掌握核心知识，解决工作中的难题，提升工作效率，广西电网党校依托“学什么”与“如何学”两大抓手，创新推出“USSS”课程开发模式。该方法在课程设计中，遵循“实用（Utility）”“适合（Suitable）”“三式（Style）”“优师（Skilled Instructors）”四大原则，精准选定课程主题、精炼课程内容、精心设计教学活动、强化讲师授课能力，确保传授最具实用性的知识，采用最高效的学习方式，引导学员基于自身经验，有针对性地掌握战略新兴业务的工作需求。设计思路如图 1 所示。

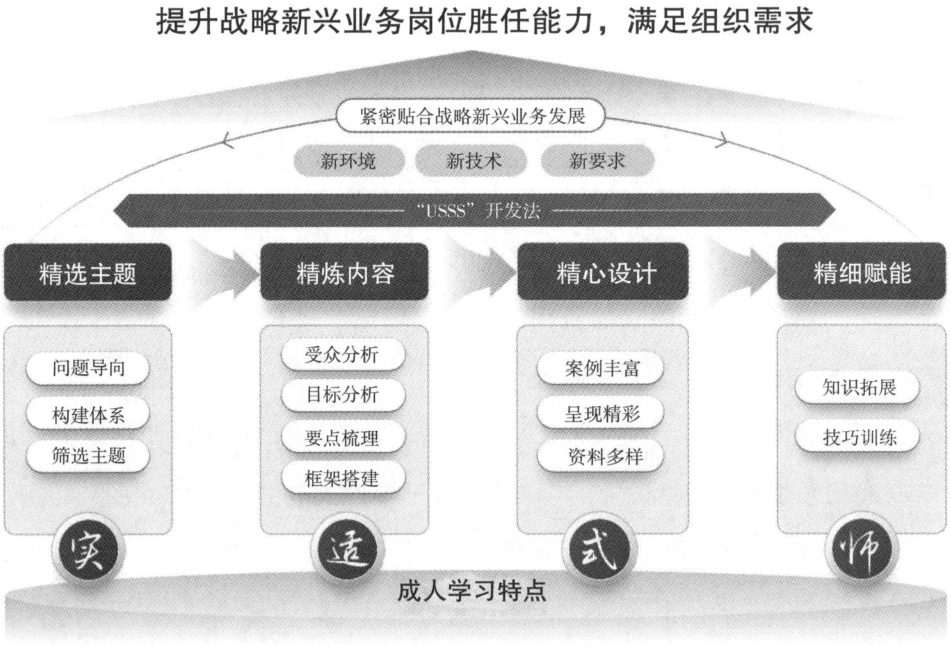

图 1 设计思路

实，即“实用”。课程主题的选择必须基于实际工作需求，确保学习内容与员工的工作紧密相关，能够直接应用于解决现实问题。

适，即“适合”。课程内容的提炼要确保其普遍适用性，既要考虑到行业特点，也要适应不同员工的学习能力和经验水平。

式，即“三式”或“三招”。课程教学设计时，运用“有事（案例、故事等）”“有色（图片、视频、数据化、动画等呈现手法）”“有料（教案、学习手册、课件 PPT、学习视频等）”三大招式。强调以丰富的实际案例，增强学习的吸引力；以多样化的呈现效果，增强教学 PPT 的观感；以多类教学资料，辅助教学的有序开展。

师，即“优师”。讲师授课能力的优化，也就是说在赋能环节重视培训师的战略新兴业务的专业宽度和教学技巧的灵活程度，通过提升他们的教学技巧和专业知识，确保他们能够有效地传授课程内容，并激发学员的学习热情。

(三) 开发流程

1. 精选主题

广西电网党校在“精选主题”环节中，遵循“实用”原则，通过问题导向、体系构建、主题筛选三个关键步骤，高效地连接了需求端与开发端，确保开发的课程内容既符合组织需求，也满足个人发展需求。从成人学习的特点来看，也激发了学员对课程学习的动力。精选主题关键步骤如图 2 所示。

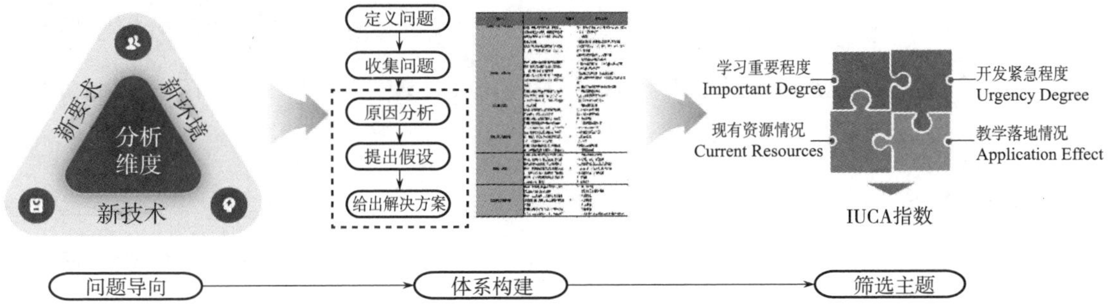

图 2　精选主题关键步骤

问题导向：学习的动力来源于对实际工作问题的解决。因此，战略新兴业务的课程主题以“实用”为原则，从解决工作实际问题出发进行梳理提炼。战略新兴业务的布局，使得从业人员面临着工作环境、工作技术、工作要求的改变，广西电网党校针对各个专业、部门的从业人员在新环境、新技术、新要求的挑战下所面临的问题，进行系统梳理，整理出问题清单。问题梳理维度如图 3 所示。

一级维度	二级维度
新环境	政策环境、市场环境、技术发展环境
新技术	智能电网技术、可再生能源技术、储能技术、新能源、数字化建设等
新要求	法规、制度、标准、规范

图3　问题梳理维度

体系构建：基于问题清单，运用访谈、座谈、集中研讨等方式，针对各专业、部门的相关问题进行逐一研讨。研讨主要围绕各类问题展开，遵循“定义问题—收集信息—原因分析—提出假设—给出解决方案”的步骤梳理剖析各个问题，再以“原因和方案”为课程内容，搭建课程体系，输出集合主要问题、课程主题、课程主要内容、预估课时等字段的课程主题清单。

主题筛选：针对课程主题清单，从课程开发的“学习重要程度”“开发紧急程度”“现有资源情况”“教学落地情况”四个维度，综合测算确定课题主题开发的必要性和紧急性。

2. 精炼内容

广西电网党校在“精炼内容”环节，遵循“适合”原则，通过受众分析、目标分析、要点梳理、框架搭建等关键步骤，从学员特点出发，有针对性地构建产出课程的知识框架。

（1）受众分析

受众分析是课程开发过程中的一项关键步骤，它涉及对目标学员群体的深入研究。这一分析过程包括多个维度，如特征分析、先验知识、学习风格、文化背景以及学习环境等。

1）特征分析是指学员基本信息情况，比如年龄、性别、教育水平、职业背景等；

2）先验知识是指学员在课程主题上的现有知识水平和经验；

3）学习风格是指学员对于视觉、听觉、动手操作等不同的学习偏好；

4）文化背景是指少数民族、偏远地区等文化差异可能影响学习内容的接受度和教学方法的选择；

5）学习环境是指学员的学习环境的影响，如时间限制、资源可用性等。

其核心目的在于全面了解学员的基本情况，为课程内容的精准定制和教学方法的有效设计提供参考依据。通过对学员的细致摸底，受众分析有助于明确课程开发的关键点，确保教学设计能够满足学员的实际需求。这种以学员为中心的分析方法，不仅有助于提升课程内容的针对性和吸引力，而且能够促进学员对知识的深入理解和技能的有效掌握。最终，受众分析的目标是实现教学效果的最大化，确保学员能够在最短的时间内，以最有效的方式掌握所需的知识和技能。通过这一过程，课程开发者能够为学员提供更加个性化、更高效的学习体验，从而提高整体的教学质量和学员满意度。

（2）目标分析

目标分析的精髓在于为学员量身定制清晰可见的学习目标，这些目标是预期的行为表现和成果。它们界定了课程完成后，学员在特定情境下所应展现的具体外显行为。广西电网党校以深入的学员分析为基础，采用 SMART 原则——具体（Specific）、可衡量（Measurable）、可达成（Achievable）、相关性（Relevant）、时限性（Time-bound）——确立课程目标。这一过程确保了培训内容直接服务于解决实际问题，使课程目标与实际应用紧密相连，实现了培训与实践的有效对接。

（3）要点梳理

要点梳理是基于课程主题收集岗位问题以及与课程主题相关的情景，并基于情景收集企业内相关的典型经验做法、案例素材等；确定学员知识能力的具体差距，形成课程的核心知识要点，筛选作为课程内容的重要信息输入。梳理要点的主要原则是优先性原则和适用性原则。

1）优先性原则：学员需要学习的东西很多，远非一次课程开发项目所能包揽，因而必须在可能的课程内容范围内和充分考虑课程开发的前提下突出重点，精选对提升学员能力具有决定意义的课程内容，使其得到优先运用。

2）适用性原则：课程内容的筛选和资源的开发利用不仅要考虑典型学员或普通学员的共性情况，更要考虑特定学员对象的具体特殊情况。仅仅考虑学员已经学过的内容还不够，还需要考虑他们现有的知识、技能和素质背景等。

（4）框架搭建

框架搭建是课程设计中的一项基础工作，它涉及将学习内容按照逻辑顺序进行系统化分块。这一过程主要基于两种逻辑关系：串联和并联。

1）串联逻辑体现为知识点之间的线性和时间顺序关系。在这种模式下，学习内容需要按照既定的步骤逐步展开，每个知识点的掌握都是下一个知识点学习的基础，形成了一个连续的学习流程，不可随意割裂或颠倒。

2）并联逻辑则指的是知识点之间的并列关系。在这种结构中，各个知识点共同构成了课程内容的完整体系，但同时，每个知识点又可以独立于其他知识点进行讲解，它们之间不存在直接的输入和输出依赖。

广西电网党校开发组根据教学目标的要求，采用不同的组织方式，如并列型（突出要素顺序）、顺序型（强调时间顺序）、递进型（遵循“是什么—为什么—怎么办”的 WWH 模式）梳理战略新兴业务课程框架。使得课程知识内容不仅能够突出重点，而且能够实现有序、合理的整合，避免了知识的无序堆砌，确保了教学内容的连贯性和逻辑性，提高了学员学习效率，促进知识的深入理解和应用。

3. 精心设计

战略新兴业务的课程内容的主要特点是内容先进、知识密集、实践性强等，因此，为满足当下需要，课程内容主要集中在新政策的解析、新技术普及和新工作内容的教授。为保证此类教学内容能高效地被学员吸收掌握，广西电网党校利用了“三种招式”，即有事（案例丰富）、有色（呈现精彩）、有料（资料多样）。“三种招式”运用如图 4 所示。

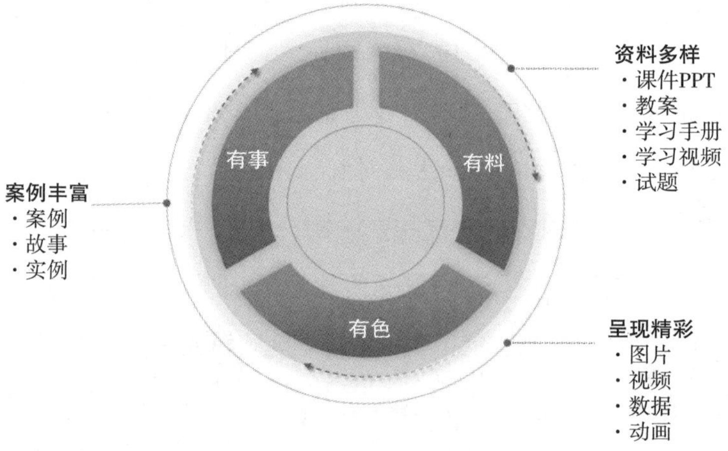

图 4 “三种招式”运用

1）案例丰富是指教学过程中融入了大量的内外部案例、故事和实例，通过对案例的解读、分析和研讨，将学员真正地带入到工作场景中去，让学员在课堂中就能掌握工作技能。

2）呈现精彩是指在 PPT 制作中，广西电网党校采用了大量的图片、视频、数据、动画等呈现手法，将讲授的知识内容形象、灵动地呈现给学员，帮助学员理解和掌握。

3）资料多样是指课程包除了课件 PPT，还包含教案、学习手册、学习视频、试题等多样的学习资料，旨在从多角度帮助学员掌握课程主要内容，将课程中的内容应用到实际工作中去。

4. 精细赋能

精细赋能是确保课程能够有效落地并转化为实际价值的关键环节。这一过程专注于对课程的“讲师”进行前期的专业培训和技能提升，旨在通过全面的赋能，使讲师能够在教学实践中发挥最大的效能。赋能内容主要分为两个核心模块：首先是专业内容模块，重点强化讲师对课程知识点的深入理解和掌握；其次是授课技巧模块，致力于提升讲师的教学方法、课堂管理能力以及与学员互动的技巧。通过这种双管齐下的赋能策略，讲师不仅能够精通所教授的专业知识，还能够掌握有效的教学手段，从而在课堂上更好地激发学员的学习热情，提高教学效果。

知识拓展是战略新兴业务课程的重要组成部分。鉴于战略新兴业务的发展对各相关专业和部门而言都处于探索阶段，因此，促进各专业部门之间的知识交流与拓展显得尤为重要。了解不同领域的工作内容和模式，不仅有助于讲师全面掌握行业动态，而且能够拓宽视野，使课程讲授更加灵活和深入。广西电网党校认识到这一点，并通过一系列措施来实现知识普及和专业提升，通过线上和线下相结合的方式，包括讲解、知识宣贯、资料自学、交流分享等多种形式，向各专业老师普及相关知识。这些举措旨在提高教师的专业知识水平，增强其在专业宽度和广度上的积累。

技巧训练是提升课程讲师课堂呈现效果的关键环节。通过针对性地传授讲课技巧，讲师能够更完整、准确地传达课程的核心内容，并有效组织开展多样化的教学活动，从而引导学员的学习和成长。在课程开发的呈现赋能阶段，广西电网党校采用了精细化训练的理念，结合实际教学场景，进行全面而深入的培训。培训内容涵盖了从培训师的心态调整和情绪准备，到发声技巧、气息节奏控制，再到授课时的仪态和肢体语言等多个方面。通过这种全方位的培训赋能，讲师不仅能够提升自身的教学技巧，还能够在实际教学中更好地激发学员的学习兴趣，提高教学互动的质量。

三、创新成果效果

（一）成本精减：开发投入的优化节约

广西电网党校在课程开发的前期阶段，就明确以战略新兴业务的实际需求为核心，采取“USSS”课程设计方法，通过问题导向，从实际问题出发，梳理培训内容的方式确保了课程开发的针对性，实现了需求分析和主题筛选的精准对接。这种方法论从源头上避免了不必要的支出，优化了资源配置，节约了开发成本，确保了每一分投入都能直接转化为实际的教学效益，实现了成本的精减和效益的最大化。

（二）质效双增：培训效能的精准提升

广西电网党校实施“USSS”课程设计方法，针对战略新兴业务的专业特性及从业人员的个体差异，进行了定制化开发。这一方法显著提高了培训质量与效果，确保学员能够高效吸收关键知识，并将其迅速应用于工作实践。

1）考虑到战略新兴产业的知识密集、内容前沿和实践广泛的特点，广西电网党校采用了案例分析、实例展示、数据和图片呈现、互动问答等多样化教学手段，以促进学员对课程内容的深入理解和全面掌握。

2）针对从业人员的年龄特征、经验水平和学习环境，广西电网党校对课程内容、学习资料和学习时长进行了精准的调整和优化。这些针对性措施不仅提升了培训的有效性，也缩短了员工掌握新技能的时间，减少了重复培训的需求，有效避免了因培训不当导致的时间和资源浪费。

通过“USSS”课程设计方法的实施，广西电网党校不仅优化了教学资源的配置，还为企业培养了一支能够快速适应战略新兴业务需求的高素质员工队伍，为企业的持续创新和长远发展奠定了坚实的基础。

（三）效益提升：工作绩效的显著增益

广西电网党校通过战略新兴业务的课程培训，成功提升了相关从业人员的工作效率与质量。培训所赋予的新技能和知识，已被有效地转化为员工在日常工作中展现的高效率和创新解决方案，显著增强了企业的整体业务执行力。

这种显著的能力提升，不仅巩固了企业在市场中的竞争力，还直接促成了经济效益的增长。员工能力的提升，使得企业能够更加敏捷地适应市场变化，并积极开拓新的业务机会。

随着从业人员专业能力的整体提高，企业不仅实现了收益的增加，还成功扩大了其在市场中的份额。这一成果的实现，充分证明了培训项目在促进企业发展和提升市场地位方面的重要价值和显著成效。

四、成果经验总结

面对新环境、新技术、新要求，战略新兴业务领域中的一部分工作方法和方式正处于探索阶段。各单位、部门在应对复杂的内外部环境时，部分从业人员的工作模式和规范需要进一步优化。为了全面、系统性地解决这些问题，提高整体运营和工作效率，在内部培训时，精心设计和开发培训课程显得尤为关键。

为此，广西电网党校采取了两个关键措施。首先，广西电网以问题为突破口，深入分析各专业领域的挑战，建立问题清单。通过问题导向，精确确定课程主题，确保培训内容能够满足当前最紧迫和最急需的培训需求。这一策略确保了培训课程与实际工作需求紧密对接，提高了培训的针对性和实用性。其次，广西电网党校从战略新兴业务的实际培训需求和从业人员的具体情况出发，对教学方法和课程形式两方面进行了针对性的优化和调整，保证了学员的学习效率，提升了培训的整体质效。通过这种方式，广西电网快速提升了从业人员岗位胜任能力，以适应并满足了当前企业发展的需求。

连线人物

王伯杨 中共广西电网有限责任公司党校资源建设科培训资源建设管理专责。自2012年以来，在公司承担着广西电网公司级培训资源建设管理和培训评价师培养使用管理等工作任务。组织专家团队为各专业开发提供2900多门各式培训资源，为技能培训打造“六步法”教学新范式，并且培养了一批教学能力出众的培训师，培训师培养工作在《广西电业》和中国能源新闻网媒体上均有报道。本次组建团队，针对战略新兴业务领域的推广和普及产生的问题进行系统性研究并形成系列解决方案，为公司推进战略新兴业务提供资源支撑。

大型钢铁企业以新时代“人才强企”战略为指引的高技能人才队伍培养与建设

河钢集团唐钢公司

杨利东　吕晓彬　魏铭辰　闫玉田

企业简介

唐山钢铁集团有限责任公司（以下简称“唐钢公司”）是河钢集团最大的钢铁子公司，国家A级环保绩效企业，全国“第一批绿色工厂”。唐钢始建于1943年，是我国碱性侧吹转炉的发祥地，被誉为“中国转炉的故乡”，多年来为国家钢铁工业发展和经济社会建设作出了重要贡献。

近年来，唐钢着力加强新时代高技能人才队伍建设，注重发挥技能人才在企业高质量发展中的作用，充分激发全体员工学技术、增技能、岗位成才的积极性，为企业生产经营和改革发展提供了重要支撑。

目前，唐钢正坚定不移推进钢铁绿色化、智能化、品牌化建设，推进高质量发展，努力打造产品高地、技术高地、创新高地、绿色发展高地、智能制造高地“五个高地”，全面建设一流装备、一流人才、一流效率、一流产品、一流业绩“五个一流”，积极打造钢铁行业绿色发展的典范、智能生产的典范、高端制造的典范。

一、创新成果背景

当前，我国钢铁企业正处于一个重要的战略转折期，全球经济增长速度放缓，市场需求仍保持增长，供求关系基本平衡。要加快转变经济发展方式，提高企业的自主创新能力，加强钢铁产品质量和提升高附加值产品所占比例，把我国钢铁企业建成资源节约型、环境友好型、可持续发展、创新活力强、经济效益好、产品质量高、具有较强国际竞争力的现代化钢铁企业，人才已成为制约其发展的关键。而其中的高技能人才队伍，作为生产工程实践者、工艺创造者，他们把生产决策从工艺和技术上落实到操作层面中，他们也是改进生产设备、生产工艺、加工技术和方法的重要力量，已经成为决定钢铁企业劳动力生产水平的最重要的资源之一。他们在加快钢铁产业优化升级、提高钢铁企业竞争力、推动技术创新和科技成果转化等方面处于不可替代的地位。因此，如何适应现代化钢铁企业发展的需要，加快高技能人才队伍建设，实现其数量的较快增长和素质的不断提高，并使他们的作用得到充分发挥，成为钢铁企业共同关心的问题。

以习近平新时代中国特色社会主义思想为指导，深入贯彻党的十九大和十九届历次全会精神，全面贯彻习近平总书记关于做好新时代人才工作的重要思想，坚持党管人才，立足新发展阶段，贯彻新发展理念，服务构建新发展格局，推动高质量发展，深入实施新时代人才强国战略，以服务发展、稳定就业为导向，大力弘扬劳模精神、劳动精神、工匠精神，全面实施“技能中国行动”，健全技能人才培养、使用、评价、激励制度，构建党委领导、政府主导、政策支持、企业主体、社会参与的高技能人才工作体系，打造一支爱党报国、敬业奉献、技艺精湛、素质优良、规模宏大、结构合理的高技能人才队伍。

（一）钢铁产业智能转型升级与产品创新需求

随着科技的发展和市场竞争的加剧，大型钢铁企业对技术升级和创新提出更高要求。在现代制造业，大量高科技产品不断出现、高技术含量的设备不断应用，工作岗位从劳动密集型逐渐向知识密集型转变，企业对生产一线的技术工人的技术能力及综合素质提出了更高的要求，传统的知识技能结构已难以满足工作的要求。技术的发展，使人与技术间的关系变得更为复杂，这突出表现在人与其所使用的生产机器设备，以及生产过程的关系上。现代制造企业已经实现或正在逐步引入“以人为中心”的生产技术，传统岗位分工被灵活、整体、以解决问题为导向的“综合任务”所代替，这对技能型人才的素质提出了新的更高的要求。他们不仅要有适应岗位要求的职业技能，而且要有职业发展能力和多种复合型技能，而多种先进技术和管理手段在生产过程和产品中的综合应用，也对技术复合性的技能型人才提出了更高的要求，构建高技能人才队伍是推动企业技术创新的关键。

（二）钢铁产业高技能人才的供给与竞争

党的二十大报告指出，“教育、科技、人才是全面建设社会主义现代化国家的基础性、战略性支撑。必须坚持科技是第一生产力、人才是第一资源、创新是第一动力”。随着时代的发展和技术的进步，社会对人才的需求也发生着相应的变化。为适应新时代的发展要求，国家加大了对各种领军人才的培养力度，并准确把握高技能人才的队伍建设的重要节点。为此，中共中央办公厅、国务院办公厅于 2022 年 10 月 7 日印发了《关于加强新时代高技能人才队伍建设的意见》（以下简称《意见》）。《意见》中明确指出：技能人才是支撑中国制造、中国创造的重要力量。加强高级工以上的高技能人才队伍建设，对巩固和发展工人阶级先进性，增强国家核心竞争力和科技创新能力，缓解就业结构性矛盾，推动高质量发展具有重要意义。目前高技能人才在市场上日益紧俏，企业需要通过培养本土人才和引进外部优秀人才来保持竞争力。同时，优质的人才队伍也是企业吸引投资和合作伙伴的重要因素。

（三）钢铁产业高技能人才队伍面临严峻挑战

随着市场经济体制改革的不断深化和经济结构调整的力度不断加大，人力资源管理和人力资源能力建设的要求也在不断提高，高技能人才工作和队伍建设面临严峻挑战，如图 1 所示。

1）重视程度不到位，对人才的认识不到位。长期以来，行业内各单位普遍存在重科研、轻技术操作和使用的现象。往往只把具有大专以上学历者或中级职称以上者称为人才，对一些技能型的能工巧匠重视不够，重学历、轻技能的观念还比较突出。因而造成一些技艺高超、技术精湛的技能型人才外流。

2）高技能人才队伍老龄化后备力量不足。在现有的高技能人才中还存在着年龄“老化”问题，不少高技能人才提前退职、退休和流动，出现了断层和青黄不接的现象。

3）收入分配不尽合理。对技能人员的业绩和履行岗位职责的能力，在收入分配、技能培训、技能晋级等方面缺乏有效的激励措施，挫伤了部分技能人员的工作积极性。

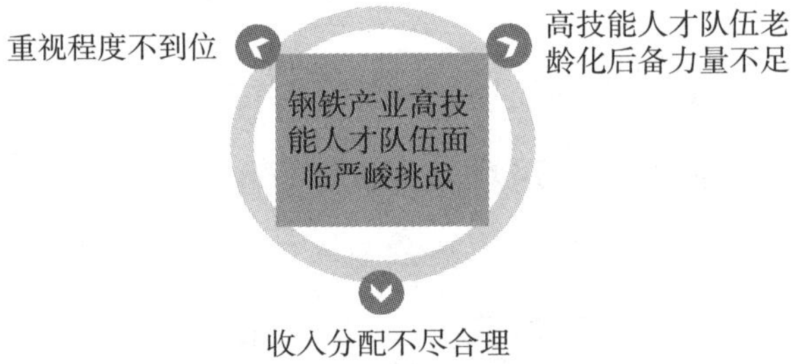

图 1　钢铁产业高技能人才队伍面临严峻挑战

二、创新成果措施

（一）树立正确的高技能人才观

当前，唐钢公司面临着巨大的人才竞争压力，特别是在当前形势下，高技能人才队伍建设更加成为企业提升竞争力的重要措施，而要做好高技能人才队伍建设工作必须充分认识到高技能人才队伍建设工作的重要性、必要性、紧迫性和长期性，切实增强责任感和使命感。在宣传教育上，一是要大力宣传《中华人民共和国职业分类大典（2022 年版）》中对新时期钢铁行业职业的相关规定，使广大员工充分了解高技能人才与普通劳动者在工作内容、薪酬待遇、职业发展等方面存在的差异性，从而增强对高技能人才的认同感；二是要大力宣传近年来钢铁行业在人才队伍建设方面取得的突出成绩，尤其是国家“十四五”规划中对我国钢铁行业提出的“创新驱动”战略目标及落实情况，让员工看到企业在高技能人才队伍建设方面所取得的成效，从而增强员工对企业建设的信心；三是要大力宣传高技能人才在技术创新、成果转化和新产品开发过程中所发挥的作用以及取得的成果，让员工看到自己工作在企业发展中的重要性，从而增强员工对企业发展的归属感。只有这样，才能从思想上真正认识到高技能人才队伍建设工作的重要性和紧迫性，才能在思想上形成共识、在行动上形成合力。

（二）筑牢企业技能根基

1. 开展各项技能竞赛比武活动

随着我国经济进入“新常态”，钢铁企业面临着产能过剩、市场竞争加剧、环境压力增大等挑战，要保持持续发展，就必须不断增强核心竞争力。而人才是实现企业核心竞争力提升的关键要素。通过大力培养一批复合型、创新型高级技能人才，让他们在实践中锤炼成才、在竞争中脱颖而出，可以为企业持续健康发展提供坚强的智力保障和人才支撑。近年来，唐钢公司针对岗位任职条件要求，积极开展企业青年技能人才培养活动，以提升高技能人才专业素养和专业技术能力为核心，从“基本素质、专业能力、创新能力”三个方面着手培养复合型、创新型高级技能人才。在此基础上，唐钢公司通过开展各类技能竞赛活动，为高技能人才展示技艺、发挥作用提供舞台。唐钢公司本着“以赛促练、以赛促学”，通过组织技能竞赛、岗位练兵、高技能人才选拔等一系列活动，为广大职工展现技艺、提高技能搭建了广阔平台，为公司高质量发展奠定了人才基础。截至 2023 年唐钢公司已举办了三十五届职工技术比赛，先后有 10 名职工通过国家一类职业技能大赛获得“全国技术能手”称号；在 2018—2021 年唐山市组织的前四届“唐山工匠”职业技能大赛中，唐钢公司先后承办炼铁工、炼钢工、轧钢工、炼焦工、天车工、设备点检员等项目的比赛。我单位职工共计 14 人获得“唐山工匠”称号，21 人获得“唐山技术能手”称号，公司多次荣获“唐山工匠职业技能大赛优秀组织奖”；在历届河北省“突出贡献技师”选拔中，唐钢公司先后有 8 名职工被授予“河北省突出贡献技师”荣誉称号。

2. 大力推进企业技能大师工作室建设

国家实施“人才强国”战略，提出了一系列人才政策。其中，人力资源和社会保障部下发了《关于在工程技术领域实现高技能人才与工程技术人才职业发展贯通的实施意见》（人社部发〔2018〕106 号），对进一步促进企业高技能人才与工程技术人才的贯通提出了要求，也明确了企业推进高技能人才与工程技术人才职业发展贯通的目标。对于钢铁企业来说，推行高技能人才与工程技术人才贯通，在很大程度上为钢铁行业的高技能人才队伍建设指明了方向。唐钢公司结合自身实际情况，因地制宜地推进高技能工匠工作室建设工作。高技能工匠工作室在技术攻关、创新研发等方面的作用十分突出。通过开展“传、帮、带”活动，将自身优秀的经验和技能传授给团队，并培养新一代技术能手，从而带动企业整体技术水平的提升。例如，建立“郑久强国家级技能大师工作室”后，利用这一平台，不断教授青年职工先进的操作技术，还在思想上为他们提供成长的正能量，把一批又一批年轻职工培养成了思想进步、技术过硬的高素质的业务骨干，为提高炼钢操作人员的技术素质作出了突出贡献。截至目前，“工作室”共培养出 4 名省部级劳动模范，十多名省市级技术能手，申报国家专利 15 项，总结先进操作方法 32 项，创新成果 128 项，为企业创造直接经济效益上亿元。

3. 重视发挥技工院校培训基地作用

新的时代背景下的高技能人才培养必须多维融合，唐山科技职业技术学院，是经河北省人民政府批准、教育部备案的普通全日制高等职业技术学院。目前学院占地面积 13.19 万平方米，建筑面积 7.2 万平方米；截至目前，学校固定资产总值达到 19339.1 万元（原值），教学仪器设备总值 3493.6 万元。学院共开设黑色冶金技术、轧钢工程技术、煤炭深加工与利用等 31 个专业，涵盖了 13 个专业大类，形成了以冶金制造业为主，多专业协调发展、相互支撑、布局合理，具有可持续潜力和一定特色的创业型应用技术学院，是唐钢公司高技能人才培养的重要基地，唐山科技职业技术学院一方面可以为唐钢公司成批量地输送后备高技能人才，另一方面可以为在职职工的继续教育提供条件。唐钢公司与唐山科技职业技术学院进行校企合作，不仅要推进学科交叉融合，更要重视产学研深度融合以及线下线上紧密融合。在做好学科交叉融合的“催化剂”、打破学科专业壁垒、促进学科之间和专业之间的交叉融合的同时还要完善高校与企业联合培养人才的有效机制，方能推动教育链、人才链与产业链、创新链的有机衔接。在面向新生劳动力开展后备高技能人才学制教育的同时，应逐步将培训重点向企业在职职工的高技能培训倾斜，根据公司的要求，采取了多种方式，组织企业职工进行集中的知识学习和技能训练，真正成为职工提升技能的“加油站”。

（三）创新高技能人才培养模式

1. 以公司全员素质能力提升体系为抓手，全面提升高技能人才整体素质

新形势下企业要加强高技能人才队伍建设，就必须切实加强对高技能人才的培训工作，通过有针对性的培训来提升高技能人才的素质，不断提高其岗位工作能力和创新能力，增强企业的核心竞争力。唐钢公司根据生产发展的需要和职工岗位技能培训的需要制定出相应的培训计划，根据实际情况选择不同的培训方法和课程内容。围绕公司“产线对标”“模块建设”等重点事项，结合各单位职工岗位实际和能力现状，建立职工能力提升模型，制定全员能力提升培训实施方案和推进方案，根据公司《全员能力提升工程（2022—2024 年）》整体安排，成立公司和各单位全员素质能力提升工作领导小组，制定各层级的年度、月度培训计划和实施方案。各级组织通过“一级包一级、一级保一级”的包保机制，扎实推进高技能人才素质能力提升。

2. 创新“训测结合”项目化人才培养模式

将互联网 + 引入职工技能提升培训之中，借助内部网络信息开发能力，相继开发建立唐钢公司职业技能等级认定智能化管理平台、唐钢云商学院等网上学习、训练系统。采用电脑端和手机客户端，职工可随时随地地参与在线培训和考核。通过联网作业和信息集成，自动实现培训考核等相关内容的分解、传递、共享、统计和分析，有效提高了公司高技能人才的培训管理工作效率和管理质量。同时公司按照“差异化、精准化、项目化、平台化”人才发展模式的总体思路（图 2），全方位、多层次开展职工网上练兵、团队 PK 赛、模拟仿真实践比武等活动，形成了“万人大练兵、千人大比

武”的职工竞赛格局，通过在线答题、趣味闯关、积分奖励等方式，有效调动了技能人才主动参与学习提升的积极性。

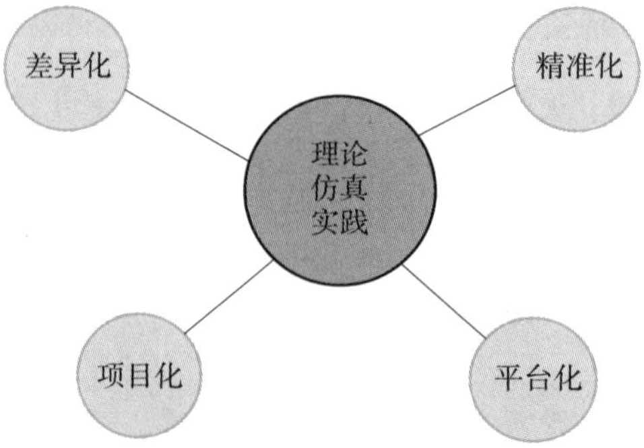

图2 “训测结合”项目化人才培养模式

根据重点专业和不同人才的特点开展个性化的定向培训，以丰富培训课程体系；通过开展学术交流、专题论坛、文化大讲堂、校企联合培养等方式，增进交流沟通。为支撑综合性的高技能人才培养需求，公司先后组织高级考评员和专家开发并完善了包括炼铁、炼钢、轧钢、炼焦等40多个工种的线上培训视频课程，共计4000余课时。同时为提升技能人才的综合素质水平，将职业道德、职业规范、工匠精神、质量意识、法律意识和相关法律法规、安全环保和健康卫生、就业指导等内容贯穿职业技能培训全过程，通过创新构建高技能人才“理论+仿真+实践”三位一体式培训体系，全方位培养综合性高技能人才。

3. 以师带徒助成长，薪火相传育人才

随着钢铁企业技术改造的加快，青年技能人才在企业中的作用越来越重要。青年技能人才是企业创新的主力军，他们的综合素质高低直接影响着企业的创新能力，也关系着企业未来的发展。因此，加强对青年技能人才的培养工作就显得尤为重要。唐钢公司历来重视高技能人才储备军的培养，通过制定青年技能人才的培养目标和措施，努力造就一批有技术、有经验、懂管理、会经营、善开拓的复合型高级管理人才和高素质职工队伍。采用“师带徒”模式，培养技术人才。“师带徒”模式是指由技能大师、高级技师等专业技术骨干作为导师对新入职员工进行为期一年或更长时间的集中培训指导。一方面通过“师带徒”模式将师傅们多年积累的宝贵经验和技能技巧传授

给新入职员工，建立健全对青年技能人才培养工作进行跟踪调研、督导和考核制度，及时掌握其学习情况，建立成长档案，制定考核指标，督促其更好地完成学习任务；另一方面通过定期召开经验交流会、开展青年技能人才成长情况分析会等方式，帮助青年技能人才总结工作经验，提高综合素质，帮助新入职员工能够在较短时间内熟悉工作环境、掌握岗位工作技能，激发新入职员工在企业生产经营过程中主动学习和钻研技术、钻研业务的积极性，为企业高技能人才队伍建设和发展提供强有力的人才支撑。唐钢公司高技能人才培养途径如图 3 所示。

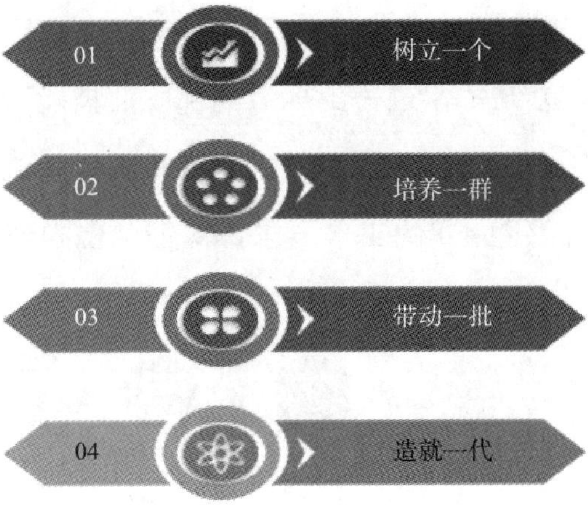

图 3 唐钢公司高技能人才培养途径

（四）建立科学合理的高技能人才评聘和使用机制

1. 营造技能人才乐业氛围

唐钢公司充分利用广播、电视、报刊、网络等多种媒体和宣传途径，大力宣传党和政府关于高技能人才工作的方针政策，大力宣传高技能人才在经济社会发展中所起的不可替代的作用，特别是宣传他们在科研成果转化、技术革新中的重要作用和突出贡献，创造尊重高技能人才的企业氛围。要大力开展宣传高技能人才的评选表彰活动、技能竞赛活动和优秀高技能人才的典型事迹，在全公司树立科学的人才观，形成高技能人才同样是人才的良好氛围，使高技能人才像高层次人才一样，受到企业的广泛尊重，成为劳动者普遍的选择，激励更多的劳动者特别是广大青年钻研技术，提高技能，立志岗位成才，引导更多的劳动者走技能成才之路。

2. 建立科学的高技能人才评价机制

唐钢公司为积极落实《人力资源社会保障部关于健全完善新时代技能人才职业技能等级制度的意见（试行）》（人社部发〔2022〕14 号）及《关于健全完善新时代技能人才职业技能等级制度十七条措施（试行）》（冀人社字〔2022〕255 号）文件精神，有效拓展技能人才职业发展通道，加快推动技能人才高质量发展，积极推动“新八级工”制度在企业内落地。2019 年，唐钢公司作为河北省首批职业技能认定试点单位之一，在唐山市人社局的指导监督下，完成了技能等级认定的职业设定、等级设置，建立了认定程序、标准、规范等，自主实施了职业技能认定工作。2023 年重新修订了《唐钢职业技能认定管理办法》，进一步规范内部职业技能管理流程，明确了需求征集、组织报名、资格审核、培训学习、无纸化考试和实操考试、综合答辩、证书信息联网备案及发放七个步骤（图 4）的工作要求，保证单位内部技能人才评价工作有序进行。

图 4 唐钢公司技能认定程序

3. 完善职业发展序列，构建多渠道技能人才发展模式

坚持专业化职族管理，着力构建分层分类、具有唐钢特色的职位管理体系，实施分层分类的专业化、标准化职位管理，形成包含 4 大职族、11 个职类、29 个职系、144 个职类子类，为集团技术升级新发展阶段标准化人才评价、差异化薪酬管理、精准化培训发展、梯队化人才建设提供了平台支撑。坚持多元化发展管理，着力构建内部纵向提升、外部横向贯通的多元化职业发展通道。优化设计后，职业技能人才发展通道形成了与“新八级工”相匹配的职级序列，包括唐钢工匠、首席作业师、资深作业师、专业作业师、一级作业师、二级作业师、三级作业师、四级作业师、五级作业师、六级作业员 10 个职级，打破技能人才发展天花板，进一步提升了操作维护系列对高技能人才的吸引力，充分发挥了能工巧匠在公司生产运行中的示范引领作用，形成

了企业内部人人学技能、有技能、长技能、比技能的良好氛围。多元职位发展通道如图5所示

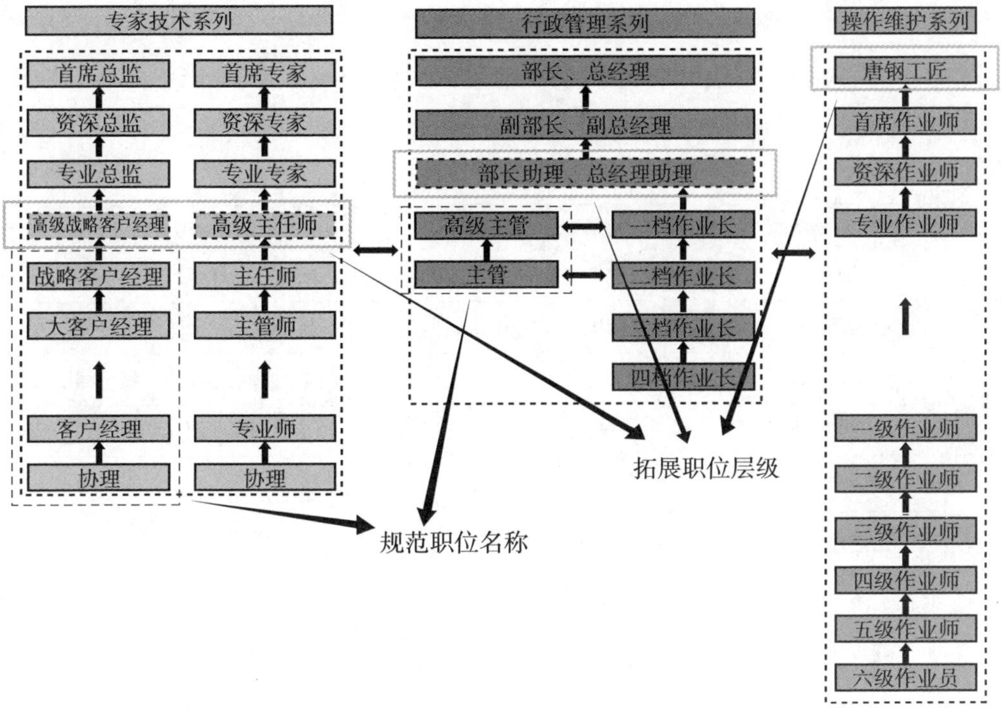

图5 多元职位发展通道

4. 深化薪酬改革，健全技能人才薪酬待遇激励机制

薪酬的高低是激励高技能人才发挥其积极性的一个主要方面，企业发布任何与薪酬有关的政策对他们的生活水平和社会价值认同感都有极大的影响，“能者多劳，多劳多得”是人们普遍认可的一条公平原则。唐钢公司制定了企业内部职业技能等级认定管理办法，使技能人才能根据自己所付出的劳动和所创造的价值同管理人才一样取得合理的职业资格等级，有助于技能人才更加清晰地进行职业规划，这既有利于留住优秀的高技能人才，更能有效地激励优秀高技能人才创造更大的经济价值和社会价值。按照中共中央办公厅、国务院办公厅印发的《关于加强新时代高技能人才队伍建设的意见》及人力资源社会保障部办公厅印发的《技能人才薪酬分配指引》文件精神，唐钢公司结合实际，以岗位价值、能力素质和业绩贡献为导向，优化完善薪酬制度，建立宽带薪酬动态调整机制，激发技能人才创新活力；提升调整操作技能等级，实现新

时代高技能人才多劳者多得、技高者多得，逐步实现高级技工技师与相应专业技术人员在职称与工资福利方面享受同等待遇；发挥薪等升降引领作用，支撑技艺精湛的高质量人才队伍建设，激发关键人才素质提升；强化正向激励，深化项目制激励管理，健全技能人才融入公司项目化管理机制，薪酬向关键人才、关键产线倾斜。唐钢公司技能人才薪酬待遇方案如图6所示。

序号	公司聘任级别	新八级工职业资格	薪酬待遇
1	唐钢工匠	首席技师	年薪制，比照厂部级正职
2	首席作业师	特级技师	年薪制，比照厂部级副职
3	资深作业师	高级技师	奖金系数高于正科级一档
4	专业作业师		奖金系数比照正科级待遇
5	一级作业师		技能等级工资上调300~340元
6	二级作业师	技师	技能等级工资上调150~200元
7	三级作业师	高级工	技能等级工资上调80~90元
8	四级作业师	中级工	技能等级工资上调50~60元
9	五级作业师	初级工	技能等级工资上调20~30元
10	六级作业员	学徒工	

图6 唐钢公司技能人才薪酬待遇方案

三、创新成果效果

（一）着眼企业发展战略，优化了高技能人才队伍建设

唐钢公司制定了科学、精准的人才队伍建设实施方案。明确了重点培养一批高素质的领军人才队伍、复合型人才、高层次人才和企业家队伍，加快高素质实用型、应用型拔尖人才队伍建设，加强对优秀中青年人才、专家的培养、管理，努力培养和造就一支素质优良、结构合理的高技能人才队伍，唐钢公司以技能攻关、技艺传承、带徒传艺为目的，通过整合资源、立足产线，在各主体生产单位通过围绕优秀的高技能人才组建团队，大力推动技能大师工作室和创新工作室建设。目前唐钢公司拥有国家

级技能大师工作室 1 个，市级大师工作室 1 个，国家级创新工作室 2 个，国家冶金行业级创新工作室 6 个，省级创新工作室 18 个。在各个工作室技能大师的带领下，解决了多项行业性难题，为企业创造了巨大经济效益，有力提升了整体队伍素质，为企业培养了大量优秀技术人才，其高技能人才培养和人力资源开发经验，被中国钢铁工业协会作为典型经验在全行业进行推广。研究制定技能人才激励办法，不断提高技术技能人才待遇和地位。

（二）开设"匠人讲堂"，传承工匠精神

"匠人讲堂"是唐钢公司致力于基层技能知识的传承以及深化技能人才培养、发扬匠人精神、推动企业发展的重要创新措施。"匠人讲堂"组织基层专业技能带头人为讲师，根据自己专业特长录制讲授课程，培训对象主要为基层生产操作人员。通过分享各自的技能锤炼、专业专长、无私奉献的感人事迹，向广大技能人员传递了爱岗敬业、精益求精、专注持久、追求卓越的工匠精神，阐述了平凡岗位中的伟大，激励引导广大工匠和职工心怀梦想向身边的劳模工匠学习，培育立足本职、脚踏实地、勇于创新、精益求精的职业素养，练就过硬本领。唐钢公司至今已经有近百名基层匠人走向讲堂，其中不少匠人在省市匠人大赛中获得荣誉。"匠人讲堂"的开设，不仅能使技能人才从理论知识上得到提升，而且还能和实践相结合，为基层技术攻关，作出了充足的知识准备，还能为基层技能大师的培养打下坚实基础。通过将自己的专业专长录制为课程，讲师不仅提升了自己的专业水平，而且为企业基层生产操作经验的传承提供了渠道，为企业发扬践行匠人精神作出重要贡献。工匠精神的四个基本内涵如图 7 所示。

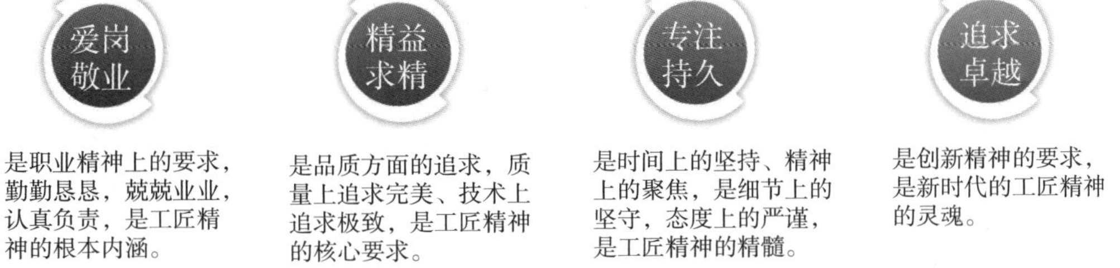

图 7　工匠精神的四个基本内涵

（三）全省范围内率先开展特级技师评聘试点工作

唐钢公司为进一步加快公司高技能人才培养，畅通技能人才职业发展通道，聚焦人才职业发展中“独木桥”“天花板”问题，充分调动高技能人才积极性和创造性，全面提升高技能人才队伍技能水平，推进职业资格持续创新。根据河北省人力资源和社会保障厅《关于公布特级技师评聘试点企业名单的通知》（冀人社字〔2023〕85号）文件精神，唐钢公司作为河北省首批特级技师评聘试点企业，率先在河北省开展特级技师评审工作。从报名—资质审核—项目化培训—能力评审等多个环节进行评选，唐钢公司4名职工被评选为特级技师，充分体现了特级技师优中选优这一关键原则。唐钢公司首批特级技师评审工作的顺利开展，有效推动了唐钢公司“新八级工”制度的有效落地；建立了与国家职业资格制度相衔接、与终身职业技能培训制度相适应，并与使用相结合、与待遇相匹配的新时代技能人才职业技能等级制度；吸引公司更多职工走技能成才、技能报国之路，高端带动作用不断增强，引领集聚效应不断扩展，培养造就了一支数量充足、结构合理、等级清晰、素质优良的高技能人才队伍。

（四）践行社会责任，彰显国企担当

为社会提供高素质专业技能人才，促进高质量充分就业。唐钢于2020年10月成立唐钢人力资源公司（对外技能培训科），是河北省首批职业技能认定试点单位之一，主要负责唐钢外部社会化职业技能等级认定工作。2023年，为提升唐山周边企业劳动者技能水平，完成社会责任，履行唐钢义务，依据国家、省、市相关文件精神关于持续开展职业技能提升的要求，全面提升劳动者职业技能水平和就业创业能力，为社会提供高素质专业技能人才，促进高质量充分就业，依托唐钢技能认定资质和自身资源优势，履行国企义务，助力周边30家企业完成技能等级认定工作，其中包含唐山市总工会的技能等级“免培”项目，扩大了唐钢认定的品牌影响力，获得了良好的经济效益和社会效应。

（五）取得良好的经济效益

利用相关因素合成计算法（PCP）测算效益。计算公式如下：

$$Ep=\sum_{a=1}^{n} S_a-F-H-(\sum_{b=1}^{n} C_b+I)$$

式中 $\sum_{a=1}^{n} S_a$——单项因素直接测定法计算的各种因素的经济效益之和；

F——非本成果实施产生的效益；

H——各因素之间重复计算的效益；

I——在单因素计算中未包含的综合性损失费用；

$\sum_{b=1}^{n} C_b$——单因素计算中未包含的各种综合性实施费用之和。

1. 截至 2023 年，各因素效益之和

通过高技能人才队伍建设，实现组织协同效率提升，生产管理运营效率提升，按 3000 人，人均效率提升日创效 5 元，年均工作日 250 天计算。

S_1=3000×5×250 元 =375 万元

S_2=606 万元（政府高技能人才培训补助）

S_3=523.9 万元（对外培训经济效益）

2. 截至 2023 年，各种费用损失

C=39 万元（培训、无纸化系统开发）

综上，通过实施该管理创新成果为企业创造经济效益为

$$Ep=\sum_{a=1}^{n} S_a-F-H-(\sum_{b=1}^{n} C_b+I)=(375+606+523.9-39)\text{ 万元}=1465.9\text{ 万元}$$

连线人物

杨利东 河钢集团唐钢公司党委组织部（人力资源部）部长，2007年7月参加工作。担任人力资源部部长之后，全面管理唐钢公司的培训工作，积极探索培训工作的新方法和新途径，并取得了显著成绩，为河钢唐钢教育培训工作及钢铁行业教育培训工作作出了突出贡献。

牢记嘱托坚定信念 踔厉奋发再创佳绩

——学习贯彻习近平总书记视察胜利油田重要指示精神专题教学案例

中共胜利石油管理局有限公司委员会党校（培训中心）

常玉杰 刘 伟 肖 辉 刘春花

企业简介

胜利油田是我国重要的石油工业基地，主要从事石油天然气勘探开发、石油工程技术服务、地面工程建设、油气深加工、矿区服务与协调等业务。至今，已走过62年的发展历程。62年来，胜利油田始终听党话、跟党走，自觉肩负起党和国家赋予的历史使命，坚决贯彻上级决策部署，坚定不移地履行经济、政治和社会责任，走出了一条开拓创新、科学发展的胜利之路。

胜利油田党校（培训中心）是胜利石油管理局有限公司直属单位，也是2021年第一批挂牌中国石化集团公司党组党校分校的企业党校，主要从事党的理论教育、党性教育和三支人才队伍业务培训工作，是胜利油田研究宣传习近平新时代中国特色社会主义思想、推进党的思想理论建设的重要阵地。近年来，学校坚守“为党育才、为党献策”的初心使命，把准“党校姓党、培校姓油”的工作定位，紧紧围绕集团公司“打造世界领先洁净能源化工公司”和胜利油田“建设领先企业，打造百年胜利”的美好愿景，持续推进培训体系优化，扎实提升教育培训质量，为推动企业高质量发展提供人才保障和智力支持。

一、创新成果背景

（一）深入学习贯彻习近平总书记视察胜利油田重要指示精神的部署要求

2021 年 10 月 21 日，习近平总书记视察胜利油田并作出重要指示，充分肯定石油战线的历史性贡献，深刻阐明事关石油石化行业长远发展的根本性、方向性、全局性问题，为新征程上推进石油石化行业高质量发展指明了奋斗方向，提供了重要遵循，注入了强大动力。2022 年，在中国石化集团公司“牢记嘱托、再立新功、再创佳绩，喜迎二十大”主题行动开展的过程中，集团公司党组、胜利油田党委作出了一系列宣贯落实的部署要求，持续掀起学习贯彻习近平总书记视察胜利油田重要指示精神的热潮。

2023 年，随着学习贯彻习近平新时代中国特色社会主义思想主题教育的有序开展，深入学习贯彻习近平总书记视察胜利油田重要指示精神，依然是石油石化行业党员干部的重要责任和光荣担当。2023 年 5 月，集团公司党组主题教育读书班在胜利油田举办。学习期间，参训领导人员沿着习近平总书记视察胜利油田时的路线，重温了习近平总书记考察调研时的场景，深入学习领会习近平总书记的殷切嘱托，进一步贯彻落实习近平总书记的重要指示精神。此举，不仅令广大党员干部倍受鼓舞，更唤起了大家强化政治理论学习，提升履职干事能力的责任感、使命感。

（二）开展石油精神石化传统教育、宣传新时期胜利价值观的良好契机

胜利油田是在 20 世纪 50 年代华北地区地质普查和石油勘探的基础上发展起来的。在 62 年的奋斗历程中，胜利油田始终坚持产业报国，坚守“我为祖国献石油”的使命担当，坚持以国为重、多产原油、多作贡献，把爱党爱国的报国情怀凝聚到发展石油事业上，为促进国民经济建设作出了重要贡献。

2023 年，中国石化成立 40 年。在进一步保障国家能源安全，推动石油石化行业高质量发展的新征程上，我们要勇于开拓、守正创新，更要大力传承石油精神，弘扬石化传统，深入开展石油精神、石化传统教育，广泛宣传新时期胜利价值观，激励广

大干部员工赓续红色血脉，扛牢职责使命。

（三）发挥党校理论教育和党性教育主阵地作用的职责担当

中国石化集团公司党组党校胜利油田分校，充分利用胜利油田独有的地域政治优势和教学资源，积极响应中央号召、贯彻中央要求，坚决落实集团公司党组、胜利油田党委安排部署，把学习好、宣传好、贯彻好习近平总书记视察胜利油田重要指示精神作为一项重要政治任务。党校充分发挥理论教育和党性教育的主阵地作用，以高度的政治自觉和强烈的责任担当，立足培训教学主业，坚持“党校姓党”的根本原则，统筹优势教育资源，着力优化培训方案，创新培训模式，提升教学效果，全面推动深入学习贯彻习近平总书记视察胜利油田重要指示精神落地见效。

二、创新成果措施

（一）总体规划

1. 阐释深刻内涵

习近平总书记视察胜利油田重要指示精神，既有对根本和长远问题的战略指引，也有对重点和难点问题的具体指导，更体现了对干部员工的关怀勉励和厚望。牢记习近平总书记的殷切嘱托，结合油田创业、创新、改革、发展实践，依托胜利油田的党代会、职代会，结合胜利油田的专题宣讲、党校课堂的专题课程和研学现场的专题讲解，深刻阐释其丰富内涵。

2. 开发培训项目

2022 年，深入践行中国石化集团公司“牢记嘱托、再立新功、再创佳绩，喜迎二十大”主题行动，与培训主业紧密结合，打造主题突出、系统配套、链条完整、特色鲜明的专题培训项目以及专项教学模块。高质量完成中国石化青年干部培训班（示范班）、集团公司习近平总书记视察胜利油田重要指示精神专题师资研修班等重点培训项目。2023 年，紧密结合学习贯彻习近平新时代中国特色社会主义思想主题教育进一步开发专题培训，广泛支持中国石化集团公司各直属企业的党员干部培训，承办中国石化云南石油分公司学习贯彻习近平新时代中国特色社会主义思想主题教育读书班暨党的二十大精神研学班、中国石化天然气分公司山东天然气销售中心学习贯彻习近平新时代中国特色社会主义思想研学班等特色培训项目。

3. 打造课程体系

选拔培养能够满足教学需要的专兼职师资队伍，打磨形成了《牢记殷切嘱托　再创新的佳绩》《巍巍石油魂》《新时期胜利价值观》等专题课程，并将其作为核心教学内容，引入中国石化青年干部培训班（示范班）、胜利油田第35期青年干部培训班、政工干部强化培训班等重点班次，以及党支部书记赋能淬炼培训班等主体班次。为配合集团公司战略发展统一要求，胜利油田举办了习近平总书记视察胜利油田重要指示精神专题师资研修班，助力专兼职教师开发了“端牢能源饭碗”“引领我国石化工业高质量发展”“担当国家战略科技力量”等七个专题的一系列课程开发，搭建了科学完整的课程体系。

4. 深化现场教学

统筹优化教育基地资源，聚焦“跟随习近平总书记的脚步”设计现场教学路线，将胜利油田勘探开发研究院、莱113区块、新东营原油库、黄河入海口、杨庙社区等地的现场研学作为教学要点引入青年干部培训等重点人才培训班次及党建政工类重要培训班次，通过车厢教学、专题研讨、主题活动等教学手段，增强带入感、融入感、互动性、体验性，促进学习立体化、深入化。

5. 擦亮胜利品牌

将深入学习贯彻习近平总书记视察胜利油田重要指示精神与学习贯彻习近平新时代中国特色社会主义思想统一起来，与石油精神、石化传统教育结合起来，作为胜利油田分校理论教育、党性教育的重要组成部分，发挥石油企业独特政治优势，推动人才强企战略落实落地，努力打造中国石化培训系统的胜利标杆。

（二）具体实施

2023年5月9日，中国石化2023年第一期青年干部培训班（示范班）在集团公司党组党校胜利油田分校举办，培训时长三周。马永生董事长为青干班学员讲授开班第一课，所讲内容紧紧围绕学习贯彻习近平新时代中国特色社会主义思想主题教育“学思想、强党性、重实践、建新功”的总要求展开。彼时，全党上下主题教育正有序开展，集团公司党组在胜利油田举办的主题教育读书班上，全体学员重走了习近平总书记视察胜利油田路线，为推动深入学习贯彻习近平总书记视察胜利油田重要指示精神，起到了良好的榜样示范作用。中石化青干班学员虽不是此次主题教育的主要对象，但作为青年党员干部，身处主题教育浓厚氛围之中，其政治理论学习愿望强烈、积极性高。由此，胜利油田分校以重走习近平总书记考察胜利油田路线为契机，开展了一系列夯实政治理论基础、提升政治能力的学习活动。

5月12日，学员临时党支部成立后召开了第一次支委会，结合本次培训的现场教学安排，政治辅导员张洪滨同志即提出了“重走习近平总书记视察胜利油田路线，增强石油石化青年干部的使命感和责任感”的议题，得到了学员们积极响应。围绕该活动，支委成员成立专项小组，明确分工，确定责任，将活动逐步有序推进。次日晚，学员临时党支部举行了由支委成员、文字骨干参加的活动筹划会，特别邀请了胜利油田高级专家张树友、综合文字工作者张勇参会指导，他们中，一位对习近平总书记视察胜利油田的情况掌握和研究得比较多，另一位刚刚参与了集团公司党组读书班的组织运行工作。会上，同志们经过深入讨论，进一步明确了此次活动的重点，确定了“紧跟脚步，重温嘱托，领悟使命，承载责任”的活动主题。

5月15日，在中石化青干班项目组的统筹安排下，中国石化2023年第一期青年干部培训班（示范班）115名学员，跟随习近平总书记视察胜利油田的脚步，赴胜利油田勘探开发研究院、莱113区块进行现场教学。在研学现场，学员们认真听取了工作人员的讲解，再次观看了习近平总书记视察时的视频影像，精神倍受鼓舞，心灵颇受震撼，思想得到洗礼。用学员们的话说，感到“责任在肩头，使命在召唤，热血在沸腾”。研学归来，围绕学习体会和收获，当天晚上，项目组组织全体学员进行了“重走习近平总书记视察路线，牢记使命不忘嘱托”的专题研讨，每位学员都进行了认真思考和踊跃分享，精彩发言频现。随后，项目组又专门安排了党校优秀教师就习近平总书记视察胜利油田重要指示精神进行了详细解读，进一步引导学员加深对石油队伍、能源饭碗等问题的认识，推动学习走深走实。

为促进学习成果落地，在汇总学员学习心得体会的基础上，由四名文字功底较强的学员组成写作小组，讨论确定了写作提纲，以班级名义起草学习体会文章。文章撰写过程中，培训班政治辅导员张洪滨同志带领大家几经讨论，不断修改完善，至5月19日，文章《牢记嘱托创佳绩，踔厉奋发立新功，为谱写中国式现代化新篇章贡献青春力量》正式定稿。后来，文章发表于《胜利日报》《中国石化报》，反响甚好。

此外，作为中石化青干班的政治辅导员，张洪滨同志以“党员干部要提高政治能力和素养”为主题，为学员们讲授了一堂生动而深刻的党课。课上，他就此次主题活动的全过程进行了复盘总结，提出了“讲政治很实在”的观点，引导学员要增强政治坚定性、敏锐性，提高鉴别力、执行力，不断树立政治自信，敢于发声、善于发声，展现中国石化青年干部良好精神风貌。

三、创新成果效果

（一）学习立体深入，学员收获颇丰

1）将一次普通的现场教学参观，提升到更高的层面认识和体会。学员更加深入地理解了习近平总书记对国家能源战略和石油石化工业的要求和期盼，深刻感受到了石油石化人的骄傲和自豪，进一步增强了新一代石油石化人的责任感和使命感，从而坚定了爱岗敬业、为国家争气、为生活加油的信念。学员们不仅出色完成了中石化青干班的培训学习任务，同时，让所有学员自觉主动地融入主题教育活动之中。

2）学会了从讲政治高度谋划工作、规划人生。此次活动由培训班政治辅导员引领，学员临时党支部具体谋划、执行、推进，最终以学习体会文章发表为标志，学员们深刻感受了一次成功的主题活动策划实施过程。政治辅导员在此基础上，通过讲党课，进一步引导学员善于从讲政治高度谋划工作、规划人生。这是青年干部应该有的政治远见和政治智慧。

3）增强了集体荣誉感和自豪感。学习体会文章在《胜利日报》发表后，项目组多方收集当天报纸，供学员们阅读学习。在该活动组织实施的过程中，每一名学员都认

真参与其中，这将成为学员们参加中石化青干班独一无二的宝贵记忆。

4）提高了学员的文字写作水平。年轻干部普遍存在文字能力不强、综合素质有待提高的问题。在此次主题活动中，参与文章撰写的学员接受了一次较为完整的文字工作学习与锻炼，受益匪浅。文章发表后，项目组进一步引导大家以此文为范文，对照自己的学习体会文章，查找差距、提高认识，进一步提升写作表达水平。

（二）深化现场教学，项目质量提升

1）提升了现场教学效果，加深了现场教学影响深度。现场教学如果不注意积极正向的引导，极其容易成为一次热闹的红色旅游。此次主题活动提前谋划、统筹安排，学员们参观前即查阅了解相关内容，研学过程中通过看、听、想等方式，感受不断加深，活动结束后不停地思考，交流中相互启发，在写作文章过程中综合提炼了活动主题，通过学习阅读文章，全体学员形成了统一提高的共识，最后在党课上达到了认识提升、思想升华、指导实践的目的。实现所有学员在活动的每一步都同频共进，最终达到全员党性修养锻炼、政治能力提升的目的。

2）扩大了工作成果，开阔了工作视野。由于中石化青干班线下集中学习时间有限，在有限的时间里需要保质保量完成各项教学任务，项目组工作节奏紧张、学习安排紧凑，却难以在教学上有大的作为和突出成果。本次活动围绕一个主题同时开展了一系列工作，项目组、政治辅导员、全体学员深度参与，将教学成果一步步向纵深推进，以体会文章的发表为标志，形成了看得见、摸得着的学习成果，进一步开阔了以中石化青干班为代表的重点人才培训教学工作的视野和思路。

3）拓展了做好自身宣传的空间。教学工作从学校的集中学习开始，但也并不仅仅局限于校园之内，现场教学是很好的“走出去”形式。这次中石化青干班的教学成果通过学习体会文章在多家报刊发表得以向社会展示，使教学成果从党校校园走向更为广阔的社会面，使开门办青干班又有了新的窗口。

（三）政治辅导有力，工作成效显著

1）履行职责有了切入点。中石化青干班设置政治辅导员的初衷就是，加强学员的思想政治工作，成为项目组进行班级管理的有效补充和提升。以往的政治辅导员工作，更多的是围绕培训教学展开，主动开展工作的切入点不好把握。这次主题活动紧密结合教学任务完成，渗透到教学深处，从学员素质提升的薄弱环节上用力，起到了很好的效果，是一次有益尝试和探索。

2）思想引领有了抓手。政治辅导员跟班听课，主动与学员谈心谈话，听取意见和建议，是目前了解学员思想动态的主要渠道。然而，受学员性格、工作环境、成长背景等因素影响，要全面把握每一名学员的思想状况，特别是深度把握，仍存在很大的局限性。而在参与活动的过程中，通过与他们的实际工作碰撞，听他们的思想、看他们的行动、品他们的为人处事风格，能更详实地了解他们真实的思想状况和能力水平，思想政治工作开展起来也更具针对性。

3）增强党课的针对性。给学员上党课是中石化青干班政治辅导员的重要职责和主要工作内容之一，具体讲什么内容可根据每位政治辅导员熟悉的领域、擅长的方向，再结合班级的实际情况来确定。这次党课契合主题活动实际情况，在每位学员都积极参与、认真思考、有所感悟的基础上，针对大家比较困惑、存在疑虑的问题再次进行了专题讲解，补上了之前在一些问题深度理解上的欠缺，使党课听者和讲者产生共鸣，让学员听得进去、理解得了，并能够进一步指导工作实践，达到事半功倍的效果。

四、成果经验总结

1）加强顶层设计，在提高学员政治能力上着力。提升政治能力的途径，除了思想灌输，观念引领，还需要实际操作。通过培训实施过程中的实务操作、沙盘推演、情境教学、现场研学、主题活动等多种形式，辅以形势任务教育、重大事件分析、成功案例解读等，促进政治理论、党性修养学习的全方位、立体化、沉浸式呈现。

2）在青干班等主体班次，进一步强化政治辅导员的政治引导职责，促进政治辅导作用发挥。从顶层设计开始，将政治辅导员纳入教学全过程，同部署、同工作、同检查、同考核。在政治引领、学员思想政治工作、学员临时党支部建设的基础上，强化教学中“政治辅导”的职责。在课程讲授以“知识层面”为主、学员心得以“自我完善层面”为主、学习复盘以“知识层面的整合”为主的基础上，由政治辅导员进一步引领，强化“研讨提升层面”，甚至更高层面的务实提升。

3）要保护好、提升好培训班学员，尤其是青干班学员的政治热情。青年人政治热情比较高，在实际工作中解决问题的政治能力却普遍较弱，经过在党校的集中学习，深感政治能力亟待提升，尤其是一些从事技术和管理工作的同志感受更为强烈。这就对项目组、班主任、授课教师提出了更高的要求，不仅自身素质高、政治能力强，还要善于引导、辅导，使学员有更深的思考、更多的收获。要进一步加强专兼职教师、政治辅导员的培养和配置力度，提高教学参与程度，使其发挥更好的作用，比如：不仅参与听课，还要批阅学员学习心得，并及时给予评价反馈，使学员的思考有回应、成果有鉴定，引导大家学思结合、共同提升。

五、推广价值

在中国石化 2023 年第一期青年干部培训班（示范班）“紧跟脚步，重温嘱托，领悟使命，承载责任”主题学习活动取得阶段性教学成果之时，胜利油田党校（培训中心）承办的中国石化集团公司各直属企业党员干部培训及胜利油田的党员干部培训亦在紧锣密鼓地举行。中国石化云南石油分公司学习贯彻习近平新时代中国特色社会主义思想主题教育读书班暨党的二十大精神研学班、中国石化天然气分公司山东天然气销售中心学习贯彻习近平新时代中国特色社会主义思想研学班、胜利油田第 36 期青年干部培训班、党支部书记赋能淬炼培训班等各培训班次的学员，在培训学习的过程中，通过聆听习近平总书记视察胜利油田重要指示精神解读专题课程，跟随习近平总书记视察胜利油田的脚步，赴胜利油田勘探开发研究院、莱 113 区块、新东营原油库、黄河入海口等地进行现场研学，结合“牢记殷切嘱托 再创新的佳绩”专题研讨，学员们将深入学习贯彻习近平总书记视察胜利油田重要指示精神走深走实，取得了较为显著的培训教学效果，为深入学习贯彻习近平新时代中国特色社会主义思想增添了浓墨重彩的一笔。同时，对集团公司党组党校胜利油田分校来说，该培训教学内容的设计与安排，不仅彰显了胜利油田的政治担当，展示了胜利油田的良好形象，也进一步拓展了胜利油田培训的市场，宣传了品牌，树立了口碑，赢得了效益。

连线人物

常玉杰 中共党员，现任中共胜利石油管理局有限公司委员会党校（培训中心）党建培训部经理、党支部副书记。该同志在培训教学工作中始终秉持勤奋学习、踏实工作的态度，积极进取、勇于担当、甘于奉献。近年来，带领团队高质量完成了中国石化青年干部培训、胜利油田中层领导人员学习贯彻党的二十大精神培训、“青马工程”培训等重点人才培训，山东省职业技能竞赛赛前培训及胜利油田内外各级各类党建、政工培训项目，年均完成培训班次约400个，为胜利油田乃至中国石化的人才培养作出了较为突出的贡献。

该同志曾获2021年度中国石化青年干部培训工作优秀项目负责人，2021年度胜利油田优秀共产党员、宣传思想文化工作先进个人，山东省职工与职业教育先进个人等荣誉称号；先后参与完成中国石化集团公司《中国石化党校分校系统建设研究》、胜利油田《党校培训班学员临时党支部建设研究》等多项重点课题研究；其作品《牢记嘱托坚定信念，踔厉奋发再创佳绩》荣获2023年度中国石化集团公司党校系统优秀案例评比二等奖。

构建“1+3+6+N”立体工作模式
推动党员教育培训体系化建设研究

中国兵器人才研究院（中国兵器党校）
孙玉华　孙建光　霍亚南

企业简介

中国兵器人才研究院是集团公司59家子集团和直管单位之一，是贯彻落实集团公司“人才强企”战略、致力于干部教育培训、人才理论与实践研究、现代企业人力资源开发的专业机构，是中央机构编制委员会批准成立的事业法人单位，注册名称为“中国兵器工业集团人才研究中心”。目前中国兵器人才研究院有4块牌子：中国兵器人才研究院、中国兵器党校、中国兵器工业集团人才研究中心、兵器国家卓越工程师学院（兵器研究生院）。其现有三处办公区，分别位于丰台总部基地三区（5800平方米）、丰台槐树岭4号院（2900平方米），在建的房山良乡卓越工程师学院总建筑面积13000多平方米。

党员教育培训是党的建设基础性经常性工作，是党的建设永恒的课题之一。中国兵器人才研究院（兵器党校）（以下简称“兵器党校”）深入贯彻落实《中国共产党党员教育管理工作条例》（以下简称《条例》），《2019—2023年全国党员教育管理培训工作规划》（以下简称《规划》），结合调查研究问题，聚焦落实全面从严治党要求和企业改革发展目标，着力强化党员教育培训质量，以坚定信仰、增强党性、提高素质为重点，结合企业工作特点，坚持标准和特色相结合，增强党员教育培训针对性实效性。通过构建“1+3+6+N”立体工作模式（图 1），引导党员增强学习动力、激发干事活力，提升组织合力。

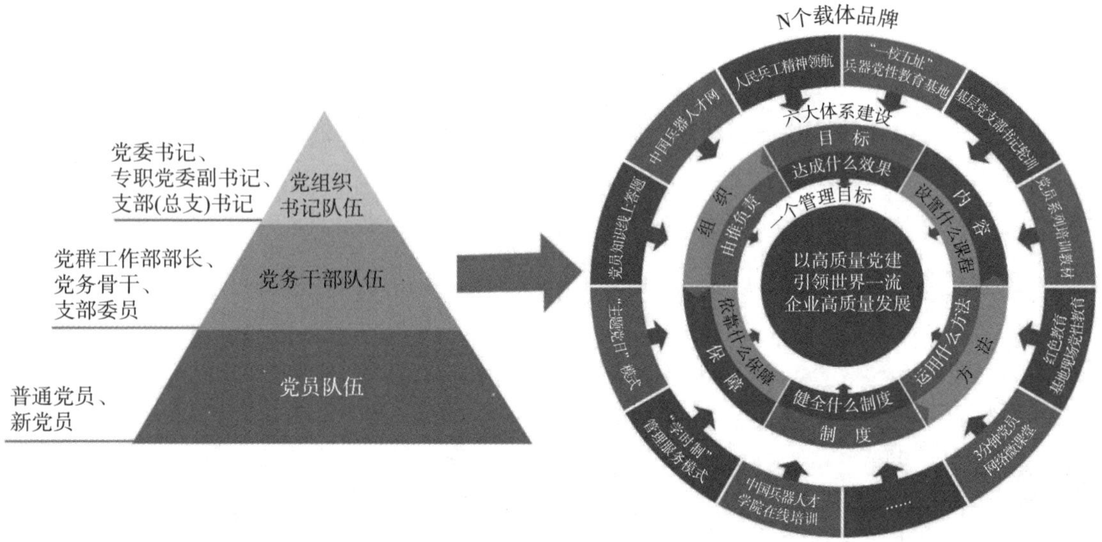

图 1 “1+3+6+N”党员教育培训立体工作模式模型

一、创新成果背景

(一）培训对象聚焦情况

在“当前党员教育培训重点应聚焦在哪类党员群体”的调查中，排在前三的分别是：党支部（总支）书记、党员骨干、党支部委员，而党委书记和专职党委副书记这两类群体的培训需求相对较小（图 2），反映了基层党务干部作为党的工作的实践者、推动者和落实者，尤其渴望通过培训提升党务工作水平和工作能力，以此解决工作过程中遇到的问题。

(二）培训内容需求情况

调查显示，习近平新时代中国特色社会主义思想学习需求迫切，关于其他培训内容，则不同党员群体各有侧重。所有党员对于习近平新时代中国特色社会主义思想学习需求占比均超过 70%。同时，不同党员群体又表现出明显的差异性（图 3）。

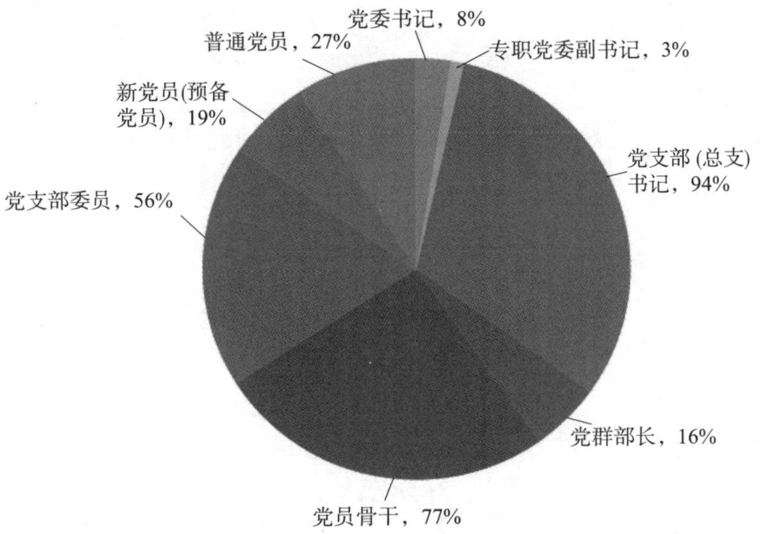

图 2　集团公司党员教育培训对象需求

党委书记：政治理论教育、形势政策教育培训需求明显，分别占比 77%、53%。

专职党委副书记：政治理论教育、党章党规党纪教育培训需求明显，分别占比 77%、56%。

党支部（总支）书记：党章党规党纪教育、政治理论教育培训需求明显，分别占比 77%、39%。

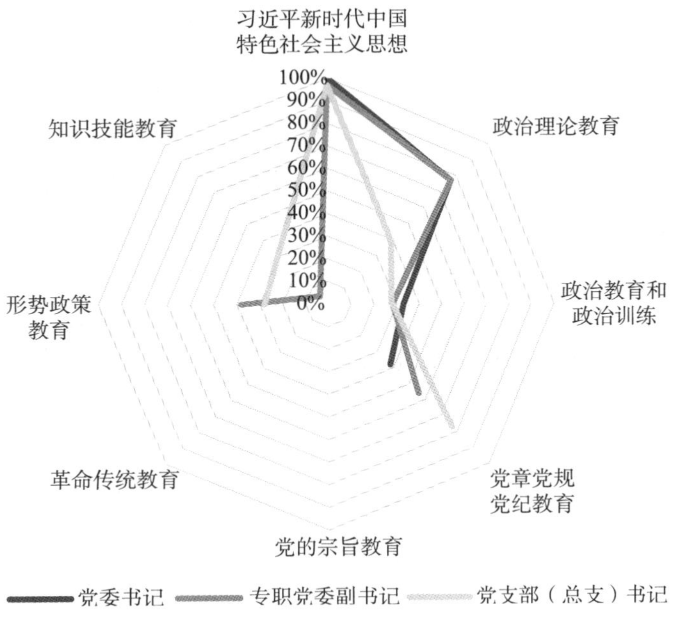

（a）党组织书记队伍

图 3　不同党员群体学习需求占比

党群工作部部长： 政治理论教育、党章党规党纪教育培训需求明显，分别占比69%、61%。

党务骨干： 知识技能教育、党章党规党纪教育培训需求明显，分别占比61%、56%。

支部委员： 知识技能教育、党章党规党纪教育培训需求明显，分别占比67%、53%。

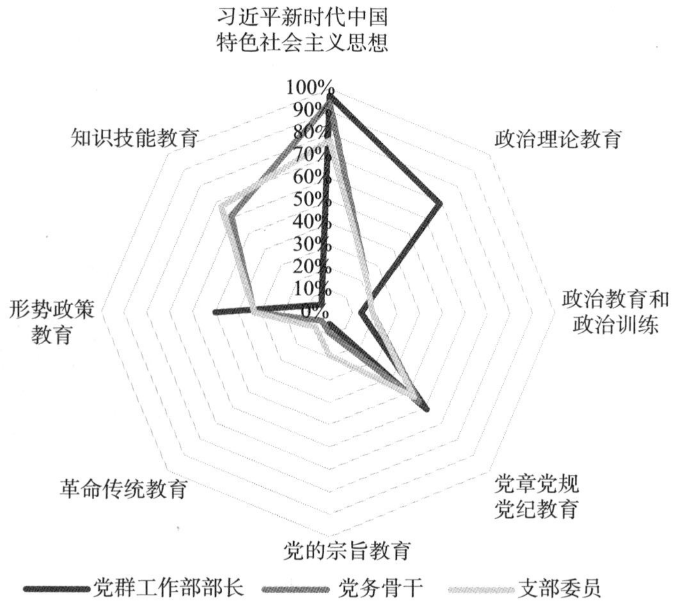

（b）党务干部队伍

新党员（预备党员）： 党的宗旨教育、革命传统教育培训需求明显，分别占比67%、63%。

普通党员： 党章党规党纪教育、革命传统教育培训需求明显，分别占比64%、55%。

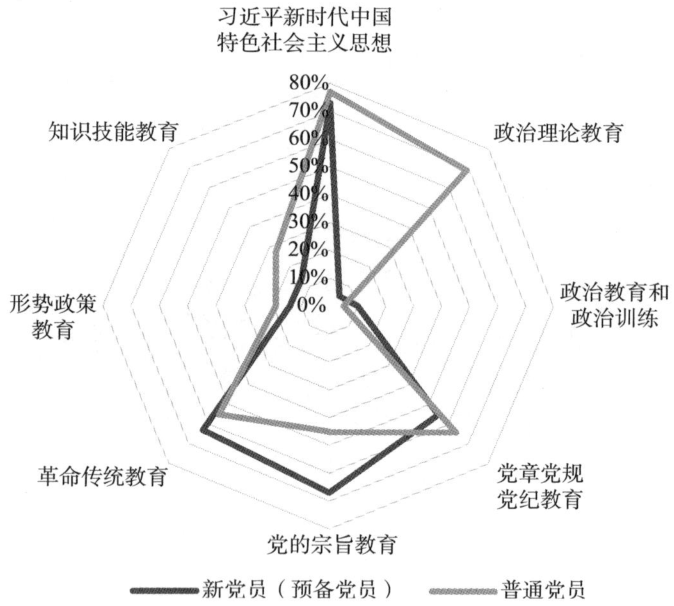

（c）党员队伍

图3 不同党员群体学习需求占比（续）

（三）培训方法难点情况

在“当前党员教育培训面临哪些难点问题”的调查中，培训方法不灵活是最突出的问题。进一步调查显示，有78%的受调查人员希望集团公司加大体验式教学、有59%的希望加大案例式教学、有47%的希望加大观摩式教学（图4）。

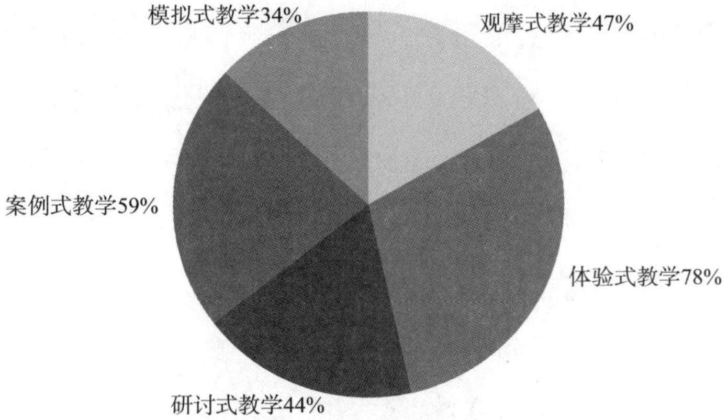

图4 集团公司党员教育培训方法需求

（四）线上培训态度情况

在开展党员线上培训实际效果的调查中，大家普遍认为，线上培训很方便。进一步调查显示，有45%的受调查人员认为，加强网络教学开发是改进集团公司目前党员教育培训的主要措施。同时线上培训很好地解决了“工学矛盾”，学员可以利用碎片化的时间进行学习提升（图5）。

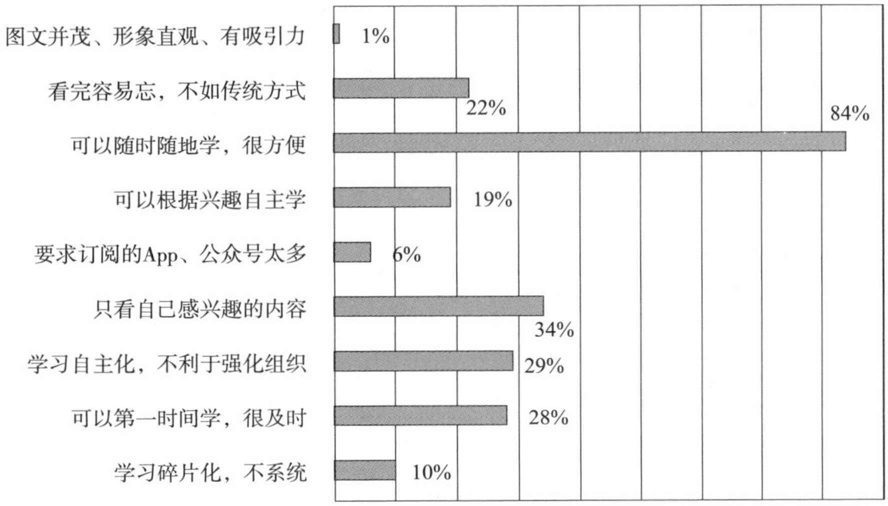

图5 集团公司党员教育线上培训态度

（五）培训资源完善情况

在“希望集团公司为各单位提供什么样的支持和帮助”的调查中，优秀教材和优质师资分别列在所有选项的第二位和第三位。进一步调查显示，有 47% 的受调查人员认为，教育培训教材不完善、教育培训师资不充足，这是当前党员教育培训面临的主要难点问题（图 6）。应该说，集团公司亟须在开发具有兵器特色的教材、畅通师资渠道方面为各单位创造条件、提供便利。

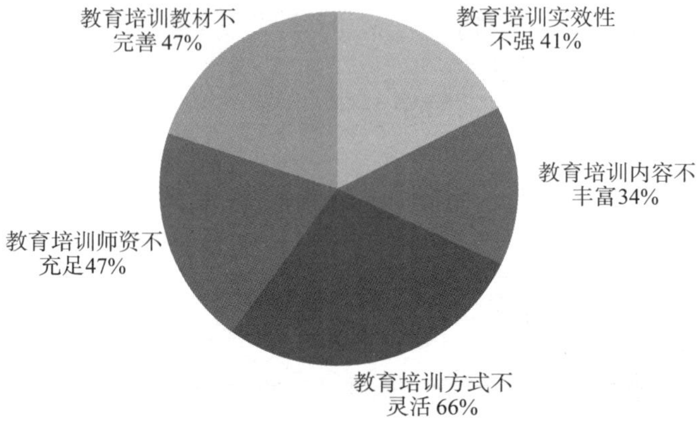

图 6 集团公司党员教育培训资源需求

（六）“一校五址”党性教育基地使用情况

在用好集团公司“一校五址”党性教育基地改进建议的调查中，排在前三位的分别是：开发特色课程、加强宣传推介、挖掘精神内涵（图 7）。集团公司亟须在人民兵工精神内涵挖掘、开发具有兵器特色的课程资源、基地整体宣传推广三方面持续发力。

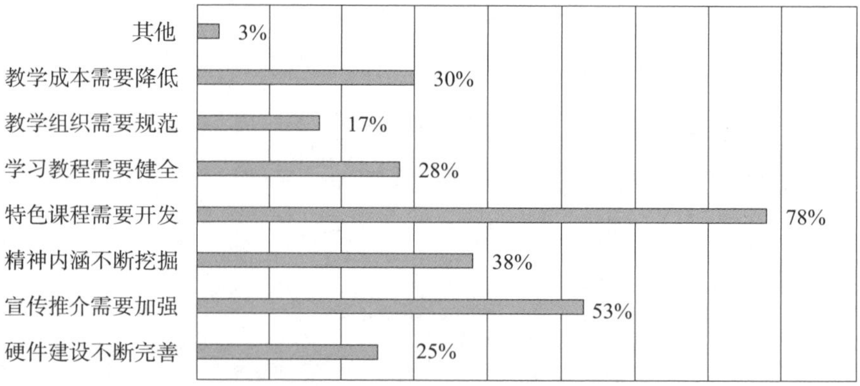

图 7 “一校五址”党性教育基地培训需求

（七）培训组织保障情况

在党员教育培训基础保障情况的调查中，有 85% 的被调查单位缺少独立的培训机构，84% 的不具备教材开发能力、65% 的不具备师资配备能力，进一步调查发现，各单位依托集团公司（兵器党校）需求明显，占比最高（图 8）。

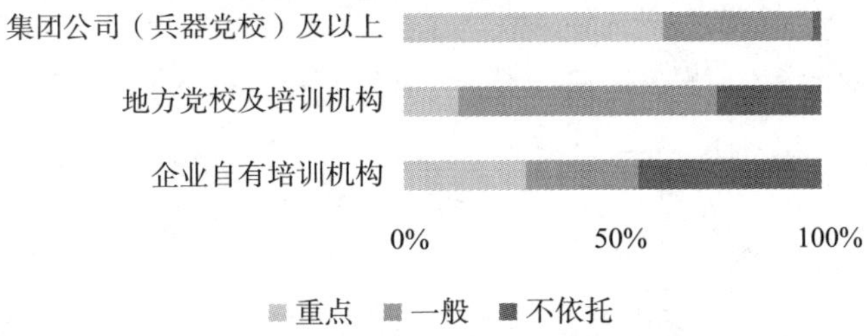

图 8　集团公司党员教育培训组织需求

（八）示范培训需求情况

调查显示，各单位普遍希望集团公司开展不同党员群体示范培训（图 9）。一定程度上反映了各单位党员教育培训缺少对标学习的“样板”，需要集团公司针对重点人群和重点对象，精准施教开展不同党员群体示范培训，切实发挥示范引领作用。

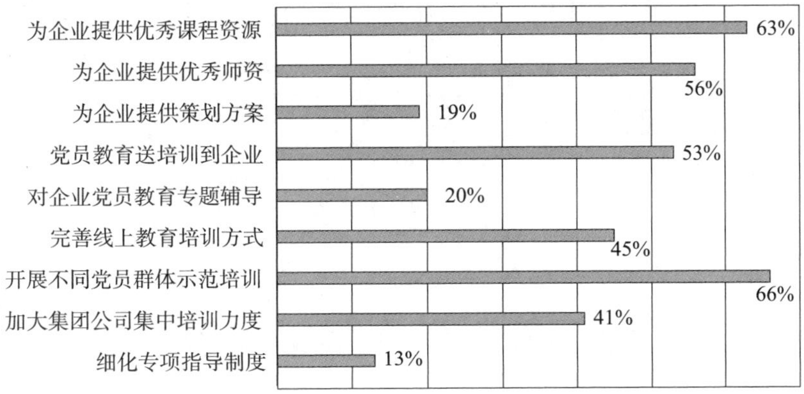

图 9　集团公司党员示范培训需求

二、创新成果措施

“1”即一个教育目标：通过增强培训针对性实效性，引导党员提高政治判断力、政治领悟力、政治执行力，努力建设政治合格、执行纪律合格、品德合格、发挥作用合格的党员队伍，体系化加强国有企业党的领导、提高党的建设质量，以高质量党建引领世界一流企业高质量发展。

“3”即“三支队伍、八类角色”队伍结构，其中党组织书记队伍，包括党委书记、专职党委副书记、支部（总支）书记三类；党务干部队伍，包括党群工作部部长（组织、宣传、纪检、团青、工会）、党务骨干（组织、党建、宣传、团青、工会、纪检、政研）、支部委员三类；党员队伍，包括普通党员、新党员（预备党员）两类。

“6”即六大体系建设：目标体系、内容体系、方法体系、组织体系、制度体系、保障体系（具体见下文）。

“N”即多种载体品牌：通过党员教育培训品牌建设、党员系列教材编发、“一校五址”党性教育基地、人民兵工精神培训实践，高质量高标准打造兵器特色培训“样板”。

（一）明确党员教育培训目标体系，强化目标导向

《条例》《规划》明确提出，党员教育培训目标是以坚定信仰、增强党性、提高素质为重点，建设一支政治合格、执行纪律合格、品德合格、发挥作用合格的党员队伍。由于不同党员群体存在职务差别，在作用发挥上要求不同，所以在培训重点和培训目标也各有侧重。兵器结合“八类角色”教育培训实践，形成培训目标体系如图 10 所示。

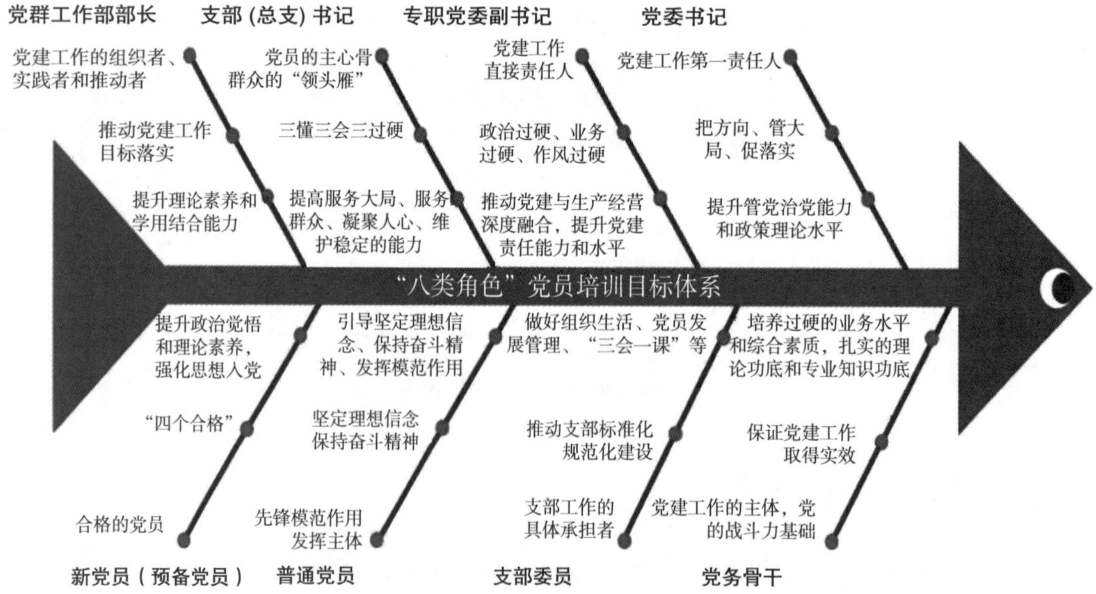

图 10“八类角色”党员培训目标体系

（二）完善党员教育培训内容体系，强化精准施教

《条例》明确提出了党员教育培训“1 个首要政治任务 +7 个基本任务”的要求，即把学习贯彻习近平新时代中国特色社会主义思想作为首要政治任务，把加强政治理论教育、政治教育和政治训练、党章党规党纪教育、党的宗旨教育、革命传统教育、形势政策教育、知识技能教育作为基本任务。兵器工业集团结合党员教育培训内容需求的调查问卷结果，学习中央党校（国家行政学院）、中央企业相关党员教育课程设置，对兵器党员教育培训“1+7”内容体系和培训重点细分如表 1 所示。

（三）丰富党员教育培训方法体系，强化过程管控

《规划》要求丰富教学方式，灵活运用好讲授式、研讨式、模拟式、互动式、观摩式、体验式等教学方式，探索“课堂 + 基地”实训模式，加强案例培训，开展典型教育，加强警示教育。对于兵器党员教育培训，要适应方式方法的发展要求，在传统讲授式教学基础上，努力在研讨互动式教学、基地体验式教学、网络新媒体教学三个方面寻求新突破，构建形成讲授式教学、研究式教学、基地体验教学、网络新媒体教学有机结合的“四位一体”教学方式方法体系，增强吸引力，保证培训质量。

（四）完善党员教育培训组织体系，强化责任主体

《条例》规定，明确采取省级示范培训、市级重点培训、县级普遍培训、基层党委兜底培训的组织形式，兵器结合实际，按照“国资委示范培训、集团重点培训、二级普遍培训、基层兜底培训”组织安排，集团公司党组组织落实中组部、国资委等上级部门举办的全国（行业）党员教育培训示范任务，依托兵器党校，抓党员教育培训主体责任，关键抓重点、作示范。各子集团和直管单位党委，依托兵器党校、地方党校和企业培训机构，突出抓好支部书记任职、预备党员转正培训等，各企业党组织落实所属单位党委党员教育培训计划，细化培训任务，做好培训自查，兜底完成党员轮训任务。

表1 "1+7"党员培训内容体系

培训模块		党员细分培训重点							
培训任务"1+7"	主要内容	党委书记	专职党委副书记	支部（总支）书记	党群工作部部长	党务骨干	支部委员	新党员（预备党员）	普通党员
习近平新时代中国特色社会主义思想	《习近平谈治国理政》1-3卷；习近平强军思想；习近平经济思想；习近平总书记关于国有企业改革发展和党的建设等重要论述等	●	●	●	●	●	●	●	●
政治理论教育	党的基本理论、基本路线、基本方略；马克思主义基本原理和党的基本知识；国有企业党建理论	●	●	●	●	○	○	○	○
政治教育和政治训练	民主生活会、组织生活会、民主评议党员、谈心谈话；设岗定责、承诺践诺；结对帮扶、志愿服务	○	○	○	○	○	○	○	○
党章党规党纪教育	党章党规党纪教育；宪法法律法规教育；《中国共产党党员教育管理工作条例》《中国共产党支部工作条例》《中国共产党国有企业基层组织工作条例》《中国共产党基层组织选举条例》等	○	●	●	●	●	●	○	●
党的宗旨教育	"不忘初心、牢记使命"主题教育；社会主义核心价值观教育；以人民为中心思想专题解读；全心全意依靠工人阶级办企业专题教育	●	○	○	○	○	○	●	●
革命传统教育	党史、新中国史、改革开放史、社会主义发展史和中华传统文化教育；党的伟大精神系列解读；人民兵工史与人民兵工精神专题教育	○	○	○	○	○	●	●	●
形势政策教育	十九届四中全会精神教育；世情国情党情教育；集团公司工作会、党建会等重大精神专题辅助	●	○	○	●	○	○	○	○
知识技能教育	海外党建、混合所有制企业党建、支部标准化规范化建设、党建考核、党员教育管理、思想政治工作等专业理论；政策研究、新闻宣传、公文写作等技能提升；区块链、信息化、新媒体、民法典等知识拓展	○	●	●	○	●	●	○	○

（五）健全党员教育培训制度体系，强化制度执行

1）坚持需求调研制度，坚持每年通过问卷调查、专题研讨、走访调研、大数据分析等方式，精准掌握各单位党员的学习需求，为持续改进教学、提高质量打好基础。

2）坚持集中轮训制度，严格落实《规范》关于基层党组织书记每年至少参加 1 次县级以上党委举办的集中轮训、新任基层党组织书记一般应在半年内进行任职培训等轮训要求。

3）坚持学时制度，确保党员每年参加集中培训和集体学习时间一般不少于 32 学时，基层党组织书记和班子成员每年参加集中培训和集体学习时间不少于 56 学时、并至少参加 1 次集中培训。

4）坚持考评制度，把党员教育培训作为党建考核的重要指标，加强日常督导，做好工作评价，把党员教育培训考核结果作为党组织和党员评先评优的重要依据。

（六）夯实党员教育培训保障体系，强化要素支撑

1）突出组织保障，明确各级党组织抓党员教育培训的主体责任，明确党群工作部的牵头抓总作用。

2）突出经费保障，把党员教育经费列入年度经费预算，保证专款专用。

3）突出师资保障，注重开发建立企业内部领导、国家部委专家、专业院校学者、先进典型代表“四个结合”的讲师队伍。

4）突出管理保障，坚持从严施教，严肃教学纪律，防止教育培训表面化、程式化、庸俗化，防止学用脱节、空洞说教等不良学风。

三、成果实践与成效

兵器工业集团把抓好《中国共产党党员教育管理工作条例》和《2019—2023 年全国党员教育培训工作规划》贯彻落实作为重要任务，坚持系统思维、整体推进、务实高效，建立涵盖“三支队伍、八类角色”“1+3+6+N”的党员教育培训体系，有计划分层次高质量落实学时制度和轮训任务安排，完成 5 年内把全体党员普遍轮训一遍的要求，推动集中培训走向常态、日常教育更加规范，持续提升集团公司党员队伍整体

素质。

1）健全机制，明确培训责任。以集团公司党组名义，制定出台《中国兵器工业集团〈2019—2023年全国党员教育培训工作规划〉实施意见》，党群工作部联合兵器党校组织开展了对全系统各单位党员教育培训的需求调研，累计发放问卷2377份，每年度印发《集团公司党员教育培训工作计划》，明确把“党员教育培训工作作为各级党委管党治党的重要内容”列入重要议事日程，纳入党建工作责任制，进一步强化各级党委抓党员教育培训的主体责任。横向上，建立健全各级党员教育培训联席会议制度，充分发挥组织部门的牵头抓总作用，协调人力、纪检、宣传、政研、党校等部门，厘清工作职能、明确工作重点，着力构建各司其职、各负其责、密切配合的责任制工作体系。纵向上，按照行政层级架构，集团公司制定全集团党员培训总体规划，各单位结合实际制定实施细则，基层党组织制定年度培训计划，把职责任务逐级逐项细化量化，推动各项培训任务落地见效。

2）拓展内容，突出培训重点。集团公司通过专题讲座、视频培训、线上专题班等形式，统一组织了党员教育培训8期，累计培训2625人次；各单位专题培训1361期，线上培训1077期，累计培训近10万人次。把习近平新时代中国特色社会主义思想作为全集团各级党员教育培训班的“主课”和“必修课”，集团公司党组书记带头向全系统宣讲二十大精神，党组成员深入联系单位、所在党支部讲党课，集团公司党组举办了专题读书班，全集团各级党委中心组开展全会精神学习研讨286次，基层党支部开展集中学习4205次，策划举办6期专题视频培训，累计培训8万余人次，实现党员全覆盖。推动人民兵工精神教育现场培训，在高级管理人员、中青年管理人员、党委副书记等长期、重点班次中开设“人民兵工精神主题读书会”，开发了“人民兵工精神与红船精神、延安精神”“人民兵工精神新时代解码”等100多门红色课程；编撰《兵工地图》《兵工记忆》等一批人民兵工精神教育配套教材，发挥以中国兵器党校为主教学区，江西官田中央兵工厂、陕西吴运铎纪念馆、山西黄崖洞兵工厂等五个现场教学区的“一校五址”兵器党性教育基地主渠道作用，组织上万名干部职工到官田中央兵工厂旧址以及毗邻的井冈山学习。编发《党支部工作规范》《发展党员工作手册》各20000册，编发《党员应知应会200条》80000册，实现全系统党员全覆盖，受到广大基层支部和党员普遍欢迎。组织开发“学条例、用规范”党建实务课程，开发了“百年党史：新中国辉煌足迹”“《共产党宣言》漫谈”“矛盾论”“《实践论》精读”等在线政治理论课程。兵器一院、一机集团、北重集团、北方车辆集团、铁马集团、淮海集团、东北工业集团等子集团和直管单位录制《接收预备党员》《预备党员入党宣誓》《党支部换届选举》《组织生活会》《推荐优秀党员》《民主评议党员》等6项主题短视频，打造“三会一课”示范样本。

3）分类施教，提升培训实效。高质量组织实施党委副书记、工会主席暨党群部门负责人专题培训班，内容上突出习近平总书记关于国企党建重要论述和实践成效学习、解读《中国共产党组织工作条例》《关于中央企业在完善公司治理中加强党的领导的意见》等政策法规、并围绕“体系化加强党的领导、提高党的建设质量”进行研讨交流，三年累计参训450余人。高标准开展基层党支部书记轮训示范班，特点是打造示范培训，推动深耕细作基层支部，内容上融合“专题辅导+典型示范”，形式上突出“理论学习+实地体验”，专题解读《中国共产党党员教育管理工作条例》《中国共产党支部工作条例（试行）》《中国共产党国有企业基层组织工作条例（试行）》等，就近就便前往红色教育基地开展现场党性教育，共邀请42位集团公司优秀基层党支部书记走上讲台，围绕“如何提高基层党建质量”作大会报告。常态化组织实施团委书记培训班、政研骨干培训班、入党积极分子、发展对象和预备党员培训班、“融媒体能力提升”培训班、新党员在线培训班，内容上突出兵器特色，切实加强习近平强军思想、习近平关于国有企业改革发展和党的建设重要论述的系统学习，加强“把一切献给党”的人民兵工精神的忠诚教育，积极打造具有兵器特色的党员教育培训品牌。特能集团青年党员开展“安全发展我来讲”专题党课，动力院、217所等单位结合安全生产整顿工作开展基层支部书记专题研讨学习，教育引导广大党员干部职工深刻理解“统筹发展与安全”的重大意义，切实提升安全生产责任意识。

4）搭建载体，拓宽培训渠道。兵器结合实际，整合资源、创新方式，抓好全媒体党员教育平台和实体培训阵地建设，形成虚实结合、双向推进的党员教育培训全覆盖工作模式。兵器党校依托“一校五址”开展人民兵工精神现场体验学习，综合运用“沙盘推演、主题教室、电影教学、红歌剧创排”等方法，实施“有深度、接地气”

的培训教育，有关做法得到“国资小新”宣传报道。北重集团采取“主题党日 +”的模式，开展了志愿服务、党员过“政治生日”、传承红色基因、学习交流、纪念活动。情报所组织党员走访建国前入党老党员和离休党员，聆听党史故事；辽沈集团举办 3 分钟党员网络微课堂、党员知识线上答题等活动，不断增强党员教育培训的说服力、感染力。

5）强化保障，完善培训制度。健全考评督学制度，全面推行“学时制”管理服务模式，为全集团每名党员发放实名制“学习卡”，对“三会一课”、集中性教育、“中国兵器人才网”全媒体教育平台等学习情况进行逐月、逐季、逐年的量化考评，建立基层党组织和党员在线实名管理、学时考核、动态通报等制度，督促和培养各级党组织和党员经常性、常态化学习的自觉性。健全激励促学制度，整合体制内外资源，对努力学习、学以致用的党员进行表彰激励。加大经费投入力度，通过党费拨返、专项补贴等方式，分类稳妥解决好困难企业党员教育培训经费问题，激发各级党组织主动抓教育培训、广大党员主动加强学习的内生动力。

四、成果经验总结

（一）落实习近平新时代中国特色社会主义思想教育是党员教育培训体系化建设的首要任务

用习近平新时代中国特色社会主义思想武装全党，是党中央明确的党员教育的首要政治任务。党员要把习近平新时代中国特色社会主义思想作为必修课，读原著、学原文、悟原理，深刻理解习近平新时代中国特色社会主义思想的重大意义、科学体系、丰富内涵、精神实质、实践要求，掌握贯穿其中的马克思主义立场、观点、方法，增强政治自觉、理论自信、情感融入，做到真学、真懂、真信、真用。

（二）做好整体推进和分类指导相统一是党员教育体系化建设的有力保证

1）做到培训对象精准，把处级以上党员领导干部和普通党员区分开来，把基层党组织书记、青年党员、老年党员、流动党员等群体区分开来，分类施教。

2）做到培训内容精准，坚持以培训对象的需求为导向，体现不同领域和群体党员特点，有针对性地因需施教。

3）做到培训效果精准，对教育培训应该解决什么问题、取得什么样的效果需有提前思考和预判，科学制定方案、合理安排课程，并根据对象不同实行动态调整。

（三）根据形势变化不断创新培训方式方法是党员教育培训体系化建设的有效支撑

积极推广专题研究、短期培训、小班教学等方式，创新运用体验式、案例式、观摩式培训方法，依托“互联网＋党建”模式，建立党员教育管理信息化平台、明确党员教育任务清单，形成“组织建在网上、党员连在线上、管理尽在掌上”的党员教育培训工作新模式，全面加强党员教育培训质量。

连线人物

孙玉华 中国兵器人才研究院（中国兵器党校）党委副书记、纪委书记。曾任兵器工业集团党群工作部党建处处长、综合处处长等职，长期从事国有企业党建工作，多次作为主要人员参与兵器工业集团党组开展党的群众路线教育实践活动、三严三实主题教育、不忘初心牢记使命主题教育、党史学习教育、主题教育的组织落实工作。参与课题："工人党员数量与质量问题研究""探索构建新时代中央企业思想政治工作体系研究""国有企业政治生态评价体系建设研究""国有企业党的建设学科体系建设研究""新时代人民兵工精神内涵研究"分别荣获中国政研会、全国党建研究会、央企政研会、集团公司政研会的一类优秀研究成果，参与编撰并出版了《红色兵工》《国有企业党支部工作规范》等图书。

创新积分之旅

——打造高效企业培训新生态

国网山西省电力公司长治市潞州区供电公司

宁晋兵 刘添鹏

企业简介

国网山西省电力公司长治市潞州区供电公司（以下简称“潞州区公司”）是隶属于国网山西省电力公司长治供电公司的一家县区级供电企业，目前设置有4个职能部门、2个业务实施部门、5个供电所及1个供电服务站，拥有在职员工165人。担负着长治市潞州区20.8万户的工农业生产和人民用电的电力供应与管理，辖区10千伏公用线路99条，共计1207.69千米。10千伏开关站6座，10千伏公用配电变压器1109台，总容量499.35兆瓦，公用10千伏环网柜172座。10千伏专变用户1390户，总容量1064.89兆瓦。

近年来，潞州区公司聚焦“安全、服务、合规”三大主题，职工队伍、管理体系、配网工程三大建设，践行“5331”工作思路，以国家政府部署的工作为重点，如小微企业接电供电、充电站充电桩接入、新能源并网等优化营商环境工作，不折不扣地完成了各类重大政治活动、中高考及重要节假日保供电工作，积极服务能源转型发展、清洁能源替代和地方经济社会发展，尽职国企担当，为服务支撑党和国家发展大局作出了巨大贡献，并获得了政府和上级单位的肯定。

潞州区公司在省、市公司正确引领下，始终保持着强劲的发展势头，不断在管理创新、品牌建设等多个维度取得显著成就。近年来，潞州区供电公司连续7

年保持“全国文明单位”荣誉，并荣获山西省政府颁发的“山西省民族团结进步模范集体”荣誉，荣获“全国企业文化优秀成果二等奖”“新时代企业党建实践创新典范单位”“全国企业党建创新优秀案例”“国网百强县”“山西省电力公司配电网精品工程”“全国电力行业企业文化品牌影响力企业”等二十余项省部级荣誉。2024年年初，潞州区公司荣获“国网公司先进集体”“国网公司先锋党支部”荣誉，在企业文化建设和创新实践方面取得了优异的成绩。

一、创新成果背景

在快速发展的过程中，公司面临着人才方面的多重挑战与困惑。首先，随着老旧小区的接收和新建房地产的投入使用，需要运维的设备急剧增多，服务的客户数量是长治县公司最多的，因此对高素质、专业化人才的需求急剧增加，但现有的人才储备难以满足这一需求，导致部分关键岗位出现人才短缺的现象。其次，随着技术的不断迭代和市场环境的快速变化，员工的知识结构和技能水平需要不断更新和提升，而现有的培训体系和能力提升机制难以跟上这一步伐，使得部分员工在应对新挑战时力不从心。最后，在人才梯队建设和领导力培养方面还存在诸多不足，缺乏能够引领企业未来发展的中坚力量和领军人物。

针对以上人才瓶颈和困惑，要求其必须进一步提升管理能力和业务水平，精准落实“发挥六个力量作用，高质量落实上级决策部署”“坚持做强一体、协同四翼，推动发展布局高质量落地”的具体要求，在企业培训、人才培养等方面继续改革创新、蹚出新路，提升员工的专业能力、创新能力和领导力，为企业的长远发展奠定坚实的人才基础。

通过构建全面的培训体系，针对不同岗位、不同层级的员工需求，设计科学合理的培训课程和方案，确保培训的针对性和实效性，提升员工的专业技能和创新能力。通过引入前沿知识、先进技术和管理理念，激发员工的创新思维和创造力，提升其在各自领域的核心竞争力。同时加强领导力培养，选拔有潜力的中高层管理人员，通过领导力培训、实战演练等方式，培养其战略眼光、决策能力和团队协作能力，为企业打造一支高素质的团队。

二、创新成果措施

（一）以积分管理为基石，筑牢精准激励框架

1. 积分量化，精准激励

通过设定明确的积分标准和规则，将员工的学习成果、参与度及贡献度量化为具体积分，实现精准激励，激发员工的学习动力和积极性。

1）积分量化，构建全面评价体系。通过构建科学、全面的积分量化体系，将员工的培训参与度、学习成果、技能提升等多个方面纳入评价体系。通过设定明确的积分标准和评估方法，让每位员工在培训过程中的表现都能得到客观、公正的评价。

2）精准激励，激发学习动力。基于积分量化体系，实施精准激励策略。通过实时跟踪员工的积分变化，及时发现并表彰在培训中表现突出的员工。这些员工将获得额外的积分奖励、晋升机会、培训资源倾斜等实质性的激励，进一步增强员工的学习动力和职业竞争力。

3）动态调整，持续优化培训体系。通过定期收集员工和管理者对培训体系的意见和建议，发现培训中的潜在问题和改进空间。基于这些分析结果，及时调整培训内容、方式和激励机制，确保培训体系始终与公司战略目标和员工发展需求保持一致。

4）营造氛围，构建积极向上的学习文化。通过组织培训成果展示会、积分兑换活动等形式多样的活动，让员工充分感受到学习带来的成就感和价值感。同时，鼓励员工之间相互学习、共同进步，形成了良好的学习氛围和团队精神，不仅提升了员工的综合素质和能力水平，更为潞州区公司的长远发展奠定了坚实的人才基础。

2. 动态跟踪，及时反馈

建立积分制管理系统，实时跟踪员工的积分变化，定期反馈积分排名和奖励情况，让员工清晰了解自己的进步和不足之处，促进自我提升。

为了确保积分制管理的有效实施，建立了高效的积分管理监控系统。实现了对员工学习绩效的动态追踪，无论是线上课程的完成情况、考试成绩，还是线下活动的参与度、贡献度，都能实时反映在系统中。同时，系统还具备数据分析能力，能够自动生成详尽的绩效报告，为管理层提供直观的数据支持。通过建立即时反馈机制，以App推送的方式，让员工随时了解自己的积分变化及排名情况。这种即时反馈不仅增强了员工的参与感和紧迫感，更促使他们及时调整学习策略，优化工作表现。通过构建闭环反馈体系，潞州区公司实现了对员工的全面监控与精准指导，促进了员工与组织的共同成长。

3. 分层分类，因材施教

根据积分结果和员工的不同发展阶段，实施分层分类的培训计划，提供针对性的培训资源和指导，确保每位员工都能在适合自己的领域内快速成长。

在积分制管理的基础上，实施差异化培养策略。首先，根据员工的积分表现、职业兴趣及发展规划，将其划分为不同的培养层次和类别。然后，针对每个层次和类别的员工，量身定制个性化的成长路径与培训方案。例如，对于新入职的员工，潞州区公司提供基础技能培训和导师辅导；对于表现优异的员工，提供更多的进阶课程和领导力培训机会。通过差异化培养策略的实施，不仅满足了员工的个性化需求，更促进了员工能力的全面提升和职业生涯的持续发展。

4. 积分兑换，增强归属

设立积分兑换机制，员工可以用积分兑换培训机会、学习资料、团队建设活动等福利，增强员工的归属感和忠诚度。

为了进一步增强员工的归属感和忠诚度，设立了丰富多样的积分回馈机制。员工可以通过累积的积分兑换各类奖励与福利，包括但不限于高端培训课程、健康体检套餐、团队建设活动参与资格、精美礼品以及公司内部晋升机会等。这些奖励不仅体现了公司对员工努力的认可与回报，更激发了员工对公司文化的认同与归属感。此外，潞州区公司定期举办积分兑换活动或节日特别活动，如“积分嘉年华”“年终积分盛宴”等，让员工在轻松愉快的氛围中享受积分带来的乐趣与惊喜。通过这些举措的实施，成功营造了一种积极向上、充满活力的企业文化氛围，进一步增强了员工的凝聚力和向心力。

（二）以鹰才计划为引领，构建人才发展蓝图

潞州区公司以员工积分制管理为抓手，以培养精英人才为目标，借助“雏鹰计划”“飞鹰计划”“精鹰计划”“雄鹰计划”四个阶段，形成目标明确、分步实施、系统推进的人才培养与储备体系，打造素质优良、结构合理、梯队有序、懂经营、会管理的新时代英才队伍。

1. 雏鹰展翅，筑基启航

针对新入职员工，实施“雏鹰计划”，通过基础技能培训、企业文化认知、团队融入等活动，帮助新员工快速适应工作环境，融入企业文化，奠定职业发展基础。

1）建立全面的培训体系。为新员工设计了涵盖专业技能、企业文化、团队协作等多方面的培训课程。通过理论讲解、案例分析、实操演练等多种形式，帮助新员工全面了解营销、生产、安全等流程，掌握岗位所需的基本技能，并树立正确的价值观和职业观。

2）实行“师带徒”制度。为了加速新员工的成长进程，为每位新员工配备一名经验丰富的老师傅，进行一对一的辅导与关怀。老师傅不仅会在工作中给予新员工具体的指导和帮助，还会在职业规划、心态调整等方面提供宝贵的建议和支持。

3）开展团队建设活动。定期组织新员工开展团队建设活动，如专业分享、技能竞赛等。通过这些活动，增强新员工之间的沟通和协作能力，促进团队精神的形成和传承。

2. 飞鹰翱翔，能力提升

针对有工作经验、全日制大专以上学历，三十五周岁以下的员工进行培养；进入雏鹰计划的新进大学生，经过岗位锻炼，已成为管理岗位专工，即从“雏鹰计划”进入“飞鹰计划”。通过设立“飞鹰训练营”，为有潜力的员工提供进阶培训和实战机会，提升其综合能力和职业素养。

1）深化专业技能。根据员工的专业背景和岗位需求，提供个性化的专业技能深化课程。通过邀请行业专家授课、组织内部技术交流会等方式，帮助员工深入了解专业前沿技术和发展趋势，掌握最新的业务技能和工具。

2）提升管理水平。通过“上挂下派”形式，让员工在实践中锻炼自己的管理能力和团队协作能力。通过上挂学习上层的战略规划和统筹思维，通过下派深入了解基层的实际工作模式与需求，积累丰富经验，全方位提升管理能力。

3）锻炼协同能力。要求进入飞鹰计划的员工深度参与需要部门间协同配合的工作，如新建公线、应急演练等。通过不同部门之间的合作与交流，让员工了解其他部门的工作流程和职责范围，促进部门之间的信息共享和资源整合，并在员工脑中形成“一盘棋”的思维。

3. 精鹰磨砺，独当一面

针对有培养潜质的班组长和重点主要岗位专工进行培养，使其逐步成长为能够独当一面的人才，成为公司部门负责人的岗位储备人才，或向市公司职能部门推荐竞聘专工的人才储备，支撑潞州区公司可持续发展人力储备。通过实施“飞鹰计划”，提升管理者独立决策和领导团队的能力。

1）领导力培训。定期邀请国内外知名领导力专家为管理者授课。课程内容涵盖领导力理论、领导风格与情境匹配、团队激励与冲突解决等方面。通过理论讲解、案例分析、角色扮演等多种形式，帮助管理者们掌握领导力的核心要素和实践技巧。

2）战略思维培养。定期组织管理者参加战略思维培训课程。课程内容包括行业趋势分析、战略规划制定等方面。通过引导管理者思考企业的长远发展方向和战略目标，培养他们的战略眼光和全局观念。

3）复杂问题解决。定期组织领导者参加复杂问题解决案例分析课程。通过模拟或真实的复杂问题场景，让管理者们运用所学知识和实践经验进行分析和解决。这种实战演练有助于提升管理者们的综合能力和应对复杂问题的能力。

4. 雄鹰领航，共创未来

针对现有中层管理者和技术领军人物进行培养，使其成长为专业技术精，协调能力强，具有一定的管理能力、组织能力、领导能力的全面人才，列入长治公司副主任级后备人才队伍。通过实施“雄鹰计划”，选拔并培养出杰出人才，引领企业未来发展，开创更加辉煌的篇章。

1）深度培养与个性化发展。对于入选“雄鹰计划”的顶尖人才，潞州区公司为其提供全方位、深层次的培养资源。包括顶尖的培训课程、高端的交流平台、具有挑战性的工作任务等，并根据每位人才的特点和需求，量身定制培养计划。

2）战略引领与核心工作参与。“雄鹰计划”的员工将直接参与企业的战略规划、重大决策制定等核心工作。与企业的领导层紧密结合，共同为企业的未来发展绘制蓝图。在此过程中，不仅能够深入了解企业的运营机制和战略方向，还能够将自己的创新思维和卓越才能融入企业的战略实施中，推动企业不断向前发展。

3）领导力传承与人才培养。企业的领航者，承担着领导力传承的重要使命。通过师徒制度、内部讲师计划等方式，将各自的经验和智慧传授给下一代领导者。进而保持企业领导力的连续性和稳定性，激发员工的创新精神和进取意识，为企业的长远发展奠定坚实的人才基础。

（三）以流程创新为驱动，重塑培训管理生态

1. 精准培训需求分析：深度洞察，个性定制

1）在电力行业的快速变革中，精准的培训需求分析是培训管理生态重塑的基石，通过采用多元化的调研手段，包括问卷调查、深度访谈、焦点小组讨论以及大数据分析，深入挖掘员工的学习需求与职业发展规划，从而对员工职业愿景、技能现状以及潜力领域进行全面剖析。

2）结合企业战略目标与业务发展方向，制定了既满足员工个人成长需求，又契合潞州区公司发展需求的精准培训计划。通过数据分析，识别出每位员工的独特学习路径，提供定制化的培训内容与资源。例如，对于技术岗位的员工，强化其专业技能培训，并引入前沿技术知识；对于管理岗位的员工，则注重领导力、团队协作等软技能的提升。通过个性化的培训方案，提高了员工的满意度与参与度，实现了培训内容与员工实际需求的紧密对接。

3）建立持续的需求反馈机制，定期收集员工对培训内容的反馈意见，并根据反馈结果对培训计划进行动态调整。这种灵活、响应迅速的需求分析流程，为培训管理生态的持续优化提供了有力支持。

2. 创新培训模式：融合线上线下，激发学习热情

1）在培训模式方面，打破传统培训的界限，融合线上线下资源，打造灵活多样的学习体验。线上平台提供了丰富的学习资源，包括视频课程、在线测试、虚拟实验室等，员工可以根据自身需求与兴趣进行自主学习与探索。

2）线下培训则注重实操演练与互动交流。通过组织各类工作坊、研讨会、模拟演练等活动，让员工在真实或模拟的工作环境中进行实践操作与问题解决。通过面对面的交流与指导，更深入地理解理论知识，提升实操技能与团队协作能力。

3）引入了游戏化学习、互动式教学等创新方法。通过设定学习目标、挑战任务与奖励机制，激发员工的学习热情与积极性。在互动式教学环节，员工可以参与小组讨论、案例分析、角色扮演等活动，与同伴共同探讨问题、分享经验，促进知识的传播与共享。

3. 闭环效果评估体系：量化追踪，持续优化

1）建立全面的培训效果评估体系，确保培训成果的可量化与可追踪性。涵盖了知识掌握度、技能提升度、行为改变度与业绩贡献度等多个维度，通过考试、实操考核、项目评估、360 度反馈等多种方式进行全面评估。

2）利用大数据与人工智能技术，对培训过程及成果进行量化追踪与智能分析。通过数据可视化工具，能够清晰地看到每位员工的学习进度、成果转化情况以及培训对业务绩效的影响。

3）根据评估结果，及时调整培训策略与内容。对于表现优异的员工，提供进一步的晋升机会与高级课程；对于需要改进的员工，则制定个性化的辅导计划与补救措施。同时，定期对培训管理流程进行复盘与总结，不断优化流程、提升效率与效果，确保培训工作的持续改进与提升。

4. 知识共享与共创文化：激发潜能，共创未来

1）注重知识共享与共创文化的培育，营造充满活力与创新的培训管理生态。通过搭建知识共享平台，鼓励员工积极分享自己的学习心得、工作经验与创新成果。通过平台交流，员工之间能够相互学习、相互启发，形成了一种良好的知识传播与共享氛围。

2）设立创意提案箱与创新项目小组等机制，激发员工的创新潜能与工作热情。员工可以就培训内容的改进、教学方法的创新等方面提出自己的建议与方案。经过筛选与评估后，优秀的创意将被纳入培训计划中实施与推广。

3）培养员工的团队协作与沟通能力。通过组织团队建设活动、跨部门合作项目等方式，增强员工之间的信任与默契度，为知识共享与共创文化的培育提供了有力保障。

三、创新成果效果

通过实施该项目，取得了丰硕的成果和显著的业绩，赢得了五个好的成效，不仅深刻改变了潞州区公司的生态环境，更为公司的长远发展奠定了坚实基础。

1. 铸造了一支好团队

通过实施该项目，潞州区公司建设了一支高素质、高凝聚力、高执行力的精英团队，培养了一批精英人才。目前潞州区公司有 24 名青年员工走上关键技术岗位，8 名 90 后员工走上中层干部管理岗位，3 名人才成为公司后备干部，干部群体逐渐年轻，人才队伍结构持续优化，营造了主动担当、奋勇争先的良好氛围。通过项目实践，团队成员的专业技能、团队协作能力和问题解决能力均得到了显著提升，为企业后续发展储备了宝贵的人才资源。

2. 锤炼了一种好作风

锤炼了一种高标准、严要求的工作作风，效率与质量并重，注重细节与执行力。通过严格的流程管理、持续的跟踪反馈和不断的优化改进，逐渐形成了一套行之有效的工作方法和作风体系。这种作风体现在日常工作中的每一个环节，成为推动企业持续发展的重要力量。

3. 培育了一批好项目

随着新培训方式的推进，潞州区公司成功孵化和培育了一批具有市场前景、技术优势和竞争力的好项目。《“四项工程”筑“根”“魂”》入选全国第五届基层党建创新典型案例、全国电力行业第二届基层党建创新典型案例、山西省电力公司亮旗实践案例库和电网先锋标兵党支部专辑，获得山西省电力行协管理创新三等奖；《创新六度管理，提升党建高质量发展》获得全国经济建设与科学发展理论实践成果一等奖；《基于精益化同期线损管理模式下“双百强”创建的探索与实践》获得国网山西省电力公司 2023 年度管理创新三等奖；《税电融接——社会责任根植便捷用户税、电服务工作创新》获中国电力企业联合会 2023 年品牌创新成果三等奖；“先锋 11365”基层党建品牌建设实践获首届国企品牌卓著工程创造成果二等奖；《坚定不移推动基层党建创新的探索和实践》获 2023 年中国企业改革发展优秀成果二等奖；《实施“五项工程” 创新实践“党建 + 安全生产”》入选 2022 年全国企业党建创新优秀案例。

4. 营造了一种好氛围

通过该项目的实施，营造了一种积极向上的工作氛围和文化环境。通过组织丰富多彩的团队建设活动、举办知识分享会和经验交流会等形式，激发了团队成员的工作热情和创造力。同时，通过建立公平、公正、公开的激励机制和评价体系，让每一位团队成员都能感受到自己的价值和成就，为企业的长远发展注入了源源不断的动力。

5. 斩获了一份好业绩

在全体成员的共同努力下，潞州区公司各项指标名列前茅。企业负责人业绩指标排名全市第二，卓越对标管理体系排名全省第二，累计进入“国网百强县”19 次，进入“国网百强所”43 次，售电量增长达到 11.72%，配变平均停电时长同比下降 34.63%，线路停运同比下降 45.45%，连续两年实现营销专业零投诉，意见和不满意工单同比下降 37%，各项指标的提升赢得了电力客户的广泛赞誉和上级公司的认可，为潞州区公司后续发展奠定了坚实的基础。

四、成果经验总结

该项目是对现代企业管理理论与实践深度融合的一次成功探索，关键在于将先进的管理理念与实际操作紧密结合，实现理论的具体灵活化应用与创造性丰富。

首先，通过“积分管理”这一创新手段，成功构建了精准激励体系，极大地激发了团队成员的积极性和创造力。这一做法不仅是对传统激励机制的补充完善，更是对人性化管理理念的深刻实践。

其次，通过“鹰才计划”的实施，为人才发展提供了清晰的路径和明确的导向。这一计划的成功之处在于其系统性和前瞻性，不仅关注员工的当前能力，更着眼于未来的成长与发展。通过分阶段、有针对性的培养措施，实现了人才的持续供给与储备，为企业的长远发展奠定了坚实的人才基础。

最后通过流程创新塑造了培训管理的新生态，打破常规，将线上线下培训模式有机融合，不仅提高了培训效率，还激发了员工的学习热情。同时，闭环效果评估体系的建立，确保了能够及时发现问题、调整策略，实现了培训效果的持续优化。

连线人物

宁晋兵 中共党员，高级政工师，国网山西省电力公司长治市潞州区供电公司党总支书记。中国硬笔书法协会会员，中国散文学会会员，心理咨询师、品牌师，中国能源研究会党建创新专家，《当代电力文化杂志》特约记者。山西省电力公司“优秀党务工作者”，全国企业文化建设组委会“企业文化建设创新标兵”，中国文化管理协会“企业党建文化建设突出贡献人物”，中国能源研究会“科技创新人物”。先后在“人民网-中国共产党新闻网”“中国电力新闻网”“央广网”“中国网”“凤凰网”《中国电力企业管理》《当代电力文化杂志》《企业党建》等媒体和杂志发表文章100余篇，由其主创或主笔的多项党建成果和征文获得二十余项国家级和省部级荣誉奖项。

加强优秀年轻干部队伍梯次化培养　建设堪当民族复兴重任的中央企业

——高素质干部队伍的实践与思考

鞍钢集团有限公司鞍山教育培训中心（党校）

张丹丹

企业简介

鞍钢集团有限公司鞍山教育培训中心（党校）是由原鞍钢工学院、鞍钢电大、鞍钢医专、鞍山钢铁学校、鞍山冶金运输学校、鞍钢技工学校等10余所大中专院校整合组建的鞍钢职工大学和原鞍钢党校于2010年年底整合重组建成，是鞍钢集团的直属单位，实行一个机构，两块牌子。设有职能部门五个，以及政治理论教研部、经济管理教研部、冶金与机电工程教研部、安全与信息化教研部四个教学部门。

目前，具备党员领导干部培训、管理人员培训、工程技术培训、人文素质培训、管理知识培训、操作技能培训、职业技能培训等教育培训能力。建有钢铁生产仿真实训实验室、电气PLC技术、计算机软硬件技术、机械故障诊断技术、安全、焊工实训、员工心理、职工创新、党建VR等20多个实训室，以及满足不同教学需要的投影教室、研讨室，每年有近六万人次的党员和党员领导干部、管理人员、专业技术人员、生产操作岗位人员来校参加学习培训。

学校紧紧围绕实现鞍钢集团战略发展目标，聚焦鞍钢集团党员干部党性教育、政治理论教育，突出为各级领导干部赋能，注重高层次、高技能人才创新培养，着眼创新人才培养与梯队建设，成为鞍钢集团的政治理论培训基地、领导干部赋能基地、员工技能提升基地、创新人才孵化基地。

一、创新成果背景

（一）落实中央对年轻干部教育培训工作的新要求

2023 年，中共中央出台了《全国干部教育培训规划（2023—2027 年）》，提出了要实施年轻干部理想信念强化计划，进一步明确年轻干部的培养方向，根据年轻干部不同成长阶段特点，用好红色资源，针对性地加强培训。鞍钢集团深刻认识到建设素质优良、结构合理、富有活力的优秀年轻干部队伍的重要意义，必须进一步优化年轻干部培养机制，为做强做优做大国有资本、培育具有全球竞争力的世界一流企业提供坚强保证。

（二）符合数字化时代下培训理念发展的新趋势

随着数字化时代到来，企业的竞争力已经演变为人才的竞争，培训作为现代企业人才培养的重要手段，其理念也在不断更新和发展。随着领导干部思维水平的不断提升，“领导力”成为越来越受关注的人才竞争力要素，特别是对年轻干部的培训，一些适合年轻干部特点的案例式培训、体验式培训、翻转式培训，逐步成为现代培训发展的新趋势。为此，鞍钢选取宝钢、中广核、华为等国内年轻干部培养较为成功的企业开展调研对标，以此开展自身的培训体系重构。

（三）适应鞍钢战略发展和干部成长的新需要

面对新形势新要求，鞍钢提出了“7531”战略目标，作出了“实现五个新开局、聚焦五个重点”的工作部署。随着工作不断深入，年轻干部提高自身综合能力素质的紧迫感和危机感与日俱增，年轻干部教育培训工作系统性、针对性和实效性不够的问题开始凸显。必须通过加强整合统筹、强化顶层设计、构建先进管理体系，才能取得突破。因此，鞍钢亟须加快提升年轻干部教育培训工作科学化水平，以满足战略发展和干部队伍成长的需要。

二、创新成果措施

鞍钢党委将三个年轻干部培训重点班次作为加强干部队伍建设的重大战略举措，作为培养引领鞍钢高质量发展“领头雁”的重要组织抓手。集团党委书记、董事长谭成旭同志亲自审定学员名单，对课程设计、师资配备、方法运用、过程管理都提出较高要求，并亲自拍板培训方案。中国钢协“大国工匠”高端论坛活动现场如图 1 所示。

图 1　中国钢协“大国工匠”高端论坛活动现场

（一）开发领导力模型，建立课程体系

为全面深刻诠释新鞍钢对领导干部能力的要求，建立一个清晰的、可观察的、可衡量的领导力标准，为年轻干部培养选拔提供量化依据和检验标准，集团党委 2021 年提出组织开发领导力模型，通过“解读发展战略，分析对领导干部的能力素质要求；剖析企业文化，确定需要传承的实践基因；访谈高绩效领导人员，抓取优秀干部的关键能力素质；对标国际国内先进企业，借鉴干部管理先进做法和经验”等方法，提炼形成了以“凝心、聚力、突破、引领”为核心的鞍钢领导力模型，并进一步分解为 8

个方面 24 个维度领导力项，明确二级正、二级副、三级正、三级副四个层级领导干部应具备的行为表现，为新时代新鞍钢领导干部应具备的领导力赋予了新内涵。在此基础上，针对性开发了四个层级领导干部 38 门培训课程，明确课程目标、课程大纲、培训方式等基础内容，形成了独具鞍钢特色的领导干部培训课程体系。

（二）建立测评中心，精准识别差距

通过引入专业化测评方法和工具，组建鞍钢集团人才测评中心，将领导力模型转化为可评价、可量化的标准依据，准确识别干部队伍整体素质能力、共性需求和短板弱项，有针对性地策划培训方案，配置课程。2022 年，组织 115 名中高级研修班学员参加能力测评，测评结果直接运用到培训方案设计中。根据学员表现出来的管理能力、管理个性、360 度评估上的共性与差异，将培训分为两个班次，每班差异化设置 22 门核心课程。其中一班课程注重战略分解与落地、卓越影响力、目标设置等能力训练，二班课程注重问题分析与决策、正确分配任务等能力提升。鞍钢集团党的二十大精神培训班如图 2 所示。

图 2　鞍钢集团党的二十大精神培训班

（三）着眼能力差异，分层分类施训

综合考虑到各层各类学员能力提升需要，通过深入调研、周密策划，确定了“分段集中”“线上 + 线下”“课堂教学 + 行动学习”等相结合的培训方案。对“成材”工程学员，多数为部门或各级企业“一把手”，培训以“拓宽视野格局”和“增进工

作交流”为主，采取“走出去”方式学习，经综合研究对比，中高级研修班委托大连高级经理学院承办。对“种子”和“树苗”工程学员，多数为中基层干部，培训以“思想理论武装”和“知识结构改善”为主，采取“请进来”为主、内训师为辅的方式培训，相应班次由鞍钢党校发挥优势、自主承办。

（四）聚焦痛点难点，精心规划实施

注重教育培训的系统性和精准性，设计知识水平与能力素质双链条螺旋式进阶提升培训方案。

1）突出课程进阶提升，设置“提升政治能力、把握发展大势”“勇于创新、增强改革本领”“治企有方、提升履职能力”“拓宽视野、创建世界一流”四个学习模块，围绕 3 年培养周期，结合学员不同时期能力水平，递进式开设课程。

2）突出最佳实践。在持续夯实理论知识基础上，大量采用案例教学、体验式教学、模拟演练等教学方法，围绕企业数字化转型、绿色低碳、国企改革等阶段性重点任务，邀请标杆企业领导亲身分享实践案例，并安排赴优秀企业考察，促进知识内化于心，增强学员将先进经验运用到岗位工作中的决心。

3）突出训战结合。围绕学员在企业生产经营、改革发展等方面遇到的“急、盼、难、愁”问题，开展长线行动学习，提升解决实际问题的能力，真正实现带着问题学习、带着问题讨论、带着方案实践。

（五）强化管理考核，提升学习质量

加强培训过程管理，保证学习质量。

1）建立“鞍钢 + 承办单位”协同管理模式，党委组织部选派督导员全程跟班，跟踪项目质量，准确把握课程内容、培训效果等，对学习态度、学员表现等全面评价。承办单位成立由项目组长、班主任等组成的工作组，负责班级日常管理工作。

2）实行“企业家 + 教授”双导师制，邀请 1~2 名有央企正职工作经验的“双百师资”作为本班特聘导师，通过导师见面会、主题沙龙、研究报告点评等，对学员管理实践中遇到的问题答疑解惑。邀请知名特聘教授指导长线行动学习，保证研究成果

质量。

3）建立“学分 + 考核”评价机制。为每名学员建立《学分档案表》，记录其课堂出勤、参与教学活动、网络课程等学分完成情况。同时，结合学员日常表现、理论考试、结业报告三方面考核评价学习效果。

4）成立班委会，强化自主管理，及时收集掌握学员动态，做好课堂、研讨、行动学习等辅助管理，督促学员高质量完成作业，发挥企业和承办单位间的桥梁和纽带作用。

（六）系统总结改进，突显学习成效

鞍钢党委坚持初心使命，把年轻干部培训班作为“鞍钢黄埔班”打造，投入精干力量对班级全程跟踪管理。通过督导跟班，随时开展问卷调研、一对一访谈，及时准确收集信息；阶段性开展运行情况小结，针对性调整培训课程、内容重点、培训方式等；组织年度效果评估，系统总结培训成果，分析优势和不足，为规划下一年度培训方案提供重要参考依据。从近三年实践情况看，学员普遍认为培训课程匹配度高、形式方法得当、师资水平超预期、服务质量有保障，培训总体满意度 98.3%，达到了预期目标。近年，学员理论测试成绩均在 90 分以上，形成有价值的研讨材料 30 余份，撰写心得体会、研究论文 100 余篇，争先恐后为企业发展建言献策，部分有价值的建议投入企业实践中推广，收到良好效果，形成独具鞍钢特色的改革发展案例，培育成为新时期国资央企管理创新成果。

三、创新成果效果

（一）年轻干部培养体系更加健全

锚定中长期培养目标，进一步健全载体丰富、梯次有序的年轻干部教育培训体系。

1）按照《2018—2022 年全国干部教育培训规划》的总体安排和部署，结合鞍钢干部队伍实际，集团党委进一步提出“全面加强教育培训政治性、系统性、精准性和实效性”工作要求，组织建立起“两高三重两新”干部教育培训体系。

2）大力推荐优秀年轻干部参加中央组织部、国务院国资委等上级调训项目，有计划地选调优秀年轻干部参加“一把手”政治能力提升班、党的二十大精神轮训班等，进一步增强政治领悟力、政治判断力和政治执行力，全面筑牢年轻干部忠诚履职之基。

3）梯次规划年轻干部重点培训班次，按照“种子”“树苗”“成材”递进式培养工程要求，对应设置“青年干部培训班”“骨干领导人员培训班”“中高级研修班”等班次，阶梯式提升年轻干部高质量发展本领、服务群众本领、防范化解风险本领。

（二）干部选拔培养质量显著提升

精准实施“摇篮计划”，抓好“后继有人”这个根本大计，构建“基层遴选推荐、党校系统培训、基层调研识别、赛马述职鞭策、实践实战历练”五位一体年轻干部选拔培养体系，持续对年轻干部进行阶梯式、系统化选拔培养，为领导人员队伍有序衔接和梯次配备奠定了坚实基础。截至 2022 年年底，鞍钢二级正职中 50 岁及以下占比达到 39.4%，其中 45 岁左右达到 15.2%；二级班子成员中 45 岁左右占比达到 22.6%；三级班子成员中 40 岁左右占比达到 21.5%，均符合中组部指标要求，干部队伍实现了年轻化配备目标。

四、成果经验总结

鞍钢在优秀年轻干部培养选拔工作中，坚持守正创新，做了大量有益的探索和积累，特别是在年轻干部教育培训方面，把握成人学习规律，培训质量得到广泛认可，形成了五方面思考和启示，希望对其他企业干部教育培训工作有借鉴意义。

（一）必须把加强党的领导贯穿干部教育培训工作始终

“成天下之才者在教化”，干部教育培训作为组织工作的重要组成部分，必须始终服务于党的政治路线，始终同党的建设、中心任务、干部成长紧密相连并为之服务。习近平总书记强调，坚持党对国有企业领导是重大政治原则，必须一以贯之。加强干部队伍建设关系到企业兴衰成败，必须掌好舵、控好局。鞍钢党委充分发挥领导作用，对标对表党中央要求，高位统筹谋划，干部靠前指挥，把党的政治优势、组织优势、密切联系群众优势充分转化为教育培训硬招实招，切实把准了培训方向，推动了培训任务高效落地。

（二）必须将干部教育培训放入企业发展大局中思考

“不谋全局者，不足谋一域”，培训是落实“后继有人”根本大计的重要载体，培训者对“企业发展战略是什么？需要什么样的人才？队伍有哪些短板？哪些短板可以通过培训来弥补”必须心中有数，才可能做到有的放矢，逐步将培训从“大水漫灌”向“精准滴灌”转变，办出让党放心、让干部满意的好项目。

（三）必须坚持系统思维开展干部教育培训

培训是一项系统性、专业性的工程，需要坚持系统思维，运用系统方法，以学员为中心，充分考虑培训对象的学习需求和学习能力，精心配置课程，聘请一流师资，综合运用培训方法，强化考核管理。过程中多听学员声音，吐故纳新、持续改进，才能取得良好效果。

（四）必须坚持握指成拳精准发力

培训费用有限，培训者精力有限，片面追求大而全，可能一件事都抓不好，必须把有限的资源投入到急需紧缺方面，宁肯少开几个项目，也要保证培训效果，优先解决突出问题。干部能力提升需要久久为功，要坚持一步一个脚印，清晰思路，反对形式主义，真抓实干，一张蓝图绘到底，集中力量出精品，办一个成一个，不断推动培训质量提升。

（五）必须充分调动学员的积极性、主动性、创造性

“志之难也，不在胜人，在自胜”，培训必须先开展思想上的培训，动员大家从内心真正重视起来，才能取得事半功倍的效果。鞍钢年轻干部培训班特别注重调动学员积极性，通过及时落实反馈学员意见、开展结构化研讨、实施班委自治等措施，让每位学员都成为班级主人，极大调动了参训者的主动性和积极性，学员也充分感受到了组织关怀，培训主、客体之间建立了相互激发、相互促进的良性互动关系。

连线人物

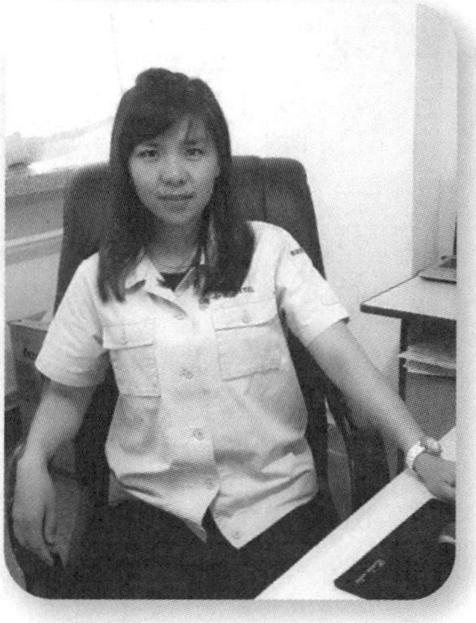

张丹丹 鞍钢集团有限公司鞍山教育培训中心（党校）培训市场开发部部长，高级经济师，从事人力资源管理相关工作多年，有丰富的人才培养、教育培训实践经验，鞍钢集团先进生产（工作）者、三八红旗手，被国家职业技能鉴定所授予“企业人力资源管理师”“劳动关系调节员”，被时代润泽培训学院授予“5D培训项目设计师”。设计规划的特大型国有企业集团人才等级序列，成功在所属子企业推广实施，个人主笔的“大型钢铁企业实施人才等级序列 畅通人才发展通道的探索与实践”获中组部组工教学案例二等奖。设计提出鞍钢集团“1354”教育培训体系模型，围绕1个人才培养目标，建立起集团—子企业—单元企业3级组织体系，组织构建能力标准、能力测评、培训项目、课程和师资5大支撑体系，持续推进教育培训信息系统、培训基地、制度流程、文化理念4大保障体系优化升级。设计实施高层次人才培训项目，依托中央党校组织开展“一把手”政治能力提升工程；根据集团人才储备需求，分层级举办年轻干部培训班，累计培养近千名中青年干部走上更高岗位，项目实践案例多次在知名报纸杂志发表，并在国资央企范围分享。

以典型标杆成长经验为核心的卓越蓝领分层培养体系建设

国网浙江省电力有限公司培训中心

夏惠惠　李康宁　楼茜妮

企业简介

国网浙江省电力有限公司培训中心（以下简称“培训中心”）是浙江省电力有限公司（以下简称“浙江电力”或公司）主办和管理的大型教育培训单位。主要承担浙江电力党校办学职能，包括系统内人员职后培训、科技服务、专业技能等级评价及上级单位竞赛调考等任务，为浙江电力发展培养输送了大批优秀人才。培训中心立足教育培训主业主责，高质量推动“创一流”建设，全力打造新型电力系统省级示范区人才培养主阵地，为全面建设“两个示范”贡献智慧。2023 年培训办班 1002 期，培训 41444 人次，年度培训计划完成率 100%，完成特级技师及以下技能等级评价 5377 人次；承办上级单位竞赛 15 项、集训 14 项，助力省公司在 3 项竞赛中包揽团体个人“双第一”，综合成绩位列国网第一。

一、创新成果背景

（一）加强新时代高技能人才队伍建设的重要举措

党的十八大以来，以习近平同志为核心的党中央深入实施人才强国战略，党的二十大鲜明提出“强化现代化建设人才支撑”，2022 年中共中央办公厅、国务院办公厅印发《关于加强新时代高技能人才队伍建设的意见》，2024 年 1 月人力资源社会保障部等七部门联合制定《高技能领军人才培育计划》。面对新时代下新要求，电网企业要深入贯彻高质量发展理念和人才是第一资源的理念，持续推进人才强企战略和创新驱动战略，立足当前、着眼长远、开拓创新，着力打造一支有理想守信念、懂技术会创新、敢担当讲奉献的高技能人才队伍。

（二）践行公司“两个转型”“两个示范”的关键一环

新形势下，浙江公司提出加快电网和企业“两个转型”，全面建设新型电力系统省级示范区和具有中国特色国际领先的能源互联网企业“两个示范”，紧扣“一体四翼”发展布局，更好服务浙江“两个先行”的战略，这对技能人才的建设提出了更高的要求。随着新型能源占比不断提高，新技术不断涌现和推广，需要一批技术娴熟的高技能人才引领新型电力系统的发展。面对浙江电力的“大国工匠”“中国质量工匠”等国家级荣誉获得者以及国网工匠数量相对较少，院士人才数量为零等现实情况，加快高技能人才的培养工作成为践行“两个转型”“两个示范”的关键一环。

（三）构建卓越蓝领人才供应链体系的迫切需求

卓越蓝领作为一线技能岗位的佼佼者，是精通本专业知识与技能，能够牵头解决行业疑难、堵点问题的高素质员工，培养周期往往以数年计，不仅培养周期长，而且“产出率”较低，同时对卓越蓝领培养还缺乏系统研究。从外部看，根据对中国知网的检索，当前尚无“蓝领综合素养培养”为主题的文献，“工匠综合素养培养”的检索结果也仅为 7 篇，且均为高职院校对教学培养的思考，缺乏来自企业对蓝领综合素养提升的研究与实践。从内部看，系统内也缺乏卓越蓝领培养的人才供应链体系，卓越蓝领的能力标准是什么、何种培养途径或方式更加有效、培养内容如何更好地转化为期望行为、培养阶梯如何设置、如何形成系统的卓越蓝领供应链体系等问题，有待于进一步开展深化研究。

二、创新成果措施

总体思路：围绕国家电网“一体四翼”总体布局和“新型电力系统建设”的战略

要求，突出培训的系统性、实践性、实效性，深化设计“一张图、一条链、两个班、一盘棋”的“1+1+2+1”卓越蓝领分层培养方案（图 1），即围绕一张卓越蓝领综合素质能力图谱，设计“闯学练做”一条链培养模式，精品策划“师匠班”和“良匠班”2个训练营品牌，辅以管理配套“一盘棋”。通过系统化、针对性地培养，助力浙江电力打造一支有理想守信念、懂技术会创新、敢担当讲奉献的卓越队伍。

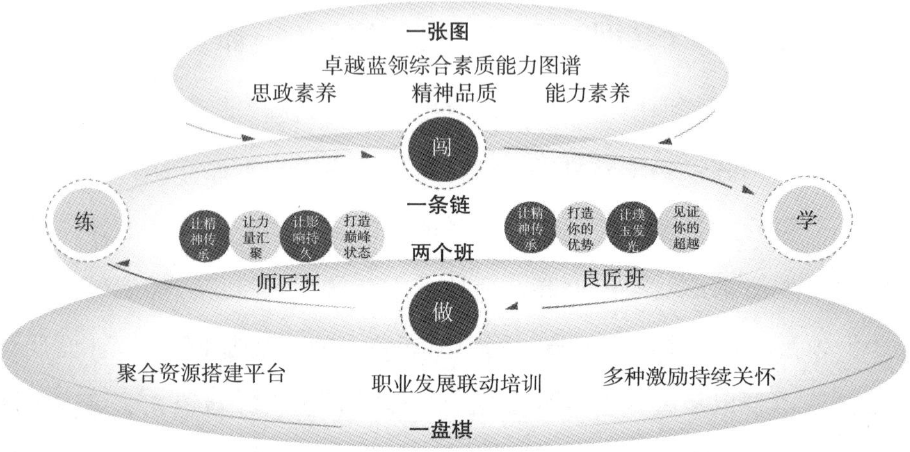

图 1　卓越蓝领“1+1+2+1”培养方案

（一）构建能力素养“一张图”，打造培训培养“新标尺”

培训中心根据调研结果，提出卓越蓝领“技能专家”“创新主体”“带教主体”三大工作角色定位，研究挖掘、提炼萃取卓越蓝领综合素质能力图谱（图 2），并进一步梳理成熟卓越蓝领和潜在卓越蓝领两类人群的能力提升标准，使之成为卓越蓝领能力提升的标尺。

1. 深挖核心任务，剖析典型角色定位

基于对卓越蓝领的典型工作任务和先进典型人物成长案例的剖析，将卓越蓝领工作角色分为技能专家、创新主体和带教主体三类。

1）将技能专家作为卓越蓝领的核心角色。作为技能专家卓越蓝领需要具有过硬的专业知识和工作技能，能够带领团队快速准确地分析难题背后的根本原因，制定系统性的解决方案，从而攻克相关生产技术难题，推动公司生产技术管理不断进步。

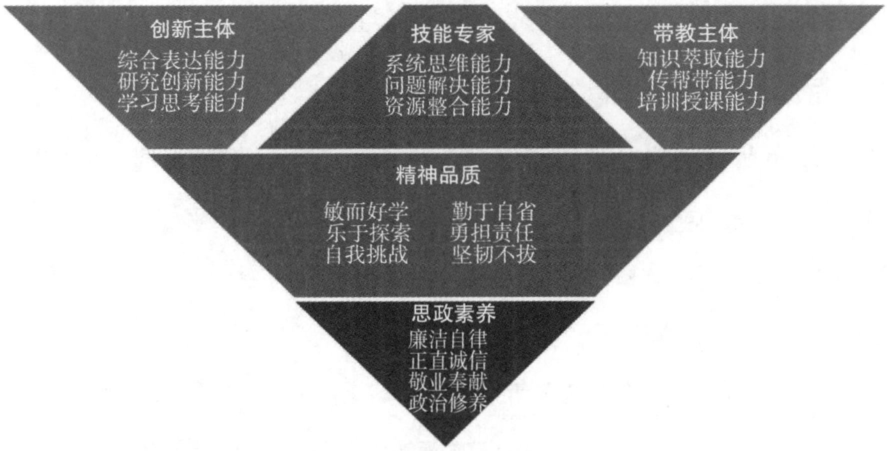

图 2　卓越蓝领综合素质能力图谱模型

2）确立卓越蓝领的创新引领角色。卓越蓝领需要持续关注和学习行业最新动态和前沿技术，进行相关领域的研究与开发。带领团队参与新技术、新产品或新方案的研发工作，提出改进意见并进行实验验证，以确保企业核心技术处于行业领先地位。

3）明确带教主体为卓越蓝领的重要角色。卓越蓝领需要起到培养人才和传承技能的重要作用，不断地总结经验，将自身经验固化下来，并发挥指导和辐射的作用，向其他人员传授专业知识和技能，提高整个公司技能水平。

2. 基于冰山模型，构建三层能力图谱

基于素质冰山模型，将卓越蓝领综合能力素养分为思政素养、精神品质和能力素养三个层面。

1）将思政素养作为卓越蓝领的底层核心价值观。思政素养反映了卓越蓝领对事物是非、重要性、必要性等的价值取向。卓越蓝领的思政素养包括廉洁自律、正直诚信、敬业奉献和政治修养四个方面。

2）提炼卓越蓝领持续稳定的精神品质。精神品质反映了卓越蓝领意志倾向、思维方式等稳定的心理特征。卓越蓝领的精神品质包括敏而好学、乐于探索、自我挑战、勤于自省、勇担责任和坚韧不拔六个方面。

3）围绕角色定位提炼卓越蓝领的能力素养。技能专家要具备系统思维能力、问题解决能力和资源整合能力。创新主体要具备综合表达能力、研究创新能力、学习思考

能力。带教主体要具备知识萃取能力、传帮带能力和培训授课能力。

3. 聚焦两类对象，萃取综合能力标准

为了加强卓越蓝领的梯队建设与储备，将卓越蓝领培养对象划分为成熟卓越蓝领和潜在卓越蓝领，并针对综合能力萃取相应的行为标准。

1）明确成熟卓越蓝领和潜在卓越蓝领的基本要求。成熟卓越蓝领是公司技术攻关和创新创效的引领者。要求工作经验 5 年及以上，高级技师及以上技术资格，具备国网省公司级及以上、地市政府级及以上劳模、工匠、技术能手等荣誉称号的群体；潜在卓越蓝领是现场一线工作的核心力量，是卓越蓝领的关键人才储备。要求具有 5 年及以上岗位经验，技师及以上技术资格，具备地市公司级、县政府级荣誉称号的群体优先。

2）成熟卓越蓝领能力标准强调系统性和成熟性。成熟卓越蓝领的系统思考能力需要具备动态性和应用性，问题解决能力需要具备非常规性和长期性，资源整合能力需要具备全面整合与多方协调性。

3）潜在卓越蓝领能力标准强调基础扎实、结构完整。技能专家角色的三个能力突出立体性、问题敏感性和整合能力等。创新主体角色的三个能力突出流畅性、基础应用、持续学习等。带教主体的三个能力突出信息有效传递、基础辅导能力和授课清晰度等。

卓越蓝领综合素质能力对照如图 3 所示，卓越蓝领综合素质能力标准如表 1 所示。

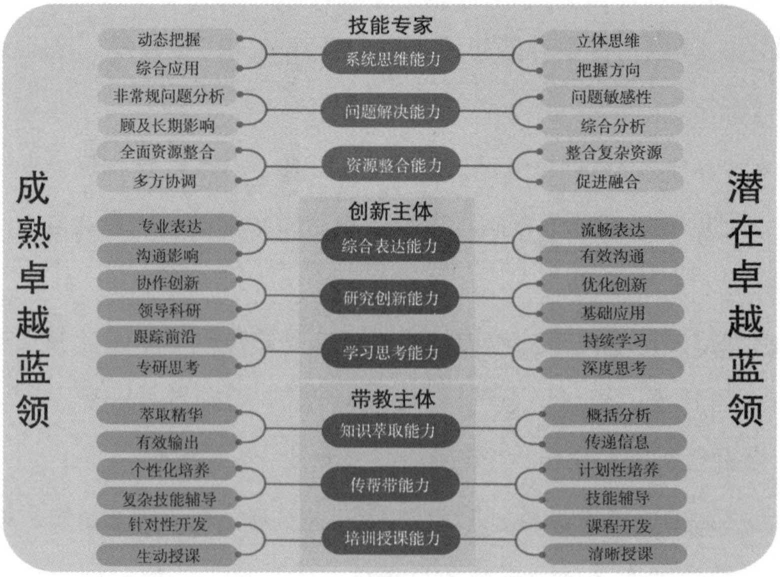

图 3　卓越蓝领综合素质能力对照

表1　卓越蓝领综合素质能力标准

角色	能力项	成熟卓越蓝领能力标准	潜在卓越蓝领能力标准
技能专家	系统思维能力	·动态把握：能够随着时间、环境、条件的变化来调整策略和方案，不断以动态的思维来适应外部环境的变化 ·综合应用：在考虑问题时从纵横交错的各个方面的关系和联系出发，从整体上综合地把握问题的本质，以研究和解决高难度和复杂的社会系统性问题	·立体思维：考虑问题时，把整体作为认识的出发点和归宿，既注意进行横向比较，又要进行纵向比较，从而全面准确地把握事物的规律性 ·把握方向：对实际工作中出现的问题，能够比较快地抓住时机，快速作出可行性解决方案的决断，并能推动执行
	问题解决能力	·非常规问题分析：对非常规问题能够从多种途径和角度进行分析，切入需要关注的重点和难点，找到解决问题的方法 ·顾及长期影响：在做某个方案时能够研究行业的发展趋势，对方案的长期延展性做充足的预计，以支撑后续的提升与拓展	·问题敏感性：能够对日常工作和常规操作发现潜在的隐患和问题，并能够准确地识别和判断这些问题的性质、特征、影响范围和潜在风险 ·综合分析：在解决问题过程中能够系统考虑各类可行性思路的优缺点，分析可能产生的影响与后果，得到最优的解决方案
	资源整合能力	·全面资源整合：对不同资源进行全面评估、有效管理和科学配置，有效地协调和管理不同资源之间的关系和整合过程，引领和推动各类资源的组合、优化和创新，实现资源的最大化价值 ·多方协调：社会交往面较宽，善于与外界建立合作关系，能够在组织和外部环境之间建立有效的协调机制和沟通渠道	·整合复杂资源：能够敏锐地发现和获取身边的各类资源，并较为全面地评估、分配和使用各类资源，能够组合、优化和创新不同资源为己所用 ·促进融合：能够在不同部门、不同层级之间建立有效的协调机制和沟通渠道，在兼顾对方利益的基础上促进相互理解、共同合作
创新主体	综合表达能力	·专业表达：能够熟练运用各类撰写工具及技巧，有逻辑、美观且精炼地完成专业文件的撰写。能够在各种情境下自如地表达自己的思想和观点，并能针对不同听众的需求和背景进行定制化的表达 ·沟通影响：对不同对象和情境所要求的沟通方式有系统和深入的认识，能自如地运用和灵活调整自己的沟通方式，并能够影响他人的思想和行动来达到沟通的目的	·流畅表达：能够在日常生活和工作中进行较为流利的口头和书面表达，包括清晰地论述较为复杂的话题，或者撰写较为复杂的专业文件 ·有效沟通：善于换位思考，在与对方意见相左时，能够采用恰当的沟通方式，避免沟通障碍，以达到沟通目标
	研究创新能力	·协作创新：善于发现创新的机会，能够从崭新的角度看待问题，形成新的解决方案。能够引入新的工具或技术，打破常规的思维、决策。能够领导或参与团队项目，有效地协调团队成员，并创造出具有协同性的成果 ·领导科研：具备了扎实的专业知识和丰富的实践经验，能够领导和组织一些大型的科研项目，并对相关领域的研究成果具有深入的洞察力和判断力	·优化创新：能够从多个不同的角度去思考和解决问题，创造性地完成各项工作。能够独立设计和实施一些较为复杂的研究项目 ·基础应用：能够熟练地掌握现有知识，并进行简单的应用和创新
	学习思考能力	·跟踪前沿：长期跟踪、了解当前最前沿的、最新的专业知识和技术，并乐于与他人进行分享 ·专研思考：善于将问题置于更广阔的背景和领域进行深入的分析和探讨，能够提出独特而深刻的见解	·持续学习：根据工作中对知识和技能的要求，制定明确的学习目标和计划，坚持不懈地学习，以实现自己的长期发展目标 ·深度思考：深入探究问题的本质和细节，通过分析、比较、推理等方式来获得深刻的认识和理解

续表

角色	能力项	成熟卓越蓝领能力标准	潜在卓越蓝领能力标准
带教主体	知识萃取能力	·萃取精华：精通知识萃取方法及技巧，善于总结归纳，能够对高度复杂的信息和知识进行精准的处理和分析，并进行高度的概括和总结，化繁为简 ·有效输出：总结形成具有高度可读性和可操作性的文档或报告，有效地将提炼出的知识和见解传达给更多人，引导他们理解和掌握这些知识	·概括分析：熟练掌握知识、流程的萃取技巧，能够对信息和知识进行深度分析和归纳，从中提炼出有价值的见解和建议 ·传递信息：总结形成文档或报告，将提炼出的知识和见解传达给其他人，并回答他们的问题
	传帮带能力	·个性化培养：能够对被传承者的学习能力和需求进行精准的分析和评估，并制定和实施个性化的培养和辅导方案，引导被培养者发挥优势并快速发展 ·复杂辅导：能够将复杂概念和技能深入浅出地传授给被培养者，能够帮助被传承者解决复杂问题	·计划性培养：能够制定较为详细和全面的培养计划，对被培养者的学习和发展进行有效的跟踪和评估，并给予及时和具体的指导和建议 ·技能辅导：具备知识传承和帮带技能，能够根据自己的经验和技能对被培养者进行辅导，为被培养者解决普适性问题
	培训授课能力	·针对性开发：能够针对不同受众对课程进行差异化的开发，并设计和制作针对性强、简洁高效且美观的课件 ·生动授课：在授课中引入案例分析、问题讨论、翻转课堂等多种教学形式，引导学员积极思考，参与互动，理解问题的本质	·课程开发：能够根据培训需求制定结构化的课程框架和内容，并设计和制作结构清晰、内容丰富的课件 ·清晰授课：熟悉基本的教学技能，语言表达准确、有条理，能够清晰、准确、规范地开展培训，详略得当，重点突出

（二）设计闯学练做"一条链"，造就行动学习"新模式"

围绕卓越蓝领综合素质能力"一张图"，根据成熟卓越蓝领和潜在卓越蓝领两类群体现实工作需要和能力短板差异，采用行动学习理念与工具，开展"闯学练做"四式培养"一条链"教学设计，立体化实现卓越蓝领综合能力提升。"闯学练做"一条链培养模式如图 4 所示。

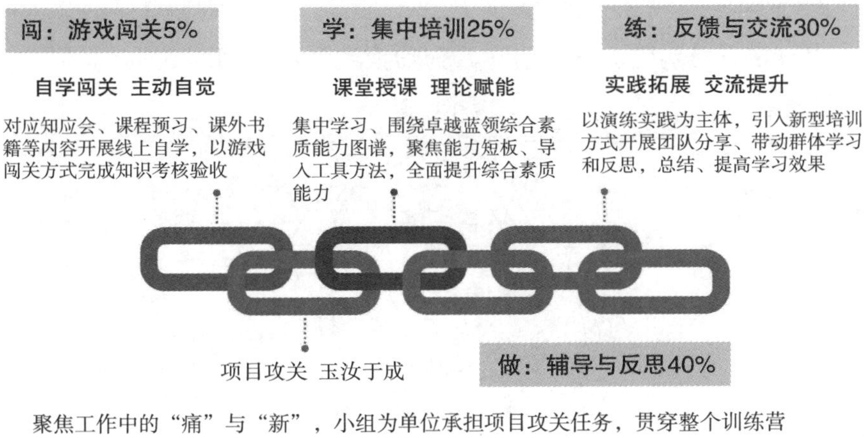

图 4　"闯学练做"一条链培养模式

1. 自学游戏闯关，自觉主动修炼能力素养

为更好地平衡工学矛盾和提升后续培训效果，将思政素养、精神品质类型课程及集中课程的前置学习内容纳入培训自学环节。

1）实施线上自学学时制管理。充分利用前期培训项目中积累的优秀资源，整理发扬浙江电力人优良传统和突出作风理念的线上课程，形成自学课程清单，要求培训学员在集中培训前完成其中 16 个学时的学习任务。

2）设计卓越蓝领游戏闯关挑战。以知识闯关挑战方式完成自主学习效果检验，将相关知识点纳入在线考核，每周更新测验题目，并以游戏闯关概念提升学习趣味性，积分作为训练营考试成绩一部分纳入考核。

2. 课堂授课解惑，聚焦短板实现理论赋能

围绕卓越蓝领综合素质能力图谱，靶向设置培训课程进行短期集中学习，导入理论框架和工具方法，助力能力素养有效提升。

1）根据综合素质能力图谱对照设置 N+X 课程列表。引入“N+X”课程定制化理念，每个素质能力模块为“N”的必修要求，每个素质能力模块下设“X”个可选课程，共在 11 个能力素质模块设置 37 门课程。

2）根据学员能力评估结果形成学员个性化的学习地图。在培训实施之前借助能力评估量表对培训学员进行综合素质能力评估，使用平衡轮等行动学习工具绘制能力供需匹配短板地图，在供需匹配差异较大的能力模块中强化培训方案设计，形成个性化学习地图，提升培训针对性。能力供需匹配短板地图示例如图 5 所示。

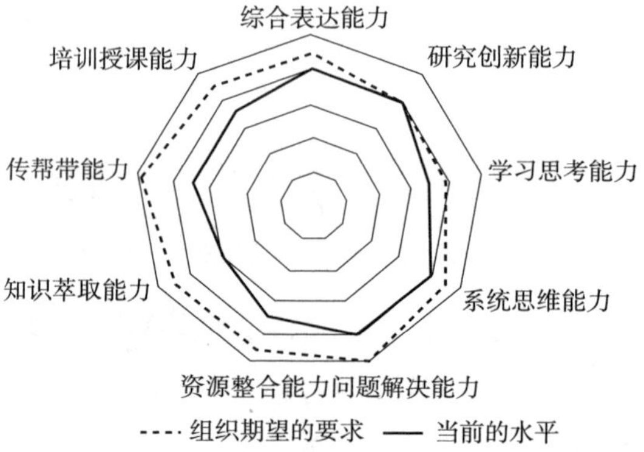

图 5　能力供需匹配短板地图示例

3. 实践拓展演练，翻转模式提高学习效果

围绕成熟卓越蓝领技能专家、创新主体、带教主体的工作角色定位，以实践演练为主体形式，开展团队学习，引发反思与总结，提高学习效果。

1）新模式下的教师成为导师与教练。教师设计和策划包括学员讲课、小组讨论、案例分析、角色扮演或其他与学习目标相关的一系列实践性课堂活动，激发学员积极思考和频繁互动。在这些活动中，教师不再仅是讲授的主体，而是为学员的思维流动提供适时的指点与补充，为学员提供恰当的知识指导和支持。

2）教师在实践拓展中动态评估学员。新模式下，教师使用课堂观察、在线测验、小组讨论、课堂演示等多维方式动态评估学员的学习成果，观察学员在实践过程中掌握技能与知识的程度。

4. 玉汝于成攻关，项目学习贯穿训练始终

聚焦工作中的“新、关、痛”问题提出研究项目，并以破冰开题—中期汇报—城

镇会议三阶段推进项目完成，项目贯穿整个训练营。

1）强化训前调研，挖掘预研项目。在训练营集训前，要求报名学员围绕日常频现的工种痛点、技术难点、当前热点等“新、关、痛”问题自行组织进行调研访谈、文献查阅，每人提出至少一项研究课题。

2）以小组为单位承担项目攻关任务。结合专业、经历等背景情况，学员自主投选目标项目并组建攻关项目团队，同组成员群策群力共谋项目问题解决，并以可落地的成果方案作为项目成果的检验标准。

3）组织城镇会议开展结题汇报。项目组全体成员参与汇报全过程，邀请领导及专家参与城镇会议，并作为评委对各小组的项目完成情况进行最终评估，在帮助学员高效解决实际问题的同时，也让公司高层领导以及各级专家共同关注卓越蓝领群体的培养发展。

（三）策划师匠良匠“两个班”，培育蓝领培养“新品牌”

聚焦成熟卓越蓝领和潜在卓越蓝领两个层次，精品设计“师匠班”和“良匠班”两个训练营品牌，引入行动学习、翻转课堂等创新学习工具方法，开展训前—训中—训后三段测评，突出培训的系统性、实践性、实效性。“师匠班”和“良匠班”培训路径图如图 6 所示。

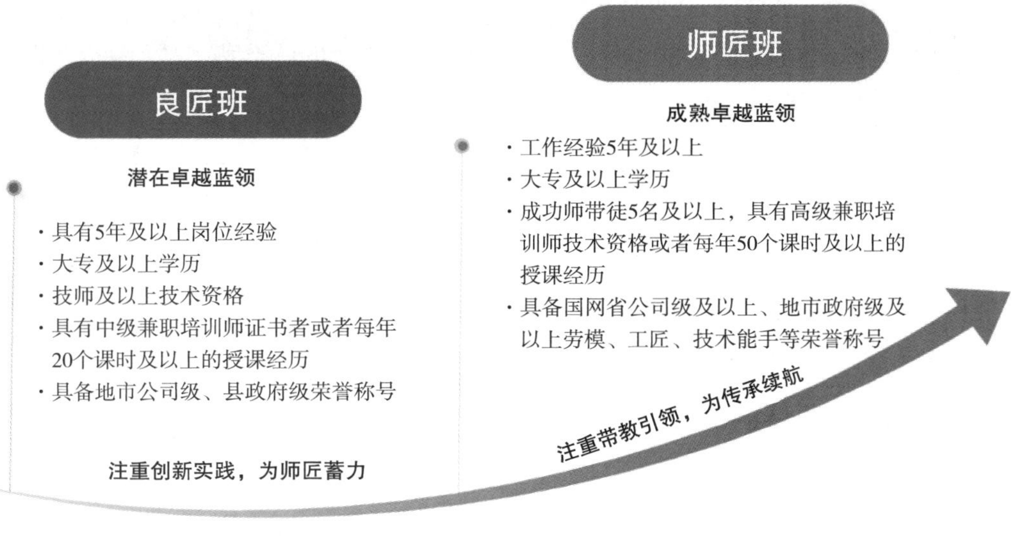

图 6 “师匠班”和“良匠班”培训路径图

1. 三维角色要求，高标设计“师匠班”

师匠班面向成熟卓越蓝领开设，根据卓越蓝领工作角色要求和“闯学练做”四式培养模式，形成“让精神传承－让力量汇聚－让影响持久－打造巅峰状态”四阶段内容（图7）。

1）闯关课题设计突出解决工作中的“痛”。通过“训前调研—破冰开题—作业练习—城镇会议”四个节点，充分发挥“师匠”的“钻牛角尖”精神，将科学研究方法带入课题，助力问题解决能力以及系统思维能力的提升。

2）拓展交流注重挖掘卓越蓝领身上的亮点。引入“平衡轮”“世界咖啡”等新颖培训工具，以“带教经验分享”为主题，激发成熟卓越蓝领自由、灵活、坦率交流的热情，让浙电人带教的经验与工匠精神得以传承。

3）授课练习充分考虑成熟卓越蓝领综合能力特点。根据当前成熟卓越蓝领技术经验丰富但综合表达能力受限等特点，课堂授课训练内容更加注重实际问题的解决和工作场景的复盘与交流，让年龄相对偏大的卓越蓝领有兴趣、有意愿参与到培训学习中来，真正有效提升他们的综合素质能力。

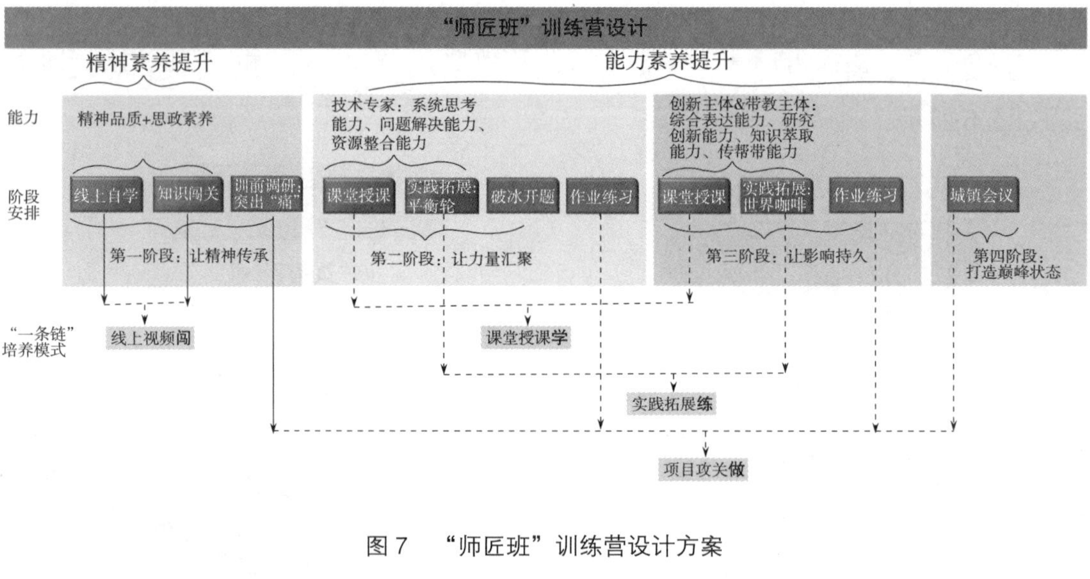

图7 “师匠班”训练营设计方案

2. 潜能发挥挖掘，创新设计“良匠班”

良匠班面向潜在卓越蓝领开设，重点突出潜在卓越蓝领“技能专家”“创新主体”工作角色能力，设计“让精神传承－打造你的优势－让璞玉发光－见证你的超越”四阶段训练营内容（图 8）。

1）闯关课题设计突出解决工作中的“新”。潜在卓越蓝领往往比年龄略长的老师傅更关心也更容易接受“新鲜”东西。因此，“良匠”班督促并帮助学员围绕当前最新的技术演进趋势、前沿热点以及新业务对现有工作的挑战进行攻关研究，发挥年轻人的探索精神。

2）拓展交流注重帮助潜在卓越蓝领职业成长。在团队共创工作坊上让潜在卓越蓝领与劳模面对面，在感受劳模精神的同时，体会自身职业成长路径上的不足与差距，帮助学员规划职业通道，设计符合个人特质的学习地图与成才路径。

3）授课练习更加关注潜在蓝领群体的年轻特质。“课堂授课 + 实践拓展 + 作业练习”的训练内容发挥年轻学员信息化技术高、知识萃取能力强的特点，在教授学员 ChatGPT 等数字化技术提高工作效率方法的同时，着重提升学员内部培训授课能力，让璞玉能够在合适的地方发光。

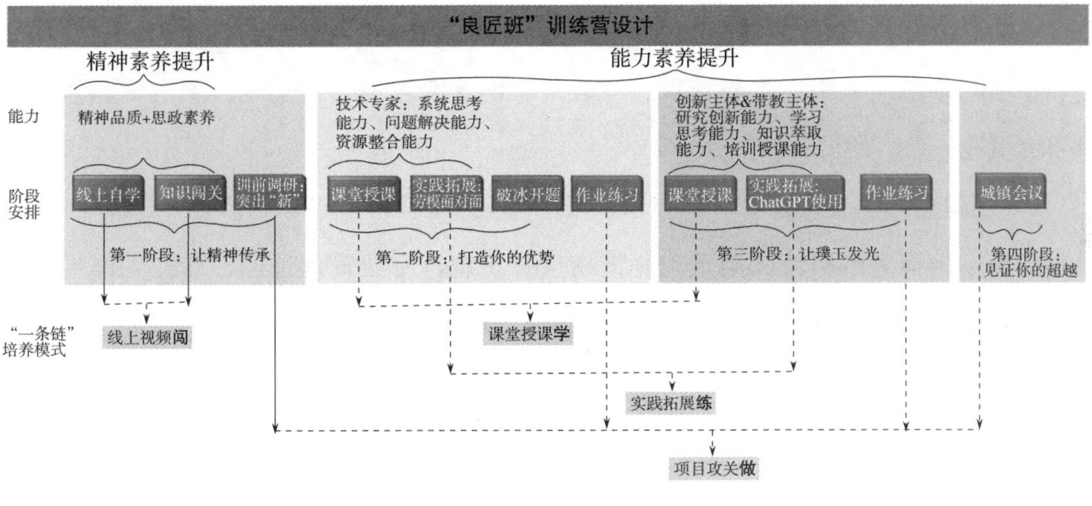

图 8 “良匠班”训练营设计方案

3. 三段评估测验，全程跟踪学习结果

进一步完善“三阶”培养模式，引入训前、训中、训后三段评估检测。

1）训前测评，让培训方案更加有的放矢。报名阶段，各单位组织培训学员开展综合能力测评，采取自评 + 上级评价相结合的测评方式。根据测评结果，在择优推选正式培训名单的同时，根据本期学员能力表现调整训练营具体授课安排。

2）训中认证，有效提升学员的参与度和荣誉感。贯彻训练营全程，从纪律表现、知识掌握、应用转化、结果实现等几个方面开展评估认证，按照考试成绩（线上闯关 10%+ 课堂测验 20%）、训中促动师评分成绩（60%）以及班主任纪律考评成绩（10%）组成总体评估成绩，根据评估结果对学员实施差额认证。

3）训后跟踪，持续了解学员的后续表现。学员回岗工作三个月后，使用综合素质评估量表对培训学员进行再测评，同时组织与培训学员上级主管的谈话，掌握学员培训后的行为表现，为培训方案后续的优化完善提供依据。

（四）下好管理配套"一盘棋"，形成培训落地"新抓手"

围绕卓越蓝领一群人，下好管理配套"一盘棋"，培训与使用、发展、激励互通互动，培训为蓝领员工的使用、发展聚力，使用、发展、激励又为蓝领员工培训工作提供吸引力，管理手段耦合联动，带动员工"从优秀到卓越"。

1. 聚合资源搭建平台，完善成长赋能机制

将参与卓越蓝领综合素养培训的蓝领员工纳入人才资源池管理，聚合资源为其提供平台赋能。

1）搭建创新实践平台。与科技部、工会等创新创效管理部门协同，给予卓越蓝领参与创新创效课题的机会。用足用好揭榜挂帅机制，专业管理部门对专业工作中的难题进行整理发布，池内卓越蓝领可以揭榜组队、集中攻关。

2）搭建技术交流研讨平台。开办一系列专业技术交流研讨年度例会、前沿技术学习培训班等，面向池内卓越蓝领开放报名，帮助卓越蓝领共同交流工作中遇到的新情况、新问题，分享不同单位工作经验，引发学习动机和学习行为。

2. 职业发展联动培训，推动蓝领人才成长

拓展蓝领员工职业发展通道，建立卓越蓝领培训认证与蓝领通道晋升的关联机制，使得蓝领培训与职业发展互相成就。蓝领星级职业发展标准如表 2 所示。

1）拓展蓝领员工职业发展通道。倡导设立蓝领八星级职业发展通道，从基本条件、技能资格、能力素质、直聘条件、破格条件等方面明确每一通道的晋升标准，技能资格根据各专业岗位技能要求采取评定或过关考核方式开展，能力素质要求参考卓

越蓝领综合素质能力图谱和能力量表进行评估。

2）建立卓越蓝领培训认证与星级通道晋升的关联机制。将卓越蓝领综合素养培训作为向蓝领通道顶端发展的必经之路，鼓励优秀蓝领员工参加卓越蓝领培训，经过培训获得成熟卓越蓝领“师匠班”培训认证的，优先评选为高层级蓝领，获得潜在卓越蓝领“良匠班”培训认证的，优先评选为中间层级蓝领。

表2　蓝领星级职业发展标准

<table>
<tr><th>通道</th><th colspan="2">基本条件</th><th>技能资格</th><th colspan="2">能力素质</th><th>直聘</th><th>破格</th></tr>
<tr><td>八星</td><td rowspan="2">高级技师</td><td rowspan="2">近3年绩效5.5分，上年度考核B级及以上</td><td rowspan="6">技能模块考核</td><td rowspan="8">卓越蓝领综合素质能力评价</td><td>“师匠班”认证优推</td><td rowspan="2">国网级竞赛比武获奖</td><td>省部级及以上劳模工匠</td></tr>
<tr><td>七星</td><td rowspan="3">“良匠班”认证优推</td><td>地市级及以上劳模工匠</td></tr>
<tr><td>六星</td><td rowspan="2">技师</td><td rowspan="2">近3年绩效5分，上年度考核B级及以上</td><td rowspan="2">省公司级竞赛比武获奖</td><td>地市公司劳模</td></tr>
<tr><td>五星</td><td>县公司及劳模</td></tr>
<tr><td>四星</td><td rowspan="2">高级工</td><td rowspan="2">近3年绩效4.5分，上年度考核B级及以上</td><td rowspan="4">—</td><td rowspan="4">—</td><td rowspan="4">—</td></tr>
<tr><td>三星</td></tr>
<tr><td>二星</td><td>中级工</td><td rowspan="2">—</td><td>登高证，高压或低压电工证，特种作业证</td></tr>
<tr><td>一星</td><td>初级工</td><td>—</td></tr>
</table>

3. 多种激励持续关怀，共赴卓越上下同欲

在学习、工作各场景下，完备物质激励与非物质激励相结合的激励机制，引导蓝领员工本身和公司上下共同重视蓝领素质提升。

1）落实卓越蓝领培训认证激励。对完成卓越蓝领“师匠班”“良匠班”培训的学员发放毕业证书，认证通过的学员颁发兼职培训师证书并提供一次性奖金奖励。

2）考核蓝领队伍培养绩效。将各单位认证卓越蓝领通过率连同蓝领技师及以上人员比例、蓝领专家人才千人比例、技能竞赛成绩一起纳入各单位蓝领队伍培养绩效指标，与各单位负责人专项激励挂钩，激发各级负责人为卓越蓝领培养营造良好环境的

主动性。

三、创新成果效果

（一）卓越蓝领纷纷涌现，人才培养提质加速

基于卓越蓝领综合素质模型，并结合全省各地市不同地域特点，项目采用“N+X”菜单式培养模式，根据训前能力测评结果情况调整培训课程。培训前的调研和能力测评有效提升了培训的针对性，培训过程中“闯学练做”四式培养模式大大提升了学员的参与度，培训后学员满意度评估结果为 98.8 分。学员培训完成三个月后，使用综合素质评估量表对培训学员进行 360 度测评，各项能力结果较培训前均有不同程度的提升，特别是综合表达能力、研究创新能力以及知识萃取能力的得分增加了 1.5 分及以上。

卓越蓝领项目推广分为两个阶段，“夯基”阶段，通过一线技能岗位人员综合素质培训储备大量卓越蓝领发展对象，直至 2023 年年底，一线技能岗位人员综合素质培训共完成 26 期，共计培训 877 人次；“强化”阶段，逐步在全省进行推广“师匠班”和“良匠班”训练营计划，目前“师匠班”“良匠班”已在杭州公司成功试点，培养成熟卓越蓝领 25 人，潜在卓越蓝领 125 人。后续将全面推广“师匠班”和“良匠班”两个培训计划，预计 2024 年全省将培养成熟卓越蓝领 150 人，潜在卓越蓝领 300 人，这将对公司技术创新、转型升级起到至关重要的支撑作用。

（二）课场域融合联动，经济管理效益显著

依托“良匠班”“师匠班”培训，以试点单位杭州公司为例，在培训实施过程中，同步实现了培训资源、培训管理以及人才规划的深度融合。将创新管理课题研究、技术项目攻关等工作融合到培训课程，并利用实践活动场所、培训管理看板系统等工具方法，同步打造具有杭州公司特色的“育英计划”。随着培训项目的开展，参训蓝领员工们输出新的培训课件、工序流程卡等项目成果 127 个，助力杭州公司选拔领军型人才 5 人，成熟型人才 13 人，潜力型人才 17 人。这种课、场、域的联动模式为卓越

蓝领培养体系的落地提供了更具针对性的资源支撑。此外，杭州公司将潜在卓越蓝领良匠班培训结果纳入职务通道选拔的考虑因素，并结合核心技能打卡通关、科技项目参与等其他评价，对生产单位班组长进行了调整，提拔副班长 65 人，正班长 57 人。“1+1+2+1”卓越蓝领培养体系的打造，推动培训标课、内训师、培训基地、题库案例等资源标准进一步统一，有效解决了蓝领综合培训标准与体系不足的问题，补充形成蓝领队伍培养的新模式，有效缓解了优秀蓝领培养实践与企业发展地位不相匹配的矛盾。项目也作为浙江公司实践探索在国网公司培训会议中进行交流，有效提升了浙江公司“示范窗口”的形象。

四、成果经验总结

此案例能够有效解决当前浙江公司面临的卓越蓝领培养周期长、“产出率”低、系统研究少等问题，是浙江公司积极响应《关于加强新时代高技能人才队伍建设的意见》《高技能领军人才培育计划》等一系列高技能人才培养号召的有力举措。“一张图、一条链、两个班、一盘棋”组成的“1+1+2+1”卓越蓝领分层培养方案是人力资源管理实践案例的一次创造性的突破。

该案例围绕“技能专家”“创新主体”“带教主体”三大工作角色定位，构建一张卓越蓝领综合素质能力图谱，打造培训培养新标尺；设计“闯学练做”培养一条链，造就行动学习新模式；精品策划“师匠班”和“良匠班”两个训练营，培育蓝领培养新品牌；辅以管理配套一盘棋，形成培训落地新抓手。助力浙江电力打造一支有理想守信念、懂技术会创新、敢担当讲奉献的卓越蓝领队伍，为浙江电力高质量发展赋能，支撑“走在前、作示范，建设具有中国特色国际领先的能源互联网企业的示范窗口”战略目标实现，奋力开创党的电力事业发展新局面。

连线人物

夏惠惠 国网浙江省电力有限公司培训中心专职培训师，具有丰富的带教经验，曾获国网浙江省电力有限公司青年培训师教学技能竞赛专职组一等奖，并被授予“技术能手”称号。主导“一线技能人员综合素质‘六化’培养模式探索”获2023年电力行业教育培训领域影响力事件；主导“以典型标杆成长经验为核心的卓越蓝领分层培养体系建设”获2023年国网浙江公司优秀管理创新推广成果；主导“‘智’无不言——GPT技术在电力营销领域的探索”获第二届电力行业培训数字化微课竞赛一等奖。参与编制《网络培训资源开发技术规范第3部分：案例开发》技术标准；参与编制《班组建设口袋书》等多本教材；撰写《大数据技术在班组长培训策划中的应用》等多篇论文并在期刊中发表。

青蓝"四三二一"培养计划体系

中石化胜利石油工程有限公司培训中心
张永利　王楠楠　杜梦真　董　伟

企业简介

中石化胜利石油工程有限公司培训中心是一家致力于为能源化工企业提供优质培训服务，助力企业安全健康高效发展的专业化、特色化、国际化综合性培训机构。该中心拥有具有扎实理论功底、丰富现场经验、能洞察能源化工技术发展趋势的专兼职教师资源千余人，获得国际、国内石油行业权威机构认证的6大类76项培训资质。中心自成立以来，先后获得"全国职工教育培训示范点""中国企业培训示范基地""山东省文明单位""山东省职业教育与成人教育科研基地""山东省再就业培训定点机构""石油工程公司先进基层党组织"等荣誉称号，连续多年被国家应急管理部海油安监办石化分部评为优秀中介服务机构，年培训超15万人次，是国内石油行业的多功能、多层次、综合性职业培训及安全技能训练基地。

一、创新成果背景

（一）人才发展现状

2021 年 10 月 21 日，习近平总书记到胜利油田考察时强调，石油战线始终是共和国改革发展的一面旗帜，要继续举好这面旗帜。在确保国家能源安全、保障经济社会发展上再立新功、再创佳绩。习近平总书记的重要指示再一次强调了石油重要的战略意义，也对石油石化行业的人才培养工作提出了新的更高的要求。

为深入贯彻落实习近平总书记视察胜利油田重要指示精神，按照集团公司年度工作会议和公司“两会”部署安排，基于公司电气化、自动化、智能化战略规划，加快人才队伍振兴步伐，打造高素质的人才队伍，推进实施人才强企工程。新入职员工，作为胜利铁军的新生力量，对新员工提出了新的挑战。为确保新员工培训与公司发展战略规划相契合，聚焦人才发展需求，实施了青蓝“四三二一”培养计划体系，旨在全面提升新引进大学生的综合素质和岗位履职能力，培养符合公司未来发展方向的专业人才，为加快公司发展提供有力的人才保证。

（二）新员工培养的痛点、堵点及难点

在新入职员工的入职培训中，常常会遇到一些痛点、堵点和难点，详述如下。

1. 痛点

1）信息过载：新员工在入职培训期间需要接收大量的信息，包括公司文化、规章制度、业务流程等。这些信息量大且复杂，使新员工难以在短时间内消化吸收。

2）理论与实践脱节：过往培训中往往注重理论知识的传授，但缺乏实际操作的机会。这导致新员工虽然对理论知识有所了解，但在实际工作中仍然感到迷茫和困惑。

2. 堵点

1）培训内容与岗位需求不匹配：有时培训的内容与员工的实际岗位需求存在差距，导致培训效果不佳，员工难以将所学知识应用到实际工作中。

2）培训方式单一：传统的培训方式往往以讲授为主，缺乏互动和实践环节。这种单一的培训方式难以激发员工的学习兴趣和积极性。

3. 难点

1）文化融合：中石化作为一家大型国有企业，拥有深厚的文化底蕴和独特的企业文化。新员工需要尽快融入这种文化氛围中，理解并接受公司的价值观和行为准则。

2）技能提升：新员工在入职培训中需要迅速提升自己的专业技能和业务水平，以应对工作中的挑战。

针对培训中的痛点、堵点和难点，本文提出一系列措施来优化入职培训，提高培训质效。

二、创新成果措施

（一）教学设计

新入职员工在学习风格偏好上存在个体差异，不同学习风格的人在各个阶段的偏好和学习效果不同。因此在设计培训方案时，采用库伯学习圈理论，根据学员不同阶段的特点，使其掌握相应的素养和能力，做好学员职业生涯规划。通过应用库伯学习圈理论，使本项目开展的培训变得更加深入和有效，新员工不仅能够从前辈的经验中学习，还能够通过反思和讨论深化对知识的理解；此外，这有助于促进新员工之间的沟通和协作，增强团队的凝聚力和创新能力；最终实现“赋能”生涯，“职赢”未来，力求打造一支优秀人才队伍。

（二）培训方案实施

1. 项目设计全景图

项目设计全景图如图 1 所示。

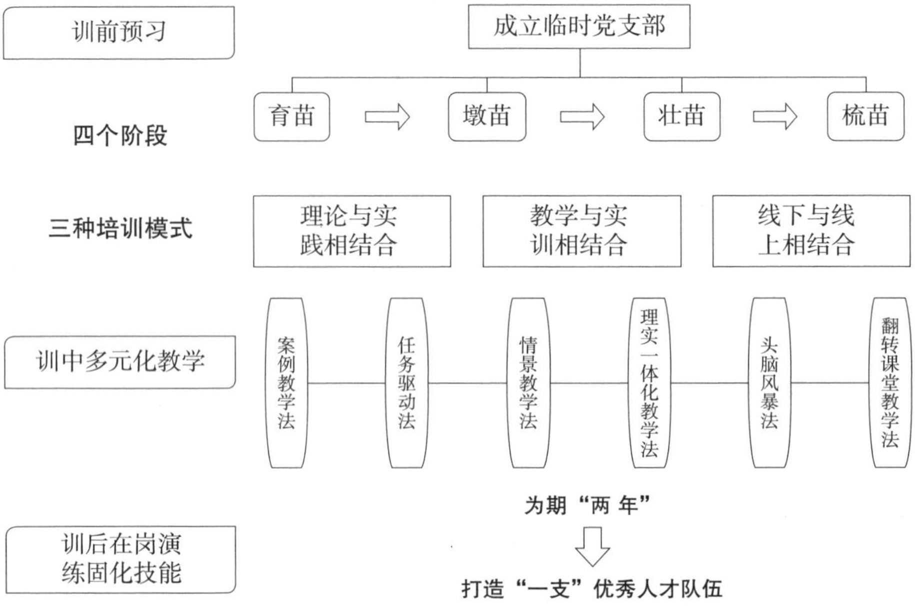

图 1　项目设计全景图

2. 培训需求分析

以员工的培训意愿和需求为出发点，采用问卷调查法、交流访谈法、现场观察法以及能力胜任模型测试法，对新入职员工个人情况以及岗位安排情况进行全面的掌握和了解，对采集的数据进行整合，科学地分析出员工的培训需求，建立基于胜任力的培训需求分析模型，初步得出员工的培训需求画像，精准设计，从而提高新入职员工对课程的学习兴趣，实现个性化培训，最大程度地满足青年员工的学习成长需要。培训需求分析图如图 2 所示

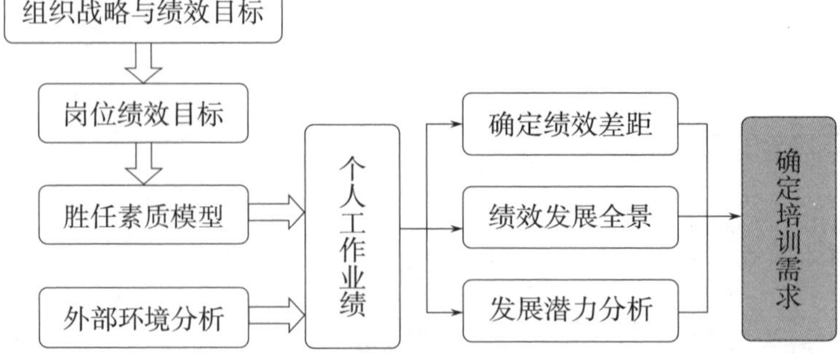

图 2　培训需求分析图

3. 培训导入

（1）明确学习目标

开始为学习及其训后转化做准备；课前线上自主学习，针对性设计学习任务清单，教师提前一周向学员布置任务，学员通过观看线上视频，思考任务单中的问题。

（2）破冰团建

开班前进行破冰团建，让学员相互之间快速熟悉，并对学员进行分组，每个小组均推选记分员、监督员和组长，并经集体讨论达成每日学习积分制度和奖惩制度。“破冰团建”培训现场如图 3 所示。

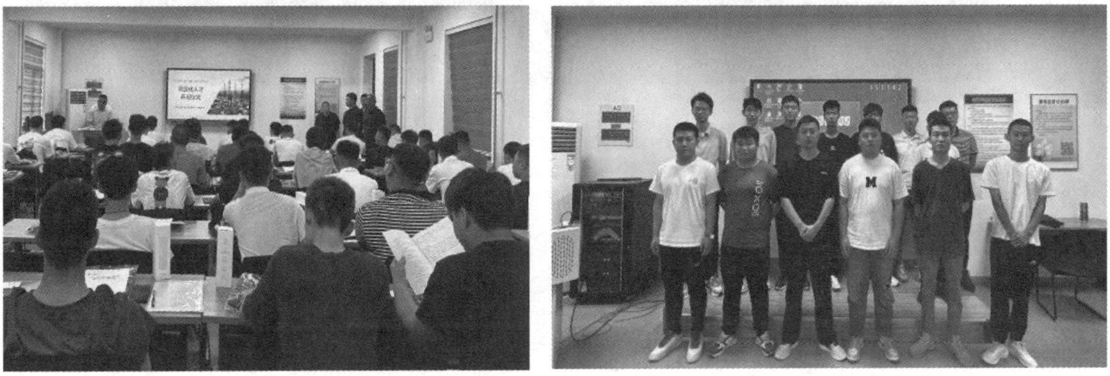

图 3 “破冰团建”培训现场

（3）课前暖场

通过沉浸式视频、情景模拟、趣味小游戏、小组讨论、故事讲述等活动进行课前暖场，使学生们更加轻松、愉悦地进入学习状态，从而提高他们的学习兴趣和参与度，使课堂氛围更加活跃，有助于学生们更加深入地理解课程内容。

（4）开班第一课

每个阶段课程开始前，由项目组带队组织进行开班第一课，从思想政治教育出发，引导学员树立正确的价值观，培养学员的意识形态，使学员具有强烈的责任感和集体荣誉感。“开班第一课”培训现场如图 4 所示。

图 4　“开班第一课”培训现场

4. 培训组织

（1）培训矩阵

培训矩阵如表 1 所示。

表1　培训矩阵

课程模块	教学组织			
	线上教学	理论教学	实操模拟教学	现场观摩
理想信念				
企业文化				
制度宣贯				
经验分享				
依法守矩				
经营管理				
安全技能				
专业素养				

（2）教学模式矩阵

教学模式矩阵如表 2 所示。

表2　教学模式矩阵

教学模块	教学情境	特色教学方法					
		案例教学法	任务驱动法	情景教学法	理实一体化教学法	头脑风暴法	翻转课堂教学法
理想信念				√			
企业文化				√			
制度宣贯		√	√				
经验分享							√
依法守矩		√		√			

续表

<table>
<tr><th rowspan="2">教学模块</th><th rowspan="2">教学情境</th><th colspan="6">特色教学方法</th></tr>
<tr><th>案例教学法</th><th>任务驱动法</th><th>情景教学法</th><th>理实一体化教学法</th><th>头脑风暴法</th><th>翻转课堂教学法</th></tr>
<tr><td>经营管理</td><td>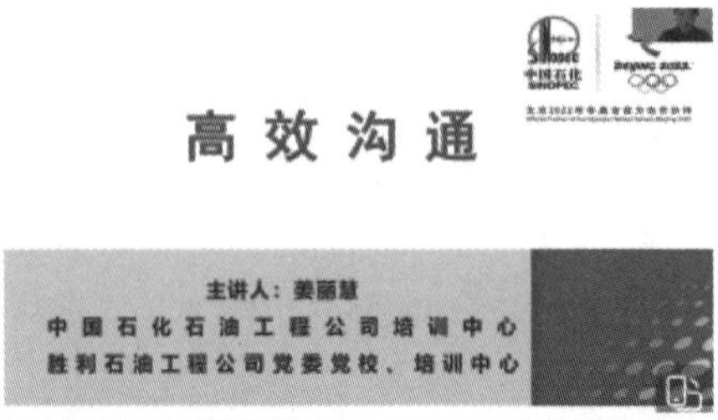
</td><td></td><td>√</td><td></td><td></td><td>√</td><td></td></tr>
<tr><td>安全技能</td><td></td><td>√</td><td>√</td><td>√</td><td>√</td><td>√</td><td></td></tr>
<tr><td>专业素养</td><td></td><td>√</td><td>√</td><td>√</td><td>√</td><td>√</td><td></td></tr>
</table>

5. 课程计划

根据“学用转化”的指导思想，紧密结合公司业务及人员配置实际需求，采取“栽树育人”的方式，将新引进大学生的职业生涯初期分为四个阶段，结合不同阶段的情况有的放矢设置课程模块，建立针对性和可行性更强的培训体系和考核机制。具体安排如下。

（1）第一阶段“育苗”培训

入职教育模块（企业文化、制度宣贯、理想信念）共计 10 天，现场实操训练共计 20 天，共 30 天。第一阶段“育苗”培训内容及设计思路如表 3 所示。

表3　第一阶段 “育苗” 培训内容及设计思路

课程名称	教学内容	设计思路
理想信念	学习贯彻习近平总书记视察胜利油田重要指示精神；传承石油精神暨企业忠诚教育、走好职场第一步——适应职场生活、完成角色转变；华八井、营二井参观；黄河口生态保护区参观	学习习近平新时代中国特色社会主义思想，坚定理想信念，锤炼政治能力与作风觉悟；以行业优良传统为引领，帮助新员工尽快适应环境
企业文化	公司概况，企业荣誉，形势任务教育，石化油服油藏业务现状及展望，国际化视野，人才队伍建设和人才成长规划，井下铁军工作室、牛页一井、胜利工程高端装备研发中心参观	通过企业文化讲授与职业价值观引领相结合，增进职业认同感和归属感，建立起对公司大家庭的认同感、归属感、自豪感
制度宣贯	劳动制度宣贯、薪酬福利制度宣贯；社会保险制度宣贯；中石化职工违纪违规行为处分规定	帮助新入职员工步入工作岗位后，熟悉企业职能部门、遵守规章制度、规范完成工作，便于工作的横向和纵向顺利开展
经验分享	中石化技能大师成长之路、技能点亮人生创新成就梦想、优秀青年代表成长经验分享	通过前辈的经验分享，使学员快速融入企业、转变角色、适应岗位，实现从“学校人”向“石油人”“企业人”“岗位人”的转变，帮助他们建立积极的人生观
依法守矩	做知法守法好青年、签订合规承诺书；工伤保险条例	提升市场风险意识和合规意识，有效识别合规经营与风险防控能力关键要素、管控方法和工具，提升海外项目风险管控和合规管理能力
经营管理	沟通艺术、生产运行管理及信息化应用	掌握相关经营管理知识
安全技能	现场隐患识别与风险管控；消防设施、器材使用；火灾扑救方法；火场疏散逃生；防火防爆；急性心搏骤停与心肺复苏术（CPR）；职业卫生管理	通过理论和案例教学、强化安全意识，具备公司要求的 HSE 履职能力
专业素养	陆地钻机设备基础知识；钻井基础知识；钻井液基础知识；正确使用管钳、链钳等手工具；施工现场典型违章行为；小修自动化设备；井下作业设备；旋塞阀的现场检查与保养；作业现场布局、安全风险提示、应急逃生；井口工具识别；作业机现场巡回检查；机械设备及功用；检查使用吊卡、卡瓦、安全卡瓦、B 型大钳	熟悉工艺流程，系统了解本专业的岗位情况，岗位职责及安全知识，为快速融入工作岗位打好基础

（2）第二阶段“墩苗”培训

思想素质提升（理想信念、制度宣贯）1 天，安全技能学习 2 天，专业知识学习 4 天，共计 7 天，安排在入职后半年左右进行。第二阶段“墩苗”培训内容及设计思路如表 4 所示。

表4 第二阶段“墩苗”培训内容及设计思路

课程名称	教学内容	设计思路
理想信念	党的二十大精神解读	学习党的二十大作出的关于安全管理的战略部署
制度宣贯	中国石化作业许可管理制度	增强对直接作业环节的风险意识
安全技能	中石化总经理二号令、情景式应急演练体验、安全技术消防知识、防雷防静电、电气安全	增强安全防范意识，加强自身防范能力
专业素养	液压基础知识；钻井地质基础；工程师巡回检查路线；固控设备基础知识；岗位操作手册；顶驱的结构、原理；标准化安全操作；常规作业基本工序；识别常用作业工具；油水井防砂、注水调剖；酸化、压裂；大修作业基本工序；资料、报表规范填写；规范化交接班、岗位职责	了解钻井技术、钻井工艺、钻井设备，掌握井控设备和技术知识，熟悉公司工艺流程、影响因素等相关知识，掌握相关岗位的理论知识和技能

（3）第三阶段“壮苗”培训

思想素质提升（制度宣贯）1 天，安全技能学习 1 天，专业知识学习 5 天，共计 7 天，安排在入职后一年左右进行。第三阶段“壮苗”培训内容及设计思路如表 5 所示。

表5 第三阶段“壮苗”培训内容及设计思路

课程名称	教学内容	设计思路
制度宣贯	中国石化生产安全事故事件管理规定	增强安全生产意识，了解公司生产安全事故规定
安全技能	生产安全风险分级管控和隐患排查治理双重预防机制管理规定、生产安全事故应急演练基本规范	增强预防事故、控制职业危害和应急处理的能力
专业素养	自动化钻井设备；钻井新技术；钻进工具；钻头选择；计算井深、卡点、排量等；钻井泵泵冲等基础数据的计算；封井器安装标准；钻具的验收与交接；安装连接悬重表；起下钻刹把操作	提高复杂故障处理能力

（4）第四阶段“梳苗”培训

培训前由单位对参训学员从工作态度、管理能力、技能操作水平进行评估。经营管理 2 天，专业知识学习 5 天，共计 7 天，安排在入职培训结束一年半后进行。通过本期培训，结合培训成绩及单位评价，梳理出具有一定管理能力，操作技能水平高的人员进入后期后备人才培训。第四阶段“梳苗”培训内容及设计思路如表 6 所示。

表6　第四阶段“梳苗”培训内容及设计思路

课程名称	教学内容	设计思路
依法守矩	依法合规经营管理	提高法治合规素养
经营管理	成果、专利、论文、合理化的申报；情绪管理	掌握成果申报步骤
安全技能	习近平安全生产重要论述	学习新时代党中央关于安全生产要求，了解党的二十大作出的关于安全管理的战略部署
专业素养	钻井液体系在钻井中的应用；井下工具故障与电缆事故处理；班组管理与建设；测量钻井液密度；测量钻井液黏度；钻井设计、地质设计；试油化验；定向钻井技术；录井概述；测井概述	了解钻井液体系、井下作业、测井、录井、定向井相关专业知识，培养复合型人才

6. 汇报总结

学员逐一进行总结汇报，邀请公司人力资源专家和培训中心主管教学领导亲临现场参加活动并点评。

7. 培训效果评估

（1）考核目的

调动学员参与培训学习的积极性，为评选优秀小组和优秀学员提供依据，考核结果作为评价学员学习情况的主要依据。

（2）培训考核

总成绩由每阶段学习成绩（40%）、考勤成绩（20%）、教师评价（20%）、学员互评（20%）组成。根据总成绩，结合汇报总结情况，进行排名，并将结果反馈至各单位。

（3）培训评估

通过多层次全方面的评估，将可确保入职培训的实效，进而改进和完善培训方案。建立青蓝“一人一档”，对学员学习全过程记录。

（4）培训项目评估

让学员通过调查问卷对培训项目设计及组织实施效果进行评估，并从教师、课程设置、授课质量、教学组织、生活服务等方面进行评分，提出意见和建议。

（5）阶段性跟踪评估

要求参训学员在培训结束一个月后、三个月后，提交所在单位直接领导及同事给出反馈评价的“行为改善计划”，以便项目组对学员行为改善情况作出考核评估。在培训结束半年后，上交一份在管理和技术方面实际取得的成绩汇报单。采用电话访谈、电子邮件或微信等方式反馈培训课程在工作中的作用，以及知识的应用转化情况。邀请参训学员所在单位直接领导对本培训项目进行评价，并为下一阶段培训提供方向。

三、培训特色优势

1. 教学模式

突出展现培训特色。以“育苗”“墩苗”“壮苗”“梳苗”四个模块组织教学，以“追根、溯源、生根”为主线，注重“培训内容高质量、不走样，培训方式有特色、高水平”。创新培训形式，完善新员工培训评估流程，并对新员工工作业绩进行跟踪观察，从而对培训工作的效果进行追加评定。

2. 课程思政

深入学习贯彻习近平新时代中国特色社会主义思想，与深入开展学习贯彻习近平新时代中国特色社会主义思想主题教育结合起来，对新员工开展思想政治和形势任务教育、主题团课等，并开展企业文化培训宣贯。培训与思想政治理论同向同行，“新”聚力，青心向党，形成协同效应，并贯彻教学课前、课中、课后，起到了“立德树人，润物无声”的价值引领，引导新员工“扣好人生第一粒扣子”。

3. 成立临时党支部

为充分发挥党建引领作用，抓实新员工党员管理，本项目在班级内成立临时党支部，构建新员工入职培训与临时党支部建设相结合的新模式，采用“党建＋培训”双融合工作机制。临时党支部组织青年党员亮身份、当先锋、树旗帜，召开党员大会、重温入党誓词、过“政治生日”以及分享入党故事等活动，以此凝聚青年力量，充分发挥战斗堡垒作用，积极打造融入团青工作的特色培训项目，从而提升培训的质量和效果。

四、成果经验总结

本培训开展的青蓝“四三二一”培养计划体系总结了一套可复制、可推广的模式，并取得了非常显著的成效，形成了独具特色的新入职员工培训模式，为公司发展提供有力的智力支撑和人才保障。

（一）特色教学理念

1. 特色教学方法

传统入职培训绝大多数仍以理论授课、讲座为主，采用传统课桌式的“满堂灌”，这种培训效果不尽如人意；因此，本项目打破单一的课堂讲授式教学，根据课程内容分模块设计，充分利用现代化信息技术，采用座谈研讨、案例教学法等教学方法，开展多样化教学活动，课程环节紧密相扣、内容层层递进。

2. 采用库伯学习圈理论

根据不同阶段学员特点，使其掌握相应的素养和能力，做好学员职业生涯规划，该理论认为学习过程是由四个适应性学习阶段构成的环形结构，包括具体经验、反思性观察、抽象概念化和主动实践。这四个阶段相互作用，形成一个连续的学习循环，有助于学习者从经验中提炼知识，并将知识应用于实践中。

（二）严格培训管理

1. 坚持从严管理

提供了有力的组织保障，项目组成员全程跟班服务，从而提高了学员在教学中的配合度与参与度。以完善需求分析、加强教学质量分析、强化评估工作为重点，持续创新培训管理，提升薄弱环节，强化培训全流程管理，助力培训提质增效。

2. 采用半军事化管理

将老一辈石油工作者的军事作风引入班级管理，每天进行军姿训练、队列训练、内务检查、晚间拉歌等训练，定期举行军事拓展训练，培养了学员服从命令听指挥的工作作风和团结协作、执行高效的团队精神，展现出了纪律严明、昂扬向上的精神风貌。

3. 开展团建活动

为增强新入职员工的使命感、责任感和荣誉感，开展丰富多彩的团建活动：自行组队的辩论赛既锻炼了新员工的思辨能力、语言表达能力，又加深了彼此的友谊；以企业文化、红色故事为主题的演讲比赛，让新员工增加了归属感；在每阶段结束时进行宣誓活动，学员们集体庄严宣誓，齐喊使命口号，在声声誓言中，新员工精神抖擞、英姿勃发，心中的责任感更加强烈，深受鼓舞。

4. 特色文娱活动

为丰富新员工课余生活，促进团队合作，举办了各式各样的特色文娱活动，如开展乒乓球、羽毛球、台球等体育活动，让学员们强身健体；组织学员们进行笔记的心得体会交流；每阶段结束进行文艺汇演，提供给学员们展示风采的平台，增强团队的凝聚力。

连线人物

张永利　教授级高级政工师，1992年开始从事党建研究相关工作，1994年开始从事党的思想文化宣传、培训工作，现任中石化胜利石油工程有限公司党校副校长，培训中心党委书记、副经理，主要从事党建管理、党的理论及政策研究领域工作。规划公司培训事业的发展方向，明确公司党校“三步走”战略，构建培训中心发展的“四梁八柱”。推进培训中心的机构重组和流程再造，梳理细化制度职责；推动课程体系改革，打造标准化课程体系；推动教学模式改革，建立和完善线上教学平台、教务管理系统，优化并建立数字数图系统；大力推进培训设备设施的数智化应用，打造场景式教学阵地；精准规划市场布局，创新并提高了拓市创效能力。先后发表论文50余篇，获全国企业文化先进工作者、山东省优秀理论教育工作者、中石化集团公司优秀党务工作者、山东省先进个人等荣誉称号。著有《经略海洋》《沧海拾贝》《心田工程》等著作。

新型研发机构新员工创新培养方案

深空探测实验室

林 杉　付中梁

企业简介

为贯彻落实习近平总书记“一步一个脚印开启星际探测新征程”的重要指示，加快推动深空探测事业高质量发展，国家航天局、安徽省人民政府、中国科学技术大学集智研究，联合组建了深空探测实验室，并于2022年正式挂牌成立，以黄山主峰天都峰作为第二名称，合肥设为总部、北京设为分部。成立两年多来，实验室牢记“国之大者”、打造“国之重器”、汇聚“国之栋梁”，以高起点、高标准的人才链条，推动深空探测事业高质量建设发展。

实验室作为面向世界航天科技前沿和国家航天强国战略需求，开展战略性、前瞻性、基础性研究的新型科技研发机构，致力于打造科技创新、人才聚集、国际合作、产业培育四大高地，推动科学、技术、工程全面融合创新发展。实验室是国家深空探测领域重大科技工程的重要支撑，是国际大科学（计划）工程和国际重大合作项目的培育基地，是国际合作交流、高端人才培养和科技成果转化的重要平台，是创建深空探测国家实验室的核心力量，已获批“深空探测全国重点实验室”。

实验室聚焦深空科学、深空技术、深空资源和深空安全等四大领域，确定了12个重点方向，在月球探测、行星探测、重型运载火箭三大领域开展工作，即将实施嫦娥七号、八号月球南极着陆探测，以及天问二号小行星采样返回等工程任务的研制实施。未来将在月球、行星及小行星、太阳系边际探测等领域不断深入，支撑国家一系列深空探测重大工程实施。实验室以“创新、引领、开放、共赢”为文化内核，未来还将参与建设国际月球科研站、小行星防御等重大工程，加速扩大中国航天国际“朋友圈”。

一、创新成果背景

党的二十大报告对加快建设航天强国作出重要部署，为我国航天科技实现高水平自立自强指明了前进方向。习近平总书记高度重视航天事业的发展，指出“深空探测成为科技竞争的制高点”，要求“一步一个脚印开启星际探测新征程”。2024 年 6 月 25 日，嫦娥六号任务携月壤成功返回，习近平总书记又亲致贺电，强调要“接续实施好深空探测等航天重大工程，加强国际交流合作，向着航天强国目标勇毅前行”。

作为支撑国家深空探测重大工程的新型研发机构，深空探测实验室成立两年多来，不仅支撑实施了多项国家深空探测重大科技任务，而且在航天科技策源和前沿创新上发挥了重要作用，同时也担负着重要使命。当前，我国深空探测事业处于继往开来、快速发展的历史黄金期。人才是深空探测实验室发展的基石，青年人才是构建深空探测未来发展方向的生力军，作为航天领域新起之秀，实验室经过先行先试，探索出了一条“国家行业主管部门主导、地方政府全力支持、高水平大学全面参与”的新型研发机构机制创新发展之路，独具特色。新型研发机构贵在“创新”，五湖四海的青年聚集于此，需要强化使命、凝聚共识，激发新员工创新意识。对于进入实验室的首批新员工，本次培训意义重大。这是为了让青年新员工深入了解深空探测事业、领悟实验室文化、增强员工向心力、感召青年初心的必然之举。

二、创新成果措施

从培训项目策划到执行，依照人才培养路径，构建学习路径图。针对新员工整体特点，结合实验室战略规划，设立员工“筑梦”成长计划。从新任到胜任再到敢任、卓任，从加快适应环境到快速胜任岗位，直至创造引领、实现个人飞速成长。依据成长路径，在新员工培训的环节，重点帮助新员工深入了解实验室文化及业务，调整角色、提升认知，在实际工作中强化岗位工作技能及实践能力，进而达到卓越绩效产出和高质量人才储备的双重目标。

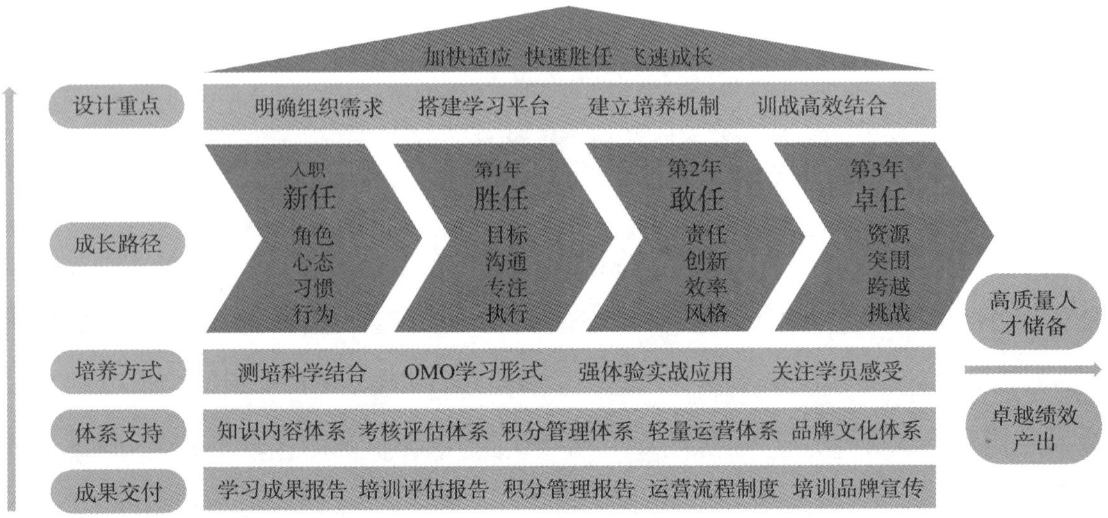

图1 新员工培养计划

（一）需求调研为前提

1. 人岗匹配，岗责需求明内容

“目贵明，耳贵聪，心贵智”，眼睛贵在明辨是非、头脑贵在思维敏捷，站在受众者的立场倾听和观察，用心体会培训群体的需求，这样才能看得远、想得深。在培训策划前期，通过设置“新员工训练营员工素质模型”，基于岗责匹配的要求，有效地指导了整个训练营的工作方向，为实现高质量的培训效果奠定了坚实的基础。针对新员工所在岗位的需求，需要从认知类及能力类两大方面作出提升（表1）。在企业融入、职业心态、思维模式、办公技能及沟通呈现方面进行课程内容的筛选。认知类包括实验室、航天与航天精神的深入认识、深空探测的全面了解、党性教育理论提升等；能力类包含职业能力和职业素养，具体分为角色转变、效能提升、问题解决等。全程针对岗位需求，进行实战应用和培养计划的展开，助力新员工立足岗位进行问题的分析与解决。

表1　新员工培训内容及要求

素质类别	分项素质		课程要求
认知类	实验室	1	对实验室产生背景、使命的认知
		2	对实验室的运行方式、规章制度的认知
		3	对实验室未来规划及工作目标有清晰认知
	航天与航天精神	4	对国际航天领域发展现状的认知
		5	对中国航天发展历程的认知
		6	对航天精神的形成历史、表现形式的认知
	深空探测	7	明确深空探测事业的意义和使命
		8	明确我国和世界深空探测事业发展现状
	党性教育	9	明确深空探测事业是人民的事业、党的事业
		10	深空探测事业需要坚定不移的保持对党的忠诚
能力类	职业能力	11	院校人向职业人的转变
		12	协助与效能提升
		13	系统思考和问题解决能力
	职业素养	14	商务与公务接待礼仪
		15	公文写作
		16	保密制度

2. 纵观大局，审时度势定方向

习近平总书记在党的二十大报告中指出，全党要把青年工作作为战略性工作来抓，用党的科学理论武装青年，用党的初心使命感召青年，做青年朋友的知心人、青年工作的热心人、青年群众的引路人。立足于这样的大局，实验室致力于全力构筑青年人才集聚高地、早日建成国际人才中心和创新高地。

实验室新员工培训的方向源自国家战略需求的牵引。为践行“两个维护”、贯彻落实党中央决策部署，实验室作为新型研发机构，首当其责、重任在肩，必须更加自觉地学习好、运用好习近平新时代中国特色社会主义思想中的世界观、方法论和立场观点方法，特别是坚持自信自立，引导新员工始终牢记“国之大者”，营造高品质人文氛围，以人才链激活创新链。因此，整体的培训方案应该着眼于国家战略发展方向，让青年员工看到浩瀚的空天有诸多待探索的奥秘，认识到国家深空探测重大工程的前景广阔。实验室为青年新员工提供广阔的平台以实现梦想。同时，坚持问题导向，紧扣实验室业务方向，用人才培养的方式锚定重点，真正做到张弛有度、重点突出，强人才、强技术、强科学，真正形成人才“强磁场”，为人才强室助力。

3. 立足需求，变被动参加为主动参与

对于一张“白纸”的新员工，始终坚持以需求为导向，力求指向性强、覆盖面广，真正将培训做到有料、有用。培训前，采用调研问卷及重点访谈的方式，对不同性质岗位的新员工进行困惑调研，把控期望培训的内容方向。培训形式上，从青年员工的视角出发，安排丰富多样的活动内容，从行业内外、思维方式、职业素养、团队融合等全方位多维度为新员工带来提升，让课堂“活”起来。收集大家集中反馈的较为关注的不同情境问题，对“如何更好地向上级汇报”“如何提高工作效率减少加班”等开展行动学习及思维碰撞，从实验室工作实际及难点出发，对相关问题进行深度研究，引发学员思考，搭建畅所欲言的平台，共创解决问题的方案。课堂上，学员之间针对问题开展激烈的交流讨论，安排情境模拟与演练，开阔思路，对于普遍存在的问题重构思维、补足自身短板，解决困惑的同时，激发了新员工的潜能。

（二）目标式教学为导向

力求做到新员工培训是“自己的培训、有用的培训”，本次以新员工“急难愁盼”问题为导向，聚焦培训内容。

1. 广度上，立足使命，探本穷源

“为政之要，惟在得人”。党的二十大报告强调，全面建设社会主义现代化国家，必须有一支政治过硬、适应新时代新要求、具备领导现代化建设能力的干部队伍。新入职青年员工作为人才队伍的生力军，聚焦“抓学习促提升”原则，着力造就一支学、思、用贯通，知、信、行统一，在干中学、学中干的青年人才队伍，切实把本次新员工培训作为党的二十大精神落实到企业发展实践中去的重要途径。总的来看，航天与深空探测发展历程、党性教育等使命类课程把统一思想、凝聚共识作为主线，进一步提升新员工对二十大后国内、国际形势的认识，深化对党和国家方针政策的理解，准确把握中国国防现代化态势以及航天强国建设的现状与挑战，提高政治站位，传承红

色基因；从世界的深空探测、中国的主要成就与未来发展蓝图、开放的国际合作等方面出发，全面讲授实验室发展战略和规划思路，帮助新员工全面深入了解实验室使命任务与发展规划，深刻领悟实验室文化，系统领会未来重点工作与使命意义，引领新员工加快走进实验室、融入实验室、扎根实验室，增强员工的凝聚力与向心力；同时，我们旨在提升新员工创新思维和识变应变求变的意识，不断塑造发展新动能、新优势，充分激发其创造活力。

2. 深度上，重点击破，勤学深思

调研中，员工急需提升的是立足于岗位的技能素质类课程，为了使培训不流于形式，真正使培训收效显著，重点围绕员工关心的领域，如公文写作、商务礼仪、问题解决等日常工作中常见应用的内容展开。通过“讲 + 练”实操的方式进行实训。现场撰写一篇公文，并互相优化改进；针对特定场景，共绘解决问题树（图 2）；共同策划一个重大会议接待，各司其职查摆易错事项，复盘礼仪规范要点等，将深度讲解与实操演练相结合，提升学员在知识的有效理解、技能的有效掌握以及灵活运用方面的能力，实现整体工作效能的提升。

图 2　培训现场

3. 热度上，转化角色，强化归属

对于新入职的员工，他们既有对企业及职场的陌生感，对工作的焦虑感和本领的恐慌感，又有对角色的迷茫感，帮助新员工完成职业身份的转换成为顺利进入岗位最受关注的热点之一。在这一环节，重点围绕“价值认同、角色转换、知行合一”等方面，培养员工职业习惯，深度理解职业生涯规划、进行职业生命周期管理，挖掘新员工自身岗位胜任能力。同时，从链接性、独特性、价值性、成长性与职场进行深度融合剖析，帮助员工快速进入角色、快速成长。最后，利用课堂讨论，进行行动学习。通过“4F”进行小组分享与讨论（图3），Fact，讲事实，分享在初入职场后遇到了什么问题；Feeling，谈感受，你觉得通过学习找到的原因是什么；Finding反思，由此，你有什么重要的收获和领悟；Future行动，未来的工作中你想有怎样的应用？运用这种行动学习的方式，交流思想、碰撞解决方案，解疑释惑的同时实现协作共赢。

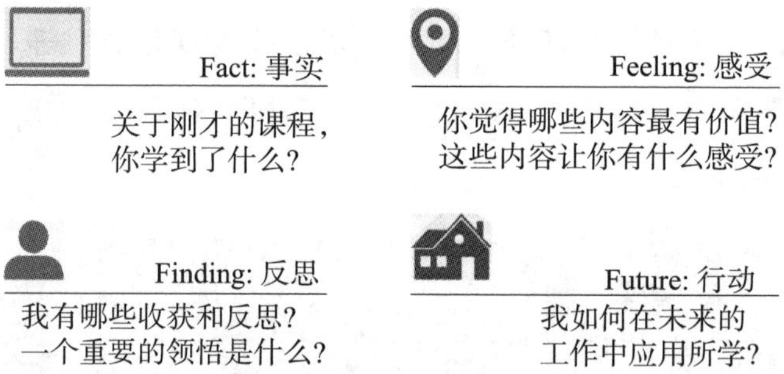

图3　4F模型进行问题讨论与解决

（三）体验式教学为方式

在培训方式的多样性上，此次培训采取“课堂专题教学+现场体验式教学+学习交流促理论提升”的培训模式，以活动促学，策划各种与“深空”主题相关的创新性活动。围绕入职深空开展演讲比赛及巅峰故事会，开展集体趣味运动会、“长征火箭”等拓展活动，组织参观红色教育基地、国家实验室等，通过共同开启“破冰之旅”、共同设计“未来火星城市”、共同绘制“深空巨画”、共同创作“黄埔班歌”等丰富多彩的课程设计（图4），全面加强了新员工对深空探测事业的了解，在活动的设计与编排过程中彼此链接、建立深厚的友谊，增强了实验室青年人才队伍的战斗力和凝聚力。

（a）共同设计“未来火星城市”

（b）共同绘制“深空巨画”

图 4　课程设计活动现场

（四）积分制教学做管理

为进一步提升新员工自我管理效能，培训班设立班委及学习小组，全程采用“积分制”。班委分为班长、副班长、文艺委员、组织委员、安全委员；学习小组按照人员总数平均分为五组，每组 11~12 人。各项活动由组长牵头，负责小组管理，包括组内考勤、课堂展示、课堂献智、参加活动等，提前做好分工和安排，以小组的形式，进行积分的增减，最后评出优胜小组，提升培训热度，赋能和激励新员工。

三、创新成果效果

1. 聚民心，聚力国之大者，新员工快速融合融通

本次培训共分两期次，每期次 8 天，采用全封闭式管理。真正让新员工深度走进和融入实验室，放眼深空探测，从“五湖四海”青年快速转变为“深空”青年，瞭望深空科技前沿、厚植深空报国情怀，了解中国航天发展历史、实验室建成的战略意义、深刻领会探月精神和航天三大精神的内涵，激发信仰与传承，实现内在使命牵引、外在深度融合，强化归属、激发动能。

2. 育新人，聚焦实验室发展导向，激发新员工创新动能

在培训六大模块的课程与深度互动的活动中，聚焦深空探测领域前沿科学问题及

实验室发展的重大方向，有指向的交流协作，以“创新”作为主旋律贯穿始终，碰撞思维火花，商讨解决方案，挖掘实践智慧，达到培训内容对焦工作岗位实际应用的目标，实现行业新人到航天主人翁的快速转换，提高工作效能，以青年动力驱动实验室创新发展。

3. 识人才，多措并举，建立实验室动态人才库

在全流程中，从知识、技能、态度、修养四大特质进行人才的动态识别与筛选。在培训学习和活动中，考察学员决策驾驭能力、协作执行能力、攻坚克难能力、引领创新能力。挖掘优质青年人才，提取他们的优势要素，建立实验室动态人才库，为实验室各领域培养和输送人才。

四、成果经验总结

（一）结果评估

1. 定量分析

根据本次培训新员工素质模型前测（实线），后测（虚线）蛛状图对比，后测的数值有明显提升，如图 5 所示。

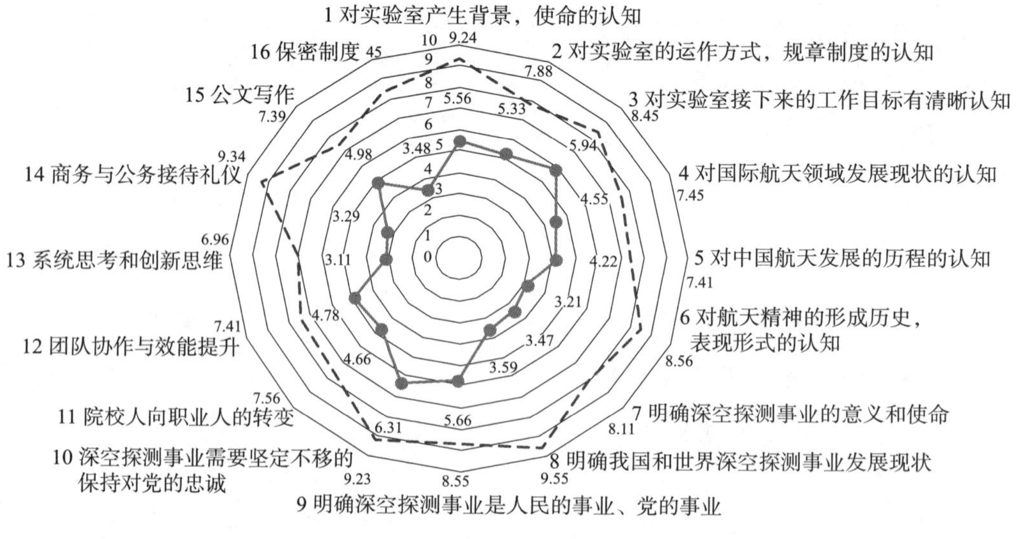

图 5　新员工素质模型前测和后测蛛状图（平均数）

2. 定性分析

通过现场访谈和学习感想收集，发现大部分伙伴对于本次培训的评价是积极肯定的，培训内容指向明确、形式丰富，实现了知识性获得、情感性获得、团队交流获得等。

3. 净推荐值分析

问卷分析中采用近年被广泛认可的客户满意度指数 NPS 值（净推荐值），根据收集的 94 份有效数据中，NPS 值（净推荐值）为 84.26。在培训咨询行业的数据中属于中高水平，说明学员的整体满意度较高。

（二）培训经验总结

1. 以胜任素质模型为依据，聚焦能力短板，针对性解决问题

在训练营开展之前，人力资源部通过调研，根据实验室战略方向及岗位职责的原则，设置了“新员工训练营员工素质模型”，有效指导了整个训练营的工作方向，并为高质量的培训效果奠定了坚实的基础。

2. 训战结合，多参与度有效赋能员工

全程采取“课堂专题教学＋现场体验式教学＋学习交流促理论提升”的培训模式，并在班级管理采用“积分制”，设立学习小组，纵向使参与的颗粒度缩小，横向形式多样，尽量兼顾知识型、文体型、思考型。通过以上措施，实现了知识厚植、问题聚焦、重点深耕，形式多样，真正提高了培训的实用性、多样性和参与度。

3. 用 Z 时代员工思维激发使命意识

面对不确定的时代，新式思维方式，要走进、认同转而激发青年新员工。以学员与学员互相认同、互相碰撞的方式，激发智慧火花，形成团队效应，进而从认知层面帮助新员工完成了职业身份的转换、促进了工作效能的提升，以实验室“主人”的身份加快新员工走进实验室、融入实验室、扎根实验室。

连线人物

林　杉　深空探测实验室人力资源部高级主管，国家人社部职业生涯规划师，心理咨询师，职业生涯版权课认证讲师，多次获得讲师技能大赛优异奖项。全年负责实验室党、工、团及管理类、科研类各项培训。参编《航天强国建设的挑战》《弘扬科学家精神 探索太空新疆域》《做幸福的航天人——航天员工心理健康指南》等多部航天军工科研项目管理相关图书。

中国石油炼化企业员工心理健康服务“心”模式建构与实践

中国石油兰州培训中心

王笑世　荣玲莉　孟姝秀　张　琳

企业简介

兰州石化公司隶属于中国石油，是集炼油、化工、装备制造、工程建设、检维修为一体的大型综合性炼化企业，是中国西部重要的炼化生产基地，现有各类用工1.8万人，员工家属15万人。兰州石化公司的前身——兰炼、兰化（简称“两兰”）均是国家“一五”期间156项重点工程项目，公司1952年选址建厂，1958年建成投产，被誉为新中国石油化学工业的“摇篮”，素有“共和国长子”之称。先后荣获全国国家质量管理奖、全国企业管理优秀奖、全国五一劳动奖状、全国基层先进党组织等100多项国家及省部级荣誉称号。

一、创新成果背景

（一）企业高质量发展助力中国式现代化的责任担当

党的二十大报告深入阐述了中国式现代化理论，强调“重视心理健康和精神卫生”。现代化的最终目标是实现人自由而全面的发展，身心健康是人自由而全面发展的内涵。作为国资央企的重要骨干企业，在政策导向指引下兰州石化公司把深入学习宣传贯彻党的二十大精神作为当前和今后一个时期重要的政治任务，深刻领会精神实质，准确把握核心要义，把落实中国石油“人才强企”工程作为引领高质量发展的战略举措。强化国有企业的政治担当和社会主体责任，扎根本土实践、立足企业实际，努力探索适应中国式现代化发展需求、切合健康企业管理要义、满足人民群众心理需求的心理服务模式。

（二）社会心理服务体系坐标落地的效果检验

社会心理服务体系坚持系统观念，企业系统是社会心理服务体系建设的重要领域，关系到员工生活成长、企业经营发展与社会安定和谐。在企业社会心理建设实施中，工作层面和生活层面两个核心要点交叉并行相互影响，共同构筑了企业社会心理服务体系建设的基石。在工作层面维度，企业作为追求效益的组织，社会心理服务的目标是赋能员工，激发他们工作热情与创造力，进而提升整体工作效率；在生活层面维度，致力于关注员工精神世界，提升员工满意度和幸福感，使他们在工作和生活中都能得到平衡和满足。因此，社会心理服务体系在企业系统建立与实施要依据企业生产经营性质，找准落点和定位，其运行效果对于社会心理服务体系整体运行发展具有重要意义。企业心理服务模式功能架构如图 1 所示。

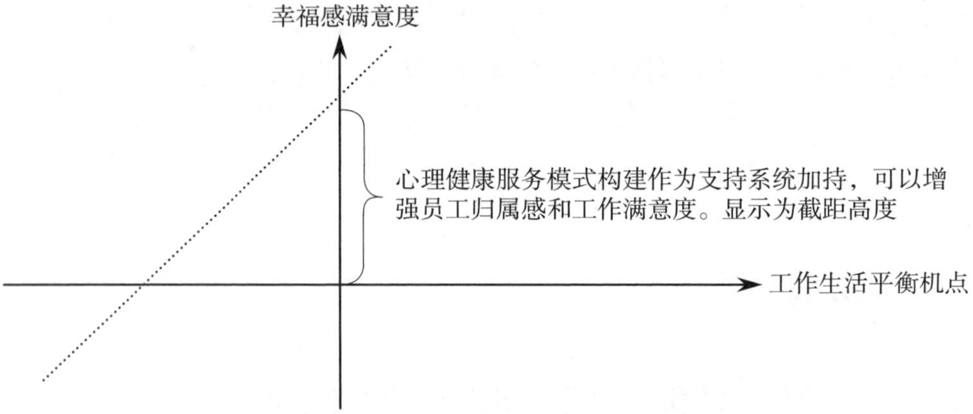

图 1　企业心理服务模式功能架构图

（三）贯彻党中央实施“健康中国战略”的发展目标

党的十九大报告提出“加强社会心理服务体系建设、培育自尊自信、理性平和、积极向上的社会心态”。党的二十大报告再次强调要“重视心理健康和精神卫生”。国家“十四五”规划明确了到 2030 年健康中国的具体目标。党和国家一系列要求为企业心理服务体系建立指明了前进方向，对于实施健康中国战略，助力企业提质增效、稳步发展具有重大指导意义。企业作为社会职能和社会治理的重要一环，在自身发展过程中离不开这一体系的支撑与引导。

（四）推进落实健康企业建设的管理要求

健康企业建设是集团公司为推进健康中国落地实施的有益举措，对于提升企业健康管理水平、增强员工健康管理意识具有积极的促进作用。心理健康作为健康的有机组成，在影响健康诸要素中至关重要。《“健康中国 2030”规划纲要》明确把加强心理健康服务体系建设和规范化管理列入其中。当前，我国正处于经济社会加速转型时期，人们生活节奏明显加快，竞争压力不断加剧，导致个体心理行为及其引发的社会问题日益突显，引起了社会各界的广泛关注。由于炼化企业具有高温高压、易燃易爆的生产运行特点，员工在面对生产工作压力时对心理健康的需求越来越紧迫，这关乎员工健康、安全生产、家庭社会稳定、健康企业战略目标实现。因此，持续深入把健康企业长远发展与员工健康协调发展作为企业践行“健康中国战略”基准点，是企业为创建黄河流域高质量发展示范企业提供的精神动力和重要保障。

（五）促进社会心理服务体系建设中企业发展创新实践的改进完善

自 2018 年《关于印发全国社会心理服务体系建设试点工作方案的通知》颁布下发至今。我国社会心理服务体系建设经历了从萌芽到发展的过程，虽取得一定成效，但发展不均衡，与广大人民群众的需求相比，尚存差距。仅仅依靠政府、群团组织难以满足社会心理服务资源数量、质量、分布等布局，更无法实现针对特定组织架构、特定人群的精准服务。当前，我国社会心理服务体系建设侧重于从个体心理服务角度推动工作，忽略社会心理的引导机制，服务的“预防”和“治理”功能重视不够，社会关注度和影响力较低。而企业作为社会组织中的重要组成部分，有责任有能力承担更多的社会职能，而且也更能保证其行为的系统性、多样性、全方位、多元化的组织结构特性。且企业由于在发展过程中形成了自身的组织文化，在社会心理服务体系的实践中必将遵循自身的发展规律，赓续红色基因。因此，企业承担起社会心理服务体系建设职能，是社会心理服务体系建设的重要支撑力量。

二、创新成果措施

（一）分层并举，提升管理“心”效能——搭建体系模式的基本框架

兰州石化公司以健康企业建设为契机，根据员工多元需求，形成以公司健康安全环保部为实施主体，培训中心心理健康管理部为专业引领团队，将心理健康服务送进员工“心”中。从微观、中观、宏观层面促进员工心理健康，丰富精神文化生活，助推企业人才队伍建设高质量发展。心理健康服务项目体系框架如图 2 所示。

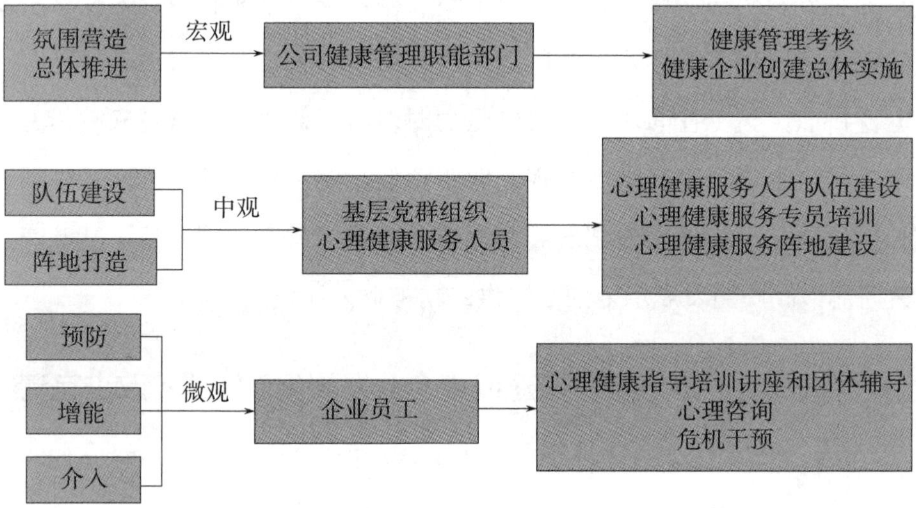

图 2　心理健康服务项目体系框架

1. 微观层面

从员工个人层面出发，提升员工心理资本，改善员工心理亚健康状态，预防心理疾病发生。

近年来，培训中心心理健康管理部专业咨询师、讲师队伍通过现场送教、线上宣讲、团体辅导等形式，服务兰州石化域内、域外及海外员工万余人。通过访谈、在线

调研，对员工心理需求进行全面了解，量身定制培训方案。根据评估数据统计，参与心理健康培训的员工对课程内容的目标达成、贴合实际、实用性及指导性等维度平均分都在 9.5 分以上（满分 10 分）。针对不同群体从百余门课程资源库中根据需求进行定制化培训服务，有效推动了企业员工心理健康知识普及和心理素养提升。在团体沙盘辅导中，培训师运用结构式团体辅导技巧，让各级各类参与者体验到团体的强大合力，成员间融洽度得到提升，团队向心力得到增强。针对公司生产及员工生活中的应激事件采取危机干预和个体、团体心理辅导百余人次。帮助事件亲历个体和相关群体，修复心理创伤影响，缓解不良情绪，实现自我成长。对应激相关个体及群体的干预效果进行追踪评价，预防状态发展更加严重。

2. 中观层面

依托基层党组织、工会、班组，公司打造了员工心理健康服务阵地，并培育了一支员工心理健康关爱队伍。

公司现有 170 余名取得国家职业资格的二级、三级心理咨询师、心理管理师、婚姻家庭咨询师，覆盖公司各机关部门和二级单位，针对员工一般情绪问题进行及时疏导，彰显党组织对基层员工的关心关爱。同时，公司定期选送骨干人员送外培训，取得国际认证 EAP（员工帮助计划）专员、石油石化行业 EAP 内部专员、心理教练、沙盘培训师、绘画治疗师、心理测量师等进阶培训资质；邀请了全国知名心理专家定期开展心理督导，以培养真正“合格”和“成熟”的心理服务专业骨干，为推行心理健康服务模式构建奠定坚实的人才基础。

心理健康兼职培训师在推动关心关爱员工的理念和方式方法下沉到基层，进一步拓展了培训的服务成效和覆盖面。心理健康服务阵地打造方面，在健康企业建设的要求下，企业建成并投入使用心理咨询室、沙盘辅导室、心理减压室以及健康小屋，实现了数据采集、远程问诊、健康科普、应急医疗、康复理疗、心理咨询等集于一体的健康服务。基层班组建设中通过建立“情绪墙”“亲情墙”等阵地，使基层员工主动积极参与其中。

3. 宏观层面

从全公司层面出发，营造良好的心理健康促进氛围，增强员工幸福感，增加组织稳定性和发展动力。

将心理健康管理纳入企业 QHSE 运行体系，将健康企业创建过程中分层设立的管理组织机构进行运行职能常态化管理，以确保健康企业建设的深入推进和制度运行。

针对公司内部员工抓常态化服务，规范开展心理健康指导，以实现公司各层各级各类员工心理指导服务全覆盖，并利用网络、热线对海外员工及家属进行心理健康指导。面向中国石油内部兄弟企业进行项目化的服务，实现炼化企业在海外开展心理服务零的突破。切实履行企业在实施健康管理、促进员工心理健康方面的职能作用，把心理健康服务与困难员工救助、法律援助、志愿服务、应急救灾等结合起来，扩大了企业的社会影响力，提升产业工人队伍的心理健康素养。

（二）五位一体，注入运行“心”动能——完善模式充实内容提高成效

通过开通热线、搭设平台、建设阵地、开发“菜单”、培养队伍的“五位一体”措施，努力为企业员工架好心理健康“连心桥”。兰州石化公司员工心理管理知识培训班现场如图 3 所示。

图 3　兰州石化公司员工心理管理知识培训班现场

1. 开通心理服务热线，实现线上服务全天候

独立承接中国石油两条心理援助热线，由专业心理咨询师 24 小时轮值，在集团公司“铁人先锋”App 平台知晓率达到 130 万人次。心理热线运行一年多来，日均接听咨询电话 1.3 例，电话接通率 100%，成功进行心理危机干预 30 余次，满足员工及家属的心理诉求。通过热线解答心理困扰，提升心理能量。

2. 搭设心理服务平台，实现健康宣传全方位

在集团公司 App 上开辟专门版块，以及在公众号通过图文、H5 等线上宣传，为炼化企业员工普及心理健康知识，推送员工感兴趣的心理话题，涵盖情绪调节、压力纾解、亲子关系、职场关系等培训需求调研中员工需求较多的主题。

3. 建设心理服务阵地，推动心理关爱零距离

培训中心心理健康管理部承担专业指导服务的职责，负责全面推行心理健康服务模式构建工作的落实，通过心理咨询、心理讲座、团体辅导、心理测评、培训督导等，突显心理健康服务模式建构及运行主阵地作用。

公司各基层单位健康安全环保部门、党群组织、基层班组长经过专业培训指导，具备一定的理论知识和实操技能，有效延伸了为基层员工提供关爱支持的路径，彰显了小阵地的大作用，实现心理关爱零距离。

4. 开发心理功能增效“菜单”，实现心理服务个性化

根据企业生产性质、员工工作时长及员工培训需求，开发心理健康服务清单，选择主题和形式，形成个人心理健康培训计划，由专业人员采用送教上门的形式，更直接、更便捷地服务员工，降低员工参与相关活动的时间成本。

5. 培养专业骨干队伍，实现心理服务专业化

在全公司内部选拔培养了 170 余名专、兼职心理健康服务人员，均达到国家三级以上心理咨询师职业要求。定期开展骨干人员技能提升培训，能及时发现需要心理疏导或转介的员工，主动对接专业医院进行干预。在持证人员中招募心理讲师，培养志愿者，形成以专业部门引领、志愿者积极参与的心理服务团队，让心理服务资源“从员工中来，到员工中去”，拓宽企业心理健康服务的宽度。

（三）内外结合，强化多元“心”智能——呈现模式建构的整体性

1. 立足企业内部，助力企业发展

（1）定期开展心理评估，提供管理决策依据

培训中心心理健康管理部定期对员工开展心理评估，为管理者提供决策依据。不断优化测量问卷的信度、效度，定期统计分析，现已形成应用于企业内部员工心理状态3个维度、12个评估项的常模量表，可推广可复制。

（2）实施员工心理援助，注入健康企业活力

公司坚持优化企业人文环境，开发员工“心理资源”，将促进员工幸福生活、推动企业和谐发展作为企业心理健康服务模式建构的动力能源，指导各基层单位细化分解员工健康管理与促进工作任务，制定措施并组织实施，形成上下贯通、高效发展的管理模式。

（3）开展专业心理咨询，促进员工队伍稳定

充分发挥心理健康服务骨干人员的专业优势，通过个体咨询、团体辅导、网络咨询等多种方式，为员工主动寻求工作、家庭等方面的心理健康服务提供专业支持，同时，创造必要的基础设施及环境条件，以促进员工提升心理健康意识，发展自身潜能，促进关系和谐。

（4）开展健康教育培训，提升员工健康素养

针对员工的培训需求，开发了情绪管理、压力管理、组织绩效与冲突管理、家庭关系构建等心理辅导课程，组织开展专题送教培训。四年来，公司为中国石油提供教育培训230万人次。同时，在新媒体中科普健康知识，提升了员工健康素养。

（5）重视心理危机干预，降低非生产亡人指标

形成事前、事中、事后三级干预模式，重在预防、贵在及时、减少伤害，经过专业人员的坚守，成功干预危机40余起。同时，应兄弟企业邀请，通常在48小时以内迅速赶往现场，第一时间进行处置，降低风险和非生产亡人指标。

（6）融入思想政治工作，提升管理人员技能

自集团公司2021年10月下发《关于印发中国石油天然气集团股份有限公司职业

卫生和健康管理规定》的通知以来，在第四章第四节“心理健康管理与促进”中，明确了地区公司在员工心理健康管理与促进工作中的主体责任，提出了“将心理健康管理纳入思想政治工作”。本企业积极落实集团公司管理规定，明确了员工心理健康促进工作的实施主体，对于实施主体相关人员如党务工作者、工会干部、管理人员、班组长等群体进行心理健康技能培训，设计开发了“党群干部必备心理管理技能”“支部书记谈心谈话技巧”“班组长心理疏导技能”等课程，大大提升了实操技能，为心理健康服务模式建构提供了有力的组织保障。

2. 借助外部资源，规范专业管理

兰州石化公司作为甘肃省心理卫生协会理事单位，使得企业心理健康服务工作有了更加规范的专业指导。在中国心理卫生协会、中国社会心理学会员工与组织社会心理援助专业委员会、中国科学院心理研究所、中国企业文化促进会心理健康专业委员会等专业机构的技术支持下，为企业心理健康服务工作注入了更多的支持。

3. 服务项目输出，提升对外影响

兰州石化公司主动参与集团公司《国际业务 EAP 管理体系要素建设与实施项目》，建立了海外业务 EAP 管理体系框架。履行了与中国石油国际勘探开发有限公司海外员工心理服务合同，先后完成拉美、中亚、西非、中东等 40 多个国家上万名海外员工的心理服务，扩大了企业的海外影响力。

通过以上措施的实施，建立起一套较为完整的适用于国资央企的社会心理服务体系，其工作模式如图 4 所示。

三、创新成果效果

（一）提升企业专兼职心理健康管理人员专业能力

为企业专兼职人力资源、党群、健康安全管理人员定制培训课程；并制定后续成长计划，不断提升企业员工健康促进管理水平；为员工开展普适性的心理健康教育宣讲，促进员工整体健康水平的提升。

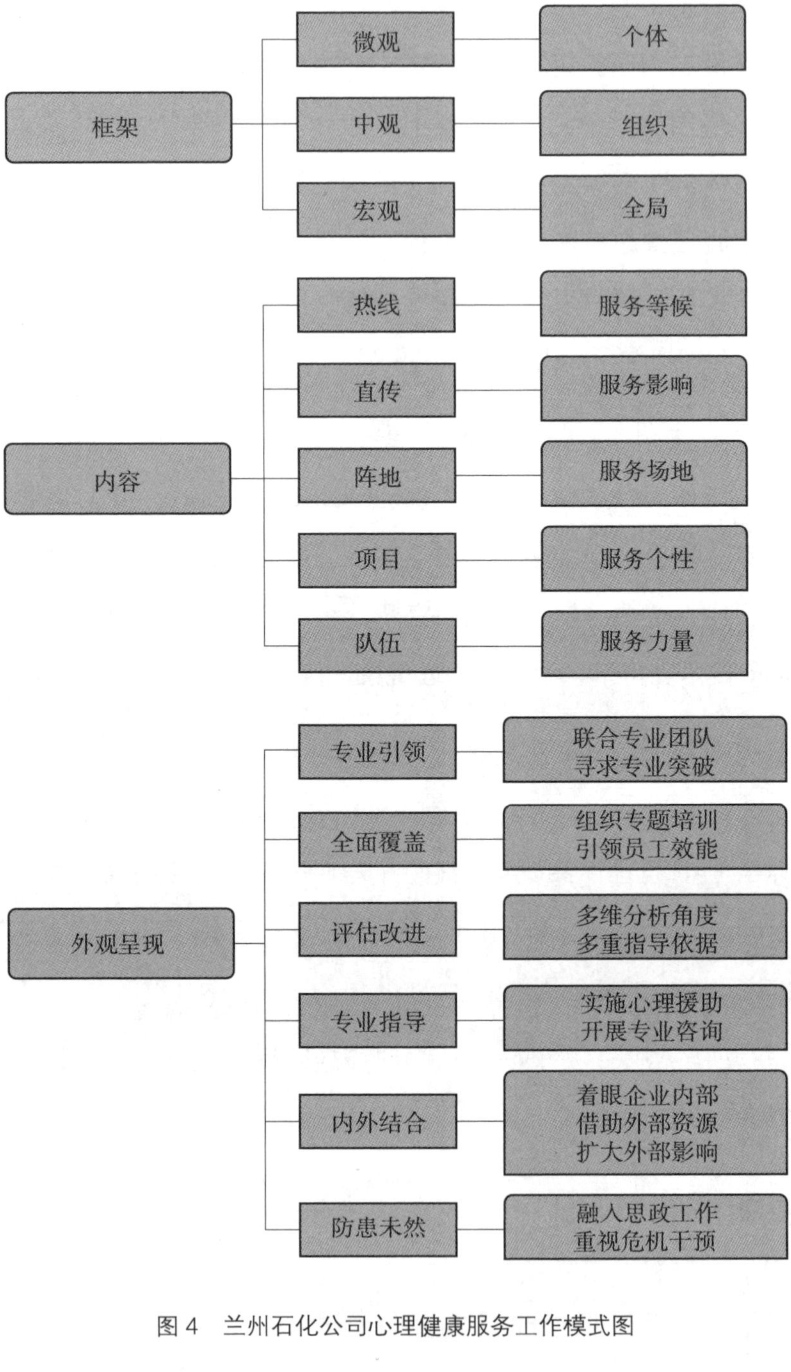

图4　兰州石化公司心理健康服务工作模式图

（二）形成不同层级的培训人才梯队

从微观、中观、宏观三个层面形成完整配套的心理健康人才培养梯队，保证了心理健康培训计划的有效落实。

（三）实现规定项目与个性化定制双轨并行的培训方案架构

在自主开发企业心理健康服务通识类课程基础上开展广泛的培训需求调研，收集问题，形成有针对性的方案，提供定制化的心理服务，满足了不同层次、不同人员的培训需求。

（四）分四个层面组织开展健康培训

分四个层面（即决策层、管理层、员工层、家属层）形成心理健康管理能力提升方案，有针对性地开展培训。

（五）分三级进行心理危机干预

分为三级预防及干预模式（一级为事前、二级为事中、三级为事后），有针对性地开展心理干预工作。

（六）形成在健康企业建设中心管理方面的标杆示范

在中国石油化工行业形成了健康企业建设中心管理领域的企业标杆，来自全国 50 多家企业前来参观交流，分享经验。

四、成果经验总结

（一）搭建运行框架，形成心理服务模式

兰州石化公司在建立社会心理服务体系的实践中，涵盖了科普宣传体系、心理测评体系、教育培训体系、咨询服务体系、危机干预和处理体系、保障和评估反馈体系这六大内容，在组织机构建立、规范工作流程中形成了适合炼化企业管理运行的企业心理服务工作模式。

（二）助力企业品牌，打造健康和谐企业

兰州石化公司建立心理健康服务模式，在国内、国外大大提升了国资央企的企业形象。在国内，中国石油兰州培训中心入围“全国十佳社会心理服务社会组织（机构）

提名”。在海外，参与中国石油《国际业务 EAP 管理体系要素建设与实施项目》，建立了海外业务 EAP 管理体系框架。与中国石油国际勘探开发有限公司签订了为期三年的海外员工心理服务合同，先后完成了拉美、中亚、西非、中东等 40 多个国家上万名海外员工的心理援助，扩大了企业海外影响力。

（三）改进运行机制，促进管理水平提升

1）将体系运行经验融入企业经营管理和思想政治工作，促使员工的思想、心理、态度、价值取向产生预期变化，提升新时期企业管理的高度、广度、力度、深度、温度，实现管理理念的发展创新。

2）通过建立运行、评估、交流机制，确保了体系科学、规范、有效运行提升心理健康服务模式整体管理水平和企业运行管理水平，实现管理机制的发展创新。

（四）拓展业务范畴，扩大影响覆盖面

1. 自主研发了 170 余门心理管理方面的课程，针对不同群体进行定制化培训，探索心理健康培训管理和效果跟踪的方法。在立足本企业的同时，面向中国石化、国家管网等石油化工行业，心理服务模式构建实施过程中实施心理服务人数超过 230 万人次，实现服务影响的发展创新。

2. 根据新时代、新形势的发展变化，突显了社会心理服务体系在企业创新发展的影响力。通过心理科普连载、心理援助热线服务，为全公司员工及家属提供广泛的心理服务，为促进企业生产平稳运行奠定了坚实的心理基础。累计完成了全公司 3 万人次以上的身心健康知识培训和线上测评，提升了全员健康素养。

连线人物

王笑世　中共党员，高级政工师，中国石油兰州培训中心主任、兰州石化公司党校副校长。从事教育培训党建工作12年，曾任共青团甘肃省委常委、兰州石化公司团委书记，兰州石化公司党委组织部副部长、兰州石化公司消防支队党委书记、政委，兰州培训中心党委书记、纪委书记、工会主席等职。多年从事企业基层培训和党建管理工作，并取得了一定成效。在《现代企业文化》《石油政工研究》等核心期刊和省部级期刊发表论文10余篇。十多项培训及党建研究成果获得集团公司党建成果奖和兰州石化公司政研成果奖。多次受邀参与中国石油西北销售公司、大唐电力、中核兰铀、甘肃机场集团、兰州石化大学等单位的党建评审、培训授课，并获得高度赞誉。

构建四级领导人才高地　以高质量发展为导向的创新培训体系实施策略

国网吉林省电力有限公司培训中心

李　默　文　静　王　博　张　欣

企业简介

国网吉林省电力有限公司培训中心坐落在“北国春城”——长春，实行两块牌子（国网吉林省电力有限公司培训中心、中共国网吉林省电力有限公司党校）、一套班子的运作模式，主要负责省公司培训基地、培训师资和培训资源管理，组织或承办各级干部、管理人员、党务工作者、党员和技术技能人员的培训，以及人才评价和技能等级评价，并受委托承担国家电网有限公司新员工和高技能人员培训。培训中心总占地面积20.8万平方米，房产总建筑面积9.5万平方米。下设二级机构11个。

国网吉林省电力有限公司培训中心连续获得国网公司文明单位、省公司文明单位标兵、省政府直属机关先进基层党组织、省公司先进党委、先进单位、中国企业教育百强单位、国网党校“建设国内一流企业党校示范单位”等多项荣誉。

一、创新成果背景

（一）贯彻中央人才工作要求，厚植人才第一资源的重要举措

党的二十大报告作出了“加快建设国家战略人才力量”“着力形成人才国际竞争的比较优势”的战略安排，明确了人才是第一资源的战略定位。习近平总书记在中央人才工作会议上强调，“深入实施新时代人才强国战略，全方位培养、引进、用好人才，加快建设世界重要人才中心和创新高地”。[①]四级领导人员作为企业的核心力量，其能力和素质直接影响到企业的发展和战略实施。开展四级领导人员培训，全方位提升四级领导人员的综合素质能力，使其具备更高的战略眼光、更强的决策能力和更宽广的国际视野，从而更好地推动企业战略的实施和人才强企的建设，是贯彻中央人才工作要求、深入实施新时代人才强国战略、厚植人才第一资源的重要举措。

（二）落实国网人才发展理念，推动公司战略落地的迫切需要

“双碳”目标倒逼能源行业转型，电网升级要求更加迫切，高质量发展任务十分艰巨。国网公司立足新阶段，围绕建设具有中国特色国际领先的能源互联网企业战略目标，提出要激活人才“第一资源”，以人才高质量发展助推公司高质量发展，为扎实推动“一体四翼”高质量发展提供不竭动力。吉林电力站在新的历史起点，提出着力打造高质量发展“六个高地”，开启了高质量发展的新课题，也对干部提出了新的更高要求。公司党委聚焦“人才是第一资源，创新是第一动力”，着力建强高质量发展人才队伍。公司四级领导人员作为中坚力量，在落实公司重大决策部署和各项目标任务中具有不可替代的地位和作用，因此，打造一支与高质量发展相匹配、堪当重任的四级领导人员队伍，为公司高质量发展夯基蓄力，是推动公司战略落地的迫切需要。

① 中华人民共和国中央人民政府．习近平出席中央人才工作会议并发表重要讲话[R/OL].(2021-09-28)[2024-8-12]. https://www.gov.cn/xinwen/2021-09/28/content_5639868.htm.

（三）激发公司人才成长动力，解决培训实际问题的现实要求

形势催人奋进，发展时不我待。电网正处在转型升级的重要阶段，公司正处在高质量发展的关键节点。高质量发展，人才是基础性和战略性支撑。当前的培训模式立足企业发展和组织需求，存在培训形式单一、培训内容虚高，导致学员参训积极性不高，学习转化不明显等现实问题。因此，激发人才成长内生动力，以公司发展战略为引领、以四级领导人员队伍素质提升为目标，从夯实培训基础、优化培训支撑、激发员工学习动力三方面着手，构建聚焦针对性、层次性、系统性、有效性、持久性、评估性的全链条精准化系统性培训模式，是解决四级领导人员培训实际问题的现实要求。

二、创新成果措施

（一）坚持需求导向，用创新的理念推动培训策划

1. 优中选优，严格学员选拔

在四级领导人员创新理念培训班参培人员选拔过程中，根据各单位四级领导人员实际配置，公司本部、各单位共推荐 241 名候选人（公司本部 69 名、各单位 172 名），人资部会同组织部根据候选人推荐顺序、个人基本情况（职务等级、任职年限、学历、职称和近三年绩效等级）和工作业绩（专家人才称号、竞赛表彰、成果奖项、论文著作、发明专利、个人荣誉）三方面核算积分，按照积分排序确定 107 人参加培训。优中选优、严进严出，源头处保证培训质效。

2. 精准调研，对接培训需求

从公司需求、岗位需求、员工需求三个层次出发，开展多维度调研，瞄准专业工作短板，准确摸排能力状况，摸清培训需求，按需策划培训方案，保障培训实施的针对性、科学性和实效性。

问卷及访谈调研：培训前通过调研问卷及访谈，对参培学员本人、上级及下属共 252 人次进行调查，结合四级领导人员性别、年龄、就业学历、专业技术资格、从事

专业及单位层级等五个维度的基础数据，坚持结果导向、问题导向和目标导向，对四级领导人员开展基本情况分析和调查研究分析，着力把培训需求调研全面，把问题挑战分析透彻，把培训思路找准谋实。

岗位胜任能力测评：深入学习贯彻习近平总书记关于开展调查研究的“深、实、细、准、效”五字诀，紧密结合公司高质量发展的总体要求和四级领导人员工作实际，兼顾过去和现在，兼顾战略全局和个人发展，兼顾电网升级和管理提效，为提高培训内容与学员岗位需求的耦合度，从“洞察力、学习能力、影响说服、协调能力、培养下属、结果导向、决策判断、战略执行”八个维度针对性开展岗位胜任能力测评，客观了解目标学员专业短板和能力差距。

（二）聚焦课程设计，用创新的思维精进培训内容

1. 至臻至善，创新课程设计

在正式集中培训开展之前，开展线上直播及推送学习，每日推送重要讲话精神、热点文章等学习内容，累计 92 次，并要求学员根据推送内容，整理思维导图学习笔记，共享学习成果，实现训前预热。同时聚焦公司要情、重要讲话、专业前沿等内容，创新策划专家论坛、高端学术论坛、世界一流国际公开课等培训活动，组织学习“创新学堂”专题课、“世界一流国际公开课”等线上课程 20 余次。提高培训内容与员工岗位业务的耦合度。

聚焦党风廉政建设、国有企业改革发展、公司全年任务等重点工作，打造“没有院墙的高端培训基地”，培训班第一阶段在中大院开展“提高政治能力”“永葆创新活力”和“修炼领导品格”三个模块的培训；第二阶段在公司领航培训基地开展“淬炼履职本领”培训。其中，“提高政治能力”模块，设置“深入学习贯彻党的二十大精神、新时代及十年伟大变革的重大意义、构建新发展格局、推动高质量发展、深入推进党风廉政建设和反腐败斗争、当前形势下国内国际双循环新发展格局构建、当前国际形势、中美关系与中国外交”等课题内容；“永葆创新活力”模块，设置“我国科技创新与新兴产业发展的前景和机遇、碳达峰碳中和战略与能源转型路径、‘三项制度’改革、改变企业和竞争格局的数字技术和企业创新、关键

核心技术创新与产业链安全自主可控、数据驱动型企业创新与转型、数字化支撑新型电力系统建设关键技术”等课题内容；“修炼领导品格”模块，设置“国企管理者的成长之道、博弈论与管理决策创新、经营意识与战略决策、领导者自我认知与领导力提升、领导者的沟通艺术、合规风控体系建设与重大风险事项管理、情绪与压力管理、财务管理”等课题内容；“淬炼履职本领”模块，设置“如何做好一名电网企业的卓越年轻管理者、公司法治企业建设实务、创新工作实践、能源与数字化、课题研究”等课题内容。培训课堂，综合运用“专题讲座、行动学习、数字化体验式学习、沙盘模拟、案例分享、现场教学”等多种教学形式相结合，丰富学员学习体验，激发学员学习热情。

2. 强强联合，严格师资选聘

与中大院开展合作办学，培训班聚焦“宏观视野、经营管理能力、管理创新能力”等方面设置课程，聘请来自中国国际战略研究院、北京大学等 14 名国企高管、名师大咖参与授课，帮助学员拓宽全球视野，把握前沿变革，汲取先进经验，激发创新思维，开拓工作方式，激发学习动能；选聘国网公司工匠、公司专业部门负责人等 15 名内部专家，准确把握公司发展方向，凝聚强大发展合力，把岗位工作纳入国企改革、国网转型、能源变革、电网升级一盘棋考虑，助力企业锻造具有专业思维、专业精神、专业方法的高素质专业化经营管理人才。

（三）丰富学习实践，用创新的方式推进培训实施

1. 坚持融会贯通，强化专业沟通

系统运用主题研讨、案例分享、沙盘模拟、行动学习、社会实践等培训形式，将“互动式”授课、“情景式”体验、“主题式”活动有机结合，加强横向交流，促进专业融合，打造学习培训、交流互进、创新创效的平台，实现“线上 + 线下”双发力，“理论 + 体验”双结合，全面提升培训效果，助力学员培训成果和创新理念产出。

2. 坚持学思践行，强化培训质效

创新设计丰富的学习活动，助力学员学有所得，强化成果输出。

学习研讨：以小组为单位，以巩固学习成果为目标，根据学习进度及近期学习内容，每周分享学习心得，升华培训收获。共计收集学习心得 400 余篇。

“两个带来”研讨：结合工作实际中的难点热点问题，结合“两个带来”，以深化工作交流为目标，分享实践案例及工作中遇到的问题，通过来自不同岗位、不同地区学员的交流研讨，多视角剖析问题，提出问题解决方案，培训结束后形成案例集，共计收集案例和问题 196 份。

课题研究：创新应用“课题引领”模式，旨在促进共同研究、共同创新、同获成果，激发学习内驱力，打造培训新模式。基于国网公司发展战略及公司重点工作，围绕电力保供、安全管控、负荷管理、数字化、清洁能源等方向开展课题研究和交流研讨，萃取相关实践案例或创意设想，形成专题研究报告。公司总经理助理兼党委组织部主任及人资部、设备部、营销部、数字化部、宣传部、培训中心相关负责人出席课题发布会，邀请国网首席专家、领军人才、国网系统党校名师担任评委对课题进行点评并打分。各小组在数字化、清洁能源等方向开展课题研究并进行发布，共完成 10 份研究报告，累计近 15 万字。

（四）强化过程质效，用创新的机制提效培训管理

1. 注重全程管控，严格教学管理

省公司人资部负责人参加了培训班的开班仪式，并对培训提出了总体要求；创新性地采用了“双班主任制”班级管理模式，公司人资部教培处处长担任第一班主任，全程跟班，监督、指导培训班过程管理。培训中心安排骨干力量担任第二班主任，负责培训班全过程管理服务。加强与培训教师的沟通，灵活运用各种教学方式来保障课堂教学质量；及时与学员沟通，定期对培训进行评估、优化、调整，确保培训有序推进。

2. 创新班级管理，强化自我管理

实行全脱产制，让学员排除一切干扰，把全部精力放到学习上、研讨上、交流上。在培训班成立班委会、学习小组，明确职责分工。引入学习积分制，点燃学员的学习热情，采用“个人 + 团队”积分方式增强学员的参与感，营造“比、学、赶、帮、超”

的浓厚氛围，培训结业发放结业证书（积分未达标不予结业），评选优秀学员。激励学员积极参与到培训中，让学员独立思考、自主策划、创新实施，让培训学习的过程成为锻炼成长的过程。

3. 营造培训氛围，激发学员活力

注重开班仪式：调动气氛，激发热情。强化公司领导或主办部门负责人参加开班仪式策划，沟通协调专业部门处长全流程跟班指导，精选骨干班主任全程参与培训管理，实时督导培训情况，确保每位学员都能充分融入其中。

丰富文体活动：多元参与，提升兴趣。开放文体设施，组织体育比赛、红色观影等多种文体活动。这不仅可以锻炼身体、放松心情，还能在比赛中培养团队合作精神和竞争意识。丰富学员的课余生活，提升学习兴趣和参与度。

搭建互动平台：社群交流，深化互动。为了加强学员之间的互动交流，建立培训微信群作为互动平台。学员可以在微信群中分享学习心得、讨论问题、交流经验，形成一个充满活力的社群。班主任和导师也会定期在微信群中发布学习资料和答疑解惑，帮助学员更好地掌握知识。此外，还会定期组织线上活动，如知识竞赛、互动游戏等，增进学员之间的友谊和合作。

建立学员档案：个性化成长，精准指导。建立以学员持续成长为目标的学员档案，通过深入了解学员的专业特长、工作业绩和个人兴趣等信息，为每位学员量身定制“一人一策”的培养方案。不仅关注学员的专业技能提升，还注重学员的综合素质培养和职业规划。根据学员的实际情况和发展需求，提供个性化的指导和支持，帮助他们实现个人成长和职业发展。

重视跟踪培养：持续成长，助力发展。建立跟踪培养机制，定期跟踪学员发展情况，持续关注学员成长发展轨迹，不断更新学员工作创新成果，让学员明晰自身特点优势与能力短板，明确成长目标与努力方向，助力学员持续成长。

及时总结经验：提炼亮点，广泛宣传。注重总结提炼培训经验和亮点特色，通过编制培训简报、制作宣传视频等方式进行广泛宣传。将培训中的精彩瞬间、学员的优秀表现、培训成果等内容进行整理和展示，让更多人了解培训成果和学员风采。同时，利用微信公众号、公司网站、电网头条等媒体渠道进行宣传推广，提高培训的品牌影

响力和社会认可度。

（五）重视长效应用，用创新的手段助推培训评估

1. 深化训后评估，贯通学用之道

秉持“培评一体，学用贯通”的教学理念，锐意革新培训后评估体系，以跨越从学习到行为、从能力到绩效的鸿沟。综合运用柯式反应评估（一级）、学习评估（二级）、行为评估（三级）检验教学成果。反应评估（一级）：培训期间设置电子问卷，在课程结束后，组织学员对课程师资、培训管理进行满意度评价和真实反馈，确保教学质量和培训管理质量，并不断改进；学习评估（二级）：二级评估采用课题发布、撰写专题论文等方式量化个人积分，对学员进行学习评估，全面检验学员学习效果，积分未达标不予结业；行为评估（三级）：建立人才培训培养评估机制，关注参培学员成长发展轨迹，多维度评价培训培养效果。在集中培训结束，培训学员回到工作岗位后，结合领导反馈和实际工作情况，对培训班学员进行跟踪评价，检验课题研究成果实践、实际成果应用、课题优化完善等情况，提高课题成果的实用性和创新性，确保培训成效。实时调整、动态更新相关培训项目。

2. 强化结果应用，赋能职业发展

将培训培养结果与岗位胜任力紧密结合，使每一份学习成果都成为员工职业生涯发展的坚实基石。通过将培训成果纳入员工能级评价、人才选拔、评优评先、晋升竞聘等多维度考量中，确保每一份努力都能得到应有的认可与回报。在员工定岗、转岗等关键节点，更是将培训培养结果作为重要参考，帮助员工在职业生涯中稳步前行。这一闭环式的管理机制，不仅激励了人才的长远发展，更为企业培养了一支高素质、高能力的员工队伍，为企业的发展注入源源不断的新动力。

（六）巧用数字赋能，用创新的平台挖掘培训价值

1. 打造资源平台，实现共建共享

顺应数字化发展趋势，加强培训数字资源建设，充分利用国网学堂吉林专区，发

挥课程库、案例集的在线资源共享作用，推动学习载体升级。汇总国网公司范围内7个专业234门优秀网络资源，形成高质量资源供给；鼓励四级领导人员通过项目开发、培训开展、教研活动等多种形式，将业务经验进行提炼萃取，编辑、演示、上传课程和案例等学习资源，促进员工自主学习。充分发挥网络资源倍增效应，实现平台共用资源共享。

2. 打造数据平台，助力价值挖掘

深化“国网学堂”吉林电力专区个性化工具应用，打造特色鲜明、实用管用、便捷高效的网络学堂，建设涵盖四级领导人员成长档案与积分、培训教学、考核评估的大数据平台，跟踪培训项目后的四级领导人员应用成效与反馈，科学评估其应用效果，以确保培训的科学性、专业性、实效性。深挖培训数据价值，加强培训计划、师资、学员等数据管理，强化培训辅助决策分析，助力精准施培、科学评价，以数字赋能推动培训管理跃升。

三、创新成果效果

（一）培训模式效能不断凸显，综合素质全面提升

吉林电力针对四级领导人员培养需要，不断拓宽培育领域、丰富培育内涵、创新培育方式，建立了源头有调研、过程有提升、结束有跟踪的全过程培养体系。吉林电力从企业战略高度，全面深化培训改革，积极探索并更新培训理念，为四级领导人员培训项目方面探索出了一套全新模式，为做好四级领导人员培训工作奠定了基础，积累了经验，为四级领导人员的可持续发展注入了新的活力。

训后通过择优选拔四级领导人员赴先进省公司实践锻炼，近距离学习先进省公司管理经验和管理模式，将学习成果转化为推动工作的科学思路、有效措施和推进改革创新发展的新动能、强引擎，实现公司管理能力和实践锻炼人员工作能力双提升；打破论资排辈、平衡照顾、求全责备等观念，选优配强各部门、各单位党政主要负责人，新提拔40岁左右三级领导占比达67%，实现了40周岁三级正职和“90后”四级正职零的突破，各级班子整体功能进一步增强，人才队伍结构不断优化。

（二）学习转化成果得到不断应用，创新氛围愈加浓厚

通过四级领导人员创新理念培训班开展，产出创新工作 83 项，发表论文、专著 19 篇，申报专利 15 项，产出培训学习成果 19 项，其他创新成果 113 项。32 名跨单位交流锻炼人员到新兴业务、人才紧缺岗位实践锻炼，将个人所学与岗位需求相结合，创新工作方式，激发个人潜力，实操能力不断提升，各项工作取得新成绩、新突破；200 名委派人员和 49 名内部挂岗人员深入基层一线，转变工作角色，主动输出管理经验和管理理念，以不同站位、不同视角识别处理工作中的难点问题，综合素质明显提高，个人能力大幅提升，在公司上下形成广泛示范效应。

（三）品牌价值认知不断彰显，工作成效稳固提升

开展热点宣传，亮品牌。在公司热点专题栏目中，搭建四级领导人员创新学堂专栏，发布了学堂动态 24 篇，学堂周报 23 期，学堂感悟 29 篇，学堂成果 8 项。凝聚“人人是人才、人人可成才、人人争当人才”的高度共识，推广了具有吉林特色、创新卓越的人才培养品牌，搭建创新人才成长成才平台，构建高层次、递进式、可持续、可推广的创新人才培养模式，着力培养企业卓越领导者、管理创新主力军和专业技术带头人，持续发力，久久为功，实现创新人才队伍引领公司高质量发展。

开展经验交流，亮特色。与国网辽宁省电力有限公司交流分享四级领导人员创新学堂开办经验，推广具有吉林特色、创新卓越的人才培养品牌。通过会议宣贯、主页专栏、新闻报道等形式，宣传四级领导人员培训创新成效，切实提高四级领导人员培训知名度和员工参与度。

四、成果经验总结

（一）量身定制，精准培训设计

强化需求调研，培训前通过调研问卷及访谈等方式，对目标学员本人、上级及下属进行调研，同时开展学员潜在能力测评，识别学员专业短板和能力差距，结合培训目标，按需策划培训方案。创新课程设计，将形势政策、战略思维带进课堂，打开创

新眼界；将关键问题、解决办法带进课堂，开拓创新边界；将创新精神、典型人物带进课堂，融入创新世界。严格师资选用，选聘国网工匠、公司专业部门负责人、高校教授、国企高管等内外部优秀师资，力求用最优秀的人培养更优秀的人。

（二）多维驱动，创新培训实施

“云”培训蓄势赋能。开展线上直播及推送学习，每日推送重要讲话精神、热点文章等学习内容，组织学习“世界一流国际公开课”等线上课程。走出去拓宽视野。借助中大院高端资源合作办学，开阔视野、增长见识。请进来务求实效。领航基地培训采用研讨式、案例式、现场教学等培训方式，邀请数字化部、电科院、吉林大学等内外部专家，提升全局意识和专业素养。

（三）创新机制，确保培训质效

量化培训积分助成长。组建班委会，研讨确定“个人＋团队”多维度评价积分，激发学员参与热情和团队竞争意识。配备“双班主任”严管理。培训期间采取全封闭管理，优选 2 人担任班主任，确保培训见实效。组建学习小组谋创新。围绕公司重点工作，结合小组成员专业优势，完成课题研究报告，推动学员从“被动输入”到“主动输出”的知识转变。

连线人物

李　默　从事教育培训工作13年，国网吉林省电力有限公司培训中心管理培训部主任，中电联专家级培训师、国网公司高级兼职培训师，在国网公司开发并讲授6门课程，包含变电事故处理、变电运维倒闸操作等专业课程，以及情商管理、新员工角色转身等通用管理课程。曾多次担任电力行业培训师竞赛评委，参与编审6本电力相关专业书籍；策划国网吉林公司培训项目10余项，实施并完成了200余期、约4万人天的培训任务。

以行动促进学习　以实践发展人才

惠州市德赛西威汽车电子股份有限公司

郑敏玲　彭潇雨　李学华

企业简介

惠州市德赛西威汽车电子股份有限公司（以下简称“德赛西威”），成立于1986年11月，公司总部位于广东省惠州市，并在我国南京、新加坡、欧洲、日本分别设立研发中心和分公司，员工人数约1万人。凭借强大的技术创新能力、高品质的产品和良好的服务，德赛西威与国内外众多知名汽车制造商建立了良好的合作关系。

德赛西威经过多年的努力，获得了来自客户、政府、行业、媒体等各种认可与奖项，包括“国家火炬计划重点高新技术企业”“全国百强优秀汽车零部件供应商”“最佳企业品牌形象奖”“中国公益节最佳公益创新”等殊荣。

德赛西威积极响应全球碳中和战略，从经济、社会、环境三个维度出发，推动落实安全可靠、成长共赢、绿色环保三大可持续发展目标。企业在回馈社会的同时，尊重每一位员工，为雇员打造多元共生的工作环境和高能成长的发展平台。

近年来，德赛西威加速推进国际化布局，通过组织变革行动全面深化并梳理其国际化战略，依托总部的深厚积淀以及多年来国际化准备的基础，迅速搭建全球服务体系，向国际化企业转型。面向未来，德赛西威将以更开放灵活的合作姿态，携手产业生态上下游伙伴，共同推动未来出行变革的进程；以持续引领行业的决心，敢为人先，为促进智慧出行产业发展继续奋勇拼搏，共同创造美好未来。

一、创新成果背景

在当今快速变化的商业环境中，企业面临着前所未有的挑战和机遇。为了应对这些挑战，企业需要不断提升自身的竞争力，培养具有战略思维和创新能力的管理者。行动学习作为一种有效的管理培训方法，已经在许多企业中得到了广泛的应用。项目旨在通过行动学习项目，提升管理者的能力，推动企业的持续发展。

（一）项目背景

1. BANI 时代的挑战

在 BANI（脆弱性、焦虑性、非线性、不可知性）时代，组织需要快速发展，并增强企业柔性，包括战略柔性、组织柔性、管理柔性和制造柔性。这些柔性能力是企业在复杂多变的环境中生存和发展的关键。

2. 管理者能力需求增长

随着企业总体人数及管理者需求的快速增长，对管理者能力的要求也越来越高。管理者不仅需要具备业务推进的能力，还需要在人才培养方面有所作为。因此，如何有效培养管理者，成为企业管理中的一个重要课题。

3. 行动学习的必要性

行动学习作为一种有效的管理培训方法，能够兼顾业务推进和人才发展。然而，现有的行动学习应用存在内外部局限性，无法有效解决相关问题。因此，创新行动学习模式，提升其应用效果，成为企业管理创新的重要方向。

（二）项目目标

通过行动学习项目，实现以下目标：

1）提升管理者能力：通过行动学习，旨在提升管理者的战略思维、创新能力和管理能力。

2）推动企业持续发展：通过行动学习，旨在推动企业的持续创新和改进，提升企业的竞争力。

3）培养行动学习规划师：通过系统的培训和实践，旨在培养一批企业内部的行动学习规划师，为行动学习的内化和推广提供支持。

4）实现知识共享和协同创新：通过行动学习，旨在促进不同部门和团队之间的知识共享和协同创新。

二、创新成果措施

（一）项目启动

项目启动阶段，主要完成了以下工作：

1）需求分析：通过调研和分析，明确了管理者能力提升的需求和行动学习的应用现状。

2）目标设定：根据需求分析的结果，设定了项目的具体目标和预期成果。

3）团队组建：选拔了一批优秀的学科经理以上人员，组成了行动学习规划师团队。

（二）项目设计

1. 项目设计全景图

行动学习内部规划师孵化项目旨在通过系统的培养机制，选拔并培养一批具有专业能力和实践技能的行动学习规划师。项目设计遵循“721”法则（图 1），即 70% 的实践、20% 的辅导和 10% 的理论学习，确保学员能够将理论知识与实际工作紧密结合，提升综合能力。

（1）选拔机制

1）甄选标准：选拔对象为公司各领域的学科经理以上人员，要求具备良好的管理基础和强烈的学习意愿。

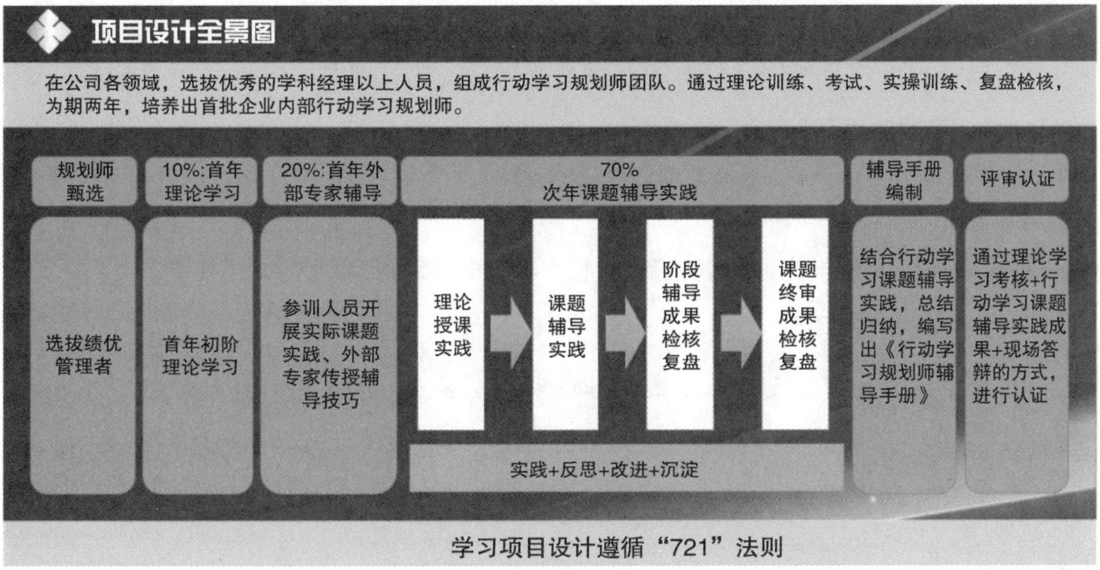

图 1　“721”法则

2）选拔流程：通过各业务单元（BU）推荐，结合个人申请和组织考核，最终确定参与项目的学员名单。

（2）培养路径

1）理论学习：首年进行基础理论学习，涵盖行动学习的基本理念、方法论和实践技巧。

2）实操训练：通过实际课题的参与和辅导，将所学理论知识转化为实际操作能力。

3）复盘检核：定期进行复盘和检核，确保学习效果和实践成果的持续优化。

2. 规划师甄选

（1）推荐机制

1）各 BU 推荐：各业务单元根据实际需求和管理者表现，推荐绩优管理者参与项目。

2）选拔标准：选拔过程中，重点考察管理者的学习能力、领导力和创新能力。

（2）培养目标

1）专属规划师：为各 BU 培养至少一位专属行动学习规划师，确保行动学习理念在各 BU 的深入应用。

2）思维和行为方式：通过系统的学习和实践，使管理者学会一套新的思维和行为方式，提升管理效率和团队协作能力。

3. 首年项目设计

首年项目以理论学习、课题实践为主。课程安排和评审机制详述如下。

（1）课程安排

1）理论学习：首年安排 1 次集中理论学习，涵盖行动学习的基本理念、方法论和实践技巧。

2）课题实践：安排 4 次课题实践辅导课，每次课程结束后，学员需参与实际课题的辅导和实践。

（2）评审机制

1）理论学习评审：通过理论学习考核，确保学员掌握必要的理论知识。

2）课题实践评审：通过课题实践评审，检验学员将理论知识应用于实际工作的能力。

3）创新与变革：探讨行动学习在推动组织创新和变革中的应用。

4. 次年项目设计

次年项目设计以课程辅导实践、评审认证为主，实践环节、辅导环节、规划师匹配、成果输出详述如下。

（1）实践环节

1）课题辅导实践：14 名学员通过理论学习，进入课题实践辅导阶段，每位学员需完成 7 大环节的实践。

2）个人评审认证：通过课题辅导实践和个人评审认证，检验学员的综合能力和专业水平。

（2）辅导环节

1）理论授课：系统讲解行动学习的理论基础和实践方法。

2）课题澄清：帮助学员明确课题目标和实施路径。

3）第 1 次辅导：指导学员开展课题实践，解决初期遇到的问题。

4）第 2 次辅导：深入分析课题进展，提出改进建议。

5）第 3 次辅导：总结课题实践的经验和教训，优化实践方案。

6）预评审：模拟评审过程，帮助学员准备结项评审。

7）结项评审：通过结项评审，检验学员的课题实践成果和专业能力。

（3）规划师匹配

每位规划师负责一个课题小组（1 人 / 组），以确保课题实践的质量和效果。

每班安排两名规划师（2 人 / 班），负责课程辅导和实践指导，以提升辅导效果。

（4）成果输出

1）改善建议：规划师在辅导过程中，提供针对性的改善建议，以帮助学员优化课题实践。

2）个人评审认证：规划师梳理课题实践成果，参与个人评审认证，以确保学员的专业能力得到充分认可。

在项目执行阶段，主要完成了以下工作：

1）理论训练：对行动学习规划师团队进行了系统的理论知识培训，包括行动学习的理论基础、方法论和实践技巧。

2）考试和实操训练：通过考试和实操训练，检验和提升行动学习规划师的理论知识和实践能力。

3）复盘检核：通过复盘检核，总结和反思行动学习过程中的经验教训，不断提升行动学习的效果。

（三）项目评估

在项目评估阶段，主要完成了以下工作。

1）成果评估：通过对比项目实施前后的数据，评估行动学习项目的实际效果。

2）客户评价：收集和分析了学员、业务高层、课题导师 / 规划师等各方的评价，了解行动学习项目的满意度和改进建议。

3）经济效益评估：通过计算项目实施带来的经济效益，评估行动学习项目的经济价值。

三、创新成果效果

（一）创新性成果

1）首批人才的培养：在企业各个领域，选拔优秀的学科经理以上人员，组成行动学习规划师团队。通过理论训练、考试、实操训练、复盘检核，培养出首批企业内部行动学习规划师，在行业内属于首创。

2）首次实践：首次由内部规划师全权负责授课及辅导，输出标准流程，完成 24 个课题结项，辅导学员 240 余名。

3）首创理论：将行动学习思维流程表单整合完善成一套西威标准行动学习手册，包括前导篇、授课篇、辅导篇。为行动学习内化及规划师培养提供清晰指引和有效保障，在目前国内属于首创。行动学习规划师辅导手册如图 2 所示。

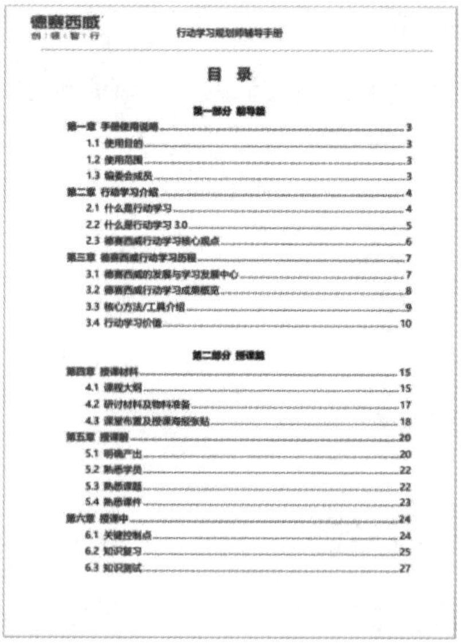
德赛西威
创 | 领 | 智 | 行

行动学习规划师辅导手册

目 录

第一部分 前导篇

第二部分 授课篇

图 2 行动学习规划师辅导手册

（二）可推广性成果

1）行动学习的方法论：清晰地指明行动中的思考和前进方向；在实际课题中，边学边做边反思，提升分析思维。

2）知识面拓宽：在课题里接触到本职工作以外的知识，拓宽知识面。

3）管理能力提升：和不同风格的学员高效协同，持续改善管理能力，扩大个人影响力。

4）最佳实践复制推广：可在 BU 内形成最佳实践，复制推广，实现价值最大化。

（三）客户评价

1）学员评价：行动学习的方法论，清晰地指明行动中的思考和前进方向；在实际课题中，边学边做边反思，提升分析思维。

2）业务高层评价：在课题里接触到本职工作以外的知识，拓宽知识面。

3）课题导师 / 规划师评价：和不同风格的学员高效协同，持续改善管理能力，扩大个人影响力。

（四）经济效益

攀登者 12~17 期，共计 6 个班级，24 项小组课题 +119 项个人课题，合计创造收益 7686.5 万元。

四、成果经验总结

项目成功离不开相应的保障机制，综述如下。

1）高管重视：学习型组织建设需要企业高管重视并全力支持。在领导力项目中高层管理人员的参与和重视，有效保障了行动学习项目的成果。

2）员工参与：员工的参与至关重要。企业建立线上及线下的学习共享平台，有效促进员工参与，也构建出了积极进取的学习文化。

3）创新思维：创新思维是组织提高竞争力和实现可持续发展的核心，公司通过技术创新在行业内拔得头筹，内部有许多创新活动，如产品创新、GPG 创收、全员 3i 等活动，浓厚的创新文化也为学习型组织建立创建了基础，有利于行动学习项目的开展。

4）方法论保障：学员只有掌握了扎实的方法论才能保障行动学习项目的成效，德赛西威摸索实践了一套三线实施模型，有效保障团队成员在问题分析技能缺失或不足的情况下实施行动学习的可能性，拓宽了行动学习的运用人群范围，也为企业训练“问题分析解决能力”贡献了价值。

5）组织保障：一个项目的成功，离不开有效的组织和清晰的职责。在本次项目中，通过整合多方资源（高层、项目组、导师、业务部门、学员），组成了一个高效的项目团队，通过清晰的职责与分工，相互协调合作，使培训项目得到顺利的推进并最终实现成功。

6）纪律管理：学习纪律是非常重要的，既可以帮助参与者达到培训目标，也可以确保培训过程的顺利进行。本次项目设计了较完善的运营规则和纪律要求，加强学员培训过程中的学术环境规范和安全保障，提升培训成效。

7）与晋升发展链接：为保障项目的牵引性，公司还将项目结果与发展晋升链接。在项目中获得嘉奖的学员将获得晋升的加分。这一方式让培训和晋升相互关联，形成互相促进的关系，推动组织的成长完善。

连线人物

郑敏玲 惠州市德赛西威汽车电子股份有限公司学习发展中心运营管理高级经理，厦门大学MBA，国家一级人力资源管理师、国家二级心理咨询师、ICF认证教练。从事培训及人才发展工作十余年，荣获珠三角人力资源管理协会“年度卓越人才管理实践领军奖”、梅赛德斯奔驰“员工发展最佳实践”“人力资源最佳实践奖”等众多荣誉及奖项。

在企业大学运营管理、学习技术研发方面有较多经验积累和创新。曾负责两家员工规模超过万人的上市公司企业大学的管理和建设工作。在领导力训练项目开发、行动学习技术运用、教练技术推广方面有丰富的实践经验积累。

创新技能人才培养新模式　铸就企业发展核心竞争力

中国航天三江集团有限公司培训中心

刘树群　袁晶琳　杨　伟　王建龙　朱　畅

企业简介

中国航天三江集团有限公司培训中心（法人名称：湖北航天工业学校，以下简称“培训中心”）是中国航天三江集团有限公司（以下简称“航天三江”）直属教育培训与服务机构。航天三江隶属于中国航天科工集团有限公司（以下简称“集团公司”），是我国固体运载火箭研制生产的主体与技术抓总单位、特种越野车及底盘研发生产的主要单位，是国防科技工业的骨干力量。航天三江本部注册在湖北省武汉市，拥有总资产逾1100亿元，控股上市公司1个，在职员工2万余人，成员单位28个，主要分布在湖北省武汉市、孝感市、宜昌市和北京市、江苏省南京市、四川省成都市，形成“六地十二区”布局。

经过四十多年的发展，培训中心已形成功能多元、设施先进的综合性培训、服务实体，为航天三江建设世界一流运载技术研究院提供了有力的人力资源服务和智力支撑。近年来，培训中心紧贴航天三江主责主业，不断丰富和拓展业务板块，初步形成了“一校三中心多平台”的业务格局。具体来说，“一校”，即航天三江党校（培训中心）；“三中心”，即航天三江情报中心、装备保障服务中心、融媒体中心；“多平台”，包括国家级高技能人才培训基地、国家数控实训基地、全国中小学生研学实践教育基地、中国国防邮电工会新时代工匠学院、国家职业技能等级认定站、湖北省高技能人才培训基地、湖北省安全培训考试机构、湖北省特种作业示范考点、航天科工技能人才培训基地、孝感市干部教育培训基地、孝感市应急管理培训中心等系列平台资质，先后荣获“国家技能人才培育突出贡献奖”“全国职工教育培训先进单位”“全国职工教育培训示范点”“湖北省级文明单位”“湖北五一劳动奖状”等荣誉称号。

一、创新成果背景

（一）响应国家号召，贯彻技能强企

技能是强国之基、立业之本。技能人才对于推动中国制造、中国创造具有举足轻重的作用。近年来，党和国家高度重视关心技能人才的培养，“大国工匠是我们中华民族大厦的基石、栋梁”，“工业强国都是技师技工的大国”，加快构建现代职业教育体系，培养更多高素质技术技能人才、能工巧匠、大国工匠，是全面建设社会主义现代化国家、实现中华民族伟大复兴中国梦的人才保障。在新时代的征程上，构建高质量发展的新格局，实现高水平的科技自立自强，离不开一批秉持“团结争气、艰苦创业、求实自强、改革创新”精神的青年技能人才，服务于中国制造、中国创造。因此，建立健全高技能人才培养机制，壮大企业青年工匠力量，不仅是夯实技能强国、制造强国根基的必然选择，也是实现中华民族伟大复兴中国梦的重要途径。

在集团公司和航天三江“十四五”人才发展规划中，明确提出了持续推进高技能人才队伍建设工程的战略目标，旨在弘扬大国工匠精神，鼓励高技能人才在生产技能上不断精进。当前，航天三江正处于发展的关键时期，面临的局势复杂多变，挑战与机遇并存。为了满足新时代航天事业发展的需求，亟须一大批高素质技能人才投身其中。作为航天三江的直属教育培训与服务机构，培训中心聚焦于高技能人才队伍的建设，明确了培养目标、基本要求和重点任务。

（二）顺应发展趋势，推动培训创新

面对全球经济一体化和信息技术的飞速发展，技能培训必须适应新一轮科技革命和产业变革的需求。航天三江对青年技能人才的需求日益多元化和专业化，传统的技能培训模式已难以适应快速变化的市场环境，因此，技能培训领域正面临着创新升级的重大机遇。目前，培训中心围绕战略性新兴产业、未来产业、绿色产业发展和传统产业改造提升的需求，不断深化与拓展技能培训内容，创新与变革培训方式，加大技能人才培养力度。旨在通过实施技能培训创新，围绕航天三江主责主业，大力培养引领产业发展的高技能人才，以提升青年技能人才的综合素质和专业技能，更好地服务于航天三江的高质量发展。

（三）遵循发展规律，畅通发展通道

培训中心遵循青年技能人才成长发展的规律，创新青年技能人才培养方式，推动青年技能人才教育的高质量特色发展，通过构建多元化的培养体系，发挥航天三江的主体作用，总结并提升工学一体、校企双制办学模式，全面推进企业新型学徒制，促进人才链与产业链、创新链融合发展和培训资源开放共享。建设国家级高技能人才培训基地、技能大师工作室，带动青年技能人才梯次发展。以航天三江技能人才自主评价工作为抓手，将首席技师、特级技师评价作为重点，全面推行“新八级工”制度，更大限度地激发技能人才的创新创造活力。并依托职业资格、职业技能等级、职称和学历框架基础，为技能人才拓展多元化的成长空间，畅通技能人才发展通道。

二、创新成果措施

近年来，航天三江军民品各项事业高速发展，对技能人才尤其是高层次技能人才提出了更高要求。为此，培训中心以服务人才队伍建设为最高目标，围绕武器装备相关专业，全力为航天三江生产经营目标的实现提供培训服务，致力于培养更多优秀的高技能型人才。

（一）聚焦人才强企，打造技能培训新平台

为了更好地服务于航天三江的主责主业，推动其高质量发展，培训中心不断强化自身能力建设，充分发挥高层次技能人才培训资源优势，探索高技能人才培训的基本规律，以适应经济方式转变和产业结构优化升级的需求。同时深化与企业开展高技能人才培训的合作，从培养模式、课程设置、师资配备、实训装备、能力评价等方面积累高技能人才培训经验，为推动高技能人才培训平台建设和规模化培训高技能人才，贡献出最大的力量。如今，培训中心已发展成为集多平台为一体的高技能人才孵化园地。

为了实现人才强企战略的进一步提升，使企业向现代化企业更高层次迈进，培训中心提出了“一二三四五”工作思路，即做好一个项目，建好两个平台，瞄准三大市场，坚持四个原则，实现五个转变。

1）做好一个项目，即做好国家级高技能人才培训基地建设项目，紧紧围绕战略新兴产业、先进制造业和产业结构调整升级对高技能人才的需求，充分利用好培训中心组织和资源优势，不断提升高技能人才培养能力，创新高技能人才培养模式。

2）建好两个平台，即建好线下培训平台和线上培训平台。在持续完善线下理论教学条件及实训设施设备的同时，发挥培训中心在“互联网＋职业技能培训”方面的优势，建设好线上学习平台，不断丰富数字化课程资源，提高高技能人才培训质量和效率。

3）瞄准三大市场，即立足三江、服务湖北、面向全国，这也是高技能人才培训基地的发展战略。立足三江是基础，服务湖北是职责，面向全国是方向，通过这样的发展战略，不断扩大培训基地的影响。按照“大教育、大培训、大提高”的工作方针，通过培训，使学员职业素养和职业技能不断得到提高，为地方经济建设和企业可持续发展提供有力保障。

4）坚持四个原则，一是先进性原则：实现教育理念领先、设施领先、项目领先、管理领先，在更高的层面上进行教育资源整合，使资源得到充分利用，发挥更大效益；二是实用性原则：紧密结合企业生产实际和人才队伍建设需要，不断完善培训设施和方法，提高培训质量；三是系统性原则：培训是个庞大的体系，需要统一规划、统一

管理、统一实施，按照系统性原则，逐步将培训基地建成设施配套，集教育培训、技能认定、信息服务、技能竞赛、技术交流研讨功能为一体的现代化培训基地，实现职业教育与培训的和谐发展；四是资源共享和市场化运营原则：充分利用培训中心及航天三江教育培训资源，按照市场化运营原则考虑投入和产出，为航天三江和社会提供优质的培训服务。

5）实现五个转变，一是观念转变，即充分认识到培训工作的紧迫性和责任感，把主要精力和工作重点转到高技能人才培训的工作上；二是做好教师知识能力结构的转变，采取送出去、请进来的办法，按照现代培训基地的要求，引进技术能手开展培训。同时通过到企业锻炼或送到著名院校培养，帮助教师尽快达到培训师要求，从而打造出一支双师型、复合型师资队伍；三是培训设施和教学方法的转变，要突破原有培训和教学方法的模式，及时掌握现代数控新设备、新技术的发展动向，使培训内容与现场同步，教学方法灵活多样，要凸现网络化、立体化、前沿化的发展思想；四是服务意识转变，培训基地要牢固树立为各基层单位的服务意识，培训工作就是不断提高服务质量，为公司培养合格人才，要建立培训责任追究制度，保证培训质量，为企业发展提供可靠保障；五是经营理念的转变，要有针对性地引进现代企业管理理念，采用先进的管理手段，培养更多更好的人才，为行业发展提供智力支撑。通过转变观念，提高服务水平，逐步占领更多的市场，使投入收到明显效益。

目前，培训中心已完成国家级高技能人才培训基地专业实训室建设 4 个，即数控技术应用实训室、电子技术应用实训室（2 个）、机械加工技术实训室。积极开展校企合作，打造“校中厂，厂中校”模式，开发校外实训基地 6 个。2021—2022 年度培训各类技能培训人员 5000 人次，其中高技能人才 2400 人次，技师及高级技师 300 人次。2022—2023 年度培训各类技能培训人员 6000 人次，其中高技能人才 3000 人次，技师及高级技师 500 人次。

（二）履行社会职能，创新技能培训新模式

培训中心立足航天，面向社会，以培养高技能人才、传承绝活绝技、培育工匠精神为目标，重点打造三平台（培训资源提供平台、技师论坛及对外交流平台、技能竞

赛平台）、四基地（技师能力提升基地、绝活绝技传承基地、竞赛组织与集训基地、技能攻关与课题研究基地），积极发挥央企培训机构优势，贯彻落实国家“技能强国”战略，主动服务航天军工企业科研生产和地方经济发展，积极履行社会职能，全面提升服务国家战略及区域经济发展的能力和水平。

1）加强国家级高技能人才基地的建设。培训中心自获得国家级高技能人才培训基地项目建设批复以来，持续推进高技能人才队伍建设工程，扎实开展智能装备控制与维护、工业机器人系统集成、高端数控加工与编程、增材制造等领域高技能人才培训。同时探索技能人才培养新模式，本着“资源共享、优势互补、合作共赢”的原则，加强与社会培训机构的合作，目前已与“深圳学而精数控技术有限公司”联合办学揭牌仪式暨首期培训班，充分利用实训基地保障条件，引进优质的师资团队、实训课程，发挥双方优势，形成强强互补，以“小班制”的模式开展 Mastercam 多轴、UG 多轴、Mastercam 车铣复合、Mastercam 三四轴等培训，贴合实体制造操作类培训场景，顺应现阶段传统数控技能工人转型升级的发展趋势。

2）全面贯彻落实中国特色企业新型学徒制。培训中心积极响应《关于全面推行中国特色企业新型学徒制 加强技能人才培养的指导意见》，及时成立企业新型学徒制专项工作组，研究分析国家及上级相关部门发布的企业新型学徒制培训的政策文件、实施办法、指导意见等，制定了“航天三江企业新型学徒制培养实施方案”，聚焦技能提升行动，完成了航天三江企业新型学徒制培训 400 人次，其中 329 人取得相应的技能等级证书。

同时，积极响应孝感市人力资源和社会保障局、财政局出台的《关于开展企业新型学徒制工作的通知》，践行产业强市发展理念，紧扣产业链打造人才链，以一线生产岗位职工为重点，以提升职业技能水平为核心，壮大产业工人队伍，为实现孝感高质量发展提供技能人才支撑。培训中心认真落实培训主体职责，把工作条例化、具体化、详细化，制定了可操作性的实施细则，明确了目标措施、进度安排、保障条件、责任主体、风险分析和应对措施。

3）积极响应国家技能提升行动。培训中心深入贯彻落实《湖北省高危行业领域安全技能提升行动实施办法（试行）》，成立高危行业技能提升专项工作小组，编制课程体系、建立考核标准和题库，自主组织安全技能培训考核。同时按照培训计划、教学安排和相应的培训大纲组织培训，做好日常考勤、课程考核工作，按班次建立台账，录制授课视频。在确保培训真实性和培训质量的基础上，采取弹性学制、送培训上门、订单培训、定向培训等方式开展培训。

利用自身优质培训资源，培训中心已与云图控股公司、湖北双环公司、黄麦岭磷化工公司等多家合作单位联合开展高危行业领域的安全技能提升培训，累计培训 1.1 万余人次。这为全市乃至全省安全生产、应急管理工作提供了有力的技术支撑和人才保障，同时也为地方经济发展创造了良好的安全生产环境。

4）扎实开展职业技能等级认定。培训中心作为航天三江认定站实体运行机构，积极对接集团公司职业技能认定指导中心和湖北省职业技能鉴定指导中心，以提高技能认定质量、做好技能人才评价服务为目标，不断完善评价管理体系，扎实开展认定实施和评价工作，连续 9 年获得“集团公司优秀职业技能等级认定站”称号，为航天三江技能人才队伍提供了有力的服务支撑与科学、公平、客观和可靠的服务。

同时培训中心履行央企社会职能，作为孝感市的第三方职业技能等级认定机构，结合孝感市技能人才现状，建立完善了技能人才评价体系和质量督导队伍，自获批以来，完成了对 1254 名社会人员的职业技能等级评价工作，1055 人次取得相应的等级证书，为湖北省“技能强省”战略作出应有贡献。

（三）深化产教融合，赋能技能培训新生态

培训中心紧扣立德树人根本任务，深化职普融通、产教融合、科教融汇，紧密贴合先进制造业高端化、数字化、智能化、绿色化的发展要求，精准对接航天三江高质量发展的迫切需求和高技能人才培养的战略需求，进一步优化人才供给结构，建立校企双主体管理体制、打造校企双导师教学团队、重构专项课程教材体系，健全教育链、产业链、人才链、创新链协同发展机制，探索“多模块 + 项目组”实践路径，形成多方参与、深度融合、通力合作、先行先试、协同育人的现场工程师新型培养模式。这一模式致力于加速培养更多适应新技术、新业态、新模式的高素质技能人才、能工巧匠、大国工匠，打造校企联合培养现场工程师的“样板间”，为建设航天强国、履行

强军首责、加快实现技能强企奠定坚实的人才基础。

1）精心制定教学培养计划。统筹各培养单位和高职院校两大培养主体，整合两方优势资源，不断深化与联合培养高职院校的交流对接，明确技能人才培养的定位与目标，针对技能人才培养所需的综合素质、理论基础、专业知识、实践能力和职业素养等方面，提出具体而全面的要求，定制化、针对性地制定“航天三江 – 联合培养高职院校现场工程师专项班教学培养计划”。

2）系统开发专项教材课程。针对现场工程师培养专项专业特点、技能要点、实践需求等，组织企业技能大师等专家团队和导师团队，联合高职院校专业教师和导师团队，积极进行现场工程师专项班课程教材需求对接，围绕智能装备控制与维护、工业机器人系统集成、高端数控加工与编程等专业领域方向，联合进行专项教材课程开发。同时，结合航天精神、三江精神、三江文化等，联合打造特色思政课程。

3）实施技能竞赛与实训锻炼。各培养单位要围绕近 5 年技能人才发展布局，全面系统梳理高素质技能人才培养存在的短板、堵点和难点，提出生产一线存在的复杂技能问题，梳理当前技能岗位空缺和技能实训需求，结合高职院校前期定制化培养情况，提供技能实训锻炼平台和顶岗实习岗位，着力提升现场工程师的实际操作技能，提高其解决问题的能力。

（四）强化软硬建设，提升培训核心竞争力

在硬件建设方面，培训中心拥有现代化的多媒体教室 20 余间，建有数控、电子、计算机（仿真）、录播室等专业现代化实训室、工作站 10 多个，同时依托航天高科技企业的高端加工生产设备，联合建设了实训基地，能满足年培训 1000 名以上高技能人才的需要。各类培训、生活和健身设施配套完备。建有能同时满足 400 人住宿的单、双人间标准客房，可容纳 600 多人就餐的餐厅，学习之余供放松身心的篮排球场、足球场、羽毛球馆、乒乓球室和健身房等。

在软件建设方面，培训中心自主投资 100 余万元建立了智慧学习线上平台“航天知行云”，获得湖北省职业技能提升行动线上培训平台资质排名第一，平台设置了技能学习专区，能同时容纳近 10000 人在线学习。培训中心不断丰富职业技能课程资源，

邀请中华技能大奖获得者、技能大师、内训师等开发课程，完成了一批绝活绝技、案例分享、技能鉴定及竞赛指导为内容的网课、微课制作。现已拥有技能类课程 31 门、技术类课程 17 门，以及线上技能培训课程视频 7000 余个。

在师资建设方面，培训中心定期组织开展内训师专业能力提升培训，通过在课程设计、授课技巧、课件制作等方面进行训练及传授实践技能，不断深化内训师队伍建设，逐步形成了层级分明、内外兼顾的内训师队伍。依托航天三江在湖北省 8 家国家级大师工作室，培训中心成立了机电、安全、质量等 9 个专业学科。为了让技能培育更加贴近企业生产实际，鼓励专家不断萃取提炼，总结机械加工的绝活应用到工艺设计中。通过多年的培养，现已拥有一支以“中华技能大奖”“湖北工匠”获得者阎敏、邹峰等优秀技能领军人物为代表的 112 名高技能人才培训专兼职师资队伍，为后续技能人才传承提供了强大的保障。

三、创新成果效果

（一）匠心传承，筑牢匠星云集新高地

培训中心先后承办了多项高技能人才交流活动，包括国家人力资源和社会保障部主办的数控专业国家级技能大师工作室带头人交流活动、湖北省人力资源和社会保障厅主办的首届优秀技能人才技术交流活动、国防邮电工会数控加工工匠首届培训班、湖北省高技能人才培训基地负责人、大师工作室领办人等高端技能人才交流活动。同时，在 2019 年世界工业互联网大会发展与合作专题会议上，培训中心受邀作了《共享互赢、开放互联，打造和谐技能人才培育生态区》的主题演讲。通过这一系列活动，形成了具备航天特色的匠星云集高地，培育出中华技能大奖 3 人、全国技术能手 34 人、省部级首席技师 16 人、省级技能大师 5 人、省部级技术能手 143 人、享受国务院政府特殊津贴专家 14 人、国家级技能大师工作室领办人 8 人、省级技能大师工作室领办人 2 人、省级高技能人才工作站领班人 1 人。

（二）新型学徒，赋能技能培训新模式

培训中心作为湖北省孝感市首批开展企业新型学徒制培训的定点机构之一，已联

合多家企业开展新入职和转岗技能工人培训。近年来，培训中心积极研究和利用国家、省、市职业技能提升和新型学徒制培训相关政策，持续加强与地方、社会企业的沟通交流，先后与 29 家社会企业联合开展企业新型学徒制培训。同时，积极贯彻落实湖北省、孝感市“互联网＋职业技能培训”政策，通过“航天知行云”线上培训平台大力开展职业素质培训，共开设线上培训项目 40 余个，涵盖学员 3000 余名，取得了良好的社会效益和经济效益，为高质量转型发展注入了新动能。

（三）以赛育人，开辟技能培训新篇章

培训中心在承办各类竞赛方面积累了丰富的经验，通过不断固化和完善竞赛活动流程，形成了一支专、精、尖的竞赛组织队伍，品牌效应已初步显现。近年来，培训中心成功举办了多项技能大赛，包括国家二类竞赛 1 项，省级一类竞赛 5 项，并荣获“优秀承办单位”等荣誉称号。这些大赛对于引导青年职工提升职业技能、投身岗位建功、争当岗位能手，以及营造尊重技能人才的良好氛围具有重要意义。

经过摸索与实践，“以赛促训、以赛代训、以赛促用、以赛创新”成为培训中心选手赛前集训的新思路，通过聘请相应工种技能大师为参赛选手进行系列化训练指导，内容涵盖技术文件研究、比赛样题分析、竞赛心理疏导及场地预适应等，为取得优异成绩奠定了坚实基础。通过组织集训，选手屡获佳绩，近五年来，累计培育出全国技术能手 12 人、航天技术能手 15 人、湖北省技术能手 16 人、航天三江技术能手 27 人，技能人才队伍的品牌形象日益凸显。

四、成果经验总结

（一）坚持政治引领，提高思想认识新高度

深入贯彻落实习近平总书记关于做好新时代人才工作的重要思想，从培养高技能人才的高度，深刻认识高技能人才培养的重要意义，坚持为党育人、为国育才，为全面推进中华民族伟大复兴提供更有力的人才和技能支撑。航天三江各相关单位要高度重视，提高政治站位，强化责任担当，全面统筹推进，并严格工作落实，强化过程管

理，保障各项工作有序推进、高效落实。

（二）紧扣需求牵引，锚定发展新要求

坚持目标导向、问题导向、需求导向相结合的原则，锚定新质生产力发展要求，紧密围绕航天三江高质量发展需求和高技能人才培养需求，充分发挥校企各方优势和特色，积极探索以需求为牵引的高技能人才培养新模式、新思路、新方法，以实现人才供需的高效匹配。

（三）深化产学融合，强化组织管理新力度

紧紧围绕航天三江和各所属单位技能人才发展战略来开展工作，并全面梳理技能领域的重大需求，充分聚焦生产一线复杂技能问题，推动校企联合开展高技能平台搭建、技能实训基地建设等，使青年技能人才体验真场景、接触真任务、解决真问题。同时，各相关单位要加强组织协调和监督管理，要明确联合培养工作职责、落实技能人才培养重点，着力构建协同推进、动态管控的组织管理机制。

（四）秉持合作共赢，强化宣传引导新成效

充分整合政府、学校、企业等各方资源优势，统筹校企两大培养责任主体，积极打造集教学授课、企业实践、技能实训、项目竞赛、生产应用等于一体的校企产教融合样板间，并协同构建校企共通共建共享联合机制，以形成技能人才培养合作共赢的良好局面。同时，建立健全多层级、多渠道的宣传引导机制，进一步加大现场工程师政策宣贯力度，并积极营造高素质技能人才培养的良好氛围，不断实现技能人才价值的提升。

全面推进中国式现代化，高技能人才使命光荣且大有可为，需要充分激发其报国情怀、奋斗精神和创造活力，并争创一流、追求卓越，做到有理想守信念、懂技术会创新、敢担当讲奉献，在民族复兴、强国建设的奋斗中实现人生的出彩与辉煌。

连线人物

杨　伟　高级技师，2007年开始从事职业技能教学科研和教育培训工作，现任中国航天三江集团有限公司培训中心（党校）职业能力培训部部长。主要负责国家级高技能人才培训基地、国防邮电工会新时代工匠学院、航天科工技能人才培训基地等技能人才平台的运营和管理工作。长期围绕高技能人才队伍建设开展岗位练兵、技能提升、技能竞赛、等级认定等开展相关工作，每年通过绝活绝技演示、“四新”知识等培训，大力推广“高、精、尖、缺”技术技能。作为双师型教师，参与了“国家级高技能人才培训基地建设方案”“新入职技能工人适岗关键技能培训研究”等课题研究，撰写了“车工技能大赛实操关键技术解析”等课程，在技能人才培养方面具备丰富的理论和实践经验。

三大人才培养工程　铸就人才发展新篇章

凌源钢铁集团有限责任公司

苗乔广　李永福　张　磊

企业简介

凌源钢铁集团有限责任公司（以下简称“凌钢”），始建于1966年，是以钢铁为主业，涵盖机械制造、新能源、矿产资源等多元产业协同发展的大型国有企业集团。凌钢下辖凌钢股份（上市公司）和6个参股公司，年产钢能力600万吨，有精品建材、热轧中宽带钢、优特钢棒线材三大产品系列。公司现有资产总额近234亿元，在岗职工近9300人。凌钢被评为2021年度中国钢铁企业综合竞争力A级（特强）企业，列2023年中国制造业企业500强第438位。

凌钢先后被评为省级、国家级绿色工厂，并荣获国家守合同重信用企业、全国质量管理先进企业、全国钢铁行业先进集体、全国和谐劳动关系创建示范企业。公司还曾获得全国五一劳动奖状、全国先进基层党组织、全国百户企业管理杰出贡献奖、辽宁省定点扶贫先进单位、辽宁省AAA级和谐劳动关系企业、辽宁省省长质量奖金奖和朝阳市脱贫攻坚先进集体等荣誉。在“十四五”期间，凌钢规划实施装备升级、超低排放、节能减排、智能制造、物流管控、矿山建设等项目，预计总投资约65亿元，目标到2025年实现工业总产值220亿元以上，利税达到22亿元以上。

一、创新成果背景

凌钢的人才队伍建设体系尚不健全，缺少系统谋划和顶层设计，人才短板突出，现有人才队伍不足以支撑凌钢实现高质量发展，亟待加强人才队伍建设。具体表现为：一是高层次人才数量少、水平不高、质量参差不齐。高级管理人才队伍建设不强，高水平企业家队伍尚未形成；高级研发和技术人才队伍建设重视不够，自主创新型的研发技术人才急缺；高级技能人才队伍建设系统性、科学性不够，高技能人才素质整体提升缓慢。二是专项人才缺乏系统支撑，在培养、评价、使用和考核机制上不够完善，没有搭建明晰的人才培养、引进路径和职业发展通道。三是年轻干部的培养缺乏系统性、前瞻性思维，后备人才梯队建设没有形成。对年轻干部的系统培养、素质能力提升的培训严重不足。

主观条件：

1）高层领导的重视与支持：凌钢高层领导的重视和支持是人才培养工程顺利实施的关键。高层领导的积极参与和推动，确保培训资源的投入和各项工作的顺利进行。

2）培训负责人的专业素养：培训负责人具备专业的素养和丰富的经验，能够准确理解凌钢的培训需求，制定科学合理的培训计划和方案。

3）员工的参与意愿：员工愿意参与培训，员工的积极参与是培训项目取得成功的必要条件，需充分发挥培训的作用。

4）工学矛盾：在培训实施过程中，员工愿意参加培训，但员工在参加培训时与日常工作之间的时间、精力等资源分配上有冲突。

客观条件：

1）培训资源：包括培训场地、设施设备、教材资料等充足，保证了培训项目的实施效果。

2）经济条件：凌钢每年按职工工资总额的 1.5% 提取教育经费用于支付职工教育培训费用。为培训项目的投入和规模提供了经济基础，从而提升凌钢的竞争力。

通过各类人才培训项目的实施，可以解决人才技能提升、人才队伍建设等重点问题，充分发挥主客观条件的优势，确保培训项目的顺利实施和取得预期效果。

二、创新成果措施

为推动凌钢人才队伍建设全方位进步和整体性提升，夯实凌钢人才根基，为凌钢高质量发展提供坚实的人才保障，努力构建科学、完善的育才、引才、用才机制，通过深入学习贯彻落实习近平总书记关于新时代人才工作的新理念、新战略、新举措，结合凌钢的实际情况，制定了“凌源钢铁集团有限责任公司党委关于加强人才队伍建设工作的实施方案”。方案明确提出了高质量实施高层次人才培养工程、高起点实施专项人才培养工程、高标准实施“青苗”人才培养工程的三大目标，全力打造技术型、创新型、知识型人才队伍，成为推动凌钢高质量发展的动力引擎，为凌钢在未来的竞争和发展中掌握主动权奠定坚实的人才基础。

（一）高层次人才培养工程

1. 明确目标和定位，打造高水平的高层次人才队伍

1）健全人力资源管理体系、明晰责权利、完善考核机制，建设高水平的高层次人才队伍，重点培养和使用好已有人才，培养有感情、懂感恩的本土人才，实现人尽其才、才尽其用。

2）持续加强经营管理人才队伍建设，鲜明树立重实干、重实绩、重担当的考核导向、用人导向。创建职位能上能下、待遇能多能少、充满活力和竞争的“赛马”机制，培养德才兼备，以德为先，既懂管理又懂业务、既善于驾驭市场又勇于开拓竞争的年轻化、专业化、智慧型的高素质复合型管理人才。大力弘扬企业家精神，培养造就一支“对党忠诚、勇于创新、治企有方、兴企有为、清正廉洁”的高级经营管理人才队伍和具有行业战略眼光、市场开拓精神、管理创新能力、社会责任感和社会影响力的优秀企业家。

3）持续建强研发技术人才队伍，以提升原始创新和自主创新能力为目标，深化“英才计划”，突出科研实践，搭建事业平台，创建晋升靠能力、待遇靠业绩的公平公正竞争机制，打造一支结构合理、梯度有序、掌握关键核心技术、能够站在行业前

沿、引领技术创新的科技领军人才和创新团队。

4）持续建强技能人才队伍，全面落实技能人才“新十项措施”优化职业技能评价方式，强化职业素质和职业技能锤炼，加强操维一体化人才培养，实施“技能强企大讲堂”和“拜师学技”活动，完善高技能人才激励和约束机制，弘扬劳模精神、工匠精神，扎实推动技能“传帮带”，依托高技能人才创新工作室和劳模工作室，努力打造能够享誉全国的技能大师和大国工匠，打造一支爱岗敬业、技艺精湛、善于创造性解决工艺难题、推动技术革新的高技能人才队伍。

5）鼓励在职硕士、博士研究生学历教育提升。在提升学历教育方面给予报名、学习时间、学费共担等政策支持。

6）全面承接集团人才队伍建设体系，结合实际制定凌钢推行管理人员“两制一契”管理实施方案、专业职能岗位等级序列管理办法、研发岗位等级序列管理办法、工程技术岗位等级序列管理办法、高技能人才等级序列管理办法等一系列人才队伍建设的配套管理制度，建立完善的竞争、激励和约束的人才队伍综合评价体系，建立贡献决定分配、业绩决定升降、考核决定去留的动态管理机制。

2. 创新人才选育方式和激励机制，进一步提升人才资源竞争优势

1）聚焦人才资源优势，建立分层级、分专业、分领域的“优秀人才库”，为入库人员建立人才档案，并在人才梯队配套、科研条件配套、管理机制配套等方面给予特殊政策支持，充分发挥蓄水池作用。对高层次人才在培训费、差旅费、项目经费方面每年给予额外支持，用于参加项目学术研讨会议、学习提升、人才培养和团队建设。

2）强化人才梯队建设，坚持效果导向，根据需要和实际向用人主体充分授权，在不改变总体编制层级及数量的前提下，各单位以优先满足生产一线需要为原则，可以合理调整主任工程师、主管工程师岗位设置。合理打破身份界限，打开管理人才、技术人才与技能人才的交流通道，让各类人才都能找到适合个人职业生涯发展的阶梯，形成一个“有为才有位”的人才成长格局。

3）深化产教融合和定制化培训模式，与清华大学、北京科技大学等高校和教学机构合作，变单调的培养方式为灵活多样、丰富多彩、针对性强、实效性高的培养方式。根据凌钢发展需求，定制化培训管理类、党建类、设备管理类、工艺技术类等课程，

在党性教育、个人素养、专业知识、创新发展、精益管理等方面开展培训，提升个人素质能力。大抓基层，加强党群干部培训，严格岗位考核。坚持引进来、走出去相结合，提高党务干部素质。抓实基层党组织书记、副书记、党务人员应知应会，通过轮训、考试等方式提高党群干部整体政策水平和业务能力。

4）秉承以聘促用理念，完善技术人才考核评价机制，以科技规划部、技术中心、设计院及各单位首席工程师为重点，加快建立以创新价值、能力、贡献为导向的人才评价体系，制定科学精准的评价考核标准，坚决破除“四唯”现象。坚持“培养和使用相结合”的理念，实施“项目＋人才”培养模式，把重大科研项目作为锻炼平台，推动产、学、研深度融合，促进科研成果转化，让高层次人才在解决制约凌钢发展的技术难题中发挥更大作用。每年选取5~10项重大课题或技术攻关项目，甄选工程技术岗位序列、研发岗位序列、高技能人才序列等各类高层次人才参与，充分发挥项目压担子的作用，对项目中表现突出的人员给予奖励。充分发挥“技能大师工作站”作用，对获得集团以上荣誉的培养对象，给予一次性奖励，相关费用可以从公司培训经费中支出。

5）健全人才激励机制，坚持价值导向，提高各类人才的政治和社会待遇，强化正向激励，探索尽快实施青年人才激励、关键人才中长期激励，建立技能人才津贴补贴制度，建立员工成长积分制，构建充分体现知识、技能等创新要素价值的分配机制，不断提升人才的获得感、成就感，充分激发各类人才的活力和动力。

3. 坚持广开引才之路，提升凌钢发展的人才竞争力

1）以战略为指导，以人力资源规划为依据，按照“经济效益、劳动效率决定用工规模”的原则，突出重点项目、重点专业、核心岗位人员的补充与配备，坚持需求导向，着眼高精尖缺，依托集团人才资源，采取双向挂职和急缺人才全职交流的方式，实现管理人才和通用型技术人才的双向交流。加大高校毕业生和市场化成熟人才引进力度，精准引进急需紧缺高层次人才，提高高层次人才比例，补齐高层次人才数量短缺短板。每年以引进“双一流”等重点冶金类院校毕业生为目标，确保人才引进的精准和质量。用好各方面创新资源，研究落实“人才飞地”引才、落户中心城市、人才推荐奖励等人才政策，破解引才困局。创造尊重人才、求贤若渴的工作环境，公正平

等、竞争择优的制度环境，待遇适当、保障有力的生活环境，营造吸引人才、培养人才、成就人才、留住人才、举贤用才的良好氛围。

2）以科研机构、知名企业为依托，根据重点科研项目开展及研发团队能力建设需要，重点引进一批国内外知名院校毕业且具有丰富工作经历的高端成熟人才，力争能够突破核心和关键技术、推动科研成果转化。

3）创新思路，建立外聘、返聘、校企合作、项目虚拟团队组建、课题悬赏等多个广揽人才新模式，充分利用知名冶金高校优秀师资团队和实验室等资源平台，加大优特钢产品研发、技术开发等横向课题合作，设立核心技术、瓶颈问题等技术联合项目攻关，在课题合作和项目攻关中培养出一支本土的高水平研发人才团队。

（二）专项人才培养工程

1. 突出技术创新，实施卓越工程师培养

1）优化工程师队伍结构，深入推进产学研合作，立足自身，通过项目制、技术攻关和课题攻关等方式，给工程师人才定任务、压担子，在干中学、学中干，大力培养精于实操的、能够解决现场复杂问题的、能够引领产业发展的工程技术人才、工程科学人才和工程引领人才。

2）深入实施工程师知识更新工程，全面加强继续教育，完善校企合作联合培养机制，与北京科技大学等知名冶金院校合作，为工程师进一步学习专业领域新技术、新知识和新理念搭建学习平台，实施委托式订单培养，开设设备管理专业能力提升班和研发工艺技术能力提升班等班型，通过在高校脱产培训学习方式，培养设备管理和研发工艺技术高层次人才。

3）落实工程技术人才、高技能人才双向贯通评价机制，打破人才申报职业技能等级认定、职称评审障碍，鼓励更多实践经验丰富的高技能人才成为既掌握理论又精于实操的高素质工程技术人才。

4）健全人才制度体系，加快建立以创新价值、能力、贡献为导向的工程技术人才评价体系，加强年度考核并实行奖惩机制，促进真正优秀的人才脱颖而出。坚持“德才兼备、群众公认、开放设置、成熟聘用、优中选优”原则，建立卓越工程师人才库，

合理调整评聘周期，打开人才晋升通道，为公司技术领军人才、专家人才、首席工程师蓄力人才资源，激发活力。

2. 掌握信息技术，实施数字化人才培养

1）构建数字化人才标准体系，立足企业发展实际，分层分类研究数字化人才特征，构建“数字 + 业务”等领域的数字化人才素质模型和评价标准，为数字化人才储备及选人用人提供理论支撑。

2）实现企业数字化转型，与集团鞍信公司合作，采取联合培养和脱产培训方式，协调集团系统内数字化产业优质数字化专家、工程师等师资，结合实际数字化项目，实施基础性、应用性等数字化课程培训，提高凌钢数字化人才实战专业能力，培养一批数字化转型领导人才、数据团队负责人和数据团队骨干等领军人才，打造一支既懂数字化又了解钢铁企业的“IT+OT”数字化人才团队。

3）加强数字化人才培养基地建设，建立数字化实训基地，构建智能制造模拟生产线、实训线，推动形成数字化人才培养综合平台。

4）立足数字化关键群体，有序分层分类审核、选拔数字化人才入库，以数字化人才库为主要对象，积极参与凌钢数字化建设，系统盘点现有人才素质结构，进一步加强数字化人才的靶向引进和储备。

3. 具备一专多能，实施操维一体化人才培养工程

1）推动劳动组织变革，全面推行兼职并岗，打破岗位界限，在各生产线探索“操维一体”“一专多能”的能力模式。

2）重构操维一体化岗位，建立健全操维一体化岗位制度，在薪酬套改时适当提高岗位职级，提高岗位待遇。

3）强化技能提升，深化产教融合、校企合作，推广“订单式”培养模式，推进凌钢新学徒制。

4）认真总结分析第二轧钢厂“操检合一、运检合一”经验，在全公司推广，将一专多能、操维一体化人才培养为凌钢高技能领军人才、工匠人才，激发技能人才队伍扎根岗位做贡献、深植专业搞创新的积极性和主动性，引领公司高技能人才队伍快速

发展。

4. 培养全球视野，实施国际化人才培养工程

1）创新国际化人才培养模式，明确国际化人才标准，以现有国际化岗位人员和具备外语专长人才为基础，开展相关国际化业务专题培训，使相关人才具备熟悉国际事务、了解国际规则、了解国际先进管理理念、掌握钢铁冶金生产工艺流程及市场营销策划、售后服务模式等内容。

2）构建国际化人才交流实践平台，树立人才培养的全球性观念，大力实施国际人才交流项目，广泛开展人才交流合作，支持各类人才出国培训、到先进企业学习、参加国际研讨会。

5. 统筹双碳管理，实施“双碳”人才培养工程

1）搭建“双碳”人才培养平台，建立双碳人才库，以内部培养为主，组织“双碳”业务领域基础职业技能培训和重点专题研修班。

2）利用外部优质专业资源，与专业的能源管理和碳排放公司合作，依托低碳冶金技术攻关、超低排放改造等项目，培养一批“双碳”战略推进的领导干部人才，培养一批碳交易、碳金融和碳排放管理统筹规划的高层次“双碳”专业技术和管理人才。

3）充分利用国务院国资委平台、中国钢铁工业协会平台、知名培训机构等外部资源，采用“线上 + 线下”相结合的模式，积极参加中高级双碳人才研修班等专业培训，加快双碳领域人才培养。

（三）“青苗”人才培养工程

加强对年轻干部队伍建设，持续改善干部队伍专业和年龄结构，确保数量充足、质量优良，对党忠诚、本领足够，遵循规律、大胆使用，关心爱护、从严管理。从 2024 年开始，以“青苗”人才培养工程为牵引，高标准实施“3711”优秀年轻干部培养。通过建立“年轻干部人才库”，使凌钢优秀年轻干部数量达到 300 人。其中，培养 30 名 40 周岁左右按三级副及以上层级管理的优秀年轻干部；培养 70 名 35 周岁左右按一级经理层级管理的优秀年轻干部，培养 100 名 30 周岁左右按二级经理层级管理

的优秀年轻干部，发现和培养 100 名 30 周岁及以下有发展潜力的优秀年轻干部。

1. 整体布局

“青苗”人才培养工程的核心思想是发展年轻领导干部能力以引领凌钢未来，意在激发凌钢年轻领导干部振奋精神，培养具有国际视野和创新精神的未来建设者和领导者。“青苗”人才培养工程按照“12345”培养模式开展。

“1”—— 一个中心：以凌钢高质量发展，打造最具竞争力的专精特新精品钢铁基地为中心。

“2”—— 两支队伍：包括“雄鹰班”“雏鹰班”两支队伍，分别培养公司“85 后”和“95 后”年轻干部，形成部门、单位领导级和职能模块、作业单元领导级后备干部梯队，在培养方式、培训内容上有所区分和侧重。从机关部门长、各单位党政主要领导中挑选优秀领导干部担任培养对象的“导师”。

“3”—— 三个关键：“青苗”人才培养工程的重点培养方向为关键能力的提升、关键任务的执行、关键问题的处理。

“4”—— 四个方面：培训课程构建主要分为四大方面，即党性修养、理论基础、战略思维、创新能力，就是理论教育、党性教育为重点，兼顾年轻干部的知识教育和解决错综复杂问题的攻坚能力教育。

“5”—— 五个原则：坚持“德才兼备、以德为先”的原则、坚持组织培养和自我加压相结合原则、坚持学用结合、学以致用的原则、坚持组织管理和自主管理相结合原则、坚持岗位成才和有为有位相结合原则。

2. 工作举措

（1）优化成长路径，完善年轻干部人才培养顶层设计

1）进一步提升年轻干部选拔培养工作的科学化水平，坚持目标导向和问题导向，把年轻干部培养作为凌钢可持续高质量发展的一项政治任务和战略任务。

2）统筹规划年轻领导人员和年轻专业人员两个层次的队伍建设，建立长效选人用人机制。

3）健全多角度历练、多层次培训、多岗位交流、多维度考核等四个方面的立体培

养体系。

（2）明确配备标准，大胆提拔使用年轻干部

1）明确干部培养晋升通道、工作经历和年龄结构等基本标准，注重提拔使用实干担当的优秀年轻干部，对有发展潜力和培养潜质的年轻干部，遵循成长规律，循序渐进、逐步加压。

2）对敢担当、善作为的年轻干部，最大限度地调动激发潜能，看准一个提拔一个，成熟一家配备一家，让年轻干部在吃劲岗位上“挑大梁”。优先使用具有基层工作经历，特别是在生产一线和困难艰苦企业担任过各级正职管理职务的优秀年轻干部；及时使用经过实践磨炼和重点班次培训、各方面比较成熟的优秀年轻干部。

3）每年对凌钢各级领导班子年龄结构进行全面分析，明确年轻干部提拔使用比例和领导班子配备年龄标准，保证新提拔干部年龄结构支撑领导人员队伍老中青结构的持续优化。

4）根据干部队伍的建设目标，加大管控力度，在班子调整、换届改选、经理层成员任期期满时，综合考虑知识结构、专业结构及领导班子建设年龄目标。

5）对因领导班子职数已满但又缺少年轻干部的领导班子，可以采取“先进后出”的方式优化，经凌钢党委同意可配备兼职助理，为优秀年轻干部成长进步搭梯子，建立正常晋升通道。

（3）提升能力素质，精准培养锻炼年轻干部

1）让年轻干部在贯彻落实习近平总书记重要讲话、重要指示批示精神和党中央决策部署的生动实践中，提升攻坚克难的实际能力，锤炼真抓实干的工作作风。

2）强化思想淬炼。坚持把学习贯彻习近平新时代中国特色社会主义思想作为年轻干部教育培训的首要政治任务，教育引导年轻干部掌握贯穿其中的马克思主义立场观点方法，帮助年轻干部解决好世界观、人生观、价值观这个“总开关”问题，做到学思用贯通、知信行统一，真正成为习近平新时代中国特色社会主义思想的坚定信仰者和忠实践行者。

3）强化政治历练。坚持把严格的政治历练作为增强斗争精神、斗争本领的重要措施，引导年轻干部增强政治意识、站稳政治立场、把准政治方向，做政治上的明白人。

坚持把严格党内政治生活作为思想政治锻炼的重要平台，通过民主生活会、组织生活会、“三会一课”、主题党日、集中学习教育等活动，引导年轻干部加强党性锻炼，增强政治免疫力。

4）强化实践锻炼。组织开展“年轻干部大历练”项目，安排年轻干部进行制度化岗位交流、常态化挂职锻炼和定制化“墩苗”提升，有计划、有目的地选派年轻干部到急难险重、艰苦地区、市场前沿、基层一线等岗位历练成长。让年轻干部多受“热锅煎熬”，多接“烫手山芋”，在打硬仗、扛重活、攻难关中练出真功夫。

5）强化专业训练。按照“干什么、学什么，缺什么、补什么”的原则，合理安排培训时间和频次，着力弥补年轻干部的知识空白、经验盲区、能力短板，帮助年轻干部全面提升专业能力、专业精神，尽快成为所在领域的行家里手。

（4）强化管理监督，激发年轻干部的活力和动力

1）创新识人机制。通过调研、专题座谈会、跟班督导等方式近距离、多角度充分了解部分年轻干部。听取思想、工作和学习情况，及时肯定成绩，指出不足，对苗头性、倾向性问题，要早提醒、早纠正，防微杜渐。

2）建立成长档案。一人一卡跟踪管理，及时记录培训学习、岗位交流、年度考核等情况，为实践锻炼、选拔使用等提供参考。

3）落实组织保障。凌钢各级党委应进一步加强组织领导，制定年轻干部培养规划和各年度滚动工作计划，定期听取汇报，加强工作指导，及时解决问题，确保实现各项目标任务。凌钢党委组织部将充分发挥牵头抓总作用，完善工作机制，促进年轻干部工作有机融入领导人员队伍建设。建立与纪检、巡察督查、审计、宣传、团委等部门的协作联动，形成共享资源、统筹使用、共同落实的工作格局。

4）及时动态调整。健全年度考核与平时了解、专项考核相结合的跟踪考核机制，对未完成“两制一契”业绩考核指标、群众认可度较低、存在违法违纪行为等情形的，及时调整出优秀年轻干部队伍。

三、创新成果效果

通过实施该成果，取得的内部整体效果和外部整体效果如下。

（一）内部整体效果

员工能力提升：培训最直接的效果是提升员工的专业技能、业务知识和综合能力。这种提升不仅增强了员工个人的工作效率和绩效表现，还促进了团队整体协作和创新能力。

工作流程优化：培训过程中，员工提出了对现有工作流程的改进建议，通过学习新技能和方法来优化工作流程。这有助于减少浪费、提高效率，并提升整体运营效果。

组织文化强化：培训也是传播和强化组织文化的重要途径。通过培训，员工更加深入地了解组织的使命、愿景和价值观，从而增强对组织的认同感和归属感，促进组织文化的落地和传承。

员工满意度提升：有效的培训能够满足员工的职业发展需求，提升他们的职业满意度和幸福感。这种提升有助于降低员工流失率，提高员工忠诚度和工作积极性。

绩效改善：内部整体效果体现在组织绩效的改善上。员工能力的提升、工作流程的优化以及组织文化的强化直接或间接地促进了组织绩效的提升，包括销售额增长、成本降低、利润率提高等。

（二）外部整体效果

客户满意度提升：培训后的员工能够更好地理解客户需求，提供更加优质的服务和产品，从而提升客户满意度和忠诚度。这有助于建立良好的口碑，吸引更多潜在客户。

市场竞争力增强：通过培训提升员工素质和技能，组织在市场上的竞争力得到增强。这有助于组织在竞争中脱颖而出，获得更多的市场份额和业务机会。

品牌形象塑造：培训成果和组织对培训的重视程度都会影响到外界对组织的看法和评价。一个注重培训、不断提升员工素质的组织更容易赢得外界的认可和尊重，从而塑造出积极、专业的品牌形象。

合作伙伴关系加强：培训不仅影响组织与客户的关系，还可能影响到组织与合作伙伴的关系。通过培训提升员工的合作能力和沟通技巧，有助于加强与合作伙伴的沟通和协作，建立更加稳固的合作关系。

行业影响力提升：在行业内，一个注重培训、不断创新的组织更容易成为行业标杆或领导者。提升了组织在行业内的知名度和影响力，为组织带来更多的合作机会和资源优势。

综上所述，培训取得的内部整体效果和外部整体效果是相互关联、相互促进的。组织应重视培训活动的规划和实施工作，以不断提升员工素质和组织竞争力，实现可持续发展。

四、成果经验总结

在人力资源管理实践中，三大人才培养工程的建立是提升凌钢核心竞争力、促进员工个人发展及实现组织战略目标的重要途径。

1. 理论的具体灵活化应用

三大人才培养工程将先进的人力资源管理理论与凌钢实际情况相结合，进行具体灵活化的应用。例如，根据凌钢的战略目标和业务需求，制定符合凌钢特色的培训策略和内容，确保培训工作的针对性和实效性。这种灵活应用不仅使理论得以落地，还增强了培训的实际效果，促进了理论与实践的深度融合。

2. 创造性的丰富培训内容和方法

在三大人才培养工程的建设过程中，凌钢不断尝试和创新，创造性地丰富了培训内容和方法。例如，根据员工岗位需求和职业发展路径，设计个性化的培训计划和课程；采用案例分析、角色扮演、小组讨论等多种教学方法，激发员工的学习兴趣和积极性；利用互联网和信息技术手段，实现远程培训和网络学习，提高培训的便捷性和灵活性。这些创新性的丰富措施不仅提升了培训效果，还为凌钢培养了更多具有创新思维和实践能力的人才。

3. 突破传统培训模式的束缚

三大人才培养工程的建立还体现在对传统培训模式的突破上。传统培训模式往往注重知识的传授和技能的训练，而忽视了对员工综合素质和能力的培养。而三大人才培养工程则更加注重员工的全面发展，强调在培训过程中培养员工的创新思维、团队协作能力和领导力等综合素质。同时，通过引入项目化、品牌化等管理理念和方法，将培训活动与凌钢的战略目标和业务发展紧密结合起来，实现培训与凌钢发展的良性互动。这种突破传统束缚的做法不仅提升了培训的价值和意义，还为凌钢的发展注入了新的动力和活力。

综上所述，三大人才培养工程的建立所采取的措施、方法具有显著的价值和成功之处。它们不仅是对先进理论的具体而灵活化的应用，更是对现有体系的补充完善和创新性丰富。同时，这些措施还突破了传统培训模式的束缚，为凌钢的发展注入了新的活力和动力。通过这些措施的实施和应用，凌钢能够建立起一个高效、科学、系统的人才培养体系，为员工的个人发展和企业的战略目标实现提供有力支持。

连线人物

苗乔广 大连理工大学硕士研究生学历，现任凌源钢铁集团有限责任公司党委组织部（人力资源部）部长，拥有多年人力资源管理实战经验。在培训工作中的成就如下：

1. 培训体系的搭建与完善：建立系统化的培训体系，设计并实施了全面、系统的培训体系，覆盖了新员工入职培训、在职员工综合素质能力和专业能力提升、管理层领导力发展等多个层面，确保了培训工作的系统性和连续性。

2. 成功实施关键培训项目：主导并成功实施了多个关键培训项目，如凌钢党委直管领导人员清华大学培训、高端复合型技术人才北京科技大学培训、年轻干部培养即“青苗”人才培养工程培训班等。

3. 营造学习氛围：倡导“学习型企业”的理念，鼓励员工持续学习、不断进步，为企业的发展提供了强有力的人才保障和智力支持。

基于“333”模式的广西电网有限责任公司干部培训体系构建

中共广西电网有限责任公司党校

王　雯　唐秋玉　赵　亮　尹千里　陈　芸

企业简介

中共广西电网公司党校成立于2013年，与广西电网有限责任公司培训与评价中心实行“一套人马，两块牌子”，下辖本部（南宁）、桂林和北海培训评价基地。设有党支部9个，在职员工97人。主要负责广西电网公司党员干部的教育培训与党建研究，员工培训，岗位胜任能力评价、技能鉴定、专家选聘、普考调考等人才评价业务，以及培训基地建设、管理和维护工作。还负责广西电网公司培训评价师资队伍建设、课程体系、试题库等资源建设管理工作。

一、创新成果背景

中共广西电网公司党校多年来高度重视优秀年轻领导干部队伍建设，认真落实党中央关于干部培训工作的要求，依据《全国干部教育培训规划（2023－2027年）》《南方电网公司经营管理人员培训内容体系（2022版）》《中共南方电网公司党组关于进一步加强干部教育培训体系化建设的意见》等文件要求，逐步搭建起基于“333”模式的广西电网有限责任公司干部培训体系，致力于构建一支政治过硬、业务精通、作风优良的干部队伍，以支撑公司高质量发展。广西电网有限责任公司干部培训体系经历了三次演变历程，不仅见证了企业自我革新与能力提升的坚实步伐，也映射出企业对人才培养理念的不断深化与创新。

（一）初创探索

面对快速变化的市场环境和日益增长的电力需求，提升干部队伍的综合素质与业务能力已刻不容缓。中共广西电网公司党校积极响应党中央、南网公司、广西公司的号召，开展了为期 5 天的干部培训工作，内容涵盖了政治素养、管理理论等多个方面。培训虽然规模不大、形式单一，但却像一颗种子一般，在广西电网有限责任公司这片沃土上悄然生根，为后续更为系统、深入的学习培训奠定了坚实的基础。

（二）深化发展

随着时间的推移，常规培训已难以满足干部队伍日益增长的学习需求。为了进一步提升培训的针对性和实效性，使培训更加切合现实需要，中共广西电网公司党校开始探索专题学习的新模式。在这一阶段，中共广西电网公司党校紧密围绕党的二十大精神集中轮训工作要求与公司实际需求，对培训内容、培训形式、培训管理进行了继承与创新，尤其是参与式教学理念的引入，极大丰富了领导干部教育培训形式，激发了学员的参与积极性，优化了培训体验，获得了各领导干部的一致好评。

（三）系统构建

中共广西电网公司党校为优化干部培训体系，精心策划并实施了一场全面而深入的大规模、多层次调研活动，细致分析各级领导干部岗位职责、业务特点、未来发展趋势以及电力行业新动态、国内外先进企业的管理模式、过往培训反馈等，深入挖掘当前各级领导干部在工作中面临的主要挑战与问题，精准把握公司三级、四级正副职领导干部的培训需求与发展方向。同时积极听取领导干部对未来培训形式的期望与建议，如线上与线下相结合的教学模式、实战模拟训练、定制化课程等，力求设计出既符合实际需求又富有创新性的培训方案。

基于调研结果，中共广西电网公司党校推出以“三个提升、三大课堂、三方合力”为原则的“333”干部培训新模式。该模式不仅明确了培训内容、教学方法与管理模式，还充分考虑了培训资源的优化配置与培训效果的评估机制，旨在通过系统性、针对性培训，全面提升公司三级、四级正副职综合素质，为公司持续健康发展提供坚实的人才保障。

二、创新成果措施

中共广西电网公司党校聚焦“三个提升”（提升政治素养、党性修养、综合能力）科学设置培训内容，并创新性地打造了“三大课堂”（理论课堂、情景课堂、实战课堂），构建“三方合力”（党校负责人、基地班主任、专业助教）培训管理模式，全面提升干部队伍的综合素质。2023 年干部理论进修培训班（第一期）合影如图 1 所示。

图 1 2023 年干部理论进修培训班（第一期）合影

（一）成果实施步骤

1. 聚焦“三个提升”，科学设置培训内容

在新时代的征程中，干部教育培训工作被赋予了新的使命与要求。为培养一支政治过硬、业务精通、作风优良的干部队伍，中共广西电网公司党校深入聚焦“政治素养、党性修养、综合能力”三大核心领域，科学设置培训内容，力求在理论与实践的深度融合中，促进领导干部的全面发展。

1）提升政治素养，筑牢信仰之基，强化理论武装。政治素养是领导干部的第一素质，是干事创业的根本保证。中共广西电网公司党校紧密围绕“深入学习贯彻习近平新时代中国特色社会主义思想”这一核心任务，精心构建理论课程体系，引导学员深刻把握这一思想的科学体系、精神实质和实践要求。课程设计不仅涵盖了新时代中国特色社会主义思想的世界观和方法论、现代化理论等核心议题，还融入了国际形势、会议精神等前沿内容，使学员能够站在时代的高度，用宽广的视野审视问题、分析问题、解决问题。同时通过组织专题研讨、撰写心得等形式，促进学员之间的思想碰撞与智慧交流，让党的创新理论真正入脑入心，成为指导实践的强大武器。

2）提升党性修养，传承红色基因，坚定理想信念。党性修养是领导干部的立身之本，也是一个终身的课题。中共广西电网公司党校高度重视党性教育，并将其作为培训的重要内容之一。通过深入挖掘“中华文明史、中国共产党党史、中国电力史”的丰富内涵，设计了一系列富有感染力和教育意义的“三史”教育活动。这些活动不仅能让学员在历史的长河中感受中华民族的伟大复兴之路，更让他们深刻理解中国共产党人的初心和使命，以及电力事业在国家发展中的重要地位和作用。同时，为增强党性教育的实效性，中共广西电网公司党校充分利用红色教育基地资源，组织学员开展现场教学活动。让领导干部在革命旧址、纪念馆、烈士陵园等地，通过聆听讲解、观看展览、重温入党誓词等方式，深切缅怀革命先烈的丰功伟绩，感受他们坚定的信仰和崇高的精神，接受心灵的震撼和洗礼，进一步坚定忠诚于党、忠诚于人民的信念和决心。

3）提升综合能力，融合传统文化，激发创新活力。综合能力是干部履职尽责的重要保障。中共广西电网公司党校按照“中国—南网—广西”三个层次，精心设计了涵盖中国传统文化、南网特色和广西特色的课程体系，注重将传统文化教育与现代管理知识相结合，通过案例分析、互动研讨等教学方法，引导学员在传承与创新中寻求平衡与突破。

2. 打造“三大课堂”，多维凝聚培训效力

在新时代背景下，为全面提升干部队伍的综合素质与实战能力，中共广西电网公

司党校创新性地打造了“三大课堂”体系，即理论课堂、情景课堂与实战课堂，旨在通过多维度、全方位的教学模式，为领导干部成长注入强劲动力，推动公司持续健康发展。

1）打造理论课堂——深耕细作，系统教学添动力。理论是行动的指南，是领导干部成长的基石。只有深厚的理论功底，才能支撑起领导干部在复杂多变的环境中作出正确决策。因此，中共广西电网公司党校精心打造理论课堂，坚持理论权威、学术权威与专业权威并重，构建了一套科学严谨、系统全面的教学体系。首先广开才路，诚邀国内外知名专家学者，包括中央党校、知名高校的资深教授及行业内的领军人物，他们以其深厚的学术造诣和丰富的实践经验，为领导干部带来了一场场思想盛宴。这些课程不仅涵盖了党的最新理论成果、国家政策法规，还深入探讨了行业发展趋势、企业管理创新等前沿议题，为学员提供了丰富的知识养分。在教学方法上，注重理论与实践相结合，采用讲授式、研讨式、案例式等多种教学形式，以激发学员的学习兴趣并提升教学效果。同时利用现代信息技术手段，如在线学习平台等，为学员提供更加便捷、高效的学习体验，旨在让每一位学员都能在系统学习中汲取智慧，以学铸魂、以学增智、以学正风、以学促干，为公司的发展贡献自己的力量。

2）打造情景课堂——身临其境，实景教学焕活力。情景课堂是理论课堂的有效延伸和补充，它通过现场教学，让学员在身临其境中感受历史、领悟精神、锤炼党性。在本项目中，中共广西电网公司党校充分利用红色教育基地的独特优势，打造了一系列具有鲜明特色的情景课堂，选取了一系列如革命纪念馆、烈士陵园等具有重大历史意义的遗址遗迹作为“教室”，以宝贵的史料和珍贵的实物作为“教材”，让学员仿佛穿越时空，与革命先烈进行心灵的对话。通过沉浸式体验、实景式参与等方式，让学员在亲身体验中感受革命先烈的英勇事迹和崇高精神。这种教学方式不仅让“党味”更浓，也让学员的体验更加深刻，收获更加丰硕。在情景课堂中，学员们不仅学到了知识，更在心灵深处种下了信仰的种子，坚定了为党和人民事业奋斗终生的信念。另外，中共广西电网公司党校与浙江大学、华北电力大学、中国人民大学等知名学府进行深入交流与合作，使领导干部能够亲身体验浓厚的学术殿堂氛围，汲取先进的技术知识，促进跨领域、跨行业的思想碰撞与融合，从而引发新的思维火花。

3）打造实战课堂——知行合一，实践教学提效力。实战课堂是检验学习成果、提升实战能力的关键环节。只有将所学知识运用到实际工作中去，才能真正发挥其价值。因此，中共广西电网公司党校深化领导人员“七种能力”和实干本领培育，积极开展调查研究实践活动，组织领导干部深入基层一线开展为期一周的调研活动。在调研过程中，让领导干部主动发现问题、分析问题、解决问题，通过撰写调研报告、提出解决方案等方式，将学习成果转化为实际工作能力。同时，还注重将实践成果与公司发展相结合，推动培训内容与业务工作深度融合，形成良性互动机制。通过实战课堂的锻炼，各领导干部的综合素质和实战能力得到了显著提升，不仅学会了如何运用所学知识解决实际问题，还学会了如何在复杂多变的环境中保持清醒头脑、作出正确决策。这些宝贵经验和能力将成为他们未来职业生涯中的重要财富。

3. 发挥“三方合力”，助力培训高效完成

在当前社会快速发展的背景下，领导干部教育培训作为提升队伍素质、增强管理能力的重要途径，其高效性与实效性显得尤为关键。为此，中共广西电网公司党校积极探索并创新培训模式，充分发挥“党校负责人、基地班主任、专业助教”三方的协同作用，构建起一套高效、规范、全面的培训体系，不仅确保了培训任务的高质量完成，更为领导干部的全面发展奠定了坚实基础。

1）党校负责人——领航定向，全程跟班听训显担当。在培训工作的顶层设计中，党校负责人扮演着至关重要的角色。中共广西电网公司党校坚持“谁负责，谁跟进”的原则，明确要求党校负责人必须亲自参与到培训的全过程中进行跟班听训。这不仅是对培训工作的重视，更是对培训质量负责的具体体现。培训期间，党校负责人深入课堂一线，与学员同学习、共成长，不仅认真聆听每一位讲师的授课内容，关注教学方法的创新性与实效性，还细心观察学员的学习状态，了解他们的学习需求与困惑。通过这一方式，党校负责人能够全面掌握师资授课的质量、学员听课的效果以及培训组织实施的各个环节，确保对培训项目的整体情况了如指掌。同时，党校负责人还充

分利用跟班听训的机会，与讲师、学员进行深入交流，收集反馈意见，及时调整培训方案，优化培训内容，确保培训工作更加贴近实际、贴近需求。这种高度的责任感与使命感，为培训工作的顺利开展提供了坚强的领导保障。

2）基地班主任——精准施策，全程跟踪服务保质量。作为培训项目的具体执行者，基地班主任承担着至关重要的职责。他们严格履行职责，充分把握项目进度的关键节点与实施要点，以高度的责任心和专业精神，为培训项目的顺利推进提供了有力保障。在培训过程中，基地班主任全程跟进，从课程安排、教学设施准备到学员日常生活管理，每一个环节都亲力亲为、细致入微。他们密切关注培训教学的动态变化，及时协调、解决问题与挑战；注重与学员的沟通交流，了解他们的思想动态与学习需求，为学员提供个性化的学习支持与帮助。此外，基地班主任还注重对培训效果的评估与反馈，通过组织阶段性测试、开展学员座谈会等方式，全面了解学员的学习成果与培训满意度，为后续的培训工作的改进提供宝贵的参考依据。这种全程服务、精准施策的工作方式，不仅确保了培训项目的高质量完成，也为学员的全面发展提供了有力支持。

3）专业助教——专业赋能，全过程管理促提升。在培训体系中，专业助教是一支不可或缺的力量。他们充分发挥自身在活动组织、流程把控、外部协调、后勤服务、对外联络、项目宣传等方面的专业优势，为培训项目的顺利开展提供了全方位的支持与保障。在活动组织方面，专业助教精心策划各类教学活动与互动环节，营造积极向上的学习氛围；在流程把控方面，严格按照培训计划执行各项任务，确保培训流程的顺畅与高效；在外部协调方面，积极与相关部门沟通协作，为培训项目的顺利实施争取资源与支持；在后勤服务方面，细致入微地关注学员的衣食住行等各个方面需求，为学员提供舒适的学习生活环境；在对外联络与项目宣传方面，充分利用各种渠道与平台展示培训成果与亮点，提升培训项目的知名度与影响力。

培训结束后，三方及时开展项目复盘工作，共同回顾培训过程中的点点滴滴，总结经验教训，同时积极听取学员的意见与建议，对培训项目进行全面的梳理与评估。在此基础上，他们整理形成了“干部理论进修培训班实施标准化流程清单”，这份清单不仅涵盖了培训项目的各个环节与要点，还明确了各项工作的具体标准与要求，为后续培训项目的开展提供了宝贵的经验与指导，为培训工作的标准化、规范化、科学化发展奠定了坚实基础。

“三方合力”的培训模式不仅实现了资源的优化配置与高效利用，更为领导干部教育培训工作注入了新的活力与动力。在未来的工作中，中共广西电网公司党校将继续深化这一模式的探索与实践，努力打造更多高质量、有特色的培训项目，为广西电网人才培养工作贡献更大的力量。

（二）主要问题及解决方案

本次轮训培训形式多样、内容丰富、管理精细、服务周到，给各参训领导干部带来了一场不同于以往的参训体验，并获得了一致好评。但在具体实施中，中共广西电网公司党校仍然发现了一些问题，比如：部分讲师的课程内容不够新颖，案例讲解缺乏深度和透彻性，缺少对实际做法的相关论述；同时，存在漏报漏发或信息反馈不全面的问题，导致项目执行情况传达不及时、不到位等。对此，中共广西电网公司党校及时采取了以下改进措施。

1. 课程内容与教学安排的优化

针对部分课程内容不够新颖，案例讲解缺乏深度等问题，中共广西电网公司党校及时整理并汇总了领导干部的反馈建议，并以此为依据与讲师团队沟通，对课程内容进行了全面审视与调整，力求课程内容既贴合实际需求，又富含前瞻性与创新性。同时，鼓励讲师引入更多生动且具体的实践案例，以增强教学的实践指导性与吸引力。

2. 信息反馈机制的完善与强化

针对项目执行情况漏报漏发、信息反馈不够及时和全面的问题，中共广西电网公司党校构建了更为严密的信息管理体系。一方面，设立定期提醒机制，由项目组负责人定期跟进项目执行反馈情况，确保信息传递的时效性与准确性；另一方面，建立多层审核机制，明确助教或班主任为第一责任人，负责整理并初步审核项目执行情况报告，再经项目组成员内部审核确认无误后，统一发送至项目执行工作群，从而确保项目执行反馈的全面性、准确性与及时性。

三、创新成果效果

中共广西电网公司党校通过构建“333”干部培训体系，有效激发了各级领导干部的内在动力，为公司培养了一批政治过硬、能力突出、业绩优秀、堪当重任的干部队伍，有效推动企业管理提升，为企业创造了可观的经济价值，树立了良好的社会形象。

（一）实现从理论知识到工作能力的转化

本项目致力于深化、创新领导干部培养体系，通过一系列精心策划与实施的教育培训活动，成功推动了领导干部从“学得好、考得好、要我好”的被动学习状态，到“用得好、干得好、我要好”的主动实践状态的飞跃性转变。总体而言，本项目不仅构建了一个集学习交流、知识共享于一体的多维度平台，还通过现场教学、调研实践等创新教学手段，促使领导干部将所学理论知识迅速转化为解决实际问题的能力。

（二）实现从调研成果到工作举措的转化

各领导干部在培训最后一周的调研实践活动中，深入一线，细致入微地开展了多维度、广覆盖的调研工作，最终汇聚成144份翔实而深刻的调研报告（图2），涵盖了电力市场、线损技术、党建凝聚力等多个领域。尤为重要的是，各领导干部的调研不仅限于理论层面的探索与分析，更是将调研成果作为行动指南，迅速将其转化为具体可行的工作举措。在培训结束后，各领导干部紧密结合公司的实际需求，将调研报告中的解决方案精准对接到日常管理和业务运营中，确保每一项举措都能精准发力、高效落地，从而为公司的持续发展注入源源不断的动力。

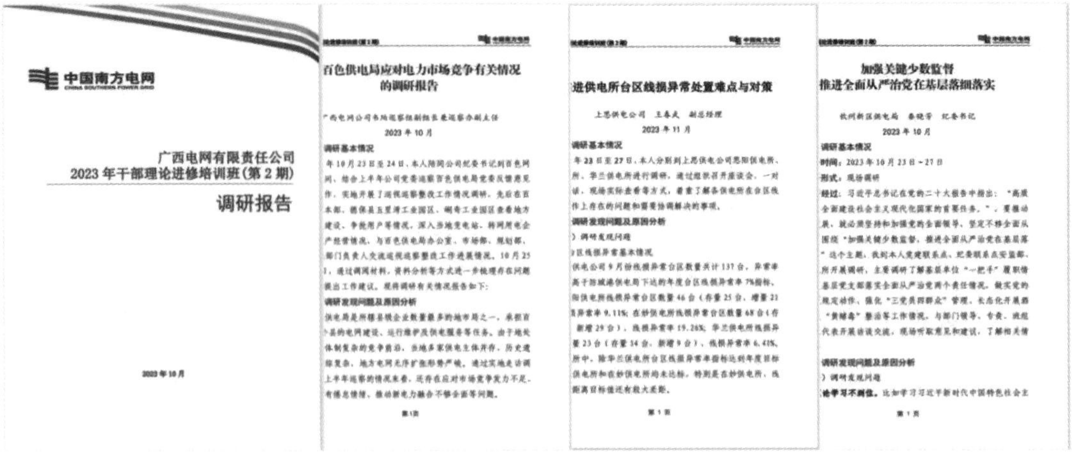

图2　调研报告示例

（三）实现从零散无序到系统有序的转化

中共广西电网公司党校通过推行“333”干部培训体系，实现培养工作从“单一理论学习、知识灌输”到“团队智慧众筹、能力输出”的重要转变，人才培养模式也由原先的零散无序状态跃升为系统化的高效运作模式。该体系既保证了培训内容的全面覆盖与深度挖掘，也促进了培训方式的多元化创新，同时实现了培训管理流程的标准化与规范化，为领导干部的全方位成长与发展奠定了坚实基础，为公司长远发展注入了强劲的人才动力。

（四）实现从培训产品到品牌形象的转化

中共广西电网公司党校通过持续优化培训服务质量与管理效能，不仅在培训运营中树立了专业、高效、负责任的形象，更在干部培训领域树立了标杆，巧妙地将“333”干部培训体系的独特优势转化为品牌形象的亮丽名片。中共广西电网公司党校利用权威媒体的宣传报道、行业论坛的交流分享等线上线下相结合的宣传形式，有效扩大了品牌影响力，并以“333”干部培训体系为基础，不断探索与创新，致力于通过提供优质的培训服务和卓越的产品质量，提升培训满意度，从而树立品牌形象，实现品牌价值。

四、成果经验总结

（一）理论知识与实践能力的深度融合

该体系不仅借鉴了国内外先进的人力资源管理理念，更结合广西电网的实际需求，进行了高度定制化的内容设计。项目不仅注重理论知识的系统性传授，还强调实战经验的积累与应用，通过调研实践等形式，学员得以在真实场景中锻炼技能、解决问题，从而实现知识向能力的有效转化，旨在打破传统培训模式的界限，促进理论知识与实践能力的无缝对接与深度融合。

（二）角色定位与职责分工的创新突破

在培训实施的关键环节中，党校负责人、基地班主任及专业助教三者紧密配合，实现了职责分工上的创新性突破，共同编织了一幅职责清晰、协同高效的培训管理图景。他们不仅履行着日常管理与协调的传统职责，还成为学员成长道路上的引路人与贴心伙伴，为学员提供全方位的支持与关怀，这营造出了温馨而富有激励性的学习氛围，极大地提升了培训效果与学员满意度。

（三）及时反馈与动态调整的机制策略

中共广西电网公司党校始终秉持“及时反馈、动态调整”的核心原则，通过多渠道收集学员、讲师及工作人员的反馈意见，运用数据分析工具深入挖掘问题根源，确保信息的全面性与准确性。随后，针对识别出的问题，组织跨部门协作团队集思广益，制定并实施针对性的优化方案，构建起一套高效的问题识别、分析与解决流程，确保培训体系能够灵活应对各种变化与挑战。

连线人物

王　雯　中共广西电网公司党校思政教研科党员与干部培训实施管理专责岗位，长期从事党员与干部培训、网络学习资源运营、人才评价相关的研究和管理工作，负责并完成了多个南方电网公司级和广西电网公司级培训项目的实施管理工作，项目成果获中央企业“联盟杯”网络课程大赛一等奖、微课大赛三等奖和最佳人气奖，中国博奥奖评选的优秀学习平台运营奖，中国企业高管培训发展联盟年度优秀党建类培训项目奖，广西电网公司年度培训评价工作十佳优秀案例奖。以及广西电网公司年度人力资源工作先进个人荣誉称号，省级培训类管理创新奖3项，培训相关研究论文4篇。

高技能人才队伍建设七种武器

潍柴雷沃智慧农业科技股份有限公司

王　成　刘春媛　徐建秋

企业简介

作为潍柴集团重要的战略业务单元，潍柴雷沃智慧农业科技股份有限公司旗下收获机械、拖拉机等业务连续多年保持行业领先，是国内少数能够为现代农业提供全程机械化整体解决方案的品牌之一。在潍柴集团完成对潍柴雷沃智慧农业战略重组后，潍柴雷沃智慧农业正式迈入新的发展阶段。聚焦智能农机与智慧农业两大战略业务，依托潍柴集团在液压电控、CVT 动力总成、新能源、智能驾驶等新科技领域优势，潍柴雷沃智慧农业持续突破农业现代化发展前沿技术，推动产品和服务向高端化、智能化发展，不断提升农业装备产业链核心竞争力。潍柴雷沃智慧农业的发展目标是打造全球智慧农业科技产业领先品牌，推动中国农业机械化水平迈向世界一流。

一、创新成果背景

潍柴雷沃智慧农业正处于高质量发展、迈向高端转型的关键时期，急需培养高素质员工队伍。公司对技能人才队伍重视程度很高，开展了各类技能人才培训。但同时在技能人才培养过程中也面临着一些问题和难点，详述如下。

1）人员稳定性较低：员工流失率是不可避免的问题，如何从培训角度提高人员稳定性，留住人才，是我们必须深入思考的问题。

2）技能人才基数庞大，培养投入大：作为生产制造型企业，公司从事生产的技能人员达到6000余人，需通过各种形式，提升技能水平。培训期间人工成本是不可忽视的要素。

3）人员能力提升空间大的同时也意味着能力提升难度大：从事生产的技能人员，学历水平相对偏低，从另一个角度反映出学习意愿低、学习提升慢等。如何营造愿意、主动的学习氛围，提高学习效果、效率，需要系统策划。

4）培训资源受限，影响培养效果：由于人员庞大、工种繁多，充足的培训资源体系是保障培训开展的基础和前提。

5）农机行业在人员培养方面要符合业务要求，但农机行业作为相对小众的行业，社会资源相对较少。如何培养出适合公司发展要求的人才，设计出适合公司发展要点的知识体系，是需要深入研究的问题。

针对以上问题，公司积极策划、投入，联合外部资源，针对技能人才培养遇到的困难和问题，并结合公司发展要求，设计并搭建了高技能人才队伍七步培养机制，公司内部称之为“七种武器”培养机制来实现高技能人才队伍的培养。“七种武器”分别为“231+N”校企合作、新进技能人才“332”培养认证、企业自主评价、新八级工任职资格聘任、多能工培养、班组长培养、工匠培养。通过以上工具方法的设计和使用，使得公司技能人才的培养一方面体系成熟，另一方面效果显著。

二、创新成果措施

下面对高技能人才队伍建设七种武器进行详细介绍。

（一）“231+N”校企合作

不断提高技能人才学历水平，优化人才学历结构。保障后续培养效果，建立了“231+N”校企合作模式。

三个合作方向：分别为潍柴雷沃工匠班、潍柴雷沃储备服务经理班、试制实验技师班。

三年培养目标为：三年培养 1000 名储备高技能人才。

建设 N 种合作渠道：是指包括但不限于订单班、产业学院共建等形式。

目前在“订单班”及“产业学院”中参与培训的学生约 500 人。在合作过程中，学校和企业合作共建、共同培养学生，设计开发出适合企业发展要求的课程体系。同时为了让学生提前了解企业、增加实践经验，设计了为期 1 年的在校培养、实践课程体系，让培养出的学生不仅有丰富的理论知识和实践经验，同时也能让学生在企业转正就业后，无缝衔接，成为一名合格甚至优秀的员工。

（二）新进技能人才“332”培养认证

为迅速提升新进技能人员的能力水平，提高人员的稳定性，公司规划设计了新进技能人才“332”培养认证机制，设计了完善的培养及考评体系，以确保培养出量身定制的适合公司发展要求的技能人才。

（1）3 个培养阶段

根据岗位要求，设计培养内容，并分如下 3 个阶段实施。

1）入职培训阶段：为期 1 周，熟知公司基本情况、掌握基本技能。

2）初级工培养阶段：为期 3 个月，采用师带徒形式，包括看、动、试、顶四个学习环节。

3）中级工培养阶段：为期 9 个月，培养形式多样。

（2）3 个考评认证

为提高培养的效果，针对 3 个培训阶段开展考评认证，督促学习，检验培养成果。

1）入职培训考评认证：入职培训结束组织结业测评，考评合格的纳入初级工进行培养。

2）初级工考评认证：通过“过程考评”和“结果考评”形式进行认证。其中在“过程考评”阶段，保证“看、动、试、顶”四个学习环节逐步学习提升。在“结果考评”阶段，以“过三阀”的形式，从安全、质量、标准作业三个方面进行考评。考评通过的认证为初级工，并纳入中级工进行培养。

3）中级工考评认证：根据该阶段的培养计划，从六个方面进行全方位的考评，考评通过人员发放中级工证书。

（3）2 种支持机制

为确保新进技能人才培养成果，搭建了如下 2 种支持机制。

1）技能考评员年度聘任及管理机制：学习成果的检验离不开专业的考评员队伍。从各单位、各系统选拔优秀骨干，担任考评员。为保证考评员队伍的专业性及积极性，建立考评员认证机制，以及日常积分管理和奖励机制。

2）培养内容及考评标准迭代更新机制：不同工厂、车间、班组生产存在多样性，对培训的内容、形式也有不同的要求，在执行过程中不断迭代、更新，满足各单位的需求。

（三）企业自主评价

职业技能等级对员工来说既是一项荣誉，更是一项事关个人未来发展的必备证书。职业技能等级应用到薪酬、待遇、评优等各个方面，激发员工对职业技能等级的追求。以评促学，通过企业自主评价，引导员工不断提升个人技能水平，营造积极主动的学习氛围。

从 2021 年开始，公司实施企业自主评价，通过内部培养、校企合作等模式，累计培养技师、高级技师、特级技师近 400 人，大大提升了高技能人才比例。

在校企合作方面，通过金蓝领、青年技师培训班等形式，充分利用院校资源，有针对性的设计开发各工种培养课程，提升员工综合技能水平。

（四）新八级工任职资格聘任

（1）目的

拓宽职业发展通道，让员工有盼头：规范完善职业发展通道并形成常态化绩效考核、晋升、降级机制。

建立能力评价标准和评估机制，让员工有目标和标准：以基本条件、通用素质、组织贡献、专业能力为导向，建立各级技能人才评价标准和评估机制，形成能上能下的用人机制。

建立业绩、技能导向的薪酬福利体系，确保实现目标的员工有回报：围绕操作族各类人员特点和管控导向，建立不同的薪酬、福利体系，使技能型高层次人才享受较高待遇，推动建立崇尚技能的良好氛围。

充分发挥工匠聘任的“指挥棒”作用，牵引激发技能人才内生动力。以工匠评聘作为有效工具，引导技能人才积极参与改善、大赛、素质提升等活动，推动当前技能人才质与量匮乏的局面得到部分改观。

参考国家八级工政策，公司内部建立了八级工任职资格聘任机制，并建立相应的薪酬政策，鼓励、引导员工不断提升自身技能水平。同时为了鼓励技能突出人员，公司将高层次的人员薪酬政策向研发人员靠拢。

（2）结合国家新八级工政策导向，明确“2+5+1”的技能人才管理模式

入职期：1 年，按照新员工培养认证机制，从学徒工—初级工。

成长期：2~15 年，按照技能人才聘任管理机制：中级工—高级工—技师—高级技师—特级技师。

收获期：15 年以上，按照工程技术人员待遇管理：首席技师。

（3）薪酬政策设计

实施岗位价值评估，按照工种分类设计晋升通道，并从薪酬、技能补助、查体、差旅等各方面设计政策。同时按照岗位价值不同，将岗位分为 5 类，设置了可晋升的上限，可以有效保证高技术人才的等级和待遇。

（五）多能工培养

（1）多能工“三三三”制

每名员工具有前后相邻三个工序（含本工序）的操作技能。

每个工序有三名员工掌握该技能。

每个班组有三名员工掌握本班组所有的操作技能（全能工）。

（2）多能工培养的必要性

该机制的实施，有利于打造一支具有柔性制造能力的团队；应对人员及生产变动，实现“一岗多人会，一人会多能”；保证班组安全、质量、生产等各项指标的顺利

完成。

（3）多能工培养的流程

培养计划编制：包括三年规划、年度培养计划、年度轮岗计划。

岗位知识技能培养：重点围绕岗位“应知应会”、特种设备、特种作业要求，国家和公司相关规定。

技能认证：按照技能等级1、技能等级2、技能等级3、技能等级4、多技能工、全技能工的晋升体系进行认证。其中，水平1：能协助他人作业，但仅处于辅助地位（了解工序内所加工零部件的名称及加工顺序、质量控制点并掌握关联工具的使用）；水平2：在他人协助下可进行作业并占主导地位（掌握设备操作技能，熟知产品工艺要求）；水平3：可独立作业，但不能授业（能熟练操作设备，懂工艺并能查阅图纸）；水平4：可独立作业并能授业（具备一定的改善创新能力，可承担新产品加工等）。

组织轮岗：将“轮岗计划完成率、核心工序平均掌握技能员工数”等主要指标纳入四级指标评价体系。设备经过改造或大修后，操作方式发生变化的，需要重新进行轮岗。

（六）班组长培养

班组是企业战略落实的基点，安全事故、成本管控、产品质量等80%以上都发生或形成于班组，同时也是人才成长的起点，员工素质和能力的培育养成80%是在班组内完成的，因此打造高素质人才队伍落地的关键在班组。班组管理水平的高低关系着企业综合竞争力的强弱，而班组长作为企业中的兵头将尾，他们的素质和能力高低决定了班组管理水平和企业各项运营指标实现的状态，因此打造一支精技能、善管理、懂经营的高素质班组长队伍成为企业发展的迫切要求。

班组长梯队培养是以班组长素质能力模型为核心，搭建了班组长管理模型和学习地图，班组长梯队管理模型以构建高素质班组长队伍为目标、以班组长8大能力为基础，5级培养和4项培养措施。班组长能力培养模型是对储备班组长、班组长、金牌班组长三层级人员从专业胜任素质、核心行为胜任素质、管理胜任素质搭建的模型，根据能力培养模型建立班组长课程体系和学习地图，助推班组长梯队建设。

目前公司已经建立了“优秀一线员工—班组‘五大员’—储备班组长（在库 217 名）—在聘班组长（380 名）—金牌班组长”的人才梯队。

1）优秀一线员工培养：针对优秀一线员工培训，我们采取“双认证”机制，分别是新晋技能人才入职认证和新进技能人才过六关再认证，新晋技能人才入职认证为期 3 个月，将应知应会、实践等内容以周为周期开展培训，通过多维度综合考评进行认证。新进技能人才过六关再认证同样为期为 3 个月，围绕生产七大任务和操作技能进行六关培训认证，实现一线员工技能再升级。

2）班组“五大员”：结合生产现场七大任务设置班组“五大员”，分别为安全管理员、质量管理员、生产管理员、成本管理员和人事管理员。班组“五大员”培养从选、育、管三个维度开展，“五大员”从业务技能、工作考评、公信力测评三个方面进行选拔，经过专项培训、课堂评价和结业测试进行能力提升与认证，日常管理则从月度评价、绩效兑现、年度评价淘汰机制、推优树先进行综合管控。

3）储备班组长：储备班组长采用培育认证机制，制定选拔标准，以内部择优推荐和自荐两种方式进行报名，通过理论测试进行初试选拔；初试通过人员进入专项培养阶段，结合线上培训 + 线下集训的形式开展为期 20 天的能力提升；资格认证则须通过公信力测评、述职答辩、结业测试和“531”行动评价进行综合认证，对认证通过人员颁发证书；储备班组长上岗后，需执行“五大员”岗位轮岗机制、每年至少 2 个月行使代理班组长权责。日常从管理能力、专业能力、创新能力和内外荣誉等四个维度进行积分管理，年度执行评价晋升淘汰。通过储备班组长队伍建设，适时补充班组长职位空缺。

4）在聘班组长：在聘班组长通过选拔认证、竞聘上岗、能力培养和日常管理四个维度进行培养，选拔认证阶段需要从储备班组长中择优推荐进行资格审核，并经过技能和理论认证后颁发班组长资格证；经过双认证对符合条件的通过公开竞聘上岗，竞聘上岗则需要经过公信力测评、理论测试、面试答辩等程序，并颁发聘任证书。各班组长所属单位开展内部培养规划，季度开展能力提升培训和测试，公司按照新晋和续聘，开展年度班组长训练营，全面提升班组长综合能力。为规范班组长日常管理，制定了行为规范标准和岗位工作标准，指导班组长开展工作，根据工作执行情况开展周度评价月度排名，年度评价淘汰管理。

5）金牌班组长：针对在聘班组长执行等级认证，认证设置五个等级，由高到低分别为：五星级、四星级、三星级、二星级、一星级，其中四星级以上为金牌班组长，认证标准分为基本条件、综合能力、通用素质三个维度，其中基本条件是门槛条件，需要通过审核；综合能力和通用素质是核心评价项，需要通过认证评审。对金牌班组长实施高阶培训，利用集团和外部资源开展专项培训和到标杆单位脱产挂职学习，提供外出培训和班组管理成果发布。推优参加国家级和集团开展的各项班组管理技能大赛，以此提升班组长综合管理能力。

（七）工匠培养

为搭建高端技能人才队伍，公司建立了三级工匠培养机制，包括种子工匠、青年工匠、首席工匠，同时优秀的工匠向集团、工会进行推荐。为提升工匠队伍的技能水平，建立“五位一体”的培养机制，包括线上学习、进阶培训、技能比武、创新改善、导师带徒，以系统提升技能水平。

三、创新成果效果

1）学习氛围提升：员工参与学习的积极性大大提升，公司对员工培训投入愈来愈大。目前公司长期脱产培训在训人员达到 100 人。月度培训课时达到 20 课时。

2）高技能人才队伍占比不断提升。截至目前，达到技师、高级技师、特级技师的人员接近 500 人。

3）通过畅通人才发展通道、完善人才培训体系、构筑稳定的生产秩序，企业员工流失率降低了 30% 以上，提高了企业的稳定性。新员工认证通过率达到 95% 以上。为企业储备管理后备队伍达 800 余人，其中班组“五大员”队伍达到 600 余人，储备班组长队伍达到 200 余人。参加国家级班组管理技能大赛获得优异成绩，其中，“红旗杯”班组长管理技能大赛获奖 13 人，分别为二等奖 1 人、三等奖 5 人、优秀奖 7 人。“高科技”企业管理技能大赛获奖 12 人，分别为一等奖 2 人、二等奖 10 人。在中国质量协会举办的中国质量创新与质量改进成果发表交流系列活动中，质量信得过班组、现场管理改进项目共获奖 19 项，其中一等奖 4 项、二等奖 12 项、三等奖 3 项。

四、成果经验总结

1）业务战略导向是该项目成功的基础和前提：高技能人才培养工作紧紧围绕公司业务战略。根据公司业务战略对人才的要求，设计人才培养方案，实施技能人才培养项目。

2）问题导向 + 体系化思维，是该项目设计成功的关键：从需求出发，结合问题点，按照期望的目标，进行体系化设计。

3）系统设计 + 实施验证 + 优化迭代：每一个项目都是按照该步骤设计实施，在实施过程中不断改进和完善，最终固化为成熟的培训方案。

连线人物

王　成　潍柴雷沃智慧农业科技股份有限公司人力资源部部长，拥有20多年培训业务经验。曾担任潍柴职业大学校长。策划并实施了多项集团内外部重大且优秀的培训项目。

航天企业高技能人才培养体系的构建与实施

南京航天管理干部学院

丁 磊 徐向婷 邱 婧 唐 慧 晋 鹏 邱艳梅

企业简介

中国航天科工集团有限公司（以下简称“航天科工”）是我国战略性、高科技、创新型中央骨干企业，是我国航天事业和国防科技工业的中坚力量，航天强国建设和国防武器装备建设的主力军。航天科工始终坚持“国家利益高于一切”核心价值观，牢记“科技强军、航天报国”企业使命，坚决履行强军首责，坚持高质量发展，着力打造“防务装备产业、航天产业、信息技术产业、装备制造产业、现代服务业”五大产业板块核心竞争力。为深入贯彻尊重劳动、尊重知识、尊重人才、尊重创造方针，培养更多高素质技术技能人才、能工巧匠、大国工匠，航天科工积极探索航天企业高技能人才队伍“引、育、留、用”全链路培养体系建设机制，着力推进新时代高技能人才队伍建设，创造人人皆可成才、人人尽展其才的良好制度和氛围，为确保科研生产任务完成，筑牢国家安全基石提供坚强有力的保障。

一、创新成果背景

(一) 落实人才强企战略，助力人才强国建设的需要

党的二十大报告指出，要深入实施人才强国战略，努力培养造就更多大国工匠、高技能人才。为深入落实人才强国战略，先后制定了《人才强企战略》《"十四五"人才发展规划》《关于进一步加强干部人才队伍建设的若干措施》《进一步完善人才队伍建设工作机制的指导意见》等人才队伍建设相关顶层文件；明确了要以智能装备控制与维护、工业机器人系统集成、高端数控加工与编程、增材制造等新兴职业（工种）为重点，大力培养知识型、技能型、创新型技能人才队伍，推动产业基础再造计划实施，保障型号科研生产任务顺利完成，以高质量技能人才队伍建设助力人才强企战略落到实处。

(二) 聚焦强军首责，保障科研生产任务高质量完成的需要

习近平总书记高度重视国防科技工业人才队伍建设，强调要"把国防科技和装备领域打造成国家创新人才的高地、人才成长兴业的沃土"①。航天科工是建设航天强国和世界一流军队的重要支撑，贯彻落实习近平强军思想，进一步聚焦主责主业，履行强军首责，人才是关键。拥有一批技艺精湛、掌握"绝活绝技"，并能深入贯彻质量制胜理念到生产一线，实现"零缺陷"的高技能人才，是确保科研生产任务顺利完成最关键的保障，是全面建成世界一流航天防务集团公司、支撑世界一流军队建设的重要基石。

(三) 聚焦高质量发展，建设世界一流人才队伍的需要

习近平总书记在致首届全国职业技能大赛的贺信②中指出"技术工人队伍是支撑中

① 中华人民共和国中央人民政府．习近平出席全军装备工作会议并发表重要讲话[R/OL].（2014-12-04）[2024-8-12]. https://www.gov.cn/xinwen/2014-12/04/content_2787063.htm.

② 中华人民共和国中央人民政府．习近平致信祝贺首届全国职业技能大赛举办[R/OL].（2020-12-10）[2024-8-12]. https://www.gov.cn/xinwen/2020-12/10/content_5568637.htm.

国制造、中国创造的重要力量”“各级党委和政府要高度重视技能人才工作，大力弘扬劳模精神、劳动精神、工匠精神，激励更多劳动者特别是青年一代走技能人才、技能报国之路，培养更多高技能人才和大国工匠，为全面建设社会主义现代化国家提供有力人才保障”。航天科工作为从事国家战略性产业的高科技企业，是建设现代化经济体系的中坚力量，也是推动我国制造业高质量发展的重要支撑。企业的高质量发展离不开一流的人才队伍，一流的人才队伍离不开一支“数量充足、结构合理、素质优良、技艺精湛”的高技能人才队伍作为支撑。

二、创新成果内涵

新时代面对人才培养工作的新形势新要求，构建航天企业高技能人才培养体系的内涵是：以培养知识型、技能型、创新型高技能人才为目标，加强顶层设计，统筹推进管理体系建设，以整合集团各类优质资源并高效使用为突破点，持续完善“全视角引才、全系统育才、全身心留才和全方位用才”的高技能人才培养体系顶层设计，确立高技能人才引领发展的战略地位，通过“四个转变”“聚焦前沿”“以赛带选”“产教融合”的深化，优化高技能人才引进机制；通过“顶层岗位设置”“职业技能认定”“培训体系建设”“以赛带训机制”的培养与推树，完善高技能人才培养机制；通过“事业留人”“待遇留人”“精神留人”的多元化激励，创新高技能人才激励机制；通过“平台搭建”“容错试错”“考核评价”“共享交流”等方式，健全高技能人才使用机制，全方位打造高技能人才队伍全链路融合型人才供应链，着力建设适应企业高质量发展需求的高素质技能人才队伍，为企业的转型升级和可持续发展奠定坚实基础。

三、创新成果措施

（一）加强顶层设计，完善高技能人才管理体系建设

横向以高技能人才“选”“育”“用”“留”管理链路为基础，纵向以航天科工下设各级单位为依托，通过制定规章制度、落实组织管理职责等，优化配置各类资源，

统筹设计高技能人才管理体系。航天科工高技能人才管理体系如图 1 所示。

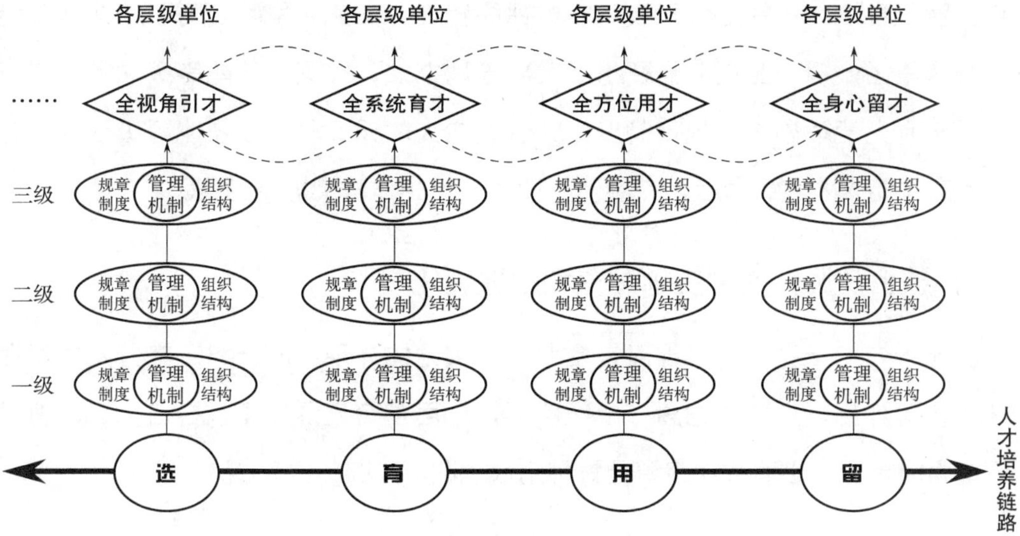

图 1　航天科工高技能人才管理体系

1. 强化组织保证，夯实高技能人才发展根基

航天科工历来高度重视高技能人才队伍建设，不断匹配公司战略发展及目标实现，始终坚持党管技能人才的原则，在集团党组的领导下，集团人力资源部负责技能人才队伍建设的规划和宏观指导，航天科工职业技能等级评价指导中心以及各院、厂、所负责高技能人才队伍建设的具体组织实施工作，职业院校与相关媒体等社会力量联合参与，完备的组织体系确保了高技能人才队伍建设工作的落实。建立国家高技能人才培训基地，加强专业群实训能力提升，加强高技能人才的培养。建立技能大师工作室和劳模创新工作室，构建高技能人才技术技能创新成果和绝技绝活代际传承机制，充分发挥传帮带、技能攻关、技能推广等作用。建立技师联合会，加速行业技能知识流动，打破技术壁垒，为核心技术攻关保驾护航。

2. 明确制度保障，构建“1+N”高技能人才队伍建设政策体系

航天科工深入贯彻落实《新时期产业工人队伍建设改革方案》《“十四五”职业技能培训规划》以及国家技能人才职业能力建设相关工作要求，研究制定航天科工技能人才队伍建设指导意见，发布“十四五”人力资源发展规划，高屋建瓴布局高技能

人才队伍建设。出台《集团公司技能人才队伍顶层岗位选拔管理办法》《集团技能大师工作室管理办法》《集团公司技术职务评聘管理办法》《集团公司职业技能鉴定实施办法》《集团公司职业技能竞赛组织实施管理办法》《职业技能等级认定质量管理规范》等一系列管理办法与规章制度，完善技能人才评价和职业技能等级认定工作机制，加大高技能人才表彰力度，完善了高技能人才工作政策支持框架。

（二）整合资源，实现资源配置利用最优化

高技能人才的培养，很大程度是企业综合实力的体现。航天科工充分发挥集团公司一体化统筹作用，把各方力量拧成一股绳，全面整合资源要素，各自分工、协同配合，形成强大合力，进而实现资源配置利用最优化。

1. 坚持盘活人才资源，最大限度发挥其汇集效应

进一步疏通人才流动渠道，盘活高技能人才资源，促进高技能人才在航天科工和企业内部的合理流动。譬如，航天技能人才的工作调动和交叉任职。积极组织航天科工相应专业的高技能人才针对本岗位、本专业以及本单位生产实际，撰写调研报告和技术理论研究文章、把生产实践中的体会升华到理性认识的高度、供大家学习参考，在技术理论创新上发挥高技能人才的示范引领作用。同时，每年都会在航天科工所属单位选派一定数量的高技能人才在各单位间进行交流学习。

2. 坚持整合培训资源，最大限度发挥其放大效应

在公司原有培训机构基础上，按照区域布局、资源共享的原则重点建设若干个左右主体工种的技师培训基地。按时间节点、按区域和专业，重点建成若干个高技能人才培训基地。在基地设置上，充分利用现有资源，不再另建新基地。逐步加大投入，注重质量和特色，满足企业和高技能人才的培训需要，避免低水平重复建设。注重配备与生产实际相配套的先进仪器设备，开发模拟仿真系统，建设各基层单位面向职工队伍的远程教育联网系统，使高技能人才培训始终站在技术工艺前沿。 建设了一支适应现代化企业教育培训和市场需求，以专职教师为骨干、兼职教师为主体的“双师型”培训教师队伍。建立主体职业（工种）技师、高级技师培训的兼职教师资源库，由高

技能人才培训基地根据培训项目选聘。统一规划高技能人才培训的教材建设，为搞好航天科工技师培训奠定基础。

3. 坚持技术资源共享，最大限度发挥其聚合效应

以技术技师联合会为载体，航天科工联合所属单位组建了由技能大师担任组长的智能制造、先进材料、数控机加等数十个专业组，通过技术技师联合会为高技能人才提供技术交流的平台，按工种或专业组织高技能人才定期开展技术攻关、技术革新、技术表演、技术交流等多种形式活动，加速内部知识流动，打破技术壁垒，为核心技术攻关保驾护航。

（三）坚持“全视角引才”，优化技能人才引进机制

航天科工始终以引才为根蒂，积极探索实施技能人才的引进方式方法，打破身份、地域等的限制，“打开门”把真正的技能人才引进来。

1. 推动四个转变，不断提升引才质效

航天科工不断完善技能人才引进机制，推动引进专业、引进目标、引进过程、引进渠道等方面的转变，即引进专业由分散化向体系化转变，引进目标由传统技能人才向技术技能人才转变，引进过程由一次性挑选向持续前置跟踪转变，引进渠道由传统技工院校向社会成熟人才转变。在创新项目实施期间，技能人才专科及以上学历同比增加 12.7%，大学本科及以上学历同比增加 4.32%，引才质效不断提升。

2. 聚焦发展前沿，促进先进工艺制造能力提升

航天科工突出“高精尖缺”导向，有选择性地引进人才，聚焦前沿、弥补重要领域、重要岗位上技能人才的“空挡”，尤其是高度重视以数字化引领先进工艺制造的发展，积极推动技能人才通过致力于智能制造、协同制造、云制造来推动航天产业基础高级化和产业链现代化。近年来，注重引进从事智能装备控制与维护、工业机器人系统集成、高端数控加工与编程、增材制造以及熟悉新技术、新工艺、新设备、新材料的复合型技能人才。

3. 实施以赛带选，建立精准引才机制

航天科工积极拓展技能人才引进渠道建设，建立了精准引才、柔性引才、市场化引才、以才引才机制。以国家级、省部级技能大赛为重要平台，聚焦全国技能大赛、全国数控技能大赛、全国智能制造应用技术技能大赛等国家一类、国家二类技能竞赛，对优秀获奖选手采用“一事一议”“一人一策”的引进策略，从获奖选手中优中选优靶向引进技艺精湛、掌握“绝活绝技”的高技能人才，创新项目实施期间累计引进获奖选手近200人。

4. 促进产教融合，超前谋划选人渠道

航天科工积极构建校企利益共同体，不断深化产教融合的广度和深度，以“优势互补、资源互通、人才共育、荣誉共享”为核心，围绕集团科研生产急需岗位，提前瞄准国家级高水平职业院校优势专业，探索出一套“走出去”与“引进来”相结合的技能人才选拔模式，超前谋划选人渠道。“走出去”，挖掘人才。各企业充分结合地方职业技能提升政策契机，与北京、山西、山东、内蒙古、河南、陕西、贵州等地多所职业院校共建“企校双制、工学一体”的联合培养模式，挖掘有潜力的技能人才，早发现、早下手。“引进来”，产学结合。按照“招工即招生、入企即入校”的原则，以理论成绩、竞赛水平、综合素质为评价指标，每年精选数百名优秀在校生提前进入航天科工所属企业的岗位，采用校企双导师制，一方面保障学生能够继续学习新方法、掌握新技能，另一方面推动学生尽早适应生产节奏，融入企业发展。

（四）坚持“全系统育才”，完善技能人才培养机制

技能人才的培养是个长期系统的过程，坚持以“育”才为靶向，立足岗位和技能人才本身实际情况，注重多层级培养，实施“因材施教”培养理念，践行航天人的“工匠精神”。

1. 延伸技能岗位顶层设置，着力打造“大国工匠”

航天科工着力激发技能人才潜能，制定了技能人才队伍顶层岗位选拔管理办法。技能人才顶层岗位包括技能大师和首席技师，其中，技能大师每个职业（工种）仅选

拔 1 人，代表了航天科工最顶尖的技能技艺水平。航天科工现有技能大师多人，首席技师几十人。航天科工不断拓展技能人才成长的广度和深度，以立足“广、宽、精、通”（即覆盖面广、成长通道宽、岗位精、岗位上下和相互之间层级通）为原则，为技能人才建立了清晰的发展路径，设计可持续的职业生涯。出台了技能人才技术职务评聘管理办法，在国家开展高级技师评选的基础上，结合航天型号产品加工工艺复杂、难度大的特点，综合考虑技能人员的技能水平，航天科工增设了特级技师的评选。目前，航天科工现有特级技师几百人。

2. 示范开展职业技能认定，着力打造“能工巧匠”

航天科工以职业技能等级认定为核心抓手，建立了工种覆盖广、认定人数多、结构有梯次的航天技能人才队伍。航天科工职业技能鉴定工作始于 1996 年，由劳动部发文批准实施。2018 年成为人力资源和社会保障部首批职业技能等级认定试点机构，正式开始实施职业技能等级认定工作。航天科工首次开展职业技能等级认定时，首批获证人数 3243 人，获证率 57.89%（其中，高级技师 50.69%，技师 39.61%，高级工 61.83%，中级工 69.68%，初级工 58.81%）。

3. 建设技能人才培训体系，着力打造“航天能手”

航天科工为高技能人才量身定制培训方案，构建多层次核心技能培训体系，加强针对性培训培养，努力提升技能人员的素质能力，使之快速成为航天能手。航天科工建立了企业大学、技师学院，建设了国家高技能人才培训基地，为开展技能人才终身职业技能培训创造了良好条件。开展集团内部核心课程及微课开发、工人论文征集等活动，推进专业技能知识萃取与传承。打造了“大师论坛”“绝技绝活交流”“技能大师上讲台”“首席技师大讲堂”等特色活动，发挥高技能领军人才在带徒传技、技艺传承、技能推广等方面的引领示范作用。打造部门级系列微小讲堂，涌现出“工匠学堂”“后墙学堂”“朋辈三人行”等技能微课堂，推进知行合一，充分调动技能人员学习积极性，推进技能人员学习常态化和多样化。不断拓展与高校等机构的合作，开展了高技能人才学历提升、知识更新、继续教育等项目。

4. 建立以赛带训机制，着力打造“竞赛尖兵”

航天科工坚持赛训结合，将技能竞赛作为培养锻炼青年技能人才的主平台，加速青年技能人才成长步伐。近些年不断健全职业技能竞赛体系，现构建起以国家级竞赛为牵引，集团公司级竞赛（主要包括与中国就业培训技术指导中心联合定期举办集团公司级职业技能竞赛等）为主体，各院、厂、所级竞赛为支撑的具有航天特色的职业竞赛体系，同时大力鼓励和支持技能人才参加各级各类竞赛，每年设立专项经费支持赛前培训练习，利用各类大赛培养技能人才，帮助他们长本领、增技能、强素质，在广大技能人才中形成“比学赶超”的良好氛围。在第一届全国技能大赛上，航天科工一名技能人员以数控微雕获评“最受欢迎的中华十大绝技”，另有一名选手荣获数控铣赛项全国第五名，一名选手荣获 CAD 机械设计赛项优胜奖。在第九届全国数控技能大赛中，航天科工参赛选手取得了两个赛项冠军，一个赛项一等奖的好成绩，在五轴联动加工技术赛项勇夺三连冠。在装备发展部举办的“匠心杯”国家一类技能竞赛中，航天科工参赛选手表现优异，总成绩位列航天集团参赛单位第一。

（五）坚持“全身心留才”，创新技能人才激励机制

“引进人才难在引心，留住人才重在留心”。航天科工始终坚持以“留”才为保障，营造“拴心留人”的环境，构筑人才发展新高地。

1. 事业留人，打通技能成长多通道

航天科工为实现技能人才更好发展，明确管理、技术、技能三条发展通道的岗位晋升标准，实现岗位层级清晰、晋升条件明确、发展速度均衡。特别是打破了三条通道之间的壁垒，明确跨通道申报的条件，形成纵向畅通、横向贯通的三条通道，不断探索技能人才的“跨界”。航天科工一方面强化技能人才在本职业（工种）的培养使用，200 余个工种的技能人才立足航天产品制造领域扎扎实实开展生产制造操作、技术攻关、技术创新等工作，依托十层级与若干分档相结合的通道不断成长，现有技能人才顶层岗位技能大师多人、首席技师几十人。另一方面，积极探索推动技能领军人才与工艺人员及经营管理人员之间的横向交流，畅通技能领军人才的成长通道，建立技能领军人才申报工程系列职称评审机制。航天科工技能人才成长通道如图 2 所示。

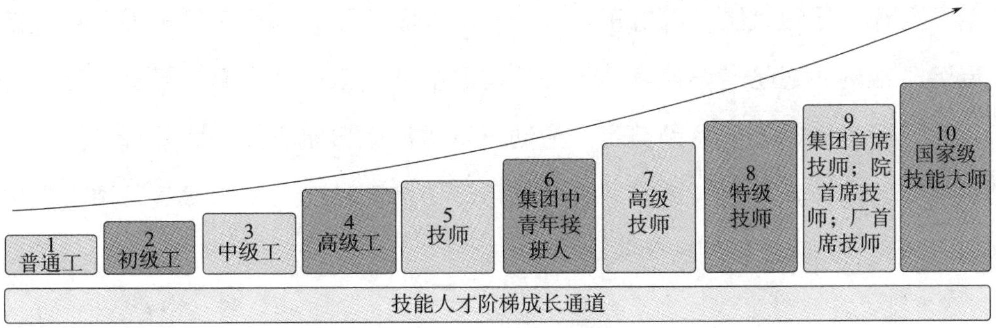

图 2 航天科工技能人才成长通道

2. 待遇留人，不断强化正向激励

航天科工技能人才成长通道为技能大师和首席技师出台了系列待遇保障措施，例如，技能大师年薪标准，出差期间交通、食宿标准均可参照所在单位中层正职执行，首席技师则参照所在单位中层副职执行。技能大师、首席技师受聘期间列入航天科工党组联系服务专家范围，建立了高层次人才奖励休假制度，定期组织高技能人才休假疗养。对获得集团公司级竞赛选手给予奖励；对荣获“航天技能大奖”和“航天技术能手”的获得者，给予专项奖励政策。同时，加强了高技能人才生活服务保障，在办理落户、购租住房、子女教育、解决夫妻两地分居等方面给予大力支持；为高技能人才提供继续教育机会，提升高技能人才学历，支持高技能人才参加各类行业交流，拓展高技能人才的职业纵深。

3. 精神留人，大力弘扬工匠精神

大力弘扬工匠精神、褒扬工匠情怀、厚植工匠文化，充分发挥大国工匠的精神引领、典型示范作用，营造劳动光荣的社会风尚和精益求精的敬业风气，推动高技能人才用实干成就梦想，汇聚砥砺奋进的强劲功能。航天科工于 2020 年研究设立了航天报国功勋荣誉表彰奖励体系，表彰为航天科工发展作出重大贡献的高技能人才，公司有两位高技能人才荣获首届航天报国英才奖，多名高技能人才荣获航天报国重大贡献奖。航天科工所属单位结合每年 4 月的“中国航天日”活动和“工匠精神”宣传，推选出一大批大国工匠走入公众视野；每年“五一劳动节”期间发布工匠劳模事迹，并在媒

体报道推广，弘扬劳动模范精神和工匠精神；主动邀请中央新闻媒体深入一线采访班组典范，全媒体报道大国工匠的事迹。央视《大国工匠》节目专题报道了航天技能大师为导弹“雕刻”翅膀的事迹，央视《新闻联播》“劳动者之歌”隆重推出全国劳模航天人物系列报道，五一特别节目《劳动与梦想》邀请航天技能大师现场展示“头发丝上钻孔”的绝技，央视《新闻调查》栏目专访航天科工“新八级工”建设成果，充分展现航天人“大国工匠”的风采。

（六）坚持“全方位用才”，健全技能人才使用机制

引才、育才、留才都是为了更好地用才。航天科工坚持以“用”才为关键，着力构建“人尽其才，才尽其用”的格局，实现技能人才效应最大化，真正让技能人才创新活力得到充分迸发。

1. 搭建人才培养平台，用好用足“传、帮、带”

航天科工高度重视给技能人才建舞台、搭平台，大力开展各类技能大师工作室建设。自航天科工启动技能大师工作室的选拔设立以来，共成立集团公司级技能大师工作室几十个、国家级技能大师工作室若干。通过大师工作室集中优势导师资源、专业资源和生产经验，开展技能培训、技术难题会诊、技术攻关等多种技能交流创新活动，建立技能人才集智攻关和技艺传承机制，将工作室打造成为技术新成果向高效生产力转化的金土地；借助科技创新课题、装备研制项目，带动技能人员学习模拟仿真、机器人控制等先进知识，为他们提供参加完整的“设计—技术—产品”全链条机会，推动技能人才从“独当一面”向“能力多面手”转变。

2. 构建容错试错机制，“零缺陷”保障科研生产顺利完成

“质量就是生命，质量就是胜算。”对于有着高科技含量的武器装备来说，产品质量事关企业声誉、国家疆域和人民生命的安全。航天科工为了充分激发技能人才干事活力，构建技能人才探索创新的容错试错机制，对重大创新项目等实行“揭榜挂帅”，既不问“出身”使用技能人才，又根据技能人才敬业表现、实际业绩和创新能力等评价人才，让技能人才充分展示和发挥其高水平技能。此外，持续开展岗位“师

带徒”工作，将“零缺陷、零容忍、精益求精”制造理念，通过高技能人才的以身作则，言传身教，实行技能人才岗前培训与考核管理，形成源头培养、过程监督、结果考核的技能人才管理使用机制，实现“强技能”“共成长”的良性循环，进而保障科研生产的顺利完成。

3. 强化考核评价机制，畅通高技能人才的出入口

航天科工在高技能人才管理上实行动态调整机制。通过在型号产品的生产实践过程中评选和考核高技能人才，做到敞开“出口”、放宽“入口”，使高技能人才队伍保持动态更新。在敞开“出口”方面，坚持实行末位淘汰、无功淘汰、缺岗淘汰。按照考核结果，对在实际工作中不发挥“高技能”作用的、缺岗超过一定期限的、有重大工作缺陷的、群众评议不过关的，取消评聘资格。在放宽“入口”方面，坚持不唯学历看能力，不唯资历凭技术，让真正有过硬技术本领的人才能够脱颖而出。目前，航天科工高技能人才中 35 岁以下青年人才占比约为 42.1%。

4. 推动人才共享交流，积极承担社会责任

航天科工坚持技能人才联合培养，积极开展企业新型学徒制。以企业为主体，通过企业新型学徒制培养青年技能人才，累计获得地方资金补贴几百万元。充分发挥航天科工国家级高技能人才培训基地优质师资力量和教学资源，为地方企业策划开展企业新型学徒制培训项目，培训学员达几千人次，培养职业（工种）涵盖数控车工等二十余个工种。此外，为了加强行业内外高技能人才的交流和学习，航天科工主动承办国家二类竞赛和省部级一类竞赛，积极为行业内外部技能人员的培养承担社会职责。

四、创新成果效果

（一）提质增效，有力助推企业跨越式发展

航天科工高技能人才全链路培养体系的构建，使广大技能人员技术能力和精神面貌显著提升，凝聚力持续增强，助推企业跨越式发展。一是经营绩效明显提升。通过技术技能的革新，持续实现企业利润的增长。二是通过高技能人才队伍培养，有效提

高了科研生产效率，解决了制约科研生产任务的诸多瓶颈问题，低层次质量问题减少40% 以上，在工装改进、程序编程等方面，由技能人员自发完成的多个改进项目生产效率平均提升了 30% 以上，对科研生产任务的顺利完成奠定了坚实的基础。

（二）项目驱动，航天防务领域战略地位持续巩固

航天科工高技能人才培养体系的构建，着力推进了高技能人才的培养以国家重点型号和科研项目为依托，多项体系研究、多型装备型号完成立项，实现高技能人才与公司共发展的新局面。航天某技能人员自从参加工作以来，先后承担众多重点型号焊接技术攻关，参与“某专项”等重大课题研究及激光选区熔化增材制造设备等高端智能装备的研制及应用，善于通过技术创新和工艺优化降本增效，节约各项成本累计超过 4000 万元，创造经济效益 1200 余万元，为保障科研生产作出了突出贡献，得到各级的认可，先后被评为集团特级技师及全国技术能手，并荣获航天报国重大贡献奖。航天科工一大批高技能人才和大国工匠的默默付出，推动了武器装备和智能制造生产得到了长足发展。

（三）人才辈出，向建设世界一流技能人才稳步迈进

航天科工高技能人才全链路培养体系的构建，极大促进了领军人才的培养建设。目前，航天科工拥有一批全国五一劳动奖章获得者、中华技能大奖获得者、全国技术能手、国家技能人才培养突出贡献个人、中央企业“百名杰出工匠”、享受国务院政府特殊津贴的高技能人才和国家技能人才培养突出贡献单位等。为进一步对接国家技能人才计划，航天科工还增设了航天技能大奖、航天技术能手、十大技能高手的评选，已选拔一批航天技能大师、航天技术能手。正是由于拥有一批工种覆盖面广、水平层次高的技能领军人才，为航天科工各项重点型号科研生产任务的顺利完成提供了充分保障。

（四）文化弘扬，追求极致、勇攀技能巅峰的氛围逐渐形成

航天科工高技能人才培养体系的构建，推行科学的选人用人导向，提供良好的政策环境，建立健全奖励激励机制，为技能型人才做事创业提供了良好平台，也为技能

人才的成长和发展提供了广阔舞台，选树的一批技能人才先进典型人物，形成了先进示例示范效应，体现出了广大技能型人才的心声，更加折射出广大技能型人才做事创业的信心和决心，从而使企业的科学发展和可持续发展呈现出旺盛的生命力和影响力。目前，在整个集团内部形成了以追求极致、勇攀技能巅峰的工匠精神、劳模精神为荣的良好氛围，掀起了“学技术、练本领，人人争当技能大师”的热潮，涌现出了一批具有优良品德、掌握精湛技艺、追求精益求精和敢于创新的高技能人才队伍。

连线人物

丁　磊　东南大学管理科学与工程博士，高级工程师，国务院发展研究中心特聘研究员，入选国务院国资委分校央企党校系统“名师工程”首批人才名单，现任南京航天管理干部学院科研咨询中心主任。长期从事企业人力资源管理、战略研究、经济运行、软科学研究、智库建设、国企改革与党史党建研究，主持参与省部级课题100余项，荣获管理创新成果奖、政研课题成果奖、培训创新成果奖等30余项，发表各类核心期刊论文10余篇，出版图书专著6部，主编“中国企业培训蓝皮书”系列出版工作。多次荣获“杰出人才”奖、“中国企业培训创新人物”“五一·先进个人”及“中国企业人才贡献奖”等荣誉称号。

创新训战结合进阶式党建培训模式　全力打造铁军赋能“大熔炉”

中石化胜利石油工程有限公司培训中心

张永利　柳　毅　王艳红　魏菁菁

企业简介

中石化胜利石油工程有限公司培训中心是一家面向国内外市场，具备先进培训理念、雄厚培训实力、齐全学科门类、行业特色鲜明的综合性企业人才培训机构。现有教职工 163 人，设有党建培训项目部、井控培训项目部、安全培训项目部、特种作业（设备）培训项目部、海（水）上培训项目部、国际培训项目部、西北培训项目部、西南培训项目部、东北培训项目部、学员管理项目部 10 个培训项目部。多项培训资质获得国际石油行业权威机构和国内主管机构认证，是国家二级安全培训机构、海上船员培训机构；同时也是山东省认证的特种作业及安全资格培训机构、中国石化海上石油安全培训机构、井控技术甲级培训机构，井控技术、硫化氢防护技术、HSE 管理的师资培训机构。业务范围涵盖：党史党建培训、企业管理培训、安全管理与技术培训、专业素能提升培训、海上作业培训、国际化人才培训、特种作业（设备）培训等 7 大类、290 项培训课程。培训市场覆盖：全国十几个油田、环渤海湾部分地市及部分国外石油公司。近三年，年均举办各类培训班 2000 余班次，培训学员 15 万余人次。培训中心被中华全国总工会命名为“全国职工教育培训示范点”，被中国企业教育百强组委会授予“中国企业培训示范基地”称号，被山东省精神文明建设委员会授予省级“文明单位”称号。

一、创新成果背景

国有企业党的建设是企业发展的“根”与“魂”，是国有企业独有的政治优势，也是国有企业高质量发展的重要保障。如何实现在经济领域更好地为党工作是国有企业的首要任务。本案例结合胜利石油工程公司党建培训的实际情况，充分发挥党校“大熔炉”淬炼之力，以平台经理素质能力提升示范班为例，对训战结合进阶式培训模式进行探索与实践，旨在为目前国有企业的党建培训模式提出可行性创新建议，为国有企业稳中求进、提质增效，发展新质生产力提供强有力的人才保障和智力支持。

国有企业作为中国特色社会主义发展的重要支柱，对党和国家的发展有着极其重要的意义。作为在国家能源企业中占有一席之地的胜利石油工程公司，为了能够更好地履行其经济责任及社会责任，企业的党建培训必将成为人力资源管理工作的核心工作，具有重要的战略地位。但是，由于石油工程企业招工机制改革的影响，员工队伍存在年龄结构偏大、创新活力不足等问题；此外，工作压力过大、协同沟通效率不高，以及员工知识体系陈旧、数智化转型困难等因素，严重地影响了企业员工培训的高质量发展。因此，在创新驱动企业高质量发展的“新常态”下，必须立足于生产实际需求和“人才强企”的发展战略，坚持“以人为本”的指导思想，坚持问题导向，紧贴实际、服务生产的办学方向，积极探索创新训战结合进阶式党建培训模式，使其与新形势、新常态相适应。

目前，我国大部分石油工程企业逐渐形成了较为完善的“统一领导、集中管理和分工协作”的党建培训机制，但在实现企业高质量发展的经营理念下，传统的党建培训体系已不再适应企业高质量发展的新要求，也难以满足员工个人成长和职业发展等多方面的需求。

（一）党建培训体系滞后，难以满足企业高质量发展的需要

石油工程企业中传统的党建培训体系是以企业的实际发展需求为组织导向，对所有员工进行统一培训、集中管理，这种培训体系严重忽视员工的个人成长需求，难以

满足日新月异的市场环境及员工个性化的发展需求，使得员工学习态度懈怠、学习效率低下，这不能满足企业的高质量发展对员工高素质的要求。比如，传统的党员教育轮训主要根据单位工作情况，随机抽取人员报名参训，培训没有进行需求调查，没有体现针对性，无法真正解决学员业务、素质、能力方面存在的痛点、难点。

（二）党建培训模式单一，难以激发学员的学习兴趣

随着现代化和信息化技术的飞速发展，传统培训方式的短板和不足逐渐凸显，难以彻底克服“重知识轻能力、重理论轻实践、重灌输轻体验”等弊端，培训针对性和实效性不强，不能调动员工的积极性，导致党建培训效果难以达到预期目标。比如在党性教育培训中，普遍存在理论性较强、实用性不够，无法将高深的理论知识灵活应用到工作实际中。

（三）党建培训资源匮乏，难以适应当前形势的发展

中国特色社会主义进入新时代，在新形势下，国有企业所处的经济环境和社会环境发生了显著变化，职工队伍结构呈现出许多新特点、新情况，企业管理也面临许多新情况、新矛盾、新挑战。如果党建思想文化工作跟不上，就会人心涣散、队伍失序、削弱管理的基础。例如，在党支部书记培训班课程中设置了“一人一事”思想政治工作，课堂中也进行了实战演练，但是回到单位中没有及时进行训练，缺乏行动学习的跟踪和复盘，培训效果无法辐射到工作的实时状态中。

（四）党建培训评估形式化，没有发挥有效的激励作用

目前，石油工程企业对职工的党建培训效果评估主要是基于培训工作本身开展的情况，没有真正地将评估工作与企业的生产实际、员工成长和员工创收创效等方面进行挂钩，难以对企业党建培训学习效果进行全面综合的评价和有效的激励。比如，在基层管理人员素质能力提升培训班中，进行了实际问题的研讨，解决了工作中的痛点问题，培训取得了满意的效果，但是回到单位后，没有进一步的考核机制，培训效果逐渐弱化，无法达到持续激励效果。

二、创新成果措施

随着全面从严治党向纵深推进，国有企业党建工作的标准不断提高。为落实中央和公司党组对基层党组织建设的最新要求，切实提高国有企业党的建设质量，推动国有企业人才队伍建设，是新时代加强国有企业党建工作的主要任务。企业党建培训作为人力资源管理的一个重要课题，由于他们在工作中有着不同的层次需求和个人发展需求，只有满足这些需求，才能促使他们更好地实现企业自我教育与价值提升。所以，公司需要不断探索与创新党建培训模式，满足职工个性化和差异化发展需求，确保他们能够成为胜利石油工程公司发展的坚实后盾。

（一）创新训战结合进阶式党建培训管理制度

1. 明确创新训战结合进阶式党建培训应遵循的基本原则

根据目前胜利石油工程公司党建培训现状，创新党建培训思路，促进企业对员工进行科学技术发展的要求，不断扩展员工的发展空间，充分发挥党建培训的积极作用，需遵循以下基本原则。

1）以尊重员工差异化发展为导向。在创新驱动企业高质量发展的要求下，提升员工队伍综合素质是企业长远发展的重要举措之一。由于胜利石油工程公司员工综合素质、能力水平等方面具有较大的差异，因此，为了充分保障员工队伍中的每一位员工都能得到发展和提升，对公司内部员工档案及其岗位需求等信息进行完整的统计和整理，把这些信息整合并建立数据库，然后结合专业，按层次、分期、分批进行滚动式轮训。例如，公司举办的平台经理素质能力提升示范班，采用正副职分层次、岗位职责分期次、生产高峰分批次，把全公司各单位的平台经理进行分类，三年时间将“党建引领、管理素质、专业素养、安全能力、实践锻炼”五大核心能力进行训战结合进阶式轮训，每年举办五期，每期 40 人次。根据由浅到深的课程设计，遵循知识结构螺旋上升的规律，坚持问题导向，按照学分制进行递进式学习（图 1）。

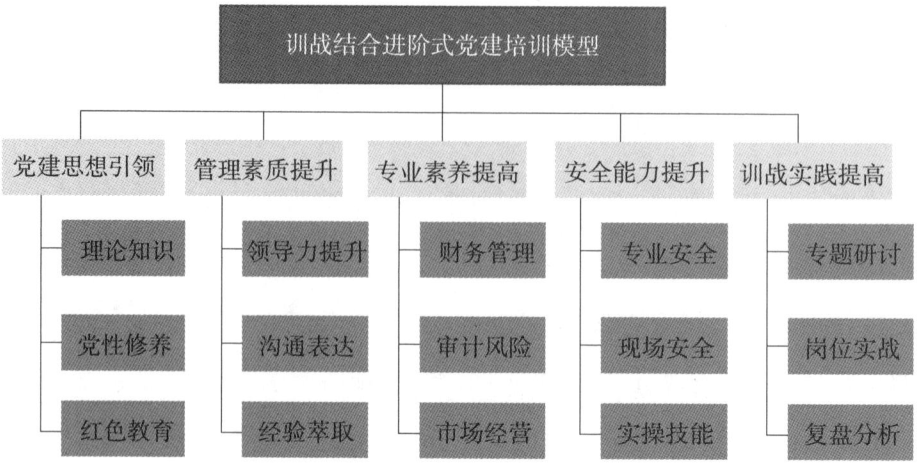

图 1　训战结合进阶式党建培训模型

2）以提高员工工作效率为目标。创新党建培训思路，必须以提高员工工作效率和综合素质为目标导向，实现对员工培训及后续岗位工作的全过程关注，建立人才资源库，追踪员工成长发展轨迹，有效地发挥党建培训管理工作的作用，最终提高员工工作绩效，进而实现企业高质量发展。

3）以强化企业与员工沟通反馈为策略。在企业党建培训中，员工是培训的主体，企业只有经常地、不断地与员工之间进行有效沟通，才能了解参与培训员工的状态、不足之处及其技能优势。比如，在平台经理素质能力提升培训班中启动了教学质量标准化管理，采用教学反馈、服务反馈、培训过程反馈、综合评价等多种标准化考核形式，将员工的培训效果、满意度、合理化建议等及时分析总结，使中心能够及时地调整培训方案，并采取有针对性的指导和训练，全面提升培训实效性。

2. 与企业生产经营相结合，提高党建培训实践性

党建培训工作的有效性和实用性，是企业在高质量发展要求下开展党建培训教育工作的追求目标。因此，企业首先应根据自身的生产经营现状及实际需求，对党建培训项目内容进行立项论证，并坚持“学用一致”的基本原则。例如，平台经理素质能力提升培训班中训战结合的逻辑就是工作中用什么，我们就学什么，就练什么，就考什么。该模式的设计逻辑为“知识输入—阶段性成果输出—现场实战—定期复盘分析—最终成果输出”（图 2）。

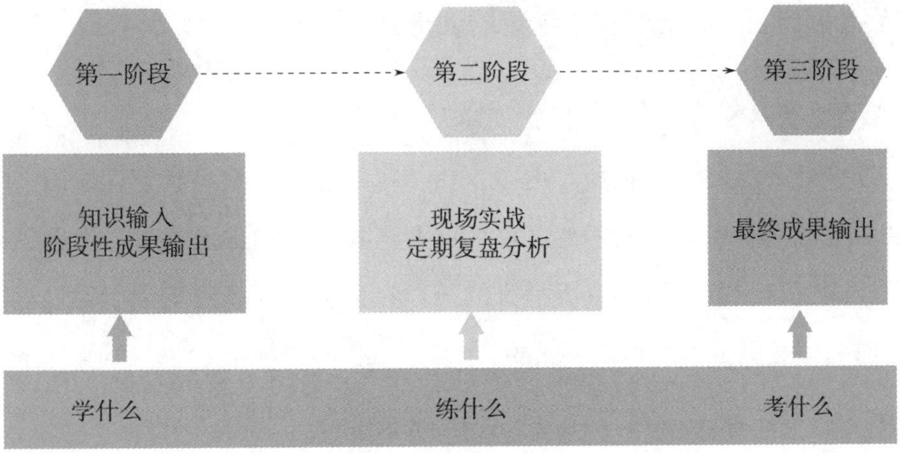

图 2　训战结合进阶式培训模式的设计逻辑

3. 实施差异化党建培训策略，提高党建培训针对性

新形势下创新党建培训，需要尊重员工差异化发展，这就需要公司首先对企业员工的个人性格特点、成长水平、职业技能、思想状态、学习需求等方面进行调查分析。在平台经理素质能力提升培训班中，通过前期的需求调查分析，根据平台经理的个体化差异，按照不同培养需求进行分类，针对面向一岗双责培养的平台经理，注重党建与生产经营相融合方面的培训；针对面向生产经营培养平台经理，注重生产经营与专业素养方面的提升，根据人员培训需求的不同，制定合理的培训计划，实现员工差异化培训策略，使企业员工队伍的整体素质得到全面提升。

4. 加强党建培训的监督管理，提高培训实效性

对党建培训工作进行监督管理，有利于提高培训的实效性。公司在进行党建培训时，充分利用线上管理平台，不仅对培训实施过程进行管理（包括监督员工的出勤率、学习态度、培训考核等情况），还对培训后追踪学员的行为转化进行评价。对企业员工的党建培训工作进行全过程监督管理，及时收集反馈信息并且进行整改，有效促进了党建培训的实效性。

(二）创新训战结合进阶式党建培训形式

1. 坚持“以人为本”，更新党建培训观念

为实现企业高质量发展目标，必须坚持“以人为本”的科学管理思想，创新党建培训模式。在提高员工专业素养的同时，还要培养员工的政治素养、思想品格和人格素质，将党建思想引领、政治素养提升的培养充分地融入党建培训学习过程中，在潜移默化中提高企业员工的整体发展素质。

2. 突出“实战实效”，创新党建培训模式

创新党建培训模式，必须充分了解胜利石油工程公司各个岗位的工作职能，突出实战实效，强化实践导向、问题导向、效果导向，准确把握培训需求，加强培训设计，选优配强师资，综合运用多种方式方法开展实战化培训。比如，在平台经理综合素质能力提升培训班中，特别邀请了领导干部、专家学者、基层干部、先进典型等授课，让懂政策的人讲政策、有经验的人谈经验、会方法的人教方法。同时培训中坚持“问题导向”，聚焦组织的一个或多个问题，以培训为载体，通过进阶式的方案设计和训战结合培训方式的有机结合，使学员在实战中获得解决问题的建议、思路和方法等，并在训后回到企业去应用来解决工作中的问题，实现“问题—实战—成果”的效果逻辑（图 3）。该模式的核心是先有问题，然后在问题聚焦的基础上进行学习设计和应用设计，充分调动员工的学习积极性，大大提高了培训效果。

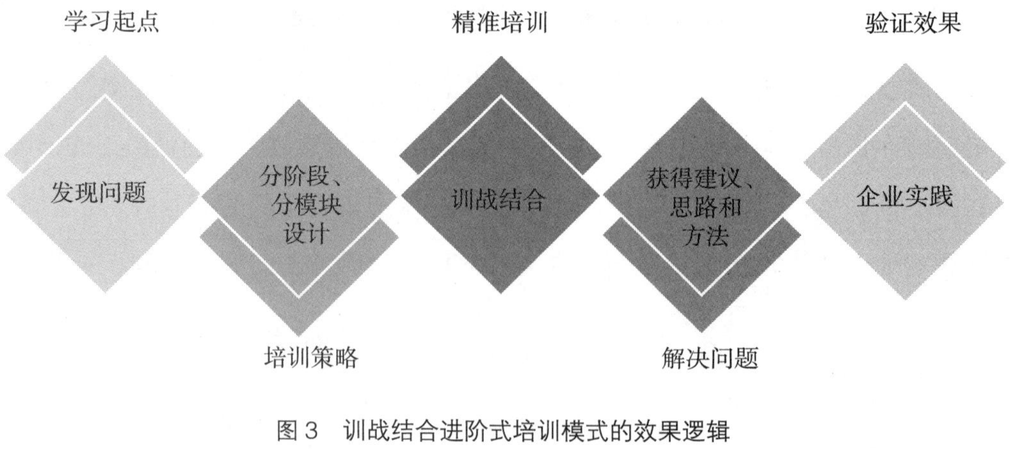

图 3　训战结合进阶式培训模式的效果逻辑

3. 发挥“互联网 +”优势，拓展党建培训空间

近年来，我国互联网信息技术迅猛发展，极大地影响和改变了人们的生活、工作和学习的方式，尤其是在党建培训领域中得到了全面的推广与普及。采用“线上 + 线下”相结合的方式，通过微信群、“钉钉”直播、云直播、云宣讲等手机 App，满足学员利用移动终端设备开展前置学习、在线学习、AI 全景浸入式体验红色教育基地、下载学习课件、手机端模拟考试、进行效果评估、了解培训资讯等需求。通过“五位一体”运营模式，形式新颖、内容丰富，按下了员工学习内驱力的“按钮”，点燃了员工的学习热情，提高了课堂的参与度，提升了网络课堂的教学效果。

(三) 创新党员培训评估制度

1. 建立反馈沟通机制

反馈沟通机制主要分为正式沟通和非正式沟通。其中，正式沟通可以采取座谈会、周会、月会等形式进行开展；非正式沟通可以采取小型聚会、电子邮件、网络平台等形式开展。其目的都在于员工能够及时地将党建培训意见反馈给企业管理者，并及时地调整党建培训方案，使其更好地与员工的个人发展需求相匹配。同时，也能增进企业管理者与员工之间的感情和信任，便于企业对员工的培训效果和日常工作表现进行全面的评估，并根据培训中暴露的问题提供有针对性的指导和监督，使企业员工向着更好的方向成长和发展。

2. 完善跟踪评估制度

企业通过对员工队伍结构的分析，提出员工队伍建设的培训目标，并围绕这一目标，运用“柯氏四级评估”理论，建立长、短期相结合的复式评价机制。一方面通过问卷调查对培训现场和课堂效果进行评价（图 4）。针对实施结果，基于项目目标，对整个项目做相应的复盘和总结。该项目亮点是通过理论课程运用案例教学、沙盘演练、实战训练等多种教学方法，以问题为导向，以学员为中心，增设翻转课堂、研讨互动等环节，将被动学习变为主动学习，在问卷调查和课堂效果评价中平台经理普遍反映其增强了分析问题、解决问题的能力；另一方面通过调查询问和技能考察对员工返回

工作岗位后进行党建培训效果跟踪考核。对于党建培训成绩优秀的员工，采取不同的奖励激励机制。除了薪酬方面奖励外，还为员工提供再继续教育、培训、进修学习等发展机会。同时，企业也建立了严格的奖惩制度和规范制度，对于培训参与不积极、培训效果差、培训不过关的员工给予一定的处罚，促使员工能够全身心地投入到党建培训中，提高党建培训的效率。

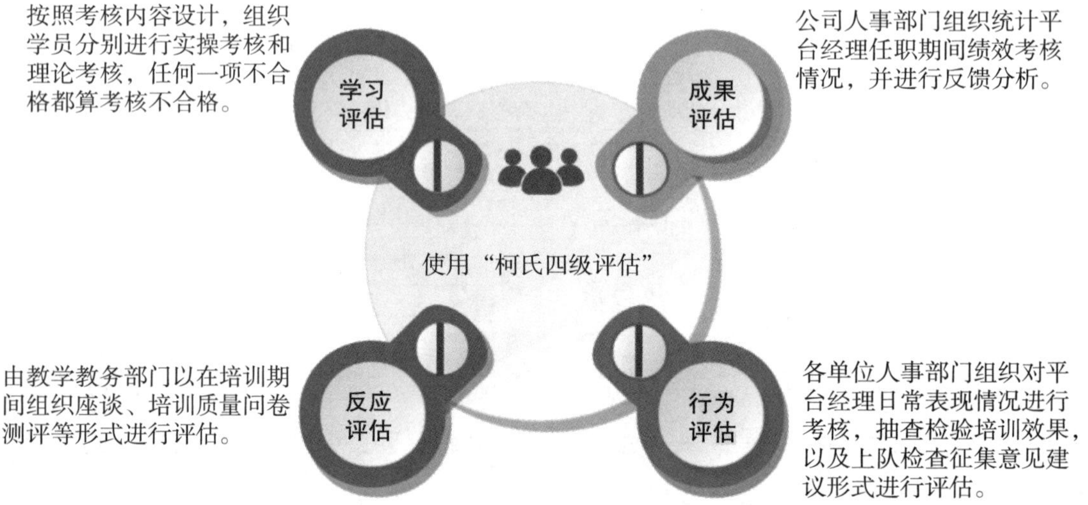

图4 运用“柯氏四级评估”理论进行评价

三、创新成果效果

企业通过不断深化对人才队伍培养与培训方式方法的改革完善，建立了全方位的人才培养培训体系，多元化、多渠道、高质量提升人才素质能力，结合新时代人才培养发展趋势，满足人才对各类型知识的学习需求，持续强化企业职工综合素质的提升。经过这些努力，公司人才队伍的整体素质得到了全面提升，取得了人才队伍建设的一系列成果成效。

1. 管理水平提升

通过分层次、分阶段、体系化地学习管理理论和实战经验交流，将公司236名平台经理进行了全覆盖式轮训，不仅掌握了多种管理理念和方法，而且围绕实际工作中出现的问题进行了全面的剖析和解答，以便于在工作中能够更好地进行团队管理、项目管理和风险管理。在参训的五期培训班学员中，有 30% 由公司组织部门选拔到更高的管理岗位，担任重要领导职务。

2. 创新能力增强

通过训战结合进阶式党建培训模式组织实施，一边赋能，一边实战，强化学习的近转化与远转化，使平台经理具备了更强的创新意识和敏锐的市场洞察力，能够发现更多的市场机会和用户需求。在每年公司组织的十佳平台经理评选中，参训学员获奖人数达 50% 以上。每年有十多名平台经理勇闯外部市场，其中黄河钻井黄利民经理带领的 70183SL 钻井队获“中国青年五四奖章集体”荣誉。通过政策引领、宣传动员、统筹实施和规范管理等方式，推动“优带新”新型学徒制培训的有序开展，在提升企业生产效率、拓宽人才晋升渠道的同时，为各单位人才引进和业务工作快速衔接把好源头，为实现企业发展新质生产力，实现高质量发展提供了有力的人才支撑。

3. 团队文化培育

公司秉持“精研致教、立德树人”的发展理念，紧紧围绕“打造能源化工企业人才培训高地”的发展定位，通过培训过程中的精益管理文化理论讲授和团队建设互动活动，培育了积极向上的团队文化和团队精神，增强了团队的凝聚力和向心力。在团队协作训练和实战模拟中，平台经理通过角色扮演解决了实际工作中出现的矛盾和问题，在结构化研讨中，沟通和协作能力得到了显著提升，团队协作效率也得到了提高。参训学员所在的井队组织部门均纷纷发来表扬信，称赞培训后的学员干劲足、心态好、解决问题能力有了明显提高，许多井队连获金牌团队的光荣称号。

4. 教师队伍培养

通过培训后复盘总结，培训部逐渐梳理出一套针对“训前、训中、训后”关键节点的标准化高、可行性强的“班主任岗位职责提示卡”，并且已在其他班次进行全面推广应用。同时在培训过程中，根据学员需求，开发了针对平台经理业务痛点、管理难点、思想堵点、知识盲点的精益管理课程体系，培养出了一支高素质、专业化的教师队伍，为进一步打造“工程名师”奠定基础，助力公司全方位打造新时代铁军队伍。

四、成果经验总结

本项目采用训战结合进阶式党建培训模式组织实施，围绕“安全管理素质提升”“党建管理能力塑造”“经营管理素质提升”“训战结合铸魂赋能”四大模块（图5），对学员学习全过程进行精细化设计和管理。项目组在培训班开班前做好充分的准备工作，利用网络学院、微信、钉钉等在线培训工具，建立云上班级，推送学习准备资料，让学员充分进行前置性学习，为开展训战式培训模式做好前期准备。培训过程中，一边赋能，一边实战，强化学习的近转化与远转化，模拟真实业务场景，让平台经理进行实际操作，培养解决实际问题的能力。推动国有企业在企业高质量发展中仍能够保证企业的影响力和凝聚力，以高质量党建引领国有企业走上高质量发展的道路。

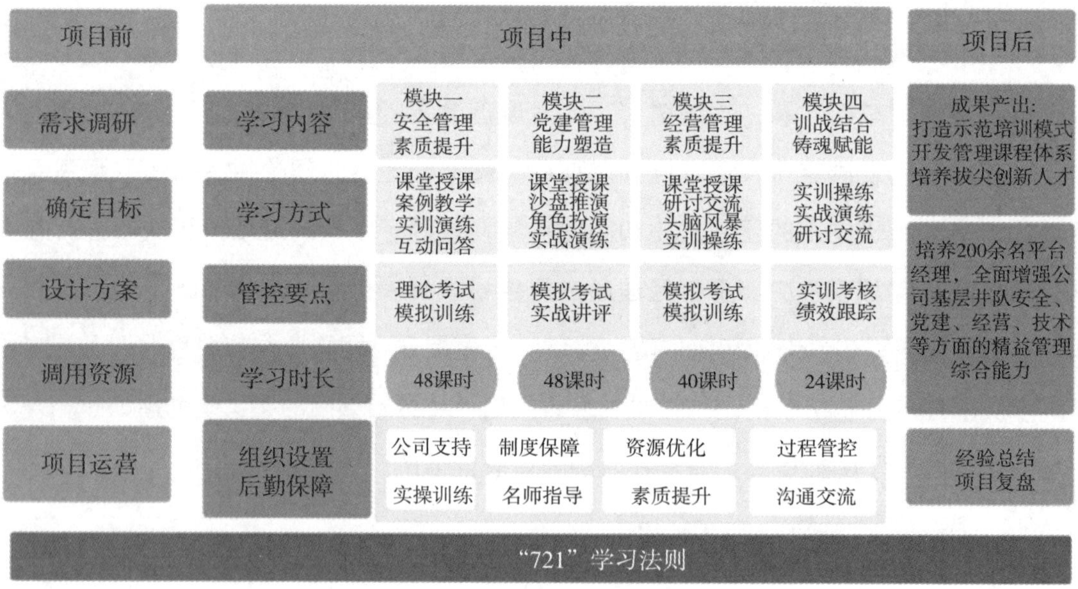

图5 项目设计全景规划图

连线人物

张永利　教授级高级政工师，1992年开始从事党建研究相关工作，1994年开始从事党的思想文化宣传、培训工作，现任中石化胜利石油工程有限公司党校副校长，培训中心党委书记、副经理，主要从事领域为党建管理、党的理论及政策研究。规划中石化胜利石油工程公司培训事业发展的方向，明确公司党校“三步走”战略，构建培训中心发展的“四梁八柱”。推进培训中心机构重组，流程再造，梳理细化制度职责；推动课程体系改革，打造标准化课程体系；推动教学模式改革，建立完善线上教学平台、教务管理系统，优化建立数字数图系统；大力推进培训设备设施数智化应用，打造场景式教学阵地；精准规划市场布局，创新提高了拓市创效能力。先后发表论文50余篇，获全国企业文化先进工作者、山东省优秀理论教育工作者、中石化集团公司优秀党务工作者、山东省先进个人等荣誉称号。著有《经略海洋》《沧海拾贝》《心田工程》等著作。

基于员工全职业生涯路径的学习发展体系建设实践

深圳供电局有限公司

吴 鹏 林 婕 黄超强 黄敏洳 郑晓娟

企业简介

深圳供电局与深圳市同年成立于1979年，为加快推动创建世界一流企业、更好地服务深圳经济社会发展，南方电网在党的十八大召开之年（2012年）将深圳供电局升级为直接管理的全资子公司，使其兼具省级电网公司和城市供电局双重定位。2023年深圳供电局的工业总产值达763.97亿元。

南方电网公司一直高度重视深圳供电工作，公司党组对深圳供电局提出了“四个走在全网前列”“成为比学赶超标杆”“努力出经验、出效益、出质量、出人才”、做到“中国第一、世界最好”“打造可复制、可推广的电网企业改革发展样板”的要求。深圳供电局计划到2025年，率先全面建成具有全球竞争力的世界一流企业；到2035年，建成具有卓越竞争力的创新引领型世界一流企业。

近年来，乘着改革开放的春风，深圳电网勇立潮头、追求卓越，逐步发展成为走在全国前列、持续先行示范的超大型城市电网，呈现出“三最三领先”的特点，书写了新时代能源电力发展的新篇章。

1）用电营商环境全国最优。深圳“获得电力”指标自2019年国家营商环境评价启动以来始终保持全国第一；供电客户393万户；供电服务连续13年位居深圳市40项政府公共服务满意度第一名，连续两年在广东省21个地市排名第一；第三方客户满意度首次达到89分，全网第一。

2）客户停电时间全国最佳。停电时间连续两年小于20分钟，2023年仅10分钟，保持全国领先，优于纽约、伦敦等国际城市，提前两年完成“十四五”规划目标。

3）供电密度全国最大。成为全国第五个最高负荷突破2000万千瓦，供用电量双双突破1000亿千瓦时的城市电网；2023年深圳电网最高负荷2207万千瓦，同比增长3%；全社会用电量1128亿千瓦时；负荷密度1.11万千瓦/平方公里，位居全国大中城市首位，并高于新加坡和香港。

4）价值创造全国领先。2023年，深圳供电局员工总数约5000人，全员劳动生产率人均277万元/年；人均年售电量2117万度，居全国首位；年度电产值达30.68元/度，与总部经济占优的北京一同保持全国领先。

5）绿色发展全国领先。深圳电网是典型的受端城市电网，西电东送2回直流线路落点设在深圳，每用3度电就有1度电来自西部清洁电力，同时通过4回400千伏线路、7回132千伏线路向香港输送100%清洁能源，约占香港总用电量的四分之一。深圳境内拥有核电、气电及新能源等多种结构电源，清洁能源装机比重78.7%，非化石能源发电量占全社会用电量的56.6%，电力在终端能源消费中的比重达48.2%，均高于全国及全省平均水平。此外，深圳成立了全国首个获政府授权的绿电绿证服务中心。

6）改革创新全国领先。创造了全国首个输配电价改革试点、首个增量配电网混合所有制改革试点样板；是全国首个“双百企业”中的供电企业，连续3年获评国务院国资委“双百企业”专项考核最高等级“标杆企业”，在全国排名第13位、商业二类企业中排名第一，创历史最好成绩；获评国务院国资委“公司治理示范企业”；全员新型经营责任制改革实践作为国资央企范本向全国推广；改革发展成效获国务院国资委主要领导评价“卓有成效”。获中国电力科学技术二等奖、机械工业科技进步一等奖，连续六年获南方电网科技进步一等奖，在同一年获得2项深圳市科技进步一等奖；在超导电缆、国产绝缘料等领域，实现关键装备100%国产化，填补了国内技术空白，创造60多项全球第一、全国第一，近5年共41项核心技术达到国际领先或先进水平。建成南方五省区首个城市“双碳大脑”平台。揭牌成立国内首家虚拟电厂管理中心，实现实体化、市场化、常态化运作。配合政府打造全国首个“电力充储放一张网”平台。全面建成超大城市数字电网，发布国内首部《超大城市数字电网深圳实践白皮书》，构建了该领域国内首个评价体系。圆满承办首届国际数字能源展、第六届亚太能源监管论坛、国际大电网委员会指导委员会年会及“中国日”活动，有力彰显我国能源电力的国际影响力。

一、创新成果背景

（一）为电网数字化智能化转型打造高质量强劲引擎的迫切需要

党的十八大开启了我国新一轮国有企业改革的新篇章，国有企业在党的集中统一领导下步入“全面深化改革”的高质量发展阶段。党中央突出强调提高经济发展质量和效益，表明我国经济已由高速增长阶段转向高质量发展阶段。党的二十大报告提出了建设现代化产业体系的重大任务，强调要“加快发展数字经济，促进数字经济和实体经济深度融合，打造具有国际竞争力的数字产业集群”。当前，世界百年未有之大变局加速演进，以“云计算、大数据、物联网、移动互联网、人工智能、区块链”（简称“云大物移智链”）为代表的新一代数字化技术正加速向能源领域渗透融合，成为新旧动能转换、全球要素资源重组、构建国家竞争新优势的战略举措与关键力量。数字化智能化发展成为推动我国经济增长的新引擎，数字化转型成为关乎企业生存和长远发展的“必修课”。国有企业，特别是中央企业，普遍将数字化转型战略作为“十四五”时期业务规划的重要内容。电网作为高度嵌入经济社会生产活动的公共基础设施，电网企业的数字化智能化转型探索对推动能源结构转型、服务高质量发展支撑价值重大，数字化转型要求也更加迫切。

（二）为中国式现代化深圳实践提供高品质电力保障的客观要求

国有企业是中国式现代化的重要主体、重要力量。2020 年，南方电网公司提出了坚持以人民为中心的现代供电服务体系建设，并支持了深圳供电局先行先试，融入和服务“双区”建设，加快建设世界一流新型储能产业中心，打造全球数字能源先锋城市，更好地满足现代化国际化创新型城市高质量发展用电需求。深圳供电局积极发挥驻深央企“国家队”“主力军”作用，围绕高质量发展首要任务构建新型电力系统和新型能源体系，加快推进数字电网、数字运营、数字服务、数字产业“四位一体”的数字化转型和数字能源产业发展，推动电网“硬实力”不断增强、企业“软实力”持续提升，为中国式现代化的深圳实践提供高品质电力保障，为用户提供可靠、便捷、高效、智慧的新型供电服务。根据《南方电网公司关于融入和服务深圳中国特色社会主义先行示范区建设的重点举措》，要在 2025 年实现客户平均停电时间小于 10 分钟、2035 年小于 5 分钟的目标。实现这一目标，既需要推动配网管理全链条数字化转型提升和资源保障体系建设，更需要源源不断的人才支撑。

（三）为加快建设世界一流企业重塑高素质人才队伍的积极探索

深圳供电局在南方电网内率先建立了管理人员素质模型，明确了深供干部（员工）应当具备的能力素养，并启动了“学习发展体系在深圳的探索和实践项目”，推动企业从工作型组织向学习型组织转化，培训工作从不成体系到形成体系，有效提升了员工的岗位胜任能力和工作绩效。进入新经济时代，外部环境更为快速多变与纷繁复杂，对电网企业人才的综合素质能力提出了更高的需求，电网企业在人力资源建设和培训开发工作中也面临着更多新需求。原有的人才培育模式已经无法满足现阶段的发展需要，且原有的学习地图以管理通道人员培训内容为主，专家人才学习的内容尚有不足。在新的形势和战略要求下，急需站在实现企业战略目标和发展需要的全局高度，建设更加灵活、贴近实际、具有前瞻性的学习发展体系，补充和完善专家人才学习发展内容，重塑高素质企业人才队伍，以适应当前和未来的挑战，将人才优势真正转化为高质量发展实效。

二、创新成果措施

（一）成果实践

深圳供电局基于员工全职业生涯路径的学习发展体系兼具电网人才培养底色与深供发展特色，经历了雏形构建、实际应用、融合发展、迭代升华 4 个发展阶段。作为公司人才培养和提升的支柱，学习发展体系自建立以来便在推动员工成长、促进公司进步方面发挥了重要作用。从最初的培训内容分类分层设计逐步迭代升级为贯穿员工全职业生涯的人才培养规划，学习发展体系的建设过程也是供电企业对自身人才队伍建设实践与探索不断深入的过程。深圳供电局根据自身不同发展阶段的战略目标和业务要求，对企业人才发展路径进行了“全职涯”规划。清晰地绘制了人才培养蓝图，为员工发展方向“导航”，并对员工能力水平进行“测距”，明确了改进提升方向。通过对学习发展体系建设的各项成果应用，企业的培训管理人员和培训设计者可以准确把握各级各类人员的培养要求和培训内容，从而快速、精准地进行培训教学方案设计，帮助了员工加速成长、缩短从新手到熟手的周期。学习发展体系总体框架如图 1 所示。

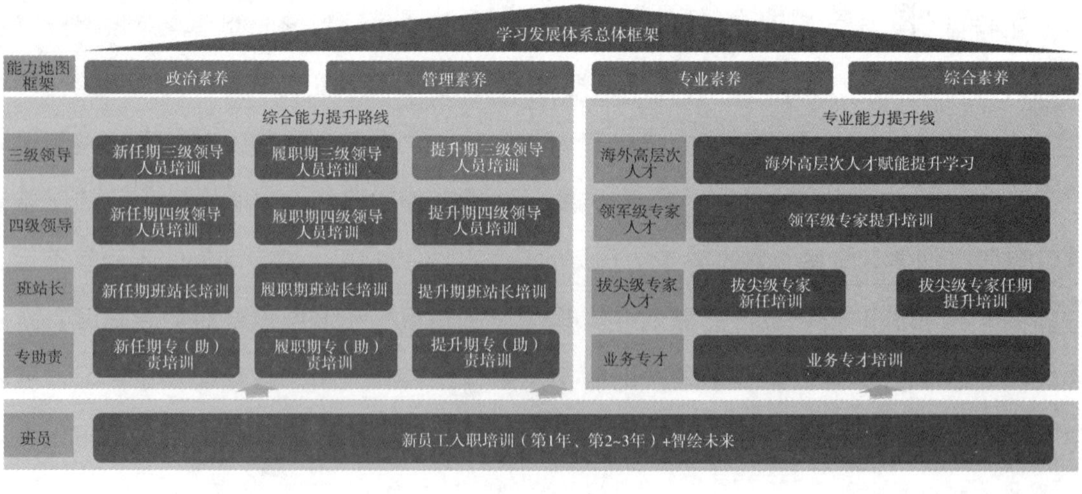

图 1　学习发展体系总体框架

2012年，在升级成为省级电网的契机之下，深圳供电局在南方电网范围内率先建立了管理人员素质模型，明确了深供干部（员工）应当具备的能力素养。并于2014年启动了开展“学习发展体系在深圳的探索和实践项目”。

2015年，“学习发展体系在深圳的探索和实践项目”基本完成，深供素质模型进入实际应用阶段。深圳供电局以素质模型为基础，构建了包含能力地图和学习地图在内的学习发展体系。在这一阶段，学习发展体系建设的重点是对班员、专助责、班站长、科级干部、副处级干部和处级干部等各级各类人员的培训内容进行规范。各类群体的培训内容包含了“个人效能、人际效能、团队效能、组织效能”四个维度，划分为“新任期、在岗期、发展期”三个阶段。培训内容源自素质模型中10个能力素质项的具体能力素质要求，从而系统地解答了如何通过培训提升员工能力、最大限度地弥补能力短板的问题。

2016年，项目成果开始在深圳供电局逐步试行并应用于实践，使得员工岗位胜任能力和工作绩效得到提升。作为南方电网试点项目，该成果获得了ATD卓越实践奖，并获2017年度中国电力创新奖管理类一等奖。

2022年，深圳供电局贯彻落实中央人才工作会议精神，全面服务企业战略发展转型和人才培养需要，结合中国南方电网干部及专家教育培训文件，以“南网人才30条”为蓝本，结合深圳实际制定了“深供人才100条”，充分研究新政策、新形势、新技术和新战略，对公司人才队伍建设进行了整体规划和培训体系内容升级优化，构建了电力人才培养发展路径图。在管理人员素质模型和公司学习地图的基础之上，增设了专家人才培训体系和专家人才学习地图，建立了相应的培训体系内容，形成了包含综合能力提升路线和专业能力提升路线的双通道“学习地图”。并与党员培训体系及人力资源各业务模块充分相融，打破了培训“孤岛”效应，实现公司培训体系纵向融合。

综合能力提升路线覆盖“四类四级三阶段”培训对象（“四类”是指政治素养、管理素养、专业素养和综合素养；“四级”是指员工、班站长、四级干部和三级干部；“三阶段”分别是新任期、履职期和提升期）。

专业能力提升路线则适用于“四类四级两阶段”专家人才培养（“四类”是指政

治素养、管理素养、专业素养和综合素养；“四级”为业务专才、拔尖级专家人才、领军级专家人才、海外高层次人才；“两阶段”分别是新任期和履职期）。

2023 年，深圳供电局将学习发展体系进一步升华。对不同层级干部员工在不同发展阶段适配的学习资源进行了系统梳理，制定了“各类人才发展一览表”，对深圳供电局各类人才在其职业生涯发展过程中适用的主要培训内容、培训形式、评价手段和培养路径进行了模块化、菜单式的清晰呈现，打通了人才选用、培训评价、人才培养三大环节，将学习发展体系与素质模型、能力地图、学习地图与电力人才培养发展路径图进行了充分融合，全面助推高质量推进人才队伍建设工作，为公司加快建成具有全球竞争力的世界一流企业贡献力量。

（二）创新过程

深圳供电局按照精准调研、精确匹配、精心设计、精细管理的实施路径，持续推进学习发展体系优化升级，不断提高培训资源获取的便捷性，有效带动了人才培养和教育培训工作水平提升。

1. 全面诊断，精准测量发展差距

按照“深实细准效”五字诀进行调查研究，做足现状诊断分析，围绕深圳供电局各级各类培训对象的履职情况、能力素养现状与培养发展目标之间的差距开展调研，明确相应的培训项目定位。通过对 2022 年以来中央相关文件、南方电网相关文件、深圳供电局管理及资料文件的深度研读分析，从公司战略目标、组织发展要求、岗位要求及员工个人实际需求等维度设计调研工具，并组织专项调研和专家论证。充分挖掘各级各类人员培训需求，分析亟待提升的能力素质，以培训需求分析为基础制定培训目标，并将其细化和明确化，转化为各层次的具体目标。根据员工职业生涯发展的不同阶段、不同场景，对公司积累的教育培训工作信息数据进行分析，精准识别各类人才的能力长短板，为学习发展体系升级优化、后续教学方案设计、培训内容开发、培训资源建设和因材施教提供充足的基础素材。

经过全面诊断和综合研判，深圳供电局明确了学习发展体系升级优化的六项工作目标，具体如下：

1）调整培训内容框架，根据南方电网干部教育培训体系化建设相关要求，对原有的培训内容框架进行调整和升级优化。

2）建立专家人才培训内容体系，应对新形势下的发展要求，满足深圳供电局培训工作需要。

3）完善政治素养培训内容，承接南方电网培训内容体系，对原有的政治素养培训内容与课程进行细化。

4）完善专业素养培训内容，在承接南方电网培训内容体系的基础上进行本地化辨识，明确深圳供电局各专业的培训需求，对学习地图中专业素养的培训内容与课程进行细化。

5）迭代升级存量培训内容，通过对新形势、新政策、新要求、新技术和新规划的深入解读，对培训内容进行更新、迭代和升级。

6）匹配建设培训资源，对培训师资、网络课程及微课、自学书籍和红色路线等资源进行系统梳理，为学习地图培训内容设计提供资源保障。

2. 分层分类，精确匹配培训内容

培训内容设计坚持“继承与迭代相结合、自上而下与自下而上相结合、轻量化与典型性相结合、系统性与实用性相结合”的原则。承接中央、南方电网战略目标等“规定动作”，融入深供特有的“自选动作”。深入分析中央、南方电网公司最新政策文件、深供素质模型、专家人才培训模式、原有学习发展体系、深圳供电局各级各类培训班内容。根据“按需、分类、梯次”的培训方针，建立了培训要素优化框架，为各级各类人员建立模块化课程目录和核心培训课程清单，进一步提升员工培训的系统性、科学性、有效性，确保学习发展体系中的学习内容与员工实际工作紧密关联，与工作实践无缝衔接。避免“纸上谈兵”，确保“学可致用”。通过培训赋能，为员工更好地完成工作任务提供助力，为员工成长成才提速增效。根据南方电网、深圳供电局对员工教育培训的具体要求，将原个人效能、人际效能、团队效能、组织效能和专业知识技能框架调整为政治素养、管理素养、专业素养和综合素养 4 项一级培训要素。培训要素框架调整示意图如图 2 所示。

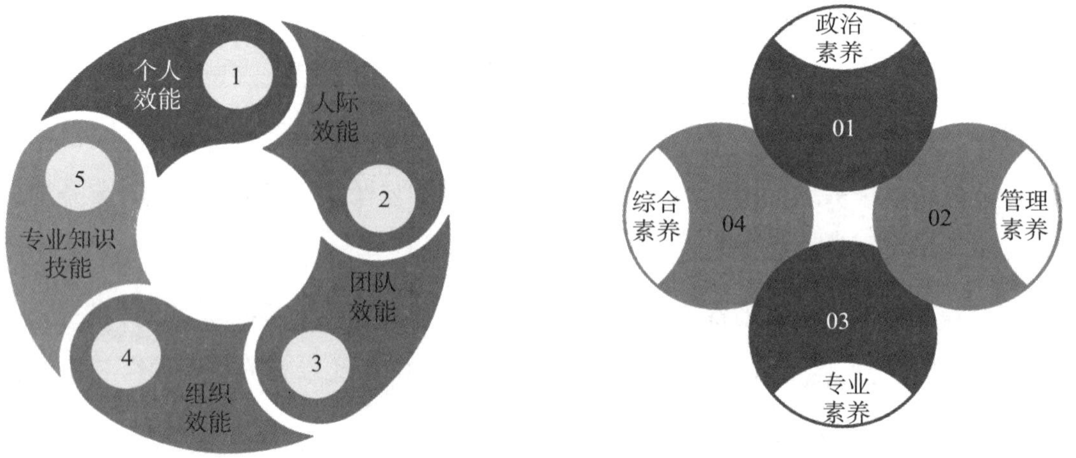

(a) 原能力地图框架　　(b) 升级后的能力地图框架

图 2　培训要素框架调整示意图

各项培训要素内涵及培训要求分别如下。

政治素养：不忘初心、牢记使命，始终在政治立场、政治方向、政治原则、政治道路上同以习近平同志为核心的党中央保持高度一致，深刻领悟“两个确立”、进一步增强“四个意识”、坚定“四个自信”、做到“两个维护”，不断增强党的凝聚力、战斗力和领导力、号召力，遵守党纪党规，严守底线，廉洁从业，作风过硬，营造风清气正的环境。

管理素养：以普及管理理论、方法及工具等知识，促进管理理念、管理思想、管理行为转变，形成管理文化、有效解决管理实践问题、领导现代化建设能力为核心，重点围绕公司能力素质模型开展培训。

专业素养：以提升岗位专业胜任力为核心，重点围绕专业理论、专业政策制度、专业前沿发展、专业管理等方面开展，尊重专业规律，培育专业精神，严守专业纪律，增强高质量发展本领和防范风险本领。

综合素养：根据岗位工作要求与特点，组织开展的岗位履职所必备知识技能培训，不断提升学员个人技能、职业素养、心理健康、道德修养、人文修养等。

相应细化二级培训要素 20 项、三级培训要素 74 项。经过系统梳理，形成培训课程 275 门，其中政治素养 56 门、管理素养 107 门、专业课素养 87 门、综合素养 25

门，基本满足实际培训需要，为后续开展“全过程”跟踪培养提供资源保障。在培训资源优化上，根据“轻量化、深供特色课程优先”原则选择适合的培训主题，通过分析岗位核心任务与关键挑战，剥离与核心任务关系不紧密的内容，推行培训内容精益化管理，实现课程清单库“瘦身健体”。根据课程体系梳理开发师资、书籍、课程资源包，建成师资、网络课程、书籍、红色路线和参访交流资源 4 类资源包，基本满足精准培训内容推送需要，极大提升了培训设计者获取培训资源的便捷程度。共计为线下培训课程匹配师资 600 多名，确保每门课程匹配的培训师资不少于两名；推荐书籍 325 本，其中政治类书籍 53 本、管理类书籍 220 本、综合类书籍 52 本；梳理内部微课及外部网络课程 1142 门，包含中央党校、中院、中欧商学院等外部网络课程 719 门，深圳供电局内部微课 423 门；梳理筛选广东省内外红色路线资源 44 条，包含南方电网公司和深供红色路线 14 条，新增红色路线 30 条。

3. 系统梳理，精心设计培养路径

以深圳供电局员工职业发展路径“Y”字形通道为基础，根据各类岗位层级培训对象所处的职业发展阶段和学习发展目标进行培训内容梳理。“Y”字形通道以班员和专助责为基座，顶部设“管理”和“专家”两条发展路径。其中“管理”路径分为班站长、四级干部和三级干部 3 个层级，“专家”路径分为业务专才、拔尖级专家人才、领军级专家人才和海外高层次人才 4 个层级。根据各级各类人员在岗工作时长，将管理类员工及管理通道各层级对象划分为新任期、履职期和提升期三个发展阶段，根据专家人才实际培训对象数量，适当将“专家”发展阶段调整为新任期和履职期。

培训内容梳理包括两个层面，一是从各职位层级的核心工作任务、管理视角、任职要求、角色概述进行梳理；二是从各类群体发展阶段的基本现状、任职要求、关键挑战、需求特点进行梳理。综合考虑这两个层面的各类因素，绘制学习路径图，从而明确各类培训对象的培训目标、培训侧重点，制定更精准有效的培训内容和典型教学方案，共设计了典型教学方案 21 个，实现培训对象的全面覆盖。针对管理人员设计了新任三级干部能力提升培训班、新任四级副干部管理能力提升培训班、年轻干部综合素质提升培训班、新任班站长综合能力提升培训班、优秀青年人才培训班等典型教学方案；针对专家人才设计海外高层次人才融入培训班、领军级专家人才培训班、拔尖

级专家人才培训班、业务专才综合素质提升培训班等典型教学方案；针对员工设计新任专助责综合素质提升培训班、新员工入职第 1 年培训班、新员工入职 2~3 年培训班、新员工综合素质提升培训班等典型教学方案。充分满足领导干部、中层干部、班组长、一般管理人员、新员工和专家人才等各类群体的培训需求。

4. 动态管理，精细跟踪人才培养

为提升学习发展体系实效，深化培训体系集约化管理，深圳供电局以促进企业与员工共同发展为立足点，建立青年员工职业发展动态跟踪体系，对入职 5 年内的青年员工进行跟踪培养。通过合理规划培训周期与培训学时、创新教学形式、丰富培训考核形式等加强培训评估结果应用，引导青年员工快速成长成才。

青年员工职业发展动态跟踪培养分为入职培养（入职第 1 年）、定岗培养（入职第 2~3 年）、个性化培养（入职第 3~5 年）三个阶段。以各阶段能力地图为指引，提取青年员工成长轨迹中的静态数据（基础类数据）和动态数据（成长类数据），构建以员工职业发展档案、员工成长积分档案为主体，谈心谈话为补充的动态跟踪体系，使之与员工各阶段能力地图、培训计划、培训资源等相匹配。同时，开展职业生涯规划辅导，建立健全“双档案 1 表格”机制，即员工职业发展档案、员工成长积分档案和谈心谈话记录表，对各部门青年员工培养情况进行不定期监督检查考评，不断完善跟踪结果应用，确保全面跟踪、敏捷反应和动态管理青年人才成长轨迹的各个阶段。基于青年员工职业发展档案、员工成长积分档案及谈心谈话情况，为青年员工的人才选拔、培养、发展提供科学依据，从而实现人才培养与人才使用的管理闭环，充分满足公司发展和人才成长双向需要。

三、创新成果效果

深圳供电局通过员工全职业生涯路径的学习发展体系建设实现从“培训”到“学习”的跨越。学习发展体系以强化员工能力素养为主导，基于各类培训对象的关键工作流程明确学习的内容和要求，有效提升企业员工培训的科学性、系统性和有效性。对于员工个体而言，学习发展体系能够明确指引发展方向、为职业发展充电赋能。参与体系内的培训和学习活动既可提升专业知识和专业技能、提高职业生涯发展所必需的能力，又能建立良好的学习习惯，无论在企业内部发展还是投身社会中都可具备相当的竞争力。

（一）建立了"全职涯"学习路径导航

实现了公司全体对象、全职业生涯学习路径的体系化设计，在原有管理通道学习发展体系的基础上填补了专家人才培训内容的空白。实现了“两融合、两匹配、两统一”。

“两融合”是充分融合培训体系与人力资源各模块，打破培训“孤岛”效应；充分融合实现学习发展体系与素质模型、能力地图、学习地图、电力人才培养发展路径图。

“两匹配”是精准匹配培训学员与培训资源；有效匹配培训内容与培训资源。

“两统一”是实现各类培训对象的培训内容与评价内容的统一；实现基础课程、高端课程、理论课程、实操课程、必修课程、选修课程、内部课程、外部课程在培训对象的统一。

在职业生涯发展路径方面，设计了职业生涯萌芽期的新员工入职第 1 年、第 2~3 年、提升期学习路径图，设计了职业生涯成熟期的高层领导干部和领军人才学习路径图。在同职位发展周期方面，设计了针对新进岗 1 年以内人员的岗位应知应会新任期学习路径图、针对在岗 2 年及以上人员的履职期学习路径图、针对先进优秀群体的提升期学习路径图。

（二）设计了"全对象"典型教学方案

突破了“学习 = 培训 = 上课”的传统观念，引入多样化的学习方式，建立起符合深圳供电局实际的学习方式体系，针对各类重点培训项目设计典型教学方案，设计了包含领导干部、中层干部、班组长、一般管理人员、新员工和专家人才等对象的 21 个典型教学方案。使各个培训班的培训课程安排、培训师资、线上学习内容、培训课时设计更为科学系统，其实用性更高。帮助培训设计者减少培训内容查找、资源组合等基础性重复劳动，确保培训设计者可以将更多的精力放在教案设计和创新上，进一步提升培训策划品质。经过持续探索和实践，深圳供电局员工培训满意度、员工岗位胜任能力和工作绩效不断提升。

（三）梳理了“全要素”教育培训资源

在推进学习发展体系教育培训资源建设过程中，深圳供电局严格按照学习发展体系的课程清单库匹配开发培训资源，充分确保培训资源建设能够有效支撑培训工作开展。有计划、成体系地梳理、整合与开发教育培训资源，形成全员培训课程体系，充实了师资、网络课程、书籍、红色路线和参访交流资源 4 类资源包，满足各类员工的实际培训需要，极大提高了培训资源获取的便捷程度，为实现培训内容精准推送创造了充分条件。同时，深圳供电局总结和提炼了一系列教育培训项目和培训资源开发管理办法、项目工作管理手册，固化了项目工作流程，为开展教育培训中的共性问题研究提供了管理实践基础。

（四）助推了培训质效“全方位”提升

基于员工全职业生涯路径的学习发展体系建设填补了南方电网公司范围内专家人才培训体系空缺，具有较强的示范引领作用。该体系包含全员培训内容框架、课程体系、典型培训项目教学方案、学习地图、学习指导手册、学习资源包等 11 项重点成果内容，对以上成果的应用全方位提升了企业培训管理的规范性、培训策划工作效率、员工培训的实效性，打造了深圳供电局员工教育培训品牌，学习发展体系建设成果的应用对促进企业持续健康发展具有较好的推广实践意义，对促进同行业发展具有较高的参考借鉴作用。

四、成果经验总结

美国著名的成人教育学家诺尔斯[①]认为，成人学习的目的在于直接运用所学知识和技能解决面临的现实工作和生活遇到的问题。培训对于成人而言是十分明确的学以致用的过程，企业培训的核心则在于提高员工的能力素质、增强团队凝聚力和协同服务意识，通过提升员工学习能力促进企业竞争力提升。人才要经过精心培养才能成为企

---

① 即诺尔斯在 20 世纪 60 年代提出的“成人教育学”概念。

业的可用之才，企业人力资源开发则是通过有计划的、持续性的组织实施培训和开发计划以改善员工和整个组织工作绩效的活动，归根到底是组织与其成员共同成长、共创卓越的过程。时代瞬息万变，关注员工的学习发展已成为企业获得持续竞争优势的基础。培训设计者不应囿于传统的培训目标，而是要与企业经营者、管理者共同探讨，明确实现企业战略目标和发展要求所必需的技能和知识，以前瞻性眼光从战略高度设计出合理的、可行的、有效的、有针对性的员工学习发展方案，并制定有序的培训规划和鼓励学习机制，创造良好的发展氛围。深圳供电局学习发展体系自构建以来，坚持与企业发展战略同频共振，不断根据战略和业务需求发展完善人才培养体系建设，持续推动员工能力和企业组织能力提升，从而使学习发展体系战略效能最大化。通过对培训体系优化将内外部资源充分整合利用，从根本上解决电力人才队伍素质的可持续提升问题，保持了企业整体竞争优势，对中国企业人才队伍建设具有很高的参考价值。

连线人物

吴　鹏　深圳供电局有限公司党校人才发展中心干部人才教研培训部主管，工程师、高级经济师。从事人力资源管理十三年，牵头推进公司人力资源三项制度改革，搭建具有深供特色的人才发展体系，创新提出DEEP人才发展路径图，构建关键人才评价体系，并取得积极成效。

以“数字人才培养工程”的建立与实施，探索数字化人才培养新路径

日照国信数字经济产业研究院

刘新刚　吕佳琦　田一然

企业简介

为深入贯彻落实关于数字经济，特别是互联网服务外包领域的重要指示精神，由中国信息协会数字经济专委会联合日照市东港区人民政府在山东省日照市成立了日照国信数字经济产业研究院（以下简称“研究院”）。研究院组织政产学研等社会各界力量，针对我国数字经济领域的重大战略性问题、各地区和各领域在推进数字经济产业发展过程中面临的共性问题，开展深度研究工作。研究院拥有一支由知名专家和学者组成的高级研究团队，秉承“数智驱动、融创未来”的理念，致力于推动数字经济研究和产业落地。

研究院团队由国内外一流的学者、专家和行业领导者组成。他们将以独特的视角、深度的思考和务实的行动推动数字经济的理论与实践发展。研究院的宗旨为促进数字经济产业的发展与创新，倡导可持续发展和共享经济的理念，加快数字经济在经济社会发展中的广泛应用。研究院秉持开放、创新、责任和合作的价值观，倡导严谨求实的科研精神，追求公正和共享的发展成果，注重学术独立和社会责任，促进数字经济产业良性健康发展。研究院为行业及社会提供专业的调查、研究和咨询服务，致力于数字经济领域的前沿技术研发、政策研究和创新应用，为决策者提供全面可靠的数字经济分析报告和未来趋势预测。

一、创新成果背景

数字经济是推动绿色低碳高质量发展的关键增量和战略支撑。当前，全球经济处于重要变革期。城市竞争的本质是创新力的竞争，数字产业化、产业数字化是大势所趋，是经济增长的新动能、城市竞逐的新赛道。谁掌握了数字化发展的主动权，谁就占领了未来发展的制高点。

2024 年 3 月，李强总理在第十四届全国人民代表大会第二次会议上作政府报告中指出“制定支持数字经济高质量发展政策，积极推进数字产业化、产业数字化，促进数字技术和实体经济深度融合”。[①] 数字经济已成为中国经济增长的新动能，数字人才更是数字经济发展最重要的基础和推动力量。根据人瑞人才和德勤中国在 2023 年发布《产业数字人才研究与发展报告（2023）》指出，我国当前数字人才总体缺口约在 2500 万 ~3000 万左右。

在产业发展过程中，随着企业的落地，企业对数字化人才的要求和需求不断提升，与东港区乃至日照市的数字化人才储备实际之间的差距也逐渐凸显出来。

1）传统教育难以满足数字化人才培养要求。数字化专业要求具备融合通信技术、计算机技术、运营 / 操作技术的综合能力人才，但学校在专业设置上相对滞后，老师缺乏一线实践的经验。目前，相关人才培养只能靠企业自行培养，人才问题已成为阻碍数字经济企业快速复制落地的主要因素。

2）学校教育和企业之间缺乏有效的衔接，学生缺少实践机会和项目经验，实训开展往往浅尝辄止，企业要开展“定制化”培养难度较大。

3）从业者对数字经济产业认知程度不高、能力不足。多数从业者或者有从事数字服务外包行业意愿者欠缺专业能力，其中取得相关资质证书的人数较少。他们对数字经济的认识不够，对职业发展不能形成清晰认知，对职业认证证书对自身竞争力、薪资水平提高、职业发展机会的重要性认识不足。

---

① 中华人民共和国中央人民政府．政府工作报告——2024 年 3 月 5 日在第十四届全国人民代表大会第二次会议上 [R/OL].（2024-03-05）[2024-8-12]. https://www.gov.cn/gongbao/2024/issue_11246/202403/content_6941846.html.

4）数字人才培训费用相对较高，缺乏扶持、激励政策，在数字人才队伍的规模化培养上不容易有效推广。

数字经济加速向纵深发展，一边是数字化人才的巨大缺口，一边却是人才市场的求贤若渴。

二、创新成果措施

数字人才培养工程旨在应对数字经济发展中的人才需求，特别是数字服务外包领域的紧迫需求。该工程通过构建综合性的培训体系，推动数字人才的全面培养，并为未来的数字经济发展奠定坚实基础。以下是详细的实施措施和步骤：

（一）项目主体

1）数字经济产业研究院：即日照国信数字经济产业研究院，提供研究支持和咨询服务。

2）数字人才职业培训学校：成立数字人才职业培训学校，专注于数字化职业技能的系统培训。

3）数字人才评价体系：研究院与希莫标准组织合作，建立科学合理的人才评价标准。

4）系列数字化人才培养平台：研究院申请多项软件著作权，包含大数据企业服务能力评价、数据标注基地运营、数字服务自动化测试等多个前沿领域。

5）数字人才公共实训基地：提供实践培训和实习机会。

6）课程体系：开发 12 门核心课程。

（二）核心方向

为确保数字人才培养的系统性和有效性，项目划分为以下五个核心方向，每个方向都有明确的目标和具体的实施策略。

1. 组织数字化运营能力评估

该核心方向旨在全面评估企业现有的数字化水平，明确其在数字化进程中的现状和不足。评估内容涵盖多个方面，包括技术基础设施的现代化程度、数据管理能力的成熟度、业务流程的数字化程度等。通过这些评估，项目团队能够识别企业在技术应用、数据利用和业务流程自动化方面的实际位置。这一评估过程不仅有助于了解企业的当前能力，还为后续的数字化转型奠定了基础。

2. 企业数字化能力定位

在对企业进行全面评估之后，下一步是精准定位企业在数字化转型中的实际位置。此过程不仅仅是描述企业的现状，更重要的是通过比较行业标准和最佳实践，找出企业在数字化能力上的短板和需要改进的地方。基于这些发现，项目团队将制定具体的改进计划，涵盖技术升级、人员培训、流程优化等多个方面。这些针对性的改进措施旨在帮助企业提升其在数字化环境中的竞争力，使其更好地适应市场变化和技术革新。

3. 巩固数字化转型成果

数字化转型是一个持续的过程，初步的成功仅仅是起点。为确保企业能够长期受益于数字化转型，项目团队将持续跟踪和评估企业的数字化进展。这包括定期检查企业的技术应用是否保持先进、业务流程是否持续优化、数据管理能力是否不断提升等。通过这些措施，确保企业巩固已取得的数字化成果，及时应对转型过程中出现的新问题，推动转型成果的稳定和持续发展。项目团队还将协助企业建立自我评估机制，以便在未来继续优化和提升数字化能力。

4. 发现数字化运营中的问题及改进方向

在企业的数字化运营过程中，难免会遇到各种问题和挑战。项目团队将在日常运营中密切关注企业的表现，及时发现并解决出现的问题，如可能出现的技术瓶颈、数据管理上的漏洞、员工技能不足等问题。通过深入分析这些问题，提供改进建议，并协助企业实施这些改进措施，确保数字化运营的高效性和安全性。同时，这一过程还将帮助企业识别新的发展机会，使其能够在竞争中保持领先地位。

5. 提供咨询、培训和指导

根据前期评估和定位的结果，项目团队将为企业提供量身定制的咨询和培训服务。这些服务包括从战略制定到具体执行的全方位支持。例如，项目团队将为企业设计数字化转型的路线图，明确每个阶段的目标和步骤。同时，还将提供专业培训，提升企业员工的数字化技能，包括数据分析、云计算应用、网络安全等方面的知识。此外，项目团队还将为企业提供持续的指导，帮助其在实施过程中克服挑战，确保数字化转型能够有效推进并取得预期效果。

通过这五个核心方向的协同作用，本项目不仅能够帮助企业全面提升数字化能力，还为数字人才的培养和行业的整体发展提供了有力支持。每个方向的实施都紧密围绕企业的实际需求和市场动态，确保项目的成果具有实效性和可持续性。

（三）主要内容

1. 确定培养目标

根据行业需求和企业实际情况，明确数字人才的培养目标，包括提升数字技能、增强创新能力和提高综合素质。

2. 课程设计和培训内容

设计涵盖数字技术、数据分析、人工智能等领域的课程，确保课程内容的前沿性。

3. 培训方式和方法

采用多种培训方式，如面授、在线学习、实践操作等，注重培训方法的互动性和实效性，以提升学习效果。

4. 合作与交流

建立与高校、行业协会、企业等的合作关系。通过合作交流，提升培训质量和效果，以拓展培训资源。

5. 评估和反馈

定期对培训效果进行评估，收集学员和企业的反馈。根据评估结果和反馈，适时调整培训内容和方法，以提高培训质量。

6. 持续学习和发展

鼓励学员在完成基础培训后继续进行进阶学习。提供持续学习资源和机会，支持学员的职业发展。

7. 加强实践环节

增加实际操作和实习机会，让学员所学知识在真实环境中得到应用。通过实践环节提高学员的操作技能和实际能力。

8. 培养师资力量

招募和培训高水平的讲师和实训导师，提高师资的专业能力和教学水平，以确保培训质量。

9. 推广数字化人才计划

积极宣传和推广数字人才培养计划，吸引更多企业和学员参与，通过多渠道宣传，以提高计划的知名度和影响力。

10. 建立人才库

创建和维护数字化人才库，记录学员的培训和认证信息，为企业提供人才推荐和匹配服务，以促进人才与岗位的有效对接。

（四）开展步骤

该项目围绕确定培养目标、课程设计和培训内容、培训方式和方法、合作与交流、评估和反馈、持续学习和发展、加强实践环节、培养师资力量、推广数字化人才计划、建立人才库等十个主要内容开展工作，通过多种途径和方式培养具有数字化思维、数字化技能和数字化创新能力的人才。该项目分为以下四个阶段进行。

第一阶段：开展职业资格认证培训。围绕数字服务外包相关职业（工种）需求开展培训工作，培养一批具备基本数字技能和知识的人才，满足当前数字经济特别是数字服务外包领域的急需人才需求。考试合格后，由希莫标准组织进行职业资格认证。

第二阶段：建立数字人才专业学校。注册成立专门针对数字人才培养的专业学校或学院，为学员提供更为系统、全面的教育服务。根据数字人才市场需求，结合东港区产业发展特点，进一步完善数字人才培养课程体系，确保课程内容的前沿性和实用性。通过开展系列培训课程和实践活动，提升人才的专业技能和实操能力，助力数字服务外包企业落地和产业发展。

第三阶段：完善数字人才培养体系。探索产教融合新模式，促进学院与服务外包企业的沟通与合作，实现校企资源共享、优势互补，合作建设数字经济和数字服务外包实训基地、产教融合中心，形成一套标准化的课程体系和教学方法。开展定制化人才培养，建立稳定的校企合作机制，共同推进数字人才培养工作，实现人才培养与产业发展的无缝对接。

第四阶段：形成数字人才培养品牌。通过构建数字人才培养体系，形成完善的数字人才培养体系标准。在满足东港区数字人才需求的基础上，吸收周边地市学员进行数字人才培养，逐步打造数字人才培养品牌，建设具有一定影响力的数字技能人才培养策源地。

（五）培训项目

根据数字服务外包产业的发展需要，共有以下 14 类岗位的培训项目，以及对其的资质认证。

客户中心管理师（CCM）：负责客户服务中心的管理和运营。

外包运营管理师（EPM）：管理外包业务的运营和服务质量。

人工智能训练师（AIT）：训练和优化人工智能系统。

全媒体运营师（OMO）：负责全媒体平台的内容运营和管理。

数字化政务服务师（DGS）：推进政务服务的数字化转型。

互联网内容审核师（ICA）：审核和管理互联网内容的合规性。

商务数据分析师（BDA）：进行商务数据分析和决策支持。

政务数据分析师（GDA）：分析和管理政务数据，支持政策决策。

AI 数据标注师（ADA）：进行人工智能数据的标注和整理。

互联网营销师（IMT）：负责互联网营销活动的策划和执行。

数字服务培训师（DST）：提供数字服务相关的培训和指导。

数字服务质检师（DQA）：对数字服务进行质量检测和评估。

数字服务项目经理（DPM）：管理和协调数字服务项目的实施。

建筑信息模型工程师（BIM）：运用 BIM 技术进行建筑设计和管理。

（六）遇到的问题及解决办法

问题 1：培训需求与现有教育资源不匹配。

解决办法：通过与高校和行业协会合作，开发符合行业需求的课程和培训内容。建立产学研合作机制，整合各方资源，弥补教育资源不足的问题。

问题 2：培训费用高，导致部分企业和学员难以承受。

解决办法：探索政府资助和企业合作的模式，为培训项目提供财政支持和奖励政策。设立奖学金和助学金，降低学员的培训成本。

问题 3：培训效果的评估和反馈机制不完善。

解决办法：建立系统化的评估和反馈机制，定期进行培训效果评估。收集学员和企业的反馈意见，及时调整和优化培训内容和方法。

问题 4：数字人才市场的需求变化快，培训内容滞后。

解决办法：建立动态更新的课程体系和培训内容，及时跟踪行业发展趋势。与行业领先企业保持紧密联系，了解最新需求，调整培训方向和内容。

（七）项目亮点

项目显著特点是：以运营成果为导向，过程驱动，其是从因到果、从知到行的一整套系统和模型，帮助企业及相关组织真正实现成功的数字化转型，并在后续持续的数字化运营实践中达到运营效率、收益水平、服务体验和生产质量的飞跃提升和稳定运行。

实施该项目有三个特点：

1）涵盖全产业。培训可为呼叫中心、电商服务、数据标注、信息审核、动漫和网游外包服务、信息技术服务外包、离岸数字外包服务等业务提供人才支持，基本涵盖数字服务外包产业全链条。

2）行业认可度高。该资质认证是由人力资源社会保障部门备案的用人单位和社会培训评价组织在备案职业（工种）范围内依据国家职业技能标准和备案的评价规范对劳动者进行职业技能等级认定。通过提供系统的培训课程和专业的认证评价，形成人才培养与评价的闭环，该项目在数字经济行业中认可度高。

3）产才双提升。评价认证为个人职业发展提供了指导和机会，取得该资质认证证书的就业者，在能力提升、职务晋升等方面更具优势。同时也为企业选拔人才提供了标准和依据，也有利于企业服务外包业务的提质增量，带动整个产业提档升级。

三、创新成果效果

1. 聚势汇智，数字人才培养基地成立

研究院成立了专门的数字人才培养基地。该基地不仅提供了系统化的培训，还为学员提供了宝贵的实习机会。基地的课程设计涵盖了当前数字经济所需的各类技能，如大数据分析、云计算、人工智能等，通过理论学习和实践操作相结合的方式，使学员能够深入理解和掌握最新的数字技术。这一举措大大提升了学员的专业能力，使他们在数字化时代的职场中更具竞争力。基地还与多家企业合作，提供真实的项目实践机会，帮助学员在实际工作环境中锻炼技能，积累实战经验。

2、开展系列课程，培养数字人才近千名

通过一系列系统的课程和针对性的培训，基地已成功培养了近千名具备先进数字技能的人才。这些人才不仅在技术领域表现出色，还拥有强大的创新能力和解决问题的能力。培训内容包括但不限于编程技术、网络安全、数据管理、数字营销等多个方面，确保他们能够胜任各类数字经济相关岗位。这些人才的涌现，为东港区乃至整个行业的发展提供了强有力的人力支持。随着数字化岗位需求的增长，这些受过良好训练的人才迅速填补了市场的空缺，推动了区域经济的数字化转型进程。

3. 以尺量天，数字人才评价体系建立

为了进一步规范和提升数字人才的职业发展，建立了一套科学的数字人才评价体系。该体系通过多维度的评价标准，如技能掌握程度、项目执行能力、创新潜力等，为人才提供了清晰的职业发展路径。同时，这一评价体系也为用人单位提供了一套客观的参考标准，帮助企业在招聘和人才管理过程中更加精准地评估候选人和现有员工

的能力。这不仅有助于个人职业发展，还提升了整个地区人才市场的规范化水平。评价体系的建立，也使得企业能够更加有效地识别和培养内部的高潜力人才，从而保持企业的长期竞争力。

4. 产才融合，数创未来

通过一系列优惠政策和良好的营商环境，项目成功吸引了 19 家服务外包龙头企业落户。这些企业的到来，不仅带来了先进的技术和管理经验，也创造了大量的就业机会，为本地居民提供了 5000 余个岗位，推动了“1+N”数字服务外包产业的全面发展。这些岗位涵盖了各个层次的职位，从基础的客服支持到高级的数据分析和软件开发，为本地居民提供了广泛的就业选择。同时，这些企业的落户也推动了东港区数字服务外包产业的全面发展。通过这些龙头企业的引领作用，东港区吸引了更多相关企业前来投资，逐步形成了完整的数字服务外包产业链，进一步巩固了该区域在数字经济领域的竞争优势。

四、成果经验总结

在本案例中，数字人才培养和企业数字化转型措施有效地将理论与实践结合，展示了创新性与实用性的平衡。以下几个方面突显了其成功点。

1）数字化运营能力评估展示了理论的具体应用。通过系统地评估企业的技术基础设施、数据管理能力和业务流程数字化程度，项目团队能够准确识别企业的数字化现状和短板。

2）企业数字化能力定位和改进计划的制定表现了理论的创造性应用。项目团队在明确企业的数字化定位后，结合行业标准和最佳实践，制定了详细的改进措施。通过这种方式，理论在实践中得到了丰富和应用，提升了企业的市场竞争力。

3）巩固数字化转型成果的做法体现了理论的突破性应用。数字化转型需要持续跟踪和评估，以确保成果的稳定性和长期发展。项目团队通过建立自我评估机制和定期检查，帮助企业及时解决新问题，保持数字化成果的有效性。这种做法突破了传统的转型模式，通过持续改进推动了企业的长期成功。

4）发现并解决数字化运营中的问题展示了理论的实际操作能力。项目团队在运营过程中快速发现并解决了技术瓶颈和数据管理问题。

5）提供咨询、培训和指导的措施展示了理论的实际操作性。通过量身定制的咨询和培训服务，项目团队帮助企业提升了员工的数字化技能，并制定了具体的执行方案。这种模式不仅补充完善了传统培训的不足，还通过专业指导确保了数字化转型的有效实施，展示了理论与实践结合的成功案例。

连线人物

刘新刚 日照国信数字经济产业研究院执行院长，长期从事数字经济领域的研究和实践工作。在数字人才培养方面具有丰富的经验，致力于推动数字经济和数字化人才的培养与发展。推动了多项数字经济相关项目的实施。

以职业技能竞赛为依托的技能人才队伍建设探索与实践

中国运载火箭技术研究院

周　硕　王亮亮　朱悦宏　周　游

企业简介

中国运载火箭技术研究院（以下简称“火箭院”）隶属于中国航天科技集团有限公司，是中国航天事业的发祥地，是中国航天第一个研制基地，诞生了我国第一枚导弹“1059”，完成了我国首次“两弹”结合任务，发射了我国首颗人造地球卫星，为我国“两弹一星”事业作出了突出贡献。火箭院成功研制了12种长征系列运载火箭，具备发射近地轨道、太阳同步轨道、地球静止轨道等多种轨道载荷的能力。火箭院还成功实施了以载人航天工程、探月工程、北斗工程等为代表的国家重大工程的运载任务，为实现中国航天三大里程碑作出了突出贡献。

火箭院资产总额1037.97亿元，占地面积12028亩，科研生产建筑面积约220万平方米，包括一个核心区（南苑），三个产品基地，一个综合基地（固安），若干个军民融合、航天技术应用产业园区。火箭院有从业人员3.3万余人，其中博士1200余人，硕士超过6000人。

火箭院始终践行军民融合发展战略，大力发展航天技术应用及服务产业，以共享理念打造“航天+”产业服务平台，在军民资源共享、央地协同、商业航天等方面发挥示范作用，在煤气化、特种车辆、航天检测等领域始终保持行业领先地位，在新能源、智能制造和人工智能等新兴领域不断取得突破，为富国强军和满足人民美好生活需要贡献航天力量。

一、创新成果背景

技能人才特别是高技能人才，是国家战略科技力量的重要组成部分，是连接技术创新与生产实践最核心最基础的劳动要素。目前火箭院共有技能人员 8795 人，涉及约 130 个专业工种。技能人员队伍是火箭院三支人才队伍中的重要组成，作为科研生产的最直接参与者，技能人员的技能水平高低在一定程度上决定了火箭院航天装备制造水平。火箭院正在着力培养造就与组织发展、业务发展相匹配，“总量合理、结构优化、效能提升、素质一流”的技能人才队伍。

职业技能竞赛是培养、选拔、评价技能人才的有力手段，是提高广大技能人才业务水平、加强技能人才队伍建设的重要举措，也是促进火箭院实现可持续发展的重要途径，更是广大技能人员展示自身本领、挖掘自身潜能、实现自身价值的平台。迄今为止，火箭院在岗的 67 名全国技术能手中，有 47 名是通过参加各类竞赛获得的。但与国内外相关行业技能人员整体水平相比，火箭院的技能人员队伍整体水平不高，大而不强。主要体现在：1）仍然以传统工种手工操作为主，效率不高，智能化、数字化发展速度较慢，且不够普及；2）技能队伍相对比较封闭，未能与国内外高水平团队充分接轨；3）对职业技能竞赛工作整体重视程度不够，未能形成完整的职业技能竞赛体系，无法对火箭院技能队伍发展提供有力支撑。

二、成果总体思路

本项目从国家对技能人员的总体要求及火箭院科研生产实际和未来产业升级对技能人员的具体要求出发，探索通过职业技能竞赛活动快速提升技能水平的路径，经过研究与实践，初步形成了工匠精神理念下的培养模式（图 1）。大力弘扬精益求精、崇尚技能的工匠精神，采取职业技能竞赛体系构建（system）、组织保障（organize）、制度保障（rules）、资源整合（integrate）、选树人才（suggest）、拓展技术（expand）等一系列措施。在竞赛体系与政策要求的指引下，定期举办高水平的职业技能竞赛，组织参加国家级、省市级以及集团公司职业技能大赛，并以办赛、参赛为契机，组织火箭院广大技能人员进行深入学习与训练，通过竞赛发现、选拔和培养高技能人才，加速高技能人才进步成长；通过办赛及参赛，建立起素质过硬、技艺高超的专家、裁判员与教练员队伍；积极发挥竞赛的成果转化作用，将竞赛中所取得的成果应用到实际科研生产中；充分发挥技能竞赛及培训的示范引领作用，营造出技能人才学习技能、钻研技能、提高技能的学习氛围，进一步提高高技能人才的专业知识水平、解决实际问题能力和创新创造能力，为火箭院科研生产任务和未来发展提供人才保障。

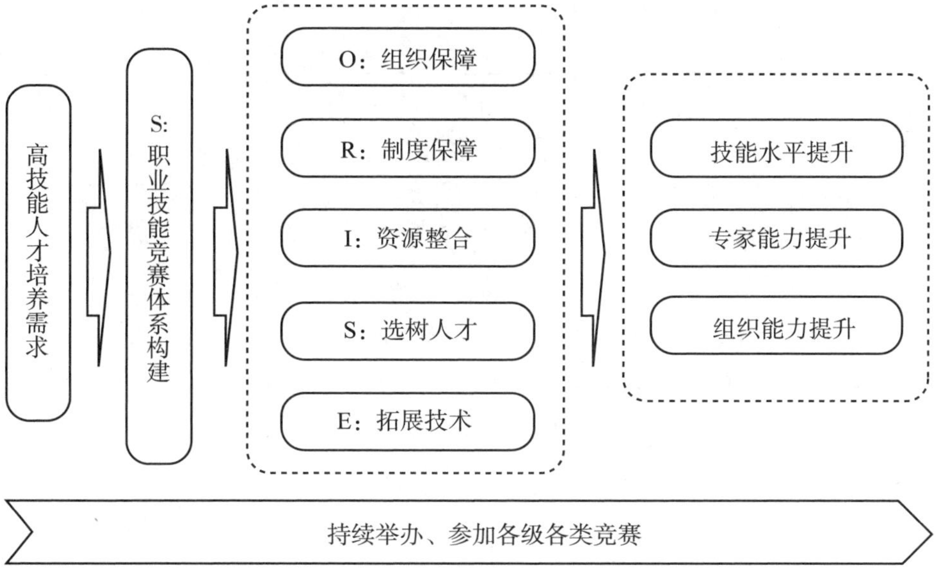

图 1　项目总体思路

三、创新成果措施

（一）搭建具有航天特色的院职业技能竞赛体系

职业技能竞赛已经是技能人才培养培训的重要方式，是技能人才培养选拔的一种重要形式，是技能人才成长的重要舞台，是高技能领军人才脱颖而出的重要途径；国家对技能竞赛的重视程度越来越高，组织技能竞赛的层级越来越高，对技能人才成长的意义越来越高。

在国家的总体部署和集团公司的实施与指导下，经过多年的探索与实践，火箭院初步形成了以世界技能大赛、全国职业技能大赛为引领，以全国行业职业技能竞赛为牵引，以集团公司职业技能竞赛为重点，以院级职业技能竞赛为主体，以厂（所）级职业技能竞赛为基础的职业技能竞赛体系（图 2），对院的技能人才培养起到了至关重要的作用。

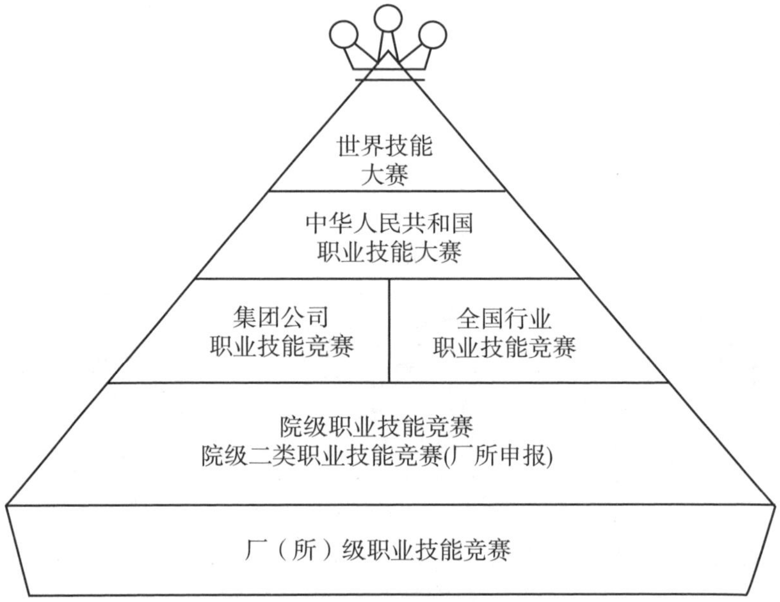

图 2　火箭院职业技能竞赛体系

（二）立足于顶层策划，着力强化竞赛工作组织保障

各级领导的高度重视，相关单位（部门）的有力组织是做好技能竞赛工作的前提。院主管领导多次听取竞赛相关工作汇报，亲自主持召开布置会、动员会，为竞赛工作明确目标和工作方向。竞赛主管部门会同各单位有针对性地分析优势工种、专家与选手储备情况，确定工作思路、工作重点，采取有力措施，统筹推进全院技能竞赛工作。各相关单位高度重视、周密安排，为技能竞赛工作提供有力组织保障。

（三）发挥制度指导作用，着力强化竞赛工作制度保障

为明确院职业技能竞赛整体工作方向，使全院技能竞赛相关工作更加规范，2021

年对《火箭院职业技能竞赛管理办法》进行了修订，为院办赛、参赛提供规范的指导依据；制定并发布了《火箭院全面加强职业技能竞赛工作的实施意见》，从健全职业技能竞赛体系、办赛参赛、竞赛人才梯队建设、培养竞赛专家队伍、竞赛保障、竞赛宣传奖励等 6 个方面进一步完善院竞赛体系和管理要求，进一步为各单位做好职业技能竞赛工作提供指引。2 份文件协同互补，为火箭院竞赛工作提供制度保障。

（四）强化专家的培养，通过国赛平台选树专业人才

以职业技能竞赛体系为依托，以相关竞赛体系文件为指导，火箭院积极组织相关单位及人员参加各类国家级职业技能大赛。中华人民共和国第二届职业技能大赛于 2023 年 9 月 16 日—19 日在天津举办，为进一步做好竞赛工作，火箭院积极申办世赛省市选拔赛，推荐院内相关项目专业人才参与国赛的执裁及教练工作。火箭院 211 厂被北京市人社局批准为第 47 届世界技能大赛飞机维修项目北京市集训基地；火箭院 5 人担任此次大赛决赛裁判；5 人被各省市人社局聘为集训教练，其中 1 人获得国赛金牌教练奖。

（五）开放融合发展，通过国赛平台加强内外交流与资源整合

为深入学习国内技能人才培养先进经验，以实际需求出发，火箭院积极组织相关单位对中国（天津）世赛研究中心、中国（天津）职业技能公共实训中心、天津职业技术师范大学、天津职业大学、天津现代职业技术学院、北京市工业技师学院、北京市信息职业技术学院、长治技师学院、国营芜湖机械厂培训中心、大连机床培训中心等多家机构进行专项交流，根据不同层次需求建立合作关系，整合资源为相关竞赛项目提供赛训保障，相关机构为火箭院 7 个赛项集训提供了 20 余名辅导老师、800 余人・天的场地设备等条件，显著提升了火箭院竞赛保障水平，为技能人才水平快速提升发挥了重要支撑作用。

（六）紧密跟进前沿技术，通过行业竞赛平台探索新技术赛道

立足航天制造对前沿技术应用需求，紧跟新职业发展趋势，积极组织有关技术技能人员积极参加国家级新职业技能竞赛。自 2020 年开始，连续组织参加全国智能制造

应用技术技能大赛、全国工业和信息化技术技能大赛等新职业大赛。2023 年，院组织 12 所和 211 厂选手参加第二届全国工业和信息化技术技能大赛 5G+ 虚拟现实开发应用和工业大数据算法两个赛项决赛。组织 211 厂和特车 -519 厂共 3 组选手，参加第五届全国智能制造应用技术技能大赛机修钳工（智能制造装备技术方向）、机电设备维修工（智能制造生产运维方向）两个赛项决赛，推荐 3 人参与竞赛执裁工作。

四、创新成果效果

以职业技能竞赛体系为依托，火箭院技能人才在各类技能竞赛中，取得了较好的成绩。迄今为止，火箭院在岗的 67 名全国技术能手中，有 47 名是通过参加竞赛获得，占总数的 70%。通过竞赛平台，产生了一批具有国内领先水平的专业技能骨干。2023 年，火箭院高技能人才在各类职业技能竞赛中不断“崭露头角”，取得了优异成绩。在中华人民共和国第二届职业技能大赛中，火箭院的获奖数量与名次均为集团公司最高，全年有 5 人因竞赛获得“全国技术能手称号”，2023 年火箭院组织参加国家级职业技能大赛情况如表 1 所示。

表1　2023年火箭院组织参加国家级职业技能大赛情况

序号	竞赛名称	取得成绩
1	中华人民共和国 第二届职业技能大赛	· 1 人获“数控车”国赛精选项目银牌； · 2 人获“数控车”“CAD 机械设计”国赛精选项目优胜奖； · 1 人获“机器人焊接”项目金牌教练荣誉称号； · 2 人将被授予“全国技术能手”荣誉称号； · “铅笔芯钻微孔”项目获评“最受欢迎的十大绝技”
2	中国航天科技集团有限公司 第十一届职业技能竞赛	· 3 人荣获各赛项前 3 名，被授予“全国技术能手”和“航天技能大奖”荣誉称号； · 4 人荣获各赛项第 4~6 名，被授予“航天技术能手”荣誉称号； · 2 人荣获优胜奖
3	第五届全国智能制造应用 技术技能大赛	· 2 人荣获竞赛二等奖； · 4 人荣获竞赛三等奖
4	第二届全国工业和信息化 技术技能大赛	· 2 人荣获三等奖
5	第十七届“振兴杯” 全国青年职业技能大赛	· 1 人荣获铜奖

除参加外部高级别、高水平竞赛以外，火箭院已成功举办 24 届职业技能竞赛，每年参加竞赛人数为 80~120 人，各参赛单位积极开展选拔赛及赛前训练，选派水平高超、技艺精湛的选手参加角逐。特别是自 2021 年以来，火箭院成功举办了第二十三届、第二十四届职业技能竞赛，院属各单位踊跃开展了 20 余个项目的厂（所）级竞赛，自 2021 年以来，累计有 2000 余人次参加各类技能竞赛、技能比武和相关培训活动。在竞赛活动中，广大技能人员刻苦钻研新技术、新理念，不断学习新知识、新技能，在全院范围内营造了“比学赶超”的积极氛围，真正实现了“以赛促学”的目标。参赛选手们将竞赛及培训中取得的收获，积极向所在单位进行传授和推广，最终带动了全院技能水平的整体提升。

五、成果经验总结

本项目从国家对技能人员的总体要求及火箭院科研生产实际和未来产业升级对技能人员的具体要求出发，探索通过职业技能竞赛活动快速提升技能水平的路径，经过研究与实践，初步形成了以职业技能竞赛为依托的技能人才队伍建设。

1）基于形势战略发展，分析了新时代职业技能竞赛相关要求及技能人才成长规律，搭建了具有航天特色的院职业技能竞赛体系。

2）立足于顶层策划，建立了技能竞赛长效机制，通过分析优势工种、专家与选手储备情况，确定工作思路、工作重点，采取有力措施，统筹推进全院技能竞赛工作。

3）规范化组织管理，修订了《火箭院职业技能竞赛管理办法》，制定并发布了《火箭院全面加强职业技能竞赛工作的实施意见》，进一步为各单位做好职业技能竞赛工作提供指引，为火箭院竞赛工作提供制度保障。

4）以职业技能竞赛体系为依托，以竞赛相关体系文件为指导，通过积极组织参加国内高水平竞赛，在全院范围内营造了“比学赶超”的积极氛围，为技能人才提供了新的成长路径，健全了技能人才发现和培养机制，畅通了技能人才发展通道，通过竞赛平台，使数以千计的技能人才得到锻炼。

5）注重竞赛成果转化，以技能竞赛为引领，通过举办及参加各级各类高水平职业技能竞赛，做好相应的培训工作，辐射带动了全院技能人才水平的整体提升，为火箭院科研生产提供有力支撑。同时，锻炼了火箭院技能竞赛的综合团队，通过竞赛平台探索新技术赛道，加强了内外交流与资源整合。

连线人物

周　硕　研究员，中国运载火箭技术研究院长征培训中心副校长。长期从事人才开发和企业培训工作，专注企业人才培养、企业大学建设、创新型培训项目实践，拥有深厚的人才队伍建设工作背景和丰富扎实的培训教育、企业大学运营、航天精神与文化的弘扬传播等管理工作经验。特别是统筹各方资源，持续创新推进党校系列培训、新员工入职培训（“雏鹰计划”）、理想信念轮训（“铸魂工程”二期）、海外培训等品牌项目，取得了“中国企业培训最有实践课程”“中国企业培训最佳学习项目”“中国企业培训创新成果金奖”等多项荣誉。在火箭院领导人才培养体系建设中，坚持以航天强国建设战略目标下领导人员的核心能力素质提升为导向，创新性地提出了火箭院领导人员“党性教育+领导力”发展一体化的培训体系建设目标，打造了“红鹰”计划和“蓝鹰”计划，并付诸实践，极大地推进了火箭院各级各类人才培养的精准赋能。

基于“一人一事思想政治工作”的培训体系建设

中石化石油工程地球物理有限公司胜利分公司职工培训中心（党校）

李九祥 孟庆俊 苏培盛

企业简介

中石化石油工程地球物理有限公司胜利分公司职工培训中心（党校）以进德修业、育人兴企为宗旨，坚持以德为先、锤炼技能，以物探技术集聚地、高端人才孵化池、三基建设训练营、素质提升加油站为发展定位，是一个具有物探行业特色的专业培训机构和仿真模拟实训教育基地，兼具职工培训、党校、EAP 服务、职业技能等级鉴定等多项功能的综合培训中心。中心下设技能（安全）培训部、党建（EAP）部、鉴定考核部、教务部、综合管理部等 5 个部门。

中共东营经济技术开发区非公有制企业和社会组织委员会党校是经开发区党工委批准成立的一家公办民营性质的培训学校，是研究宣传习近平新时代中国特色社会主义思想、推进党的思想理论建设的重要阵地，是培训各非公有制企业和社会组织的党员、领导干部和优秀中青年干部、入党积极分子、党务工作者的学校。该校于 2022 年 8 月正式成立，按照社会化、专业化、规范化、精准化的办学模式，主要面向全区基层党组织书记、党务工作者、党员干部、入党积极分子、非公企业管理人和一线技术人员进行系统的、有针对性的党性教育和职业技能培训。

一、创新成果背景

东营经济技术开发区两新党委党校是各党务工作者锤炼党性的“大熔炉”，把党性教育作为教学的主要内容，深入开展理想信念、党的宗旨、“四史”、革命传统、中华民族传统美德、党风廉政等教育，并将党章和党规党纪学习教育作为党性教育的重要内容。党校注重引导和推动领导干部不断提高思想觉悟、精神境界、道德修养，树立正确的权力观、政绩观、事业观，保持共产党人的政治本色。着力聚焦“党性教育＋党务提升＋人才培养＋工匠传承”新模式，通过开办“红色商学院”、组建“党建联盟”和“红领驿站”等形式，打造“两新”特色阵地和非公特色“硬品牌”。为党育才，是东营经济技术开发区两新党委党校的独特价值所在，旨在培养造就堪当民族复兴重任的骨干队伍，做好新时代的传道、授业、解惑工作，传好马克思主义真理之道，授好推动改革发展稳定之业，解好改造主观世界和客观世界所遇之惑。

东营经济技术开发区两新党委党校还与北京大学、浙江大学、山东大学等国内著名高校密切合作，聘请来自中央、省、市委党校的知名教授和相关研究机构的专家学者，以及优秀基层党务工作者、先锋模范人物、知名企业家、中华传统文化学者等纳入学校师资库，建立了一支以“理论专家＋实操名师”为特色的结构优化、经验丰富、能力突出的师资队伍，形成了一系列涉及党史党建、经济发展、社会治理、企业管理等领域的“高精专”课程体系，其主要的建设背景主要有以下几方面。

（一）新时代思想政治工作的要求

随着中国特色社会主义进入新时代，对思想政治工作提出了新的更高要求。习近平总书记强调，思想政治工作是党的优良传统、鲜明特色和突出政治优势，是一切工作的生命线。“一人一事思想政治工作”培训旨在深化对新时代思想政治工作内涵的理解，提升思想政治工作的针对性和实效性。

（二）社会环境的复杂性与多样性

社会环境的快速变化，特别是互联网、新媒体的广泛应用，使得思想政治工作面临更多挑战。“一人一事思想政治工作”培训，旨在提高思想政治工作者对复杂社会环境的适应能力和对多元价值观的引导能力。

（三）组织内部对人才素质的更高要求

随着组织的不断发展，对人才的综合素质提出了更高要求，特别是对思想政治素质的要求。“一人一事思想政治工作”培训，旨在提升人才的思想政治素质，培养具有坚定政治立场、高尚道德情操、强烈责任意识的高素质人才。

（四）应对个性化需求的需要

在新时代，人们的思想观念、价值取向更加多元，思想政治工作需要更加注重个性化、精准化。“一人一事思想政治工作”培训，强调根据不同对象的特点和需求，采取针对性的教育引导方法，以提升思想政治工作的效果。

（五）创新工作方法的探索

面对新时代新要求，“一人一事思想政治工作”培训还致力于探索创新的工作方法，如利用大数据分析、新媒体传播等技术手段，提高思想政治工作的科学性和时代感。信息技术的发展，特别是互联网、大数据和人工智能的应用，为党务培训提供了新的手段和平台。线上培训、智能学习系统等技术的应用，使得党务培训更加高效、便捷和个性化。

基于以上原因，在基层思想政治工作过程中，东营经济技术开发区两新党委党校积极主动地寻求思想政治工作的素质能力提升，并发展对人才需求的培训质量要求，重新定位“一人一事思想政治工作”的前瞻性、全局性、匹配度及培训系统内容、节点等关键要素，以真正挖掘培训需求、促进培训运行、保障学用转化，有效提升培训质量。

二、创新成果措施

东营经济技术开发区两新党委党校在思想政治工作培训的创新，旨在提升培训的实效性和吸引力，使培训内容更加贴近实际，培训方法更加多样化，以适应新时代思想政治工作的需求。

（一）创新培训方式，变“灌输式”培训为“参与式”培训

创新培训方式，将传统的“灌输式”培训转变为“参与式”培训，是提升培训效果、激发学员主动学习的重要策略。以下是一些具体的转变方法和实践建议。

1）互动式教学：采用小组讨论、角色扮演、案例分析等互动式教学方法，鼓励学员参与其中，通过实践和讨论来学习和理解知识。

2）问题导向学习：设计以问题为中心的培训课程，让学员围绕具体问题进行思考和讨论，通过解决问题的过程来学习新知识，提高问题解决能力。

3）项目式学习：让学员参与实际项目，通过实践操作和团队合作来学习和应用知识，这种学习方式能够提高学员的实践能力和团队协作能力。

（二）情景模拟教学，以实践为中心

通过模拟思想政治工作中真实的情境或事件，让学员在类似实际工作或生活场景中学习和解决问题。这种方法广泛应用于各种教育领域，包括管理培训、医学教育、法律教育、语言学习等，尤其在提升学员的决策能力、沟通技巧、团队协作和问题解决能力方面效果显著。通过设置特定情境，让学员模拟处理思想政治工作中的具体问题，旨在提高学员在复杂情况下的决策和应变能力。情景模拟教学的步骤：

1）情境设定：培训老师根据教学目标设计思想政治工作中具体情境，如企业案例、医疗急救、法律诉讼、商务谈判等，确保情境具有代表性，能够覆盖所需学习的技能或知识点。

2）角色分配：将学员分配到不同的角色中，每个角色都有特定的任务和目标，通过角色扮演，学员可以更加投入地体验和学习。

3）情境演练：学员在模拟的情境中进行演练，培训老师观察并指导，必要时提供反馈和指导。

4）反馈与讨论：演练结束后，组织学员进行反馈和讨论，分析决策过程、沟通技巧、团队协作等，识别问题和不足，总结经验教训。

5）反思与改进：鼓励学员进行自我反思，思考如何在未来的类似情境中应用所学，提出改进措施，促进知识的内化和技能的提升。

情景模拟教学是一种高效的教学方法，通过将理论知识与实践应用相结合，不仅能够提升学员的学习效果，还能够帮助他们更好地准备面对真实世界中的挑战。通过分析和讨论实际案例，让学员在具体情境中学习和理解思想政治工作的原则和方法，增强培训的实践性和针对性。情景模拟教学的优势如下。

1）提高实践能力：通过模拟真实情境，学员可以在安全的环境中实践和提升专业技能，而不会造成实际损失或伤害。

2）增强学习兴趣：情景模拟教学通常具有较高的互动性和趣味性，能够提高学员的学习兴趣和参与度。

3）促进团队合作：在团队角色扮演中，学员需要相互协作、沟通和决策，有助于培养团队合作精神和领导能力。

4）提升问题解决能力：面对模拟情境中的问题和挑战，学员需要运用所学知识和技能进行分析和解决，有效提升问题解决能力。

（三）疑难问题互解

在深化思想政治工作过程中，面对复杂多变的工作环境和个性化的对象需求，如何有效解决思想政治工作中遇到的疑难问题，成为提升工作实效的关键。为此，我们探索并实施了“一人一事思想政治工作”疑难问题互解机制，旨在通过集体智慧和经验分享，共同破解工作难题，提升思想政治工作队伍的应变能力和问题解决能力。

1. 建立问题收集与分析平台

1）问题收集：设立线上线下相结合的问题收集渠道，鼓励一线思想政治工作者主动上报在实际工作中遇到的难点和困惑，确保问题的广泛性和代表性。

2）问题分析：组织专家团队对收集到的问题进行分类和分析，提炼出共性问题和个性问题，为后续的互解工作奠定基础。

2. 实施疑难问题互解机制

1）案例研讨：定期举办案例研讨会议，邀请有经验的思想政治工作者和相关领域专家，对上报的疑难问题进行深入分析，提出解决方案。

2）经验分享：建立经验分享平台，鼓励解决过类似问题的工作人员分享自己的经验教训，形成案例库，供其他工作者参考学习。

3）角色扮演与模拟训练：针对特定的疑难问题，组织角色扮演和模拟训练，让参与者亲身体验问题解决过程，提升应对复杂情境的能力。

4）专家指导与培训：邀请思想政治工作领域的专家，针对疑难问题开展专题培训，提供专业指导，提升队伍的专业素养。

3. 强化互解机制的持续优化

1）效果评估与反馈：建立问题解决效果评估机制，通过问卷调查、工作表现评估等方式，收集参与者和受益者的反馈，持续优化互解机制。

2）持续学习与成长：鼓励思想政治工作者将互解机制中学到的知识和技能应用到实际工作中，形成"学习—实践—反馈—再学习"的良性循环，促进个人和团队的成长。

"一人一事思想政治工作"疑难问题互解机制，不仅有效解决了工作中遇到的复杂问题，还促进了思想政治工作队伍的专业化和职业化发展。未来，我们将继续深化机制创新，提升思想政治工作的实效性和针对性，为构建和谐稳定的社会环境贡献力量。

（四）知识擂台赛

在"一人一事思想政治工作"能手大赛中，增加了学党纪知识擂台赛，通过设定团队必答题、抢答题，设置不同积分、奖励等机制，激发学员的学习兴趣和参与度。学党纪知识擂台赛是一种创新的、富有竞争力的学习方式，旨在通过比赛的形式，增强党员和干部对党纪党规的了解，提升其遵守党纪、廉洁自律的意识。这种活动不仅能够激发学习兴趣，还能够促进知识的深入理解和记忆，是党纪教育的有效手段之一。以下是组织学党纪知识擂台赛的几个关键步骤。

1. 确定目标与规则

1）明确目的：确保活动的目的是为了增强党纪知识的学习和理解，而非单纯的比赛。

2）设定规则：包括参赛资格、比赛流程、计分规则、奖励机制等，确保公平公正。

2. 精心设计题目

1）涵盖广泛：题目应覆盖党章、党纪处分条例、廉洁自律准则等核心内容。

2）难易结合：设计不同难度的题目，既包括基础知识，也涵盖深入理解的案例分析，以满足不同层次参与者的需求。

3）形式多样：可以是选择题、填空题、简答题、案例分析题等，增加比赛的趣味性和挑战性。

3. 组织与准备

1）组建团队：包括策划组、出题组、评判组和后勤组，明确各自职责。

2）宣传动员：通过会议、通知、社交媒体等多种渠道，广泛宣传擂台赛的意义和参与方式，动员广大党员和干部积极参与。

3）场地与技术准备：选择合适的比赛场地，确保音响、投影等设备正常工作，如果线上进行，还需测试网络稳定性。

4. 奖励与总结

1）专家点评：邀请党纪专家对比赛中的难点、热点问题进行点评，增强比赛的专业性和教育意义。

2）表彰优秀：对表现突出的个人或团队给予物质或精神奖励，增强荣誉感和成就感。

3）总结经验：赛后组织总结会议，收集反馈，总结活动的成功经验与不足，为未来活动的改进提供参考。

通过学党纪知识擂台赛，不仅能够提升党员和干部对党纪党规的掌握程度，还能够增强组织的凝聚力和战斗力，促进党风廉政建设，营造风清气正的政治生态。

(五)体验式红色教育教学

组织学员参观红色教育基地等，通过亲身体验加深对思想政治工作重要性的认识。这是一种通过实地探访革命遗址、历史纪念馆等红色教育资源，结合现场讲解、体验式学习等方式，对参与者进行革命历史教育、爱国主义教育和红色文化传承的教育形式。它旨在让参与者在亲身体验中感受革命先烈的英雄事迹，增强对党的历史和革命传统的理解，激发爱国情怀和历史责任感。以下是开展红色教育现场教学的几个关键步骤。

1. 选择红色教育基地

1）历史意义：选择具有重要历史意义的革命遗址、烈士陵园或纪念馆，确保基地能够承载红色教育的核心价值。

2）教育资源：考察基地的教育资源，包括解说员的专业性、展览内容的丰富性、互动设施的可用性等。

2. 制定教学计划

1）目标设定：明确教学目标，如增强历史认知、培养爱国情感、提升道德修养等。

2）活动设计：设计参观路线、讲解内容、互动环节（如角色扮演、历史情景再现等），确保活动既教育又有趣味性。

3）安全预案：制定现场教学的安全预案，包括交通、饮食、紧急情况处理等，确保参与者安全。

3. 实施现场教学

1）专业讲解：聘请或培训专业讲解员，确保讲解内容准确、生动、感人。

2）体验式学习：鼓励参与者通过亲身体验（如瞻仰烈士墓、参观革命文物）来感受历史，增强学习的深度和广度。

3）互动讨论：组织现场讨论或小组分享，让参与者交流感受和思考，深化教育效果。

4. 反思与总结

1）反思会：活动结束后，组织反思会，引导参与者分享所学所感，讨论如何将红色精神融入日常生活和工作中。

2）后续活动：鼓励参与者参与红色故事讲述、红色文化创作等后续活动，将红色教育成果进一步深化和拓展。

5. 效果评估与反馈

1）效果评估：通过问卷调查、访谈等方式，评估参与者的学习效果和活动的教育意义。

2）持续改进：根据反馈结果，持续优化红色教育现场教学的内容和形式，提升教育效果。

红色教育现场教学，通过沉浸式的体验和深入的互动，不仅能够加深参与者对红色历史的理解和感悟，还能够激发其爱国热情，培养社会主义核心价值观，对于传承红色基因、弘扬革命精神具有不可替代的作用。

（六）持续反馈与评估

建立培训效果的持续评估机制，定期收集学员和导师的反馈，根据评估结果调整培训内容和方法，确保培训质量。

通过这些创新的方法，可以有效打破传统的“灌输式”培训模式，让学员成为学习的主体，提高培训的参与度和效果，促进知识的深度理解和长期记忆。思想政治工作培训能够更加生动、贴近实际，不仅能够提升学员的理论水平，还能增强他们的实践能力和解决实际问题的能力，为培养新时代高素质的思想政治工作人才奠定坚实基础。

三、创新成果效果

通过培训切实提高基层干部的理论素养、知识水平和思想工作的实际本领，推动“一人一事思想政治工作”更加扎实有效地开展，形成人人能够发现问题、人人能够解决问题、人人争当行家里手的生动局面，培养“能说、会写、善做”的新时代合格思想政治工作者。该培训项目采取分站式比赛，5 人组队参赛。学员们压力最大但也最能快速成长的是实战 PK。实战形式主要包括“他山之石”“心理驿站”“一人一事思想解析”“疑难问题互解”“擂台比武”等多种形式，这些形式让学员在较短的时间内激发学习积极性和竞争意识，紧张而富有挑战的氛围，也让学员们在压力下迅速提升知识和技能水平，实现极限成长。在实际的比赛培训场景中，通过大量对各种思想政治工作的解析、解读和解决，学员们通过观看其他队伍的解析以及评委的点评，能够在直观的评估和比较中更清晰地发现自己队伍的不足，从而有针对性地进行改进和提高。该项目目前已实施两站，每站分别有 6 支队伍参加，从学员们现场分享的参赛感悟和课下的交流可知，大家都普遍认为该项目让他们见识了高山，打开了格局；埋下了种子，启发了思考；点了一盏灯，照亮了前路。每站结束，学员们都感觉收获颇丰，对解决新形势下思想政治工作所呈现的复杂性、信息化、个性化等多样性需求充满信心。

四、成果经验总结

（一）制定清晰的培训目标

在进行培训之前，首先要明确培训的目标是什么。这有助于确定培训的内容和方法，并提高培训的针对性和实效性。培训目标应该具体、明确，并与组织的战略目标相一致。

（二）了解受训者的需求

在开展培训之前，要对受训者进行需求调研，了解他们的知识水平、技能储备和培训需求。通过问卷调查、面谈等方式收集信息，可以更好地针对受训者的需求进行培训内容和形式的设计，提高培训的针对性和满意度。

（三）制定详细的培训计划

培训计划是培训工作的重要组成部分，要尽量详细地制定每一次培训的内容、时间安排和教学方法等。合理的培训计划能够帮助培训师更好地控制培训进度，确保培训的顺利进行。

（四）采用多种教学方法

在培训过程中，应该采用多种教学方法，如讲授、案例分析、讨论、角色扮演等，以激发受训者的学习兴趣，增强培训效果。

连线人物

李九祥 教授级高级政工师，现任地球物理公司培训中心（党校）主任，副校长。自2005年担任胜利分公司培训中心主任、党校副校长以来一直主管、主抓培训。多年来，坚持聚焦行业特点，围绕职工培训需求，优化职工培训课程设置，使培训工作实现新提升；先后提出“两区一基站”“四化”培训等新方式，探索了对EAP与思想政治工作融合推进，实现了EAP服务的深化应用。2009—2012年被胜利石油管理局授予“先进教育培训工作者”；2013年被山东省委党校授予“优秀教师”；2013年被山东省职工教育协会授予“职工教育研究先进个人”，2021年荣获“中国石化优秀党务工作者”荣誉称号。

孟庆俊 胜利油田党建培训首席专家、中国石油大学硕士研究生导师、全国企业文化管理师首席文化官，首批入选省优秀青年理论人才百人工程，省政法、意识形态领域学科专家，全国企业文化管理师首席文化官；中国最佳实战培训师；参与国家级项目并主编《中国石油通史》《企业文化的理论与实践》《企业思想政治工作纵论》《党政干部素质学》《中国石化基层党组织工作实务》等；在《求实》《中国共产党》《新华文摘》《毛泽东思想研究》等发表论文数十篇；参与策划制定胜利文化等成果荣获国家级十三项大奖；多次组织策划重大政治活动和理论宣讲；创意策划的培训项目党支部书记拉力赛、“一人一事思想政治”工作能手大赛，荣获十大精品培训项目、全国企业培训最高奖金奖、全国党员教育创新二等奖；多次获得山东省和中石化教学和科研一、二等奖，山东省委优秀宣讲理论工作者。近年先后服务于国家应急部、工商总局等60余家央企国企和部分高校。

创新安全教育模式在央企党校的应用研究

——以核工业党校2024年春季学期局级干部进修班为例

中国核工业集团有限公司党校

左振宇　朱向军　苏位莹　何佳音

企业简介

中国核工业集团有限公司党校是集团公司党组领导的培养党的领导干部的学校。核工业学院为集团公司直属单位，属于一类成员单位。核工业党校/核工业学院是集团公司人才教育培训的主要平台，肩负着党的理论教育和党性教育、硕博教育、人才培养等责任，是集团公司的“党建前沿阵地、人才培养摇篮、硕博教育基地、决策支持平台”。

核工业党校于1999年9月30日经中国核工业集团公司党组批准成立。核工业管理干部学院前身为“第二机械工业部干部学校”，于1964年2月6日经中央组织部批准建立，是中国核工业集团有限公司直属的教育培训机构。核工业研究生部于1985年1月14日经教育部同意、国防科工委批准成立。中核智慧城（天津）教育有限公司于2018年成立。核工业大学在核工业管理干部学院和核工业研究生部基础上整合组建，并于2021年9月更名为核工业学院。2021年设立顺义基地和铀浓缩分院。

目前，核工业学院实行“五块牌子，一班人马”［核工业党校、核工业学院、核工业管理干部学院、核工业研究生部、中核智慧城（天津）教育有限公司］的组织结构，核工业党校/核工业学院是集团公司的内设机构，核工业管理干部学院是法人主体，承担干部培训、核工业学院大兴校区、天津校区（图1）运营等工作。

图1 核工业学院天津校区

一、创新成果背景

干部教育培训是干部队伍建设的先导性、基础性、战略性工程。在新时代的浪潮中，央企党校作为培养党和国家事业中坚力量的重要阵地，其教育培训工作的质量与安全直接关系到国家发展战略的顺利实施与央企核心竞争力的持续提升。随着全球化、信息化的深入发展，外部环境的不确定性和复杂性日益加剧，对央企领导干部的综合素质和应对能力提出了更高的要求。因此，构建一个既符合新时代要求又具备高度安全性的教育培训体系，成为央企党校面临的重要课题。

习近平总书记多次就核工业和中核集团的发展作出重要指示批示，核工业迎来“两弹一艇”以来最为重要的战略发展机遇期。核工业作为国家安全重要基石的作用日益凸显，源源不断地培养忠诚、干净、担当的高素质干部，更具有极其重要的战略性意义。中核集团充分发挥党校干部教育培训主渠道、主阵地作用，中核集团党校作为集团公司的内部培训机构，承载着为核工业系统培养高素质、高层次、复合型领导干部的历史使命，以及积极探索教育培训安全体系新路径的任务。

核工业领域具有特殊性，其涉及核能开发、核设施运行等重要领域，安全要求极高。这种特殊性对干部教育培训安全体系提出了严峻的挑战。一方面，核工业的专业性和复杂性要求干部具备扎实的专业知识和高度的安全意识，以应对潜在的安全风险。另一方面，核工业的敏感性使得意识形态安全至关重要，干部必须具备坚定的政治立场和正确的价值观。因此，构建一个符合新时代要求且具备高度安全性的教育培训体系，对于核工业党校尤为重要。核工业党校积极探索教育培训安全体系的新路径，通过加强顶层设计、严格审核把关、强化安全教育、优化教学环境和完善应急机制等措施，努力确保教育培训工作的安全有序进行，为核工业系统培养忠诚、干净、担当的高素质干部。

二、成果总体思路

核工业党校在安全教育方面采取了系统性和连贯性的措施，形成了一套科学有效的培养模式。培养模式总体思路如图 2 所示。

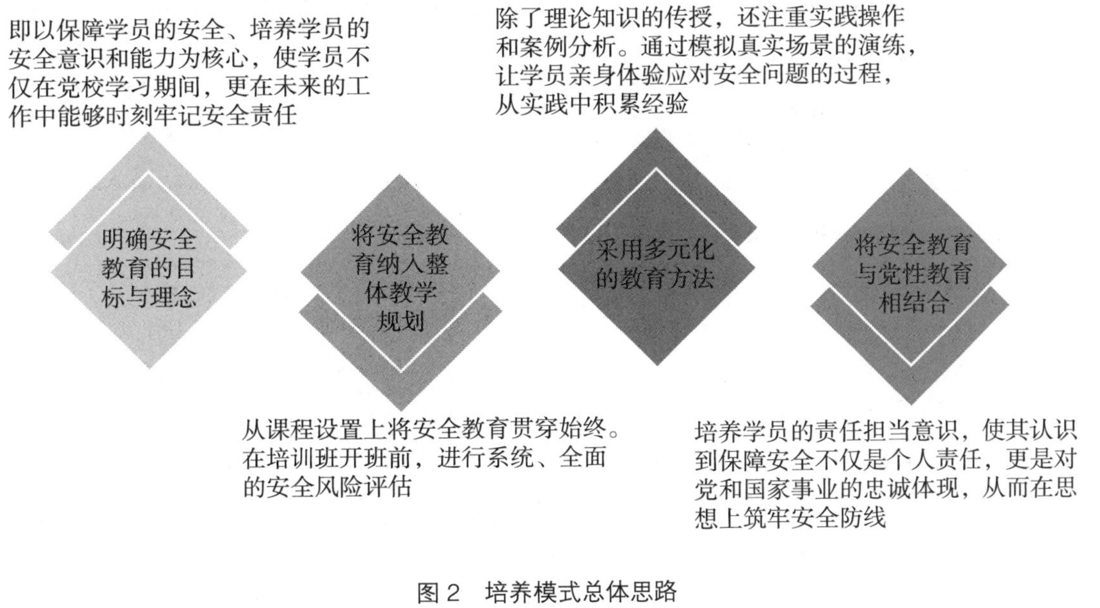

图 2　培养模式总体思路

1）明确安全教育的目标与理念，即以保障学员的安全、培养学员的安全意识和能力为核心，使学员不仅在党校学习期间，更在未来的工作中能够时刻牢记安全责任。

2）将安全教育纳入整体教学规划，从课程设置上将安全教育贯穿始终。在培训班开班前，进行系统、全面的安全风险评估。

3）采用多元化的教育方法，除了理论知识的传授，还注重实践操作和案例分析。通过模拟真实场景的演练，让学员亲身体验应对安全问题的过程，从实践中积累经验。

4）将安全教育与党性教育相结合，培养学员的责任担当意识，使其认识到保障安全不仅是个人责任，更是对党和国家事业的忠诚体现，从而在思想上筑牢安全防线。

三、创新成果措施

（一）加强顶层设计，构建科学的安全管理体系

核工业党校对安全管理体系的构建给予了高度重视。在进修班筹划之初，核工业党校便迅速成立了由校领导亲自挂帅的安全应急工作领导小组，定期召开专题会议，深入研究并细致分析可能存在的各类安全隐患与风险因素。同时，领导小组积极与中组部干部教育名录下的同中核集团有合作的干部教育基地展开密切沟通协调，共同完善安全管理制度和应急响应机制。仅在2024年上半年，双方共同优化了多项安全管理制度，实现了在安全管理上的无缝对接和高效协同。赴江西瑞金干部学院党性教育现场教学的应急预案如图3所示。

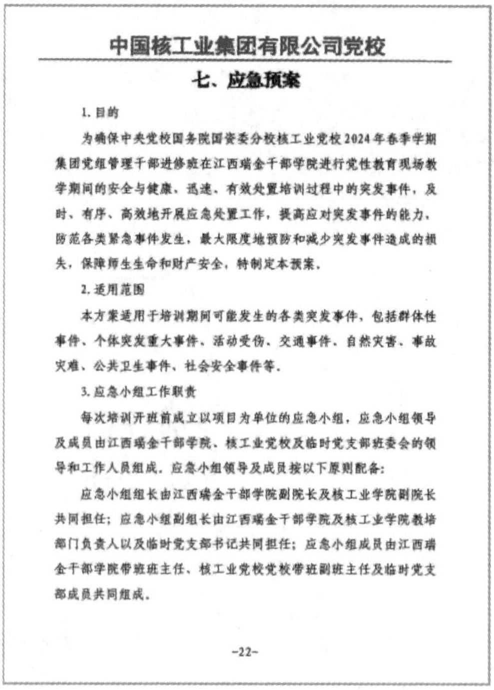

中国核工业集团有限公司党校

七、应急预案

1. 目的

为确保中央党校国务院国资委分校核工业党校2024年春季学期集团党组管理干部进修班在江西瑞金干部学院进行党性教育现场教学期间的安全与健康，迅速、有效处置培训过程中的突发事件，及时、有序、高效地开展应急处置工作，提高应对突发事件的能力，防范各类紧急事件发生，最大限度地预防和减少突发事件造成的损失，保障师生生命和财产安全，特制定本预案。

2. 适用范围

本方案适用于培训期间可能发生的各类突发事件，包括群体性事件、个体突发重大事件、活动受伤、交通事件、自然灾害、事故灾难、公共卫生事件、社会安全事件等。

3. 应急小组工作职责

每次培训开班前成立以项目为单位的应急小组，应急小组领导及成员由江西瑞金干部学院、核工业党校及临时党支部班委会的领导和工作人员组成。应急小组领导及成员按以下原则配备：

应急小组组长由江西瑞金干部学院副院长及核工业学院副院长共同担任；应急小组副组长由江西瑞金干部学院及核工业学院教培部门负责人以及临时党支部书记共同担任；应急小组成员由江西瑞金干部学院带班班主任、核工业党校党校带班副班主任及临时党支部成员共同组成。

-22-

图3 赴江西瑞金干部学院党性教育现场教学的应急预案

1）领导小组对培训基地

内外的安全环境进行了全方位、多角度的评估。涵盖校园建筑的安全状况，对北京大兴、北京房山以及天津校区的教学楼和宿舍楼进行了逐一排查，发现并修复了多处潜在的安全隐患；完善了消防设施的完备性，更新了消防设备；保障周边环境的稳定性，对周边 500 米范围内的治安状况进行了深入调研；配备自动体外除颤器（AED），在三个校区的教学楼内均配备了多台 AED 设备，确保在进修班教学期间，校园环境的安全可靠。此外，核工业党校还制定了严格的安全检查制度，积极组织各部门进行每年 10 余次的自查，明确规定了日常检查、专项检查和综合性检查的定义和频次等。截至 2024 年 7 月，三个校区已累计进行 6 次各部门的自查和 9 次校区安全检查，共排查并解决安全隐患 15 个。

2）领导小组特别强调了安全教育的重要性，通过每年至少开展 2 次的专题讲座和 1 次的演练实操等多种形式，实现核工业党校全体员工参加培训全覆盖，将安全教育纳入主体培训班次必修课，并在多个短期培训班中开设安全教育相关课程，截至 2024 年 7 月，已累计在培训班上开展专题讲座及演练实操 11 次，切实提高了全体学员的安全意识和自我保护能力。

3）在应急管理方面，精心制定了详尽的应急预案，全面涵盖了火灾、地震、公共卫生事件等多种紧急情况。预案明确了应急响应流程、责任分工、资源调配等关键内容。例如，在火灾应急响应流程中，规定了从发现火情到疏散人员的具体时间要求；责任分工细化到每个岗位的具体职责；资源调配精确到每类物资的数量和存放位置。并且每年定期组织应急演练，确保在紧急情况发生时，能够迅速有效地进行应对。

（二）严格审核把关，筑牢意识形态安全防线

1）严格审核培训课程内容，确保符合意识形态要求。核工业党校在课程设置上，始终将意识形态教育置于首要位置。每年依据中共中央党校国务院国有资产监督管理委员会分校的要求排课，针对履职能力提升部分的课程，组织由专业教学团队进行严格筛选和审查。仅在 2024 年上半年，就审查了超过 500 余门课程，部分课程因内容存在偏差进行换课调整。确保所有课程内容紧密围绕党的教育方针和政策展开，符合社会主义核心价值观，弘扬主旋律，传递正能量。任何可能偏离党的路线方针政策或包

含错误观点的课程内容，都坚决剔除。

2）深入调查师资背景，确保教师队伍政治素质过硬。核工业党校深知教师队伍在意识形态教育中的关键作用，因此对授课教师设立了严格的准入标准。通过详细的教师个人简介，全方位了解其政治背景、学术经历和教学能力。每年对超过 1000 余名拟邀请教师进行背景审查，确保其具备坚定的政治立场和较高的政治素质。对于在教学过程中出现政治立场不坚定或传播错误观点的教师，党校立即将其纳入“黑名单”，不再邀请授课。

3）加强意识形态教育，筑牢意识形态安全防线。核工业党校将意识形态教育贯穿培训全过程，通过多种形式和途径加强对党员干部的意识形态教育。每年定期组织党校干部职工深入学习党的创新理论和政策不少于 10 次，确保参与学习的党员做到全覆盖，极大地提高了党员干部的政治觉悟和理论水平。同时，党校平均每季度邀请 1 位外部专家学者和领导干部进行专题讲座，为党员干部提供丰富的精神食粮。此外，党校还会组织党员干部参加各种形式的社会实践活动，如参观红色教育基地、开展志愿服务等。每年组织参观红色教育基地以及开展志愿服务活动不少于 1 次，参与党员干部达 100 余人次，让党员干部在实践中接受教育，增强对党的认同感和归属感。

（三）强化安全教育，提升学员安全意识

在培训过程中，核工业党校将安全教育全方位贯穿始终，通过多元化的形式向学员普及安全知识，增强学员的自我保护能力，确保学员不仅掌握专业知识，还具备高度的安全责任感和使命感。

1）通过专题讲座的形式，邀请安全管理、应急管理领域具有丰富经验的专家，为学员讲授安全生产法律法规、事故预防与应急处理、AED 使用等专业知识。截至目前，在培训班上举办此类讲座或课程 11 场次，覆盖学员超过 500 人次。这些讲座不仅涵盖了丰富的理论知识，还包括了实际操作技能的培训，使学员能够全面了解和掌握安全生产的基本要求和操作规范。根据调研结果显示，通过专家的讲解学员们能够更加深入地理解安全的重要性，从而在实际工作中能够严格遵守安全操作规程，有效预防和减少安全事故的发生。应急演练实操课如图 4 所示。

图 4 应急演练实操课

2）在主体班课程中，组织学员观看 1 次典型事故案例视频或警示教育视频。通过直观的视觉冲击，让学员深刻认识到安全事故的危害性和预防工作的重要性。这些案例视频往往包含了事故发生的全过程，以及事故造成的严重后果。例如，在某一起化工厂爆炸事故的案例展示中，直接经济损失高达 500 万元，伤亡人数达到 10 人。使学员们能够直观地感受到一旦安全措施不到位，可能会带来灾难性的后果。通过这种方式，学员们的安全意识得到了极大的提升，学员们纷纷表示会主动思考如何在自己的工作岗位上落实安全措施，如何在面对潜在风险时作出正确的判断和应对。

（四）优化教学环境，确保学员身心健康

为了确保学员在培训期间的身心健康，核工业党校对校区的教学环境进行了全面优化和改造。这一举措充分体现了学校对学员安全的高度重视，以及对教育质量的不懈追求。

1）学院大幅加大了对教学设施的投入力度，更新了教学设备。随着科技的快速发展，传统的教学工具和方法已经难以满足现代教育的需求。因此，核工业党校引进了先进的多媒体教学设备，如 10 块高清 LED 屏幕、12 台高性能投影仪、10 套优质音响设备等。这些设备不仅提高了教学效率，也增强了学员的学习兴趣和参与感。同时，学校还对大兴校区的 20 间教室进行了重新布局，确保每个学员都能有良好的视野和听觉体验，从而更好地吸收知识。在经过装修改造后，大兴校区的参训学员们纷纷表示新的教学设备和布局有助于提升学习效果。

2）通过对教学楼的整体翻新，显著改善了教室通风、采光等条件。良好的学习环

境对于学员的身心健康至关重要。核工业党校对教室进行了全面的通风系统改造，安装升级了新风空调设备，为学员们提供了清新的学习空间。此外，学校还注重营造温馨、舒适的学习氛围，为学员提供良好的学习环境和休息场所。在各校区分别建设了核心向党书屋等学习场所，并配备了舒适的座椅和充足的阅读材料，为学员提供了安静、舒适的自学环境。同时，还增设了多个休闲区，配备了 10 余套沙发等设施，让学员在紧张的学习之余能够放松身心，缓解压力。此外，还加强了对学员餐厅、宿舍等生活设施的卫生监管和安全管理，每天进行卫生检查，每周进行安全排查，确保学员的饮食安全和住宿安全。

3）着手建立完善的医疗保健体系，目前已配备 5 台 AED（图 5）等专业急救设备，并为主体班次配备 20 余种常备药品，下一步拟建设医务室并配备 2 名专业的医护人员，提供及时的医疗服务和健康咨询，能够为学员处理常见的健康问题和紧急情况，并确保在需要时能够迅速获得专业医疗支持。

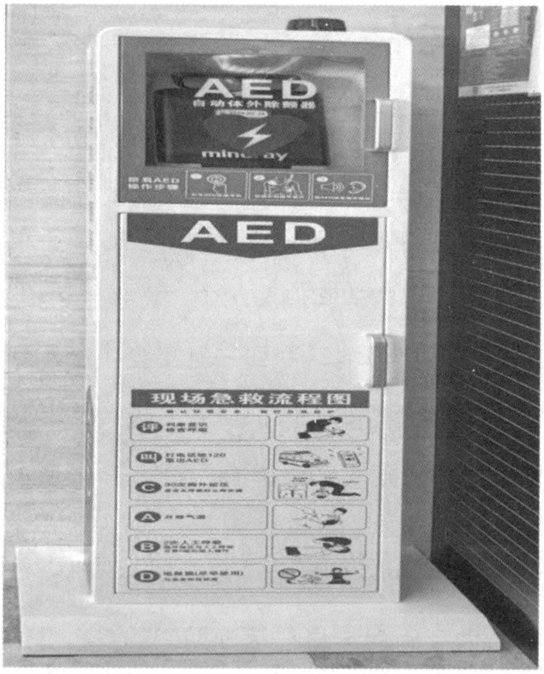

图 5　核工业党校配备的 AED

（五）完善应急机制，提高应急处置能力

在当前社会，各种突发事件频发，对人们的生命财产安全构成了严重威胁。因此，建立和完善应急机制，提高应急处置能力，已成为各类组织和机构面临的重要任务。核工业党校在应急机制建设方面的努力和成果，不仅保障了教育培训的安全，也为其他教育培训机构提供了宝贵的经验。

1）在应急预案的制定方面进行了周密详尽的安排。学院根据教学过程中可能发生的各种突发事件类型，包括群体性事件、个体突发重大事件、活动中受伤、交通事故、自然灾害、事故灾难、公共卫生事件、社会安全事件等，制定了详细的应急预案。这些预案不仅涵盖了应急响应的具体流程、细化措施和精准资源调配，还明确了责任分工和信息报告机制。例如，在自然灾害预案中，明确了不同级别灾害下的人员疏散路线和避险场所；在公共卫生事件预案中，规定了疫情防控的具体措施和物资储备数量。

2）建立了完善的应急指挥体系，并明确了培训过程中各层级、各部门的职责分工。在应急指挥体系中，设立了应急领导小组，由校领导亲自挂帅，统一指挥协调全校的应急工作。应急领导小组由 7 名校领导和 16 名各部门负责人组成，确保在突发事件发生时，应急领导小组能够在最短时间内迅速响应，按照预案要求开展工作，确保应急处置工作的有序进行。

3）学院加强了与地方党性教育基地、医疗机构等外部单位的沟通协调和合作联动机制建设。面对突发事件，单靠自身力量是远远不够的，必须与外部资源形成合力。目前，学院已与 3 家地方党性教育基地及当地医疗机构建立了合作关系。联动机制的建立，大大增强了学校应对突发事件的能力，为保障校园安全提供了坚实的外部保障。

4）学院加强了对班主任团队和学员在应急处突方面的培训和教育工作，全面提高相关人员的专业素养和应急处置能力。每年组织学院新上岗教职工不少于 24 学时的培训，班主任团队应急培训不少于 8 学时，主体班学员应急教育课程达到 4 学时以上。通过这些培训，相关人员对应急流程的熟悉程度大幅提高，在紧急情况下的自我保护能力得到显著提升。

四、创新成果效果

核工业党校 2024 年春季学期局级干部进修班取得的显著教学成果，得益于学院对安全管理体系的精心构建和各项措施的有效落实。学院在顶层设计、安全教育、教学环境优化、应急机制完善等方面作出了全面且深入的努力，不仅为学员提供了高质量的教育培训服务，也为央企党校教育培训安全体系的构建提供了极具价值的经验和借鉴。

（一）顶层设计方面

核工业党校通过精细化的规划，确保了安全管理体系的科学性和前瞻性。学校领导层高度重视安全问题，将安全教育纳入教学计划的核心内容，确保了安全教育的系统性和连贯性。同时，学校还建立了专门的安全管理机构，负责统筹协调各项安全工作，确保安全措施的落实到位。

（二）安全教育方面

核工业党校采取了多种方式，使学员们在理论学习和实践操作中大幅提升安全意识和应急能力。通过举办安全知识讲座及应急演练等活动，学员们能够更好地理解和掌握安全知识，提高自我保护能力，从而在面对突发事件时能够迅速有效地应对。在应急演练后的评估中，90% 的学员在应对模拟突发事件时的反应时间较培训前大幅缩短。

（三）教学环境的优化方面

学院对校区环境及教学设施进行了全面改造升级，新增各类先进教学设备，更换了 200 余套老旧桌椅。确保了教学环境的安全性和舒适性，这也是核工业党校组织培训班次取得优异成果的重要因素之一。教室、实验室、宿舍等场所的安全设施得到了广泛好评，为学员们提供了一个安心、舒心的学习环境。据统计，学员对升级改造后的校区教学环境的满意度达到 98%。

（四）应急机制的完善方面

核工业党校制定了详细的培训应急预案，涵盖 10 余种突发事件的应对流程和责任分工，这也是保障培训期间安全稳定的关键。通过每年定期的应急演练，学校检验了应急预案的有效性，提高了应急处置能力，确保了在紧急情况下能够迅速有效地采取措施。在最近一次的真实突发事件中，学校的应急响应时间仅为 10 分钟。

（五）安全体系构建方面

核工业党校 2024 年春季学期局级干部进修班在安全体系构建方面的实践是一次成功的尝试与探索。通过一系列措施的实施，不仅有效保障了培训期间的安全稳定，还提升了学员的安全意识与应急能力。这一案例充分证明了安全体系构建在教育培训工作中的重要性与必要性。未来，随着央企党校教育培训工作的不断发展与深化，相信核工业党校将继续秉持安全第一的原则，不断创新与完善安全体系构建工作，为培养更多高素质领导干部贡献力量。

（六）安全教育模式推广价值方面

该模式对其他央企党校或相关机构具有广泛的借鉴意义和适用范围。例如，对于其他行业的央企党校，可参考核工业党校在顶层设计中对安全教育的系统规划和资源投入；在安全教育方式上，各类机构都能借鉴其理论与实践结合的方法；教学环境优化的经验适用于所有注重教育培训质量的机构；而完善的应急机制更是各类组织在应对突发事件时所必需的。此模式的可复制性和适应性强，能够为众多机构提供有效的安全管理思路和方法。

五、成果经验总结

（一）显著提升安全意识

通过全方位的安全教育，学员的安全意识得到显著提升，为未来的工作与生活奠定了坚实的安全基础。例如，在安全知识讲座中，引入实际发生的安全事故案例进行详细剖析，让学员深刻认识到安全隐患无处不在，从而大大增强了他们的防范意识。但在这一过程中，也存在部分理论知识内容较长，导致学员兴趣度较低的问题。未来应采用更多生动有趣的方式，如安全知识宣讲比赛、安全主题晚会等，以激发学员的兴趣。

（二）增强应急处理能力

精细化制定的应急预案及模拟演练，使学院教职工及学员在紧急情况下能够迅速、有效地采取行动，增强了应急处理能力。比如在一次火灾模拟演练中，全体人员能够在规定时间内完成疏散，且可以操作 AED、消防设备等急救设备。然而，操作熟练度还不够高、演练场景的设置还不够丰富多样，未来可以增加更多复杂和特殊的情况，以提高教职工和学员对各种突发状况的能力。

（三）优化教学环境

对培训场所的改造与升级，为学员创造了一个更加舒适、安全的学习环境，提高了学习效率和质量。但在设施维护方面还存在一些不足，后续应加强设备维护管理，建立快速响应的维修机制。

（四）强化安全管理能力

核工业党校在安全管理方面的成功实践，为其他教育培训机构提供了可借鉴的安全管理体系构建模式，有助于提升整个行业的安全管理水平。但在安全管理的信息化建设方面还有待加强，比如可以引入更先进的安全监控系统和数据分析平台，实现对安全状况的实时监测和精准评估。

（五）促进跨界交流合作

与地方党性教育基地、医疗等相关单位的紧密合作，为教育培训活动的顺利进行提供了有力保障，同时也促进了跨单位、跨部门之间的沟通与协作。不过，合作的深度和广度还有拓展空间，未来可以探索共同开展研究项目、联合培养专业人才等合作形式。

（六）构建安全文化氛围

通过安全教育活动，核工业党校成功构建了浓厚的安全文化氛围，为学院教职工和参训学员树立了正确的安全观念和行为习惯。但在安全文化的长期巩固和传承方面还需制定更长远的规划，确保安全文化深入人心、持久传承。

核工业党校 2024 年春季学期局级干部进修班在安全体系构建方面的实践取得了显著成效，并为其他教育培训机构提供了宝贵的经验与启示。这些成果与启示不仅有助于提升教育培训机构的安全管理水平和服务质量，也将对整个教育培训行业的发展产生积极的影响。展望未来，核工业党校将持续关注安全形势的变化和培训需求的发展，进一步完善安全教育课程体系，融入最新的安全技术和理念；加强师资队伍建设，培养更多专业的安全培训教师；利用现代信息技术，打造线上线下融合的安全教育平台；

加强与国际先进教育机构的交流合作，引进国际先进的安全管理经验和教育模式。通过这些努力，不断创新和完善安全教育模式，为学员提供更优质、更具前瞻性的安全教育服务。

连线人物

左振宇　中共党员，核工业学院党委书记、中国核工业集团有限公司党校常务副校长。